普通高等院校经济管理类“十四五”应用型精品教材
【物流系列】

物流系统规划与设计

理论与方法

第 2 版

王术峰 编著

LOGISTICS SYSTEM
PLANNING AND DESIGN

机械工业出版社
CHINA MACHINE PRESS

图书在版编目（CIP）数据

物流系统规划与设计：理论与方法 / 王术峰编著．—2 版．—北京：机械工业出版社，2022.7
（2023.12 重印）
普通高等院校经济管理类“十四五”应用型精品教材．物流系列
ISBN 978-7-111-71265-7

Ⅰ. ①物…　Ⅱ. ①王…　Ⅲ. ①物流 - 系统工程 - 高等学校 - 教材　Ⅳ. ① F252

中国版本图书馆 CIP 数据核字（2022）第 130467 号

本书主要从系统分析与设计的角度，对物流系统从战略分析与需求分析入手，应用复杂系统建模分析与设计的方法对物流系统的总体结构与功能进行系统化的点、线、面分析，突出物流系统全局总体设计与各个物流子系统局部详细设计的思路。本书共分 8 章，主要内容有物流系统规划与设计概述、物流节点系统规划与设计、物流网络系统规划与设计、物流配送中心系统布局规划与设计、物流园区功能布局规划与设计、物流运输系统规划与设计、城市物流系统规划与设计和物流系统评价与方案选择。本书通过大量的典型案例分析，提出在物流系统评价与方案选择中应注意的问题和影响因素。

本书既可作为高校物流工程、工业工程、电子商务、物流管理和信息管理等本科专业学生的教学用书，也适合作为从事教研的教师、研究生和政府工作人员、企业工程技术人员及管理人员的参考书。

出版发行：机械工业出版社（北京市西城区百万庄大街 22 号　邮政编码：100037）
责任编辑：李晓敏　　　　责任校对：潘　蕊　　王　延
印　　刷：北京建宏印刷有限公司　　　　版　　次：2023 年 12 月第 2 版第 5 次印刷
开　　本：185mm×260mm　1/16　　　　印　　张：17.75
书　　号：ISBN 978-7-111-71265-7　　　　定　　价：49.00 元

客服电话：（010）88361066　68326294

PREFACE 第2版
前言

“物流系统规划与设计”是一门高校物流工程、物流管理等相关专业开设的专业基础或专业核心课程。经过长期的教学实践，笔者深深体会到，学生迫切需要一本逻辑更加严谨、知识结构更加系统的教材，其章节内容和案例分析要能较好地体现物流运作的技术和管理实际，能反映当今物流系统规划与设计的新理论、新方法以及新工具的应用。该课程作为大学本科主干核心课程，由于跨学科性，授课有相当大的难度；笔者长期讲授该门课程，深感教材“适合度”的重要性。为此，本书力求做到理论介绍与实例分析相结合，定性分析与定量分析相结合，数学寻优技术与综合评价方法相结合，注重可操作性与实用性，以便更能适应本科学生的学习要求。完成本课程学习后，预期学生可理解和掌握有关物流系统规划与设计的主要理论方法，掌握能反映当今物流系统规划与设计的新理论、新方法以及新工具的应用，了解物流系统规划与设计领域的专业需求与发展趋势，对物流系统规划与设计的基本原理与基础知识有较全面的认识和理解。

本书自 2018 年 3 月出版后，受到了广大应用型本科院校物流管理与工程类专业师生的普遍欢迎和好评，为提高物流系统规划与设计课程人才培养质量做了有益尝试。第 1 版先后印刷了 6 次。但在教学实践中，笔者也感觉还有一些不足。在机械工业出版社的大力支持下，笔者完成了《物流系统规划与设计》第 2 版的编写任务。与第 1 版相比，第 2 版在保持原教材特点和风格的基础上，在以下几个方面做了进一步的改进和完善：

（1）知识结构更加严谨。本书的编写思路按照物流系统通道与节点、社会物流与企业物流两个脉络构建，泾渭分明。原第 7 章“第五方物流供应链系统集成”，更换为第 7 章“城市物流系统规划与设计”。修改后，教材内容更加合理，知识结构更加严谨。

（2）理论方法更加实用。作为大学本科教材，理论性要有，但表现形式宜侧重直观、明了。例如，线路优化模型，包括 Dijkstra 算法、逐次逼近算法、Floyd 算法、公式计算法、表上作业法、图形分析法，本书侧重阐述表上作业法，效果更加明显，简单、实用。

（3）教学脉络更加清晰。新增了课堂讨论、课外拓展，使得相关的知识点学习形成“三段式”的学习路线图，即课外拓展（课前预习）、课堂讨论（课中演习）、复习思考题（课后复习），这样安排使得教学脉络更加清晰，逻辑关系更加严谨。

（4）物流体系更加系统。本书重新梳理了物流系统规划与设计的逻辑关系，从物流行业运作流程角度安排章节内容。围绕企业物流和物流企业的实际活动，本书系统地介绍了物流系统原理、物流系统网络设计、物流配送线路规划、物流中心规划、物流园区规划、系统评价方法等方面的理论和最新发展应用。本书所呈现的物流体系更加系统，物流活动更加完备。

（5）教学资源更加丰富。本书把理论体系的严密性同教学上的通俗易懂、简明扼要有机地统一起来，在内容编排、概念阐释、图表配备、例题选择等方面符合课程教学法的要求。本书配有本章要点、开篇案例、课外拓展、课堂讨论、复习思考题等，方便教学，同时加深学生对知识的理解和掌握；此外，本书还配有教学资源包（包括教学电子课件、教辅资料参考答案、模拟试题套题、题库参考答案等），供任课教师免费索取。

本书主要从系统分析与设计的角度，对物流系统从战略分析与需求分析入手，应用复杂系统建模分析与设计的方法对物流系统的总体结构与功能进行系统化的点、线、面分析，突出物流系统全局总体设计与各个物流子系统局部详细设计的思路。本书共分 8 章，内容包括物流系统规划与设计概述、物流节点系统规划与设计、物流网络系统规划与设计、物流配送中心系统布局规划与设计、物流园区功能布局规划与设计、物流运输系统规划与设计、城市物流系统规划与设计和物流系统评价与方案选择。基于系统分析与系统管理的角度，本书阐述了物流系统规划与设计中的理论分析与设计方法，通过大量的典型案例分析，为快速新建或改建各种物流系统提供了行之有效的解决方案，最后提出了物流系统评价与方案选择应注意的问题，对物流系统解决方案进行评价与选择。

在本书的编写过程中，得到了许多专家学者朋友，特别是机械工业出版社编辑的大力支持和帮助，此外，在编写过程中，也参考了一些同类教材和资料，在此一并致以诚挚的谢意！

由于笔者学识水平有限，书中难免有疏漏和不妥之处，敬请各位专家不吝赐教，敬请各位读者朋友批评指正（邮箱：wangshufeng2015@163.com）。

王术峰

2022 年 11 月于广东白云学院

PREFACE

第 1 版 前言

"物流系统规划与设计"是一门为高校物流工程、物流管理等相关专业开设的专业基础或专业核心课程。然而，学生一直反映目前使用的各种版本教材理论性太强，知识体系不严谨，逻辑性较差，较大地影响了教学效果。通过长期的教学实践，笔者深深体会到，学生迫切需要一本逻辑更加严谨、知识结构更加系统的教材，章节内容和案例分析要能较好地体现物流运作的技术和管理实际，能反映当今物流系统规划与设计的新理论、新方法以及新工具的应用。

笔者从事物流教学、理论研究与物流实践 30 多年，熟悉物流系统规划与设计理论体系，主持过社会物流、企业物流系统规划与设计的相关课题、项目，具有专业应用实践经历，可以充分保证本书的编写质量。

该课程作为大学本科的主干课程，由于跨学科性，授课有相当大的难度。笔者长期讲授该门课程，深感教材"适合度"的重要性。为此，本书力求做到理论介绍与实例分析相结合，定性分析与定量分析相结合，数学寻优技术与综合评价方法相结合，注重可操作性与实用性，以便更能适应本科生的学习要求。与以往同类教材相比，本书具有以下特色：

（1）条理性。本书的编写思路通篇按照物流系统通道与节点、社会物流与企业物流两个脉络构建，泾渭分明。大纲编排体现了较强的学科性、专业性、层次性、社会性，体现了明显的行业特质、产业特质、区域特质。

（2）受众性。本书内容兼顾研究型本科院校与应用型本科院校，本科生与研究生，工科与文科不同层次、不同侧面的教学用书需求，内容之丰富，方法之穷举，分类阐述，更有针对性。知识结构框架，做到提纲挈领，这样有助于把握各章的重点，厘清章节之间的联系，也便于教师抓住授课要点。

（3）逻辑性。本书按照物流通道、物流节点路径展开，按照物流体系、物流系统两个层面，将有关知识点归类、归队，“认祖归宗”。考虑到教学内容的深度和广度要求不一样，理论教学、案例教学以及实践教学的方法亦不相同。

（4）理论性。对于大学本科教材，理论性要有，但是，表现形式宜侧重直观明了。例如，线路优化模型，包括 Dijkstra 算法、逐次逼近算法、Floyd 算法、公式计算法、表上作业法、图形分析法等，本书侧重阐述表上作业法，简单、实用，效果更加明显。

（5）专业性。本书力求完整地介绍物流系统规划与设计的基本原理和方法及其在物流管理实践中的应用，从物流的网络系统和功能系统出发，着重介绍与物流系统规划及优化有关的模型和方法，为从事物流理论研究和实际运作优化提供了研究方法和工具。

（6）系统性。本书重新梳理了物流系统规划与设计的逻辑关系，从物流行业运作流程的角度安排章节内容。围绕企业物流和物流企业的实际活动，本书系统地介绍了物流系统规划与设计原理、物流网络系统规划与设计、物流配送中心系统规划与设计、物流园区功能布局规划与设计、物流系统评价方法等方面的理论和最新发展应用。

（7）实用性。本书克服了以往的理论内容分析过深、实践内容泛泛介绍的缺点，减少了理论分析和公式推导，突出实用性和可操作性，更能适应应用型本科培养目标和教学特点的要求，使学生易于学习掌握。

（8）前瞻性。本书章节内容和案例更能体现现代物流运作的技术和管理实际，更能反映当今物流行业新技术、新管理方法和工具的应用。

本书设置了大量的典型案例，将物流系统的理论知识和实际应用相结合，用开篇案例的形式激发学生探求理论依据的兴趣，使学生在掌握理论知识的同时，能将其应用到每个章节后的案例分析之中；同时，通过对当今物流领域研究成果的阐述，深入浅出地引导学生了解物流系统规划理论的发展与现代物流在社会经济中的不断创新。

本书的具体内容包括：第 1 章物流系统规划与设计概述，主要介绍规划与设计相关概念、理论与方法；第 2 ～ 6 章分别从整个物流系统的各个子系统、不同网络、不同对象、不同范围的知识点进行深入详细的阐述分析，包括物流节点系统、物流网络系统、物流配送中心系统、物流园区功能、物流运输系统；第 7 章介绍了城市物流系统规划与设计的相关知识；第 8 章给出了物流系统评价与方案选择的依据和方法，为物流系统设计者评价和选择方案提供了理论依据。

本书既可作为高校物流工程、工业工程、电子商务、物流管理、信息管理等专业基础课或专业核心课教材，也适合作为从事相关教学研究的教师、研究生和政府工作人员、企业工程技术人员及管理人员的参考书。

本书在编写过程中，直接或间接地借鉴了国内外大量的论著、教科书等素材，在此对所引用的文献资料的作者表示诚挚的感谢。此外，机械工业出版社的编辑给予了高度负责任的帮助和支持，在此一并表示衷心的感谢。

由于笔者学识与水平有限，书中难免有不妥或错误之处，敬请同人和广大读者批评指正（邮箱：wangshufeng2015@163.com）。

王术峰

2017 年 9 月于广东白云学院

教学建议 SUGGESTION

“物流系统规划与设计”是一门高校物流工程、物流管理等相关专业开设的专业基础或专业核心课程。目前，对于使用的各种版本教材，学生一直反映理论性太强，知识体系不严谨，逻辑性较差，较大地影响了学习效果。本书逻辑更加严谨，知识结构更加系统，章节内容和案例分析能较好地体现物流运作的技术和管理实际，能反映当今物流系统规划与设计的新理论、新方法以及新工具的应用。

该课程作为大学本科的主干核心课程，由于跨学科性，授课有相当大的难度。为此，讲授该门课程时，教师尤其应注意对教材“适合度”的把握，做到理论介绍与实例分析相结合，定性分析与定量分析相结合，数学寻优技术与综合评价方法相结合，注意深入浅出地讲解物流系统规划理论并引导学生进行相应的课程设计，以使本书更能适应本科生的学习要求。

讲授“物流系统规划与设计”课程的老师可参照以下学时分配建议进行实际讲授。

学时分配建议（供参考）

序号	章节	教学内容	教学要点	学时
1	第 1 章	物流系统规划与设计概述	物流系统规划与设计相关概念和分类	2
			物流系统模式与战略规划	2
2	第 2 章	物流节点系统规划与设计	物流节点系统选址规划概述	2
			物流节点选址问题早期研究的主要理论	2
			物流节点系统规划与设计方法	2
3	第 3 章	物流网络系统规划与设计	物流网络系统的结构模式	2
			物流网络系统规划设计的原则与步骤	2

（续）

序号	章节	教学内容	教学要点	学时
4	第 4 章	物流配送中心系统布局规划与设计	物流配送中心的系统布局规划与设计概述	2
			物流配送中心的系统布局规划方法	2
			系统布局规划法：SLP 法	2
5	第 5 章	物流园区功能布局规划与设计	物流园区概述	2
			物流园区规划设计方法：MSFLB 五步规划法	2
			物流园区建设与运营模式	2
			国内外物流园区发展趋势	2
6	第 6 章	物流运输系统规划与设计	物流运输系统规划设计概述	2
			运输方式选择	2
			物流运输系统最短路径求解问题	2
7	第 7 章	城市物流系统规划与设计	城市物流系统概述	2
			城市物流系统网络构建	2
			城市物流系统规划与设计	2
8	第 8 章	物流系统评价与方案选择	物流系统评价概述	2
			物流系统评价原则与评价步骤	2
			评价指标设计方法与数据标准化处理	2
			评价的常用方法	2
合计				48

目录 CONTENTS

CHAPTER 1

第 1 章

物流系统规划与设计概述

|本章要点|

- 物流系统规划与设计相关概念
- 物流系统规划与设计分类
- 物流系统模式与战略规划
- 物流系统的优化方法
- 物流系统的优化技术

|开篇案例|

济南市政府打造内陆港发展规划项目

济南内陆港定位为具备公、铁、空等多式联运条件，具有物流、口岸、报关、检疫等综合功能的内陆港口；是内陆地区对接国际，形成内陆开放和发展的经济区域。济南内陆港是济南打造区域性物流中心的支柱项目，是济南成为内陆开放城市的支撑项目，对济南发展转型升级具有重要的战略意义。2018 年 4 月，济南内陆港路径研究正式启动。

从战略布局上看，济南区域性物流中心总体定位为打造内陆港中心城市，确立了“一核”“一枢”“两园”的空间布局。济南国际内陆港即为战略布局中的核心区。该项目以济南内港的基础条件为依托，对标学习国内外典范内陆港先进经验。根据德国杜伊斯堡港公铁联运、海铁联运、空铁联运、内陆河运输等多式联运经验和公私合作的内陆港投资运营经验以及西安国际港务区强化对外开放的相关经验，该项目形成“港口内移、就地办单、海铁联运、无缝对接”的内陆港先行模式。

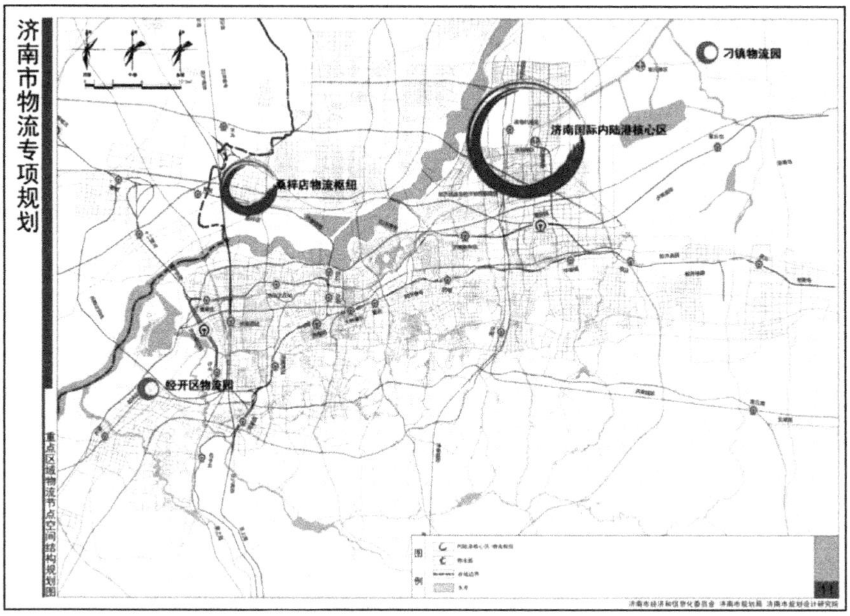

济南内陆港战略定位如下：

（1）“一带一路”沿线重要的多式联运国际内陆港；

（2）智慧物流与先进制造业深度融合的产业聚集区；

（3）全国重要的多式联运和智慧物流示范区；

（4）山东省新旧动能转换示范区和新一轮对外开放的桥头堡。

济南内陆港功能定位如下：

（1）构建“一城、一港、五功能”的架构。这里的“一城”是指智慧物流名城，“一港”是指国际内陆港，“五功能”是指内陆口岸功能、综合保税功能、多式联运功能、区域中转功能和全球供应链服务功能。

（2）将建设成为集国际空港、国家铁路一类口岸、中欧班列区域集结中心、陆港监管中心、保税物流中心于一体的区域性综合保税陆港，成为现代物流和高端产业集聚区，进一步带动国际贸易、国内贸易、跨境电商、供应链金融等产业发展。

济南内陆港的战略路径如下：

济南内陆港将通过“构建国际供应链体系，推动现代物流业和枢纽经济高质量发展，实现现代物流和先进制造深度融合和协同发展”的方式来进行打造。一是构建国际供应链体系，推动现代物流业和枢纽经济快速发展。二是以现代物流业和枢纽经济促进先进制造业快速发展。

济南内陆港的推进措施如下：

（1）提升战略定位，搭建管理运营体系。加大省市统筹支持力度，将济南内陆港建设上升到省级战略，对标国际先进，筹建内陆港管理委员会、内陆港投资管理公司和运营管理公司，实现济南内陆港“一张名片对外展示”“一个机构对外招商”和“一套完整体系提供服务”。

（2）完善基础设施建设，夯实创建硬件支撑。狠抓“枢纽工程”龙头带动作用，围绕核心区“四枢纽”“四组团”的功能和业态布局，加快提升“空港枢纽”和“铁路枢纽”的龙头带动作用。

（3）加强国际口岸建设，拓展国际物流通道。以国际物流通道、口岸服务为支撑，申报和建设航空、铁路开放口岸及各类指定口岸，完善口岸服务体系，发展口岸经济；增开国际、国内货运航线，扩大航空货运辐射范围和航线密度，建设省内中欧班列区域集结中心，提高中欧班列货运能力；对接青岛港等港口，构建海铁联运体系，将港口集货功能后移，打造前港后站的一体化运作模式。

（4）构建标准信息平台，优化提升软件支持。推进内陆港信息化平台建设，搭建物流共享信息平台及信息标准化体系；构建内陆港相关产业物流标准化建设，建立高效、先进的物流标准化体系。

（5）营造优良营商环境，聚集高端发展要素。加快制定内陆港发展政策、内陆港体制机制政策、国际物流业发展政策、物流人才政策等四大方向配套政策；优先保证内陆港建设用地指标；持续推进服务便利化，创新投融资体制及贸易促进机制；重点进行监管模式创新，推行通关一体化、单一窗口等服务方式，构建海关大通关机制；吸引国内外知名物流企业及人才。

资料来源：https://www.fablog.net.cn/case/zlgh/2019126.html，法布劳格物流咨询（北京）有限公司，2019 年 12 月 12 日。

思考题：

1. 济南区域性物流中心总体定位形成了怎样的空间布局？
2. 济南内陆港发展的战略路径是什么？具体有哪些推进措施？

1.1　物流系统规划与设计相关概念

1.1.1　物流的概念

物流（logistics）是指物品从供应地向需求地实现时间、空间的转移，是创造时间效用、空间效用的经济活动。现代物流（modern logistics）是指利用现代信息技术和网络技术，将物品从供应地向接收地移动的合理化服务模式和先进化服务流程的经济活动。

《中华人民共和国国家标准：物流术语》（GB/T 18354—2021）（以下简称《物流术语》）中指出物流是“物品从供应地到接收地的实体流动过程，根据实际需要，将运输、储存、装卸、搬运、包装、流通加工、配送、信息处理等基本功能实施有机结合”。

1. 物流概念的由来

物流的概念最早是在美国形成的，起源于20世纪30年代，原意为“实物分配”或“货物配送”，1963年被引入日本，日文意思是“物的流通”。20世纪70年代后，在日本“物流”一词逐渐取代了“物的流通”。

物流界学者普遍认为早期记载有关物流的活动是1918年由英国犹尼里佛的利费哈姆勋爵成立的“即时送货股份有限公司”，该公司宗旨是在全国范围内把商品及时送到批发商、零售商以及用户的手中。

1915年，美国的阿奇·萧（Arch Shaw）在《市场流通中的若干问题》（*Some Problems in Market Distribution*）一书中提出“物流是与创造需要不同的一个问题”，并指出“物资经过时间或空间的转移会产生附加价值”。书中 market distribution 指的是商流，时间和空间的转移指的是销售过程的物流。

1935年，美国销售协会最早对物流进行了定义：物流（physical distribution，PD）是包含于销售之中的物料和服务，与从生产地到消费地的流动过程中伴随的种种活动。

1964年，日本开始使用物流这一概念（与美国的 physical distribution 相对应）。1981年，日本综合研究所编著的《物流手册》，对物流的表述是：物料从供给者向需求者的物理性移动，是创造时间性、场所性价值的经济活动，包括包装、装卸、保管、库存管理、流通加工、运输、配送等诸种活动。我国开始使用“物流”一词始于1979年，1988年我国台湾地区也开始使用“物流”这一概念，1989年4月，第八届国际物流会议在北京召开，“物流”一词的使用日渐普遍。

现代物流的代名词 logistics 最早出现在第二次世界大战期间，美国首先采用后勤管理（logistics management）对军火的运输、补给、屯驻等进行全面管理。之后逐渐形成单独的学科，并不断发展为后勤工程（logistics engineering）、后勤管理和后勤分配（logistics distribution）。后勤管理的方法后被引入商业部门，被称为商业后勤（business logistics），其定义为“包括原材料的流通、产品分配、运输、购买与库存控制、储存、用户服务等业务活动”，其领域涵盖原材料物流、生产物流和销售物流。

1986年，美国国家物流管理协会（National Council of Physical Distribution Management，NCPDM）改名为美国物流管理协会（The Council of Logistics Management，CLM）。将 physical distribution 改为 logistics，原因是 physical distribution 的领域较狭窄，logistics 的概念则较宽广、连贯、完整。改名后的美国物流管理协会对 logistics 所做的定义是：以满足客户需求为目的，以高效和经济的手段对原材料、在制品、制成品以及相关信息从供应到消费的运动和存储进行的计划、执行和控制的过程。1998年，该协会进一步将其修订为“物流是供应链流程的一部分，是为了满足客户需求而对商品、服务与相关信息从原产地到消费地的高效率、高效益的正向和反向流动及储存进行的计划、实施和控制过程”。

2. 现代物流的主要特征

根据国内外物流发展状况，现代物流的主要特征归纳为以下几个方面：

（1）反应快速化。物流服务提供者对上游、下游的物流、配送需求的反应速度越来越快，前置时间越来越短，配送间隔越来越短，物流配送速度越来越快，商品周转次数越来越多。

（2）功能集成化。现代物流着重于将物流与供应链的其他环节进行集成，包括物流渠道与商流渠道的集成，物流渠道之间的集成，物流功能的集成，物流环节与制造环节的集成等。

（3）作业规范化。现代物流强调功能、作业流程、作业动作的标准化与程式化，使复杂的作业变成简单的易于推广与考核的动作。物流自动化方便物流信息的实时采集与追踪，可以提高整个物流系统的管理和监控水平。

（4）目标系统化。现代物流从系统的角度统筹规划一个公司整体的各种物流活动，处理好物流活动与商流活动及公司目标之间、物流活动与物流活动之间的关系，不求单个活动的最优化，但求整体活动的最优化。

（5）技术现代化。现代物流使用先进的技术、设备与管理为销售提供服务，生产、流通、销售规模越大，范围越广，物流技术、设备及管理越现代化。计算机技术、通信技术、机电一体化技术、语音识别技术等得到普遍应用。世界上最先进的物流系统运用了全球卫星定位系统（GPS）、卫星通信、射频识别装置（RFID）、机器人，实现了自动化、机械化、无纸化和智能化，如 20 世纪 90 年代中期，美国国防部为在南斯拉夫执行维和行动的多国部队提供的军事物流后勤系统中就采用了这些技术，其技术之复杂与精尖堪称世界之最。

（6）组织网络化。随着生产和流通空间范围的扩大，为了保证对产品促销提供快速、全方位的物流支持，现代物流需要有完善、健全的物流网络体系，网络上点与点之间的物流活动保持系统性、一致性，这样可以保证整个物流网络有最优的库存总水平及库存分布，运输与配送快速、机动，既能铺开又能收拢，形成快速、灵活的供应渠道。分散的物流单体只有形成网络才能满足现代生产与流通的需要。

（7）经营市场化。现代物流的具体经营采用市场机制，无论是企业自己组织物流，还是委托社会化物流企业承担物流任务，都以“服务 - 成本”的最佳配合为总目标，谁能提供最佳的“服务 - 成本”组合，就找谁服务。国际上既有大量自办物流提供相当出色的“大而全”“小而全”的例子，也有大量利用第三方物流企业提供物流服务的例子，比较而言，物流的社会化、专业化已经占到主流，即使是非社会化、非专业化的物流组织也都实行严格的经济核算。

（8）管理智能化。随着科学技术的发展和应用，物流管理由手工作业到半自动化、自动化，直至智能化，这是一个渐进的发展过程。智能化是自动化的继续和提升，自动化过程中包含更多的机械化成分，而智能化中包含更多的电子化成分，如集成电路、计算机硬件与软件等。

1.1.2　物流系统的概念

1. 物流系统的概念

物流系统是物流设施、物品、物流设备、物料装载器具及物流信息等所组成的具有特定功能的有机整体。物流系统是由产品的包装、仓储、运输、检验、装卸、流通加工和其前后的整理、再包装、配送所组成的物流运作系统与物流信息系统等子系统组成。仓储和运输是物流系统的主要组成部分，物流信息系统是物流系统的基础，物流通过产品的仓储和运输，尽量消除时间和空间上的差异，以满足商业活动和企业经营的要求。

物流系统的分类可以有多种方法。如果按规模分类，物流系统可分为大物流系统和小物流系统：可以认为大物流系统是指社会、区域的物流系统，也称社会物流系统；小物流系统可指企业内部的物流系统，也称企业物流系统。如果按行业分类，物流系统可分为工业物流系统、商业物流系统、企业物流系统、石油物流系统、煤炭物流系统等。总之，要视系统的划分来确定物流系统的种类。

2. 物流系统的基本模式

一般地，物流系统具有输入、处理（转化）、输出、限制（制约）和反馈等模式，其具体内容因物流系统的性质不同而有所区别，如图 1-1 所示。

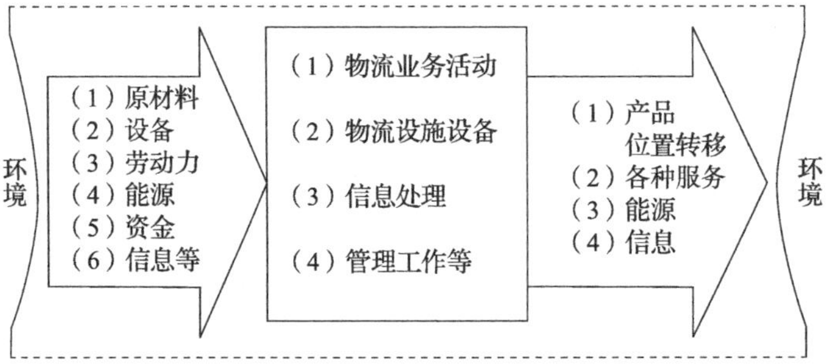

图 1-1　物流系统基本模式

（1）输入。输入内容包括原材料、设备、劳动力、能源、资金、信息等，就是通过提供资源、能源、设备、劳动力等手段对某一系统发生作用，统称为外部环境对物流系统的输入。

物流系统与其他系统具有相似性，其构成系统的一般要素有以下几点。

- 人：人是支配物流的主要因素，是控制物流系统的主体，也是保证物流得以顺利进行和提高管理水平的最关键因素。提高人的素质，是建立一个合理化的物流系统并使它有效运转的根本。
- 财：财是物流活动中不可缺少的资金。交换以货币为媒介，实现交换的物流过程，实际也是资金的运动过程，同时物流服务本身也需要以货币为媒介。物流系统建设是资本投入的一大领域，离开资金这一要素，物流不可能实现。
- 物：物是物流中的原材料、产品、半成品、能源、动力等物质条件，包括物流系统的劳动对象、劳动工具、劳动手段，如各种物流设施、工具、各种消耗材料（燃料、保护材料）等。没有物，物流系统便成了无本之木。
- 信息：信息将物流系统各个部分有效地连接起来，是使其整体达到最优的重要纽带。准确而及时的物流信息是实现物流系统高效运转、整体最优的重要保证。

（2）处理（转化）。处理（转化）是指物流本身的转化过程，从输入到输出之间所进行的生产、供应、销售、服务等活动中的物流业务活动称为物流系统的处理或转化。具体内容有：物流业务活动，如运输、储存、包装、装卸、搬运等；物流设施设备的建设；信息处理及管理工作。

（3）输出。物流系统的输出则指物流系统与其本身所具有的各种手段和功能，对环境的输入进行各种处理后所提供的物流服务。具体内容有：产品位置转移；各种服务，如合同的履行及其他服务等；能源与信息。

（4）限制（制约）。外部环境对物流系统施加一定的约束被称为外部环境对物流系统的限制或制约。具体内容有：资源条件，能源限制，资金与生产能力的限制；价格影响，需求变化；仓库容量；装卸与运输的能力；政策的变化等。

（5）反馈。在物流系统把输入转化为输出的过程中，由于受系统中各种因素的限制，不能按原计划实现，需要把输出结果返回给输入，进行调整，即使按原计划实现，也要把信息返回，以对工作做出评价，这称为信息反馈。信息反馈的活动包括：各种物流活动分析报告，各种统计报告数据、典型调查、国内外市场信息与有关动态等。

发展至今，物流系统是与典型的现代机械电子相结合的系统。现代物流系统由半自动化、自动化以及具有一定智能的物流设备、计算机物流管理和控制系统组成。任何一种物流设备都必须接受物流系统计算机的管理控制，接受计算机发出的指令，完成其规定的动作，反馈动作执行的情况或当前所处的状况。智能程度较高的物流设备具有一定的自主性，能更好地识别路径和环境，本身带有一定的数据处理功能。现代物流设备是在计算机科学和电子技术的基础上，结合传统的机械学科发展而来的机电一体化设备。

从物流系统的管理和控制来看，计算机网络和数据库技术的采用是整个系统得以正常运行的前提。仿真技术的应用使物流系统的设计处于更高的水平。

1.1.3　物流系统规划与设计的概念

物流系统规划是指确定物流系统发展目标和设计达到目标的策略与行动的过程，实际就是对整个物流系统的计划。物流系统是一个涉及领域非常广泛的综合系统，它涉及交通运输、货运代理、仓储管理、流通加工、配送、信息服务、营销策划等领域，其规划的内容主要有发展规划、布局规划、工程规划三个方面，可以说物流系统规划是对物流战略层面的计划与决策。

物流系统又是一个开放的复杂系统，影响其发展的内外部因素多且变化大，其依托的外部环境的变化也有很大的不确定性，因此，不论是改进现有的物流系统还是开发新的物流系统，进行物流系统规划都显得尤为重要。

1. 目标

物流系统规划与设计的目标归结起来，分为以下几个方面。

- 得到良好的服务性；

- 实现良好的快速反应能力；
- 获取强大的信息功能；
- 实现物流服务规模化；
- 充分利用物流资源。

由此，说明了物流系统规划与设计的好坏直接影响到整个物流过程是否实现一体化、信息化、客户化、敏捷化、规模化与精益化。物流系统规划与设计的目标也是衡量设计出的物流系统是否满足需求的有效评价标准。

2. 原则

从系统设计的角度来讲，物流系统设计应遵循开放性原则、物流要素集成化原则、网络化原则和可调整性原则。

- 开放性原则：物流系统的资源配置需要依据满足市场需求的产品整个生命周期的全过程，涉及从采购、生产、存储、运输到销售的全过程，所以在资源配置的过程中考虑各个环节的协调与贯通，以实现物流、信息流和资金流的集成。
- 物流要素集成化原则：物流要素集成化是指通过一定的制度安排，对物流系统功能、资源、信息、网络等要素进行统一规划、管理、评价，通过要素间的协调和配合使所有要素能够像一个整体在运作，从而实现物流系统要素间的联系，达到物流系统整体优化的目的的过程。
- 网络化原则：网络化是指将物流经营管理、物流业务、物流资源和物流信息等要素的组织按照网络方式在一定市场区域内进行规划、设计、实施，以实现物流系统快速反应和最优总成本等要求的过程。
- 可调整性原则：能够及时应对市场需求的变化及经济发展的变化。

归结起来，物流系统设计的基本原则，是从物流的需求和供给两个方面谋求物流的大量化、时间和成本的均衡化、货物的直达化以及搬运装卸的省力化。作为实现这种目的的有效条件，有运输、保管等的共同化，订货、发货等的计划化，订货标准、物流批量标准等有关方面的标准化，以及附带有流通加工和情报功能的扩大化等。物流结构既指物流网点的布局构成，也泛指物流各个环节（装卸、运输、仓储、加工、包装、发送等）的组合情况。物流网点在空间上的布局，很大程度上影响物流的路线、方向和流程，而物流各环节的内部结构模式又直接影响着物流活动的成效。

1.2 物流系统规划与设计分类

1.2.1 按照物流系统规划与设计的对象主体

物流系统规划与设计按照其对象主体可分为社会物流系统规划设计、企业物流系统规划设计。

1. 社会物流系统规划设计

社会物流系统是指通过对各种物流资源的整合，形成服务于一个城市、一个区域或一个国家的社会基础服务体系，降低物流成本，提升社会服务水平。通过将物流活动纳入整个社会活动加以调控，其目的在于协调社会资源配置与企业经济活动之间的关系，构建良好的物流环境和社会环境，吸引外来投资，使整个社会物流系统可持续发展。

2. 企业物流系统规划设计

企业物流系统是指企业为了满足一定的物流服务需求，实现具体的物流服务目标而构建的物流服务系统。

从物流活动范围来看，企业物流系统规划设计包括供应物流系统、生产物流系统、销售物流系统、逆向物流系统的规划设计；从企业类型来看，企业物流系统规划设计分为制造企业物流系统、商贸企业物流系统、物流企业物流系统的规划设计。

1.2.2 按照物流系统模型结构形式

物流系统规划与设计按照物流系统模型结构形式分为实物模型、图式模型、模拟模型和数学模型。

1. 实物模型

实物模型是现实系统的放大或缩小，它能表明系统的主要特性和各个组成部分之间的关系，如桥梁模型、电机模型、城市模型、风洞试验中的飞机模型等。这种模型的优点是比较形象，便于共同研究问题；它的缺点是不易说明数量关系，特别是不能揭示要素的内在联系，也不能用于优化。

2. 图式模型

图式模型是用图形、图表、符号等把系统的实际状态加以抽象的表现形式，如网络图（层次与顺序、时间与进度等）、物流图（物流量、流向等）。图式模型是在满足约束条件下的目标值的比较中选取较好值的一种方法，它在选优时只起辅助作用。当维数大于 2 时，该种模型作图的范围受到限制。其优点是直观、简单；缺点是不易优化，受变量因素的数量的限制。

3. 模拟模型

模拟模型是用一种原理上相似，而求解或控制处理容易的系统，代替或近似描述另一种系统，前者被称为后者的模拟模型。它一般有两种类型：一种是可以接受输入并进行动态表演的可控模型，另一种是用计算机和程序语言表达的模拟模型，例如物资集散中心站台数设置的模拟、组装流水线投料批量的模拟等。通常用计算机模型模拟内部结构不清或因素复杂的系统是行之有效的方法。

4. 数学模型

数学模型是指对系统行为的一种数量描述，当把系统及其要素的相互关系用数学表达式、图像、图表等形式抽象地表示出来时，就是数学模型。它一般分为确定型和随机型、连续型和离散型。

1.3 物流系统模式与战略规划

1.3.1 物流系统的基本模式

物流系统规划与设计的内容主要是依据在细分市场中的服务内容与功能要求，基于物流布点的物流网络设计、选址与布局及运营管理；涉及生产系统、仓储系统、配送系统、运输系统，以及在整个供应链环境中面向信息化物流系统的一体化设计与管理。物流系统的基本模式分为以下几种。

- 最小总成本策略：在一体化物流系统中寻求最低的固定成本及变动成本的组合；
- 最高客户服务策略：充分体现由市场拉动，物流系统规划与设计满足市场客户的需求；
- 最大利润策略：各个物流子系统皆以追求最大利润为目标，优化设计物流系统满足需求；
- 最大竞争优势策略：根据波特的“五力模型”，考虑如何获取竞争优势，从市场的角度来讲，与主要的供应商建立战略合作伙伴关系，以满足主要客户需求为目标，实施有效的物流管理策略，合理的物流系统规划与设计是基础。

1.3.2 物流系统的战略规划

物流系统的规划与设计大体上按照6个步骤进行：调查分析、需求预测、规划设计、方案评价、方案实施、实效评价，流程如图1-2所示。

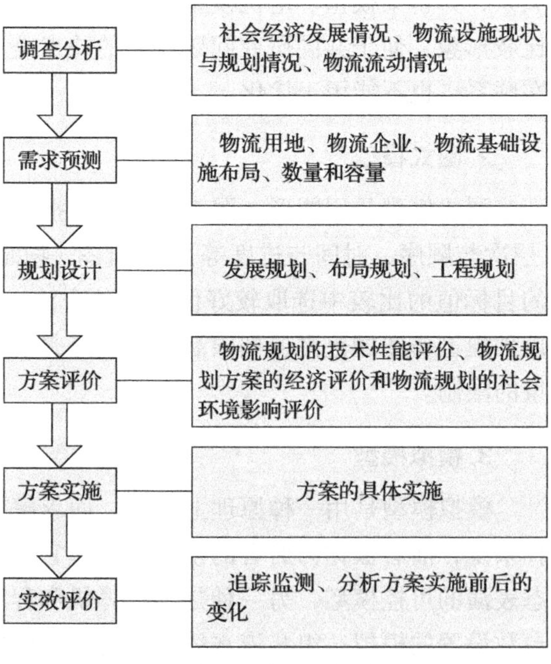

图1-2 物流系统规划与设计流程

1. 调查分析

对物流系统规划所需的各项资料进行调查分析，是物流系统规划的基础性工作。调查资料是否全面、准确、真实，将直接影响到物流发展预测及物流系统现状评价的准确性，进而影响物流系统规划的合理性。调查分析是一项十分繁重的工作，资料的获取涉及物流设施以及与物流有关的社会、经济、自然、土地利用等方面。城市或区域物流不仅其自身是一个相互联系的系统，而且它还是城市或区域大系统中的一个子系统。因此，城市或区域物流的发展变化不仅与物流自身的发展变化有关，而且会受到社会经济发展变化的极大影响。调查的主要内容包括社会经济发展情况、物流设施现状与规划情况、物流流动情况，对社会经济发展的调查分析主要是确定物流系统规划的目标和发展阶段；对物流设施现状与规划的调查分析主要是规划物流系统的服务水平和服务能力；对物流流动的调查可以确定物流的发展趋势。

2. 需求预测

物流需求预测是物流系统规划的主要部分，对物流用地、物流企业、物流基础设施布局、数量和容量进行调查分析预测、需求与服务水平预测，为物流系统的规划和评价提供依据。

3. 规划设计

现代物流系统规划的内容主要有发展规划、布局规划、工程规划三个方面，具体包括物流业或物流企业发展战略规划、物流用地布局与物流基础设施布局、物流链设计以及物流信息系统规划等。

物流系统规划，第一，要进行物流发展战略规划，即根据调查分析和物流需求的预测结果确定物流未来发展的目标方向、发展速度和发展规模。第二，根据物流的整体发展规划确定物流建设的用地布局，包括分布模式和数量；同时，相应地布置物流设施，包括道路、仓库、物资中转站、配送中心和物流园区等。第三，物流链设计，应按照“时间、成本、服务”的目标要求，确定物流链的企业，决定物流链的各个环节，选择物流链各个环节的主体企业，确定物流链主导企业与参与企业横向和纵向联合协议、计划和确认物流链的运作模式与管理模式。第四，物流信息系统规划。信息时代，物流信息的电子化是必然趋势。物流信息系统规划是物流信息收集的数据库化和代码化，物流信息处理的电子化和计算机化，物流信息传递的标准化和实时化，物流信息存储的数字化。物流作业过程中的制造商、批发商、零售商等各个环节的“商流、物流、信息流”要精确地流动，不能过多也不能过少，这就需要规划物流信息系统，使物流供应链和需求链必须保持同步、等量的流动。

4. 方案评价

物流系统规划的评价体系通常包括三个主要方面，即物流规划的技术性能评价、物流规划方案的经济评价和物流规划的社会环境影响评价。

通过评价物流系统的多个备选方案，有利于选择最优的物流系统方案，从而使实施建设成本最小化和运营阶段经济效益最大化；同时，对物流系统的评价，能较准确地估计所建议的措施的费用与效益的来源，以及为决策者提供来自政策变动、社会发展和市场经济波动等方面的不确定信息；另外，对物流系统规划、实施和运营各阶段的评价可以帮助规划人员与管理人员发现问题，并提供其解决问题和进一步改进物流系统的机会。

5. 方案实施

在规划制定完成并经过决策后，规划要进入实施阶段中，为此要在规划制定时，提出方案的实施办法，包括阶段、政策、措施、工程等。

6. 实效评价

方案实施后要进行实效评价，即对实施方案进行追踪监测，分析方案实施前后的变化，提出评价报告，并作为方案修正的依据。

1.4 物流系统的优化方法

物流系统的优化方法主要是指物流系统的建模方法，一般包括优化方法、计算机仿真方法、启发式方法和 IDEF 流程图分析法。

（1）优化方法：是运用线性规划、整数规划、非线性规划等数学规划技术来描述物流系统的数量关系，以便求得最优决策。由于物流系统庞大而复杂，建立整个系统的优化模型一般比较困难，而且用计算机求解大型优化问题的时间和费用太大，因此优化模型常用于物流系统的局部优化，并结合其他方法求得物流系统的次优解。

（2）计算机仿真方法：是利用数学公式、逻辑表达式、图表、坐标等抽象概念来表示实际物流系统的内部状态和输入输出关系，得出数学模型，通过计算机对模型进行试验，再通过实验取得改善物流系统或设计新的物流系统所需要的信息。虽然计算机仿真方法在模型构造、程序调试、数据整理等方面的工作量大，但由于物流系统结构复杂，不确定情形多，所以仿真方法仍以其描述和求解问题的能力优势，成为物流建模的主要方法。

（3）启发式方法：是针对优化方法的不足，运用一些经验法则来提高优化模型的数学精确程度，并通过模仿人的跟踪校正过程求取物流系统的满意解。启发式方法能同时满足详细描绘问题和求解的需要，比优化方法更为实用；其缺点是难以知道什么时候好的启发式解已经被求得。因此，只有当优化方法和计算机仿真方法不必要或不实用时，才使用启发式方法。

（4）IDEF 流程图分析法：IDEF 软件是一种流程图分析软件，可以非常容易地使用流程图来绘制和表述流程。它能够提供比传统流程图更多的信息。流程图中包含的流程、流程约束、人力和其他资源能够被整合到一起。

除了上面主要方法外，还有其他的建模方法，如用于预测的统计分析法，用于评价的加权函数法、功效系统法及模糊数学方法，用于仿真的排队理论、Petri 网、线性规划等。

一个物流决策问题通常有多种建模方法，同时一种建模方法也可用于多个物流决策问题。物流决策问题与物流建模方法的多样化，构成了物流系统的模型体系，如表 1-1 所示。

表 1-1　物流系统的模型体系

决策问题	优化	启发式	计算机仿真	其他
系统效益水平			+	
系统布局与资源配置	+	+	+	
供货人、顾客、储运人选择			+	
库存策略		+		
运输车辆及路径选择		+		
运输计划	+			
生产计划	+			
采购	+			
预测			+	+
评价			+	+

注："+"表示相互对应。

1.5　物流系统的优化技术

物流系统优化的常用技术是除去物流活动所需要的各种机械设备、运输工具、仓库建筑、站场设施以及服务于物流的电子计算机、通信网络设备等物流"硬技术"外的"软技术"，是指为了组成高效率的物流系统而使用的应用技术。具体地说，它是指对物流活动进行最合理的计划，对各种物流设备进行最合理的调配和使用，对物流效率进行最有效的评价而运用的各种技术。例如，使用电子计算机、系统工程、价值工程技术求取物流的最佳技术方案。软技术中的物流计划是指在规划、改善、改变流通形态时所进行的研究及引进的工作；物流设备的调配和使用是指运输工具的选择和使用、装卸的方法、库存管理、人的使用以及劳务管理；物流效果评估是指物流的成本计算、管理资料的整理等。

物流系统管理的常用技术包括物流优化与决策技术；物流预测技术（回归分析预测技术和时间序列预测技术是两种应用广泛的基本预测方法）；物流标准化技术；物流经济评价技术（归结为 3 个系列 60 种：①宏观的技术经济评价方法之一的国民收入（净产值）系列方法 20 种；②宏观的技术经济评价方法之二的纯收入系列方法 20 种；③微观的技术经济评价方法的利润系列方法 20 种）；物流管理运筹技术等。

运筹学方法是一类科学的数量化方法，它包括多种最优化方法，这些方法是物流管理的有效工具。在物流管理中引入这些方法，对有限的资源进行计划、组织、协调和控制，以达到最佳效果。运筹学方法可以在物流管理的以下几个方面得到有效应用：

- 运用整数规划、表上作业法求解来解决在物流过程中如何将有限的资源指派给多项任务和工作的问题，以达到降低成本或提高效益的目的，这也是物流管理的重要问题；
- 运用线性规划、表上作业法或者网络技术来解决运输问题；

- 运用非线性规划和图上作业法来解决物流问题中的选址问题；
- 运用动态规划、模拟优化方法来解决库存问题；
- 运用单纯形法等方法来解决装卸任务分配、装卸工人调配、装卸服务顺序等装卸作业的调度问题；
- 运用动态规划来解决货物配装问题；
- 运用树型结构等网络模型来模拟铁路网络模型和配车方法问题；
- 运用排队论来解决物流随机服务系统的配置问题。

物流系统优化的常用技术（软技术），归结起来可分为以下几种。

1. 基础工业工程技术

它是指工作研究技术，特别是工作研究中的流程分析技术、图表技术、作业改善技术、方法研究技术等。

2. 建模与仿真技术

物流系统活动范围广泛，涉及面宽，经营业务复杂，品种规格繁多，且各个子系统功能部分相互交叉，互为因果。因此，它的系统设计是一项十分复杂的任务，需要严密的分析。

物流系统仿真的目标在于建立一个既能满足用户要求的服务质量，又能使物流费用最小的物流网络系统。其中最重要的是如何能使“物流费用最小”。在进行仿真时，首先分析影响物流费用的各项参数，诸如与销售点、流通中心及工厂的数量、规模和布局有关的运输费用、发送费用等。由于大型管理系统中包含人的因素，用数学模型来表现他们的判断和行为是困难的。但是，人们仍在积极研究和探索包含人的因素在内的反映宏观模糊性的数学模型。目前社会上大量开展数量经济研究，预计在社会经济研究中，数学模型和计算机将会得到越来越广泛的应用，这是对传统的凭主观经验进行管理的有力挑战。

仿真技术在物流系统工程中应用较广，已初见成效，但毕竟由于物流系统的复杂性，其应用受到多方限制，特别是数据收集、检验、分析工作的难度较大，从而影响仿真质量，所完成模型的精度与实际的接近程度也还存在一定问题，有待进一步研究。加之，仿真方法本身属于一种统计分析的方法，比起一般的解析方法要粗些，但这并不影响仿真方法在物流系统工程中的应用和推广。

3. 系统最优化技术

系统最优化技术是 20 世纪 40 年代发展起来的一门数学分支。近几年该技术发展迅速，应用范围越来越广，其方法也越来越成熟，所能解决的实际问题也越来越多。

系统最优化问题是系统设计的重要内容之一。所谓最优化，就是在一定的约束条件下，如何求出使目标函数为最大（或最小）的解。求解最优化问题的方法被称为最优化方法。一般来说，最优化技术所研究的问题是对众多方案进行研究，并从中选择一个最优的方案。一个系统往往包含许多参数，且受外部环境影响较大，有些因素属于不可控因素。

因此，系统最优化问题是在不可控参数发生变化的情况下，根据系统的目标，经常地、有效地确定可控参数的数值，使系统经常处于最优状态。系统最优化离不开系统模型化，先有系统模型化而后才有系统最优化。

系统最优化的方法很多，它是系统工程学中最具实用性的部分。到目前为止，它们大部分是以数学模型来处理一般问题的。如物资调运的最短路径问题、最大流量、最小输送费用（或最小物流费用）以及物流网点的合理选择、库存优化策略等模型。

系统最优化的手段和方法，应根据系统的特性、目标函数及约束条件等进行合理选择。常用的物流系统优化方法有以下几种。

- 数学规划法（运筹学）：这是一种对系统进行统筹规划，寻求最优方案的数学方法。其具体理论与方法包括线性规划、动态规划、整数规划、排队规划和库存论等。这些理论和方法都是解决物流系统中物流设施选址、物流作业的资源配置、货物配载、物料储存的时间与数量的问题。数学规划法包括静态优化规划法和动态优化规划法。其主要运用线性规划解决物资调运、分配和人员分派的优化问题；运用整数规划法选择适当的厂（库）址和流通中心位置；采用扫描法对配送路线进行扫描求优。此外，该方法还有动态规划法、分割法等。
- 系统优化法：在一定约束条件下，求出使目标函数最优的解。物流系统包括许多参数，这些参数相互制约，互为条件，同时受外界环境的影响。系统优化研究，就是在不可控参数变化时，如何根据系统的目标来确定可控参数的值，以使系统达到最优状况。
- 运筹学中的博弈论和统计决策也是较好的优化方法。

物流系统的目标函数是在一定条件下，达到物流总费用最省、顾客服务水平最好、全社会经济效果最高的综合目标。由于物流系统包含多个约束条件和多重变量的影响，难以求优。解决的办法是根据 Dentzin Wlofe 分解原理和分解方法，巧妙地把大问题分解成多个小问题，对各子问题使用现有的优化方法和计算机求解，也可通过 Lagrange 方法求得大系统的动态优化解。所以说，系统最优化技术是物流系统方法论中的重要组成部分。

4. 网络技术

网络技术是现代管理方法中的一个重要组成部分。它最早被用于工程项目管理中，后来在企业的经营管理中得到广泛应用和发展。它是 1958 年美国海军特种计划局在“北极星导弹计划”研制过程中提出的以数理统计为基础，以网络分析为主要内容，以电子计算机为先进手段的新型计划技术，被称作计划评审法（program evaluation review technique，PERT）和关键路线法（critical path method，CPM）。PERT 主要以时间控制为主，而 CPM 则以进度和成本控制为主。

在现代社会中，生产过程错综复杂，工种繁多，品种多样，流通分配过程涉及面广，影响因素随机、多变，参加的单位和人员成千上万。如何使生产中各个环节之间互相密切配合，协调一致，如何使生产－流通－消费之间衔接顺畅，使任务完成得又好、又快、又节省，这不是单凭经验或稍加定性分析就能解决的，而是需要运用网络技术的方法来进行统筹安排，合理规划。越是复杂的、时间紧迫的任务，运用网络技术就越能取得较大的经济效益。对于关系复杂的、多目标决策的物流系统研究，网络技术是不可忽视的基本方法。

利用网络模型来模拟物流系统的全过程以实现其时间效用和空间效用是最理想的。通过网络技术可以明了物流系统各子系统之间以及与周围环境的关联，便于加强横向经济联系。利用网络技术设计物流系统，可研究物资由始发点通过多渠道送往顾客的运输网络优化，以及物料搬运最短路径的确定。

5.“分解－协调”技术

在物流系统中，由于组成系统的项目繁多，相互之间关系复杂，涉及面广，这给系统分析和量化研究带来了一定的困难。在此可以采用“分解－协调”技术对系统的各方面进行平衡，处理系统内外的各种矛盾和关系，使系统能在矛盾中不断调节，处于相对稳定的平衡状态，充分发挥自身功能。

所谓分解，就是先将复杂的大系统，比如物流系统，分解为若干相对简单的子系统，以便运用通常的方法进行分析和综合。其基本思路是先实现各子系统的局部优化，再根据总系统的总任务、总目标，使各子系统相互“协调”配合，实现总系统的全局优化，并从系统的整体利益出发，不断协调各子系统的相互关系，达到物流系统的费用低、服务好、效益高的总目标。此外，还要考虑如何处理好物流系统与外部环境的协调、适应。

所谓协调，就是根据大系统的总任务、总目标，使各分系统在相互协调配合子系统局部优化的基础上，通过协调控制，实现大系统的全局最优化。除上述方法外，预测、决策论和排队论等技术方法也较广泛地被应用于物流系统的研究中。

本章小结

本章叙述了物流、物流系统、物流系统规划的概念；介绍了物流系统规划与设计分类的方法，包括按照物流系统规划与设计的对象主体、按照物流系统模型结构形式分类。

本章重点论述了物流系统战略规划的6个步骤：调查分析、需求预测、规划设计、方案评价、方案实施、实效评价；介绍了物流系统的主要建模方法，一般包括优化方法、计算机仿真方法、启发式方法和IDEF流程图分析法。物流系统优化的常用技术主要有基础工业工程技术、建模与仿真技术、系统最优化技术、网络技术和“分解－协调”技术。

案例分析

和黄物流：完善的服装物流管理系统

通过与知名国际服装企业的合作，和黄物流建立了完善的服装物流管理系统。

1. 行业特点

服装行业的特点是产品变化快、批量小、品种多、货物价值高、存在强烈的地域性消费差异。同时服装行业的产品一般分箱复杂，包装成本高，包装容易破损，货物容易丢失，配送批量小，送货难度高。服装行业的业务流程非常复杂、烦琐，物流环节众多。仓库种类繁多：原材料仓、机物料仓、半成品仓、成品仓等，产品品种多，仓库面积大、范围广，每天需处理的收发货单据量也大。许多服装企业每天需要处理成百上千的库存单位，并要管理无数的款式、尺码、客户标识甚至更多的数据。

2. 服装物流管理流程

针对服装物流的特点，建立仓储运输的标准操作流程，承运商管理制度和考核体系，完善货物跟踪制度，保持与发货客户、收货客户、承运商顺畅的信息沟通。服装物流管理流程涵盖仓库库存管理、承运商 KPI 管理、承运商沟通机制、客户沟通机制、货物运输跟踪、货物验收标准等。

3. 物流管理系统

和黄物流的智能供应链管理系统具备完善、灵活的物流管理功能。系统能够进行精细的产品管理，包括处理几万种不同款式、颜色、尺寸等的产品；系统可以根据运输计划安排拣货作业，合理对产品分箱，达到客户对装箱品种分配的要求，减少包装时间；运输跟踪功能提供货物的在途跟踪和查询功能，通过实时查询货物流向，可以及时得知订单的处理和完成情况，保证货物能够准时到达客户手中，降低货物遗失风险。

4. 物流管理

和黄物流在长期的行业实践中培养了一支物流经验丰富的专业管理团队，工作认真、细致，熟悉物流的各个环节，针对服装物流特点和容易出现的问题，能够提供有效可行的解决方案。根据对客户销售预测数据的分析，和黄物流可以预先安排最优的仓储、配送和运输计划，合理分配资源，保证货物能够准确、及时地送达经销商甚至终端客户的手中，从而提高客户满意度，增加客户的市场占有率。

同时最新物流技术的实施和应用，例如无线扫描系统和设备的使用，可以避免人工操作造成的差错，大大提高物流运作准确率和效率。此外，针对服装物流包装成本高、货物价值高、包装容易破损的问题，它们正在论证欧洲使用专用服装散装车进行配送的可行性，借此可以大大降低包装成本和货损风险。和黄物流还能够为客户提供所需的各种增值物流服务，包括质检、贴标签、包装、加工、销毁等一系列综合服务。和黄物流拥有遍布全国的分支网点，拥有功能先进的信息管理体系，拥有经过专业培训精通物流管理的高素质专业人才，这些强大优势成为和黄物流能够为服装企业提供优质物流服务的保证和基础。

资料来源：https://www.10000link.com/，万联网，2022 年 5 月 27 日。

思考题

试分析和黄物流管理系统，是如何发挥管理功能，通过优质的物流服务，增加客户的市场占有率的。

参考思路

根据对客户销售预测数据的分析，和黄物流可以预先安排最优的仓储、配送和运输计划，合理分配资源，保证货物能够准确、及时地送达经销商甚至终端客户的手中，从而提高客户满意度，增加客户的市场占有率。

课外拓展

1. 上网搜索广州大田铁路物流基地项目概况（简介），分析：
 （1）物流基地有哪些服务功能？
 （2）物流基地如何进行功能区布局？
2. 沃尔玛的物流配送系统，采用哪种物流网络结构模型？

课堂讨论

讨论 1　物流系统按规模可分为哪几类？
讨论 2　物流系统战略规划有哪几个步骤？
讨论 3　物流系统优化的常用技术主要包括哪几种技术？

复习思考题

一、名词解释

现代物流；物流系统；物流系统规划；社会物流系统；企业物流系统

二、填空题

1. 我国国家标准《物流术语》中指出物流是“物品从__________到__________的实体流动过程，根据实际需要，将运输、储存、装卸、搬运、包装、流通加工、配送、信息处理等基本功能实施有机结合”。
2. 物流系统规划与设计按照物流系统模型结构形式分为__________、__________、__________和__________。
3. 物流系统的优化方法主要是指物流系统的__________，一般包括__________、__________、__________和__________。

三、选择题

1. 物流系统中的包装功能主要有（　　）。
 A. 保护产品　B. 方便运输　C. 促进销售　D. 广告宣传
2. 物流系统按行业分类有（　　）。
 A. 企业物流系统　B. 工业物流系统
 C. 商业物流系统　D. 社会物流系统
3. 物流系统是由运输、仓储、（　　）等各环节组成，这些环节也被称为物流的子系统。
 A. 装卸　B. 配送　C. 流通加工　D. 物流信息

E. 物流成本管理

4. 物流系统优化的常用技术有（　　）。

A. 基础工业工程技术　　B. 建模与仿真技术

C. 系统最优化技术　　D. “分解 - 协调”技术

E. 网络技术

四、简答题

1. 物流系统的基本模式是什么？

2. 物流系统的战略规划是什么？

3. 物流系统的建模方法有哪些？

第2章

CHAPTER 2

物流节点系统规划与设计

| 本章要点 |

- 物流节点选址规划的目标
- 物流节点选址问题分类
- 物流节点选址的方法
- 物流节点选址决策的影响因素
- 物流节点选址问题早期研究的主要理论
- 物流节点选址的技术与方法

| 开篇案例 |

广东粤通铁路物流公司投60亿元建枢纽型物流园区

1. 打造“港站一体化”枢纽型物流园

位于广州市江高镇的大田铁路经济产业园，是白云区重点打造的八大产业园区之一，主要是精准对接“一带一路”建设，发挥跨境铁路运输优势，打造跨境商品聚集、交易、中转和O2O跨境贸易于一体的产业区。这样的产业平台定位，与粤通铁路谋划打造的铁路物流产业基地不谋而合。据了解，该公司将在白云区投资60亿元建设大田铁路物流园产业基地，根据国际物流、农产品物流、制造业物流、商贸批发、零散快运、城市配送等六种业务模式，规划建设物流中心、农产品流通加工区、中央厨房、零担专线功能区、保税仓等目标市场所需的物流设施及相关配套服务设施等。

2. 以铁路项目建设驱动产业经济发展

该项目推行集铁路站和公路港、水港、航空港于一体的“港站一体化”新理念，打造“一园多港功能全覆盖”的“港站一体化”枢纽型物流园区，以铁路项目建设驱动铁路产业经济发展，大力发展“铁路港+”产业生态圈，为社会经济发展提供高效、便利的物流支撑。

资料来源：http://sw.gz.gov.cn/swzx/zsyz/content/post_2459880.html，南方日报，2019 年 10 月 16 日。

2.1　物流节点系统选址规划概述

在物流节点系统规划与设计中，物流节点的选址是一个重要的决策问题，它决定了整个物流网络的模式、结构和形状。物流节点的选址决策就是确定整个物流系统中所需的节点数量、地理位置，以及服务对象分配方案。

在单个企业的物流网络系统中，一方面，物流节点的选址决策影响整个企业物流系统的结构和系统中其他要素的决策，如库存、运输等；另一方面，系统中其他要素的决策也会影响物流节点的选址决策。因此，节点的选址与库存、运输成本之间存在着密切的关系。

在整个供应链系统中，一个企业物流系统的选址决策往往要受到供应链中其他企业的影响，供应链系统中核心企业的选址决策会影响到所有供应商的物流系统的选址决策。如戴尔公司在厦门建立一家新的计算机生产厂，那么，戴尔公司的供应商或物流服务商就必须在工厂附近建立配送中心，以满足戴尔公司准时生产的要求。同样，很多厂商在选址时，会考虑在零配件产业集群的地方建厂，以减少采购成本。

在一个物流系统中，物流中间节点的数量增加，可以提高服务及时率，减少缺货率，但同时，往往会增加库存量与库存成本。因此，在规划与设计中，尽量减少物流中间节点的数量，扩大物流中间节点的规模是降低库存成本的一个重要措施。在物流园区、物流中心规划中采用集约化设计，可以实现大规模配送，降低成本。同样，在规划与设计中，物流节点的数量与运输成本之间也形成制约关系：随着物流节点数量的增加，可以减少运输距离，降低运输成本，但是，物流节点数量增加到一定程度时，由于单个订单的数量过小，增加了运输频率，并且达不到运输批量，从而造成运输成本大幅上涨。因此，确定合适的物流节点数量，也是物流节点系统规划与设计的主要任务之一。

2.1.1 物流节点选址规划的目标

1. 成本最优化

成本最优化是物流节点选址决策中最常用的目标，与物流节点选址规划有关的成本主要有运输成本与设施成本。

（1）运输成本。运输成本取决于运输数量、运输距离与运输单价。运输数量若没有达到运输批量，就不能形成规模经济，从而会影响到总的运输成本。当物流节点的位置设计合理时，总的运输距离就小，运输成本就会下降。而运输单价取决于运输方式与运输批量，与物流节点所在地的交通运输条件和顾客所在地的交通运输条件直接有关。

（2）设施成本。与设施相关的成本包括固定成本、存储成本与搬运成本。固定成本是指那些不随着设施的经营活动水平而改变的成本，如设施建造成本、税金、租金、监管费和折旧费都属于固定成本。设施建造成本与土地成本有关，取得土地使用权的费用与物流节点选择的地点直接相关，即使采用租赁经营方式，土地成本也会在租金中体现出来。

存储成本是指那些随着设施内货物数量变化而改变的成本。也就是说，如果某项成本随着设施中保有的库存水平增加或减少，该项成本就可以归为存储成本。典型的存储成本有仓储损耗、某些公共事业费、库存占用的资金费用、库存货物的保险费等。

搬运成本是指随着设施吞吐量变化的成本。典型的搬运成本有存取货物的人工成本、某些公共事业费、可变的设备搬运成本等。

2. 服务最优化

与物流节点选址决策直接相关的服务指标主要是送货时间、距离、速度与准时率。一般来说，物流节点与客户的距离越近，则送货速度越快，订货周期也越短，而订货周期越短，准时率也就越高。

3. 物流量最大化

物流量是反映物流节点作业能力的指标。而反映物流量的主要指标是吞吐量和周转量，从投资物流节点来看，这两个指标用来测量物流节点的利用率，物流量越大，效益越高。如在港口经营管理中，需要不断挖掘潜力，提高港口吞吐量。但从整个物流系统来看，吞吐量与周转量无法适应现代物流的多品种、小批量、高频次的特征，若物流节点与顾客距离越远，则周转量越大，费用也越高，即以吨公里[㊀]最大为决策目标时，物流节点选址是与客户的距离越远越好，这显然违背设置物流节点的根本目的。因此，在物流节点选址决策中，是在成本最优化的前提下，考虑物流量最大化。

4. 发展潜力最大化

由于物流节点投资大，服务时间长，因此，在选址时不仅要考虑在现有条件下的成本、服务等目标，还要考虑将来发展的潜力，包括物流节点生产扩展的可行性及顾客需求增长的潜力。

5. 目标评价综合化

在物流节点选址决策中，仅仅从成本、服务、物流量与发展潜力的单一目标考虑可能还不能满足物流系统经营的需要，这时，需要采用多目标决策的方法来综合评价。

2.1.2　物流节点选址问题分类

在进行物流节点选址决策时，需要建立选址模型进行分析，而要建立选址模型，需要首先确定以下几个问题：

（1）选址的对象是什么？

（2）选址的目标区是怎样的？

（3）选址目标和成本函数是什么？

（4）有什么样的约束条件？

根据以上这些不同的问题，选址模型可以分为相应的类型，根据不同的选址问题类型建立不同的数学模型，进而可以选择相应的算法进行模型求解。这样，就可以得到该选址问题的方案。

一般地，可将选址问题按下面几种方法分类。

1. 按设施对象划分

不同的物流设施其功能不同，选址时所考虑的因素也不相同。在决定设施定位的因素中，通常某一个因素会比其他因素更重要。

在工厂和仓库选址中，最重要的因素通常是经济因素；零售网点选址时，一般最重要的因素是零售服务的顾客的消费偏爱；在服务设施（如医院、银行）选址时，到达的容易程度则可能是首要的选址要素，在收入和成本难以确定时，尤其如此。在地点带来的收入起决定性作用的选址问题中，地点带来的收入减去场地成本就得到该地点的盈利能力。

2. 按设施数量划分

根据选址设施的数量，可以将选址问题分为单设施选址问题和多设施选址问题。单设施的选址与同时对多个设施选址是截然不同的两个问题，单设施选址无须考虑竞争力、设

㊀ 吨公里为货物运输的计量单位，1 吨货物运输 1 公里为 1 吨公里，其中 1 公里 = 1 千米。

施之间需求的分配、集中库存的效果、设施成本与数量之间的关系等，而运输成本是要考虑的首要因素。

单设施选址是以上两类选址问题中较为简单的一类。

3. 按选址的离散程度划分

按照选址目标区域的特征，选址问题分为连续选址和离散选址两类。

连续选址问题是指在一个连续空间内所有点都是可选方案，要求从数量无限的点中选择其中一个最优的点。这种方法被称为连续选址法（continuous location methods），常应用于设施的初步定位问题。

离散选址问题是指目标选址区域是一个离散的候选位置集合。候选位置的数量通常是有限的，可能事先已进行了合理分析和筛选。这种模型是较切合实际的，被称为离散选址法（discrete location methods），常应用于设施的详细选址设计问题。

4. 按目标函数划分

按照选址问题所追求的目标和要求不同，模型的目标函数可分为以下几种：

（1）可行点（feasible solution）和最优点（optimal solution）。对于许多选址问题来说，首要的目标是得到一个可行的解决方案，即一个满足所有约束条件的解决方案。得到可行方案以后，第二步的目标是找到一个更好的解决方案。

（2）中值问题（median problem）。在区域中选择（若干个）设施位置，使得该位置离需求点到最近设施的距离（或成本）的“合计”距离最小。这种目标通常在企业问题中应用，所以也被称为“经济效益性”（economic efficiency）。这类问题是 minimum 问题，它的目标函数通常写成如下形式：

$$\min_{X}\{\sum_{j} D_j(X)\}$$

式中 X——新的待定设施的位置坐标；

j——已存在且位置固定的需求地编号；

$D_j(X)$——新设施在位置 X 时到需求点 j 的距离（或成本）。

在中值问题中，在数量预先确定的被选择设施位置集合里，选中其中 P 个设施并指派每个需求点到一个特定的设施，这个问题称为 P- 中值问题（P-median problem）。

（3）中心问题（center problem）。根据在一定区域内使得被选择设施位置离最远需求点的距离（或成本）集合中取最小的原则，在区域中选择设施位置的方法被称为中心问题。中心问题的目标由已存在设施的单个成本（或距离）最大的个体组成。目标是优化最坏的情况，这种目标通常在军队、紧急情况和公共部门中使用，它追求的是“经济平衡性”（economic equity）。

由于中心问题的目标函数可以表示为：

$$\min_{X}\{\max_{j} D_j(X)\}$$

式中 X——新的待定设施的位置坐标；

　　j——需求地编号；

$D_j(X)$——新设施在位置 X 时到需求点 j 的距离（或成本）。

因此，中心问题也被称为 min-max 问题。

（4）反中心问题（anti-center problem）。根据在一定区域内使得被选择设施位置离最近需求点的距离（或成本）集合中取最大的原则，在该区域中选择设施位置的方法被称为反中心问题。反中心问题的目标由已存在设施的成本（或距离）最小的个体组成。目标也是优化最坏的情况，这种目标通常在有害设施（例如废水处理厂、垃圾回收站等）选址中使用，它是 max-min 型的目标函数。反中心问题的目标函数通常写成如下形式：

$$\max_X\{\min_j D_j(X)\}$$

式中　X——新的待定设施的位置坐标；

　　j——需求地编号；

$D_j(X)$——新设施在位置 X 时到需求点 j 的距离（或成本）。

（5）单纯选址问题（pure location problem）和选址分配问题（location allocation problem）。如果新设施和已存在设施间的关系与新设施的位置无关，而且是固定的，则选址问题称为单纯选址问题，也被称为有固定权重的选址问题。

如果新设施和已存在设施间的关系与新设施的位置相关，那么，这些关系本身就成为变量，这种问题被称作选址分配问题。例如，配送中心的客户分配问题，添加一个新的配送中心不仅改变了原配送中心的客户分配，同时也改变了配送中心到客户的距离。

5. 按能力约束划分

根据选址问题的约束种类，可以分为无能力约束的设施选址问题和有能力约束的设施选址问题，如果新设施的能力可以充分满足客户的需求，那么，选址问题就是无能力约束的设施选址问题，无能力约束的设施选址问题有时也被称为单纯设施配置问题；反之，若新设施的能力不能充分满足客户的需求，具有满足需求的上限，就是有能力约束的设施选址问题。

2.1.3　物流节点选址的方法

物流节点选址的方法大体上有以下几类。

1. 专家评估法

专家评估法是以专家为索取信息的对象，运用专家的知识和经验，考虑选址对象的社会环境和客观背景，直观地对选址对象进行综合分析研究，寻求其特性和发展规律并进行评估选择的一类选址方法。

专家评估法中最常用的方法包括：因素评分法、德尔菲法、模糊综合评价法与层次分析法等。关于专家选择法的一些方法与内容在后面的“物流系统评价与方案选择”一章里详细介绍。

2. 模拟计算法

模拟计算法是将实际问题用数学方法和逻辑关系表示出来，然后通过模拟计算及逻辑推理确定最佳布局方案。这种方法的优点是比较简单，缺点是选用这种方法进行选址时，分析者必须提供预定的各种网点组合方案以供分析评价，从中找出最佳组合。因此，决策的效果依赖于分析者预定的组合方案是否接近最佳方案。

该方法是针对模型求解而言的，是一种逐次逼近的方法。分析者需要对这种方法进行反复判断、实践修正，直到满意为止。该方法的优点是模型简单，需要进行方案组合的个数少，因而，容易寻求最佳的答案。缺点是这种方法得出的答案很难保证是最优的，一般情况下只能得到满意的近似解。

3. 精确法

精确法是通过数学模型进行物流网点布局的方法。采用这种方法首先根据问题的特征、已知条件以及内在的联系建立数学模型或者是图论模型，然后对模型求解，获得最佳布局方案。采用这种方法的优点是能够得到较为精确的最优解，缺点是对一些复杂问题建立恰当的模型比较困难，因而在实际应用中受到很大的限制。

精确法中最常用的有重心法和线性规划法。

4. 启发法

启发法（heuristic methods）是指有助于减少求解平均时间的任何原理或概念，也可以表示指导问题迅速解决的经验原则。当经验原则运用于选址问题时，这类有助于加快求解过程的经验可迅速从大量备选方案中找出好的解决方案。虽然启发法不能保证找到的解一定是最优解，但使用该方法能够带来合理的计算时间和内存空间要求，并能很好地表现实际情况，得到满意解。

2.1.4 物流节点选址决策的影响因素

选址方案的确定是运输和库存决策的前提。在实际选址决策中，不仅要考虑每个选址方案引起的运输成本和库存成本的变化，而且还要考虑多方面的因素。这些因素可分为内部因素和外部因素两大类。内部因素主要包括企业发展战略、产品或服务的特征等，外部因素主要包括宏观政治及经济因素、基础设施因素、环境因素、竞争对手发展情况等。

1. 选址决策的内部因素

选址决策中的内部因素非常重要，选址决策时要使选择的方案，一是与企业发展战略相适应，二是与生产产品或提供服务的特征相匹配。例如，对于制造业的企业，发展实用型产品还是创新型产品，这是企业通过对内外环境和自身优势与劣势进行综合分析后得到的企业长远发展战略。如果选择发展实用型产品，由于需求稳定且量大、产品生命周期长、利润率低，低成本运营是企业发展战略，因此在选址时必然会选择在生产成本低的地区建立物流设施。而选择发展创新型产品，因为这类产品需求的不确定性，需要建立快速反应的物流系统，所以在选址时会考虑在地价较高、交通灵活发达的地方建立配送中心，而这些地方往往成本较高。对于商业及服务业来说，选择发展连锁便利店还是超市，会有不同的物流网络的设计。选择发展连锁便利店，则必须选择一些人口密集区域、成本较高、面积需求较小的地区。而选择发展超市，则会选择人口不是非常密集，可以有大面积土地提供的地方。

2. 选址决策的外部因素

（1）宏观政治及经济因素。宏观政治因素主要考虑候选地的国家长远发展战略，分析该国政权是否稳定，法制是否健全，是否存在贸易禁运政策等。宏观政治因素都是一些定性指标，主要依靠主观评价来确定。

宏观经济因素主要包括税收政策、关税、汇率等，这些都与选址决策直接相关，企业总是会寻求最宽松的经济环境来经营。优惠的税收政策是吸引企业投资的一项重要因素。关税政策引起市场壁垒，也是企业选址时考虑的另一项重要因素。如果一个国家的关税较高，那么企业或者放弃这个国家的市场，或者选择在该国建厂以规避高额的关税。汇率的变化也会影响选址决策。

（2）基础设施因素。基础设施因素主要包括现有物流基础设施、通信设施的可利用性、交通运输情况与运输费率；在企业运营中，物流成本往往超过制造成本，而良好、快捷的基础交通设施对于降低物流成本能够起到重要的作用。同样，通信设施的质量、成本对于选址决策影响很大，因为信息流的通畅快速对于降低需求的扭曲、降低库存成本都有重要意义。

（3）环境因素。环境因素主要考虑自然环境与社会环境，如城市与区域发展的总体规划情况，原材料、燃料、动力、土地、自然条件等生产要素的供应情况，劳动力的供应数量与素质，以及劳动力的成本、产品销售市场或服务对象分布情况、产业的集聚状态，是否具有建立长期生产协作关系的条件，是否过度集聚等。

（4）竞争对手发展情况。在选址决策中必须考虑到竞争对手的布局情况，根据企业产品或服务的自身特征，来决定是靠近竞争对手还是远离竞争对手。

2.2 物流节点选址问题早期研究的主要理论

与选址决策有关的早期研究理论主要由土地经济学家与区域地理学家提出，主要有区位论（location theory），如约翰·海因里希·冯·杜能（Johann Heinrich von Thünen）关于农业生产布局的农业区位论、阿尔弗雷德·韦伯（Alfred Weber）关于工业生产布局的工业区位论以及瓦尔特·克里斯塔勒（Walter Christaller）关于城市规划布局的中心地理论等。在这些早期研究理论中，运输成本在选址决策中起到重要作用。尽管大多数研究是在农业社会与早期工业社会条件下进行的，但他们所提出的许多概念对现实的选址工作仍然有指导意义。

2.2.1 杜能的农业区位论（Thünen's agriculture location theory）

杜能通过对农业生产布局合理化进行研究后认为，任何经济开发活动能够支付的最高地租都是产品在市场内的价格与产品运输到市场的成本之差。各种经济活动根据其支付地租的能力分布在市场周围。在农业经济中，各种农业生产活动可能按图 2-1 所示的方式从市场向外布局。杜能的这一观点在现在的布局设计中仍然有用，在我们周围，你会发现同样的现象——围绕城市中心地环形分布着零售商业区、居住区、工业生产制造区和农业区。那些能够支付最高地租的经济活动将分布在距离城市中心最近的地区，以及主要运输枢纽的周边地带。

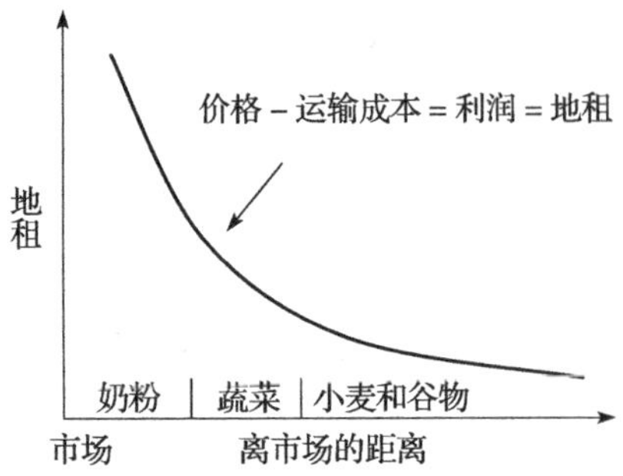

图 2-1　杜能的地租曲线

计划开发经济活动选址理论公式为：

最高地租 = 产品价格 – 运输成本

2.2.2 韦伯的工业区位论（Weber's industrial location theory）

1. 在生产过程中原材料运输起到的作用及其对物流节点选址的影响

工业区位论的奠基人韦伯认识到在生产过程中原材料运输起到的作用及其对选址的影响。韦伯发现，有些生产过程是失重（weight losing）的（例如炼钢），即原材料的重量之和大于成品的重量。由于生产过程中产生低价值的副产品，导致重量有所损失。因此，为了避免将副产品运到市场，这些生产过程趋向于接近原材料产地，以使运输成本最小。

另外，有些生产过程则是增重（weight gaining）的（例如饮料）。通常，当普遍存在的要素进入生产过程时会发生这种情况。这些普遍存在的要素包括在任何地方都可以获取的原材料，如空气和水。因此在选址过程中要尽可能缩短这些普遍存在的生产要素的运输距离以使运输成本最小，为此，生产过程就应该尽量靠近市场，就地取材。罐装软饮料行业大多数以这种方式进行工厂选址，如可口可乐公司，它将糖浆运到罐装厂，然后与水混合在一起制成成品。这样，罐装生产工厂通常坐落在产品的销售市场区域附近，就近销售。

除上述两类生产过程以外，还有一些生产过程的原材料与成品的重量相同。装配线生产是这类生产过程的典型代表，在装配生产中，其成品重量是装配所需要的所有零部件重量之和。为此，韦伯认为，这类生产过程既可以考虑趋近零部件集聚的产地，也可以考虑趋近销售市场。也就是说，在零部件产地和销售市场之间的任何地点都可以选址，企业的内向运输与外向运输的成本总和都是一样的。但实际上也是有区别的，韦伯只考虑了单一零部件产地与销售市场的情况，由于零部件产地和销售市场不止一个，因此，需要综合考虑，优化求解，选择一个最佳点。

2. 韦伯理论的中心思想

韦伯理论的中心思想，就是区位因子决定生产场所，将企业吸引到生产费用最小、节约费用最大的地点。韦伯将区位因子分成 3 类：运费、劳动费、集聚和分散。

（1）运输区位法则。韦伯研究了原料指数（即原料重量与制品单位重量之比）与运费的关系，指数越小，运费越低，从而得出运输区位法则的一般规律：①当原料指数 >1 时，即生产过程是失重的（例如炼钢），生产地多设于原料产地；②当原料指数 <1 时，即生产过程是增重的（例如罐装饮料），生产地多设于消费区；③当原料指数近似为 1 时，即生产过程与产品恒重（例如零部件装配），生产地设于原料地或消费地皆可。此时人们几乎完全根据原料指数确定工业区位。

（2）劳动区位法则。某地由于劳动费低廉，将生产区位从运费最低的地点吸引到劳动费最低的地点。原则上只有当单位产品劳动费节约额大于运费增加额时，工厂才会从运费最小点移向劳动供给地。为了用数学推导这一问题，韦伯设计了等费线理论。等费线理论，是指以运费最小地点为中心，向四周延伸，每吨产品的运费增加额相同点的连线为等费线，而运费增加额与劳动节约额等同的相切线为决定等费线，决定区位的改变。如图 2-2 所示，RM_1 和 RM_2 为两个原料产地，M 为市场。假设 RM_1 和 RM_2 生产的是失重原料（失重率 50%），原料和产品每吨运价相等，则环绕 RM_1 和 RM_2 的费用等值圈表示生产 1 个单位产品（假如为 1 吨）所需要原料的运费；以 M 为中心的费用等值圈则表示单位产品运往市场的运费。由于原料是失重的，而产品是纯的，所以环线 RM_1 和 RM_2 的运费等值圈的间距比环绕 M 的要密。X 点运费为 8（RM_1 的单位运费 2 + RM_2 的运费 4 + 产品运到 M 的运费 2），将运费支出为 8 的各点连接起来，就成为 8 的等费线。P 点是运费最小的点，总支出运费为 7。Y 点生产 1 个单位产品，劳动费支出比 P 点低 2 个单位，能否将生产地迁至 Y 点，决定于 Y 点是否在 9 的运费等费线（即决定等费线）内，如在线内，可将生产地从 P 点迁至 Y 点。

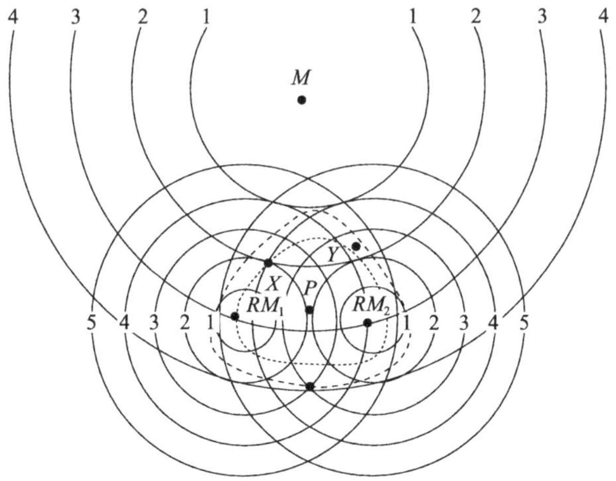

图 2-2　韦伯的等费线示意

（3）集聚（分散）区位法则。集聚和分散是相反方向的吸引力，将工厂从运费最小点引向集聚地区或分散地区。如果集聚（分散）获得的利益大于工业企业从运费最小点迁出而增加的运费额，企业可以进行集聚或分散移动。具体推算方法也可以利用等费线理论。

韦伯的理论至今仍为区域科学和工业布局的基本理论，但在实际应用中有很大的局限性。

2.2.3 相关理论

1. 中心地理论

德国地理学家瓦尔特·克里斯塔勒通过对德国南部城市的深入考察和理论研究，1933年提出了著名的中心地理论。这一理论是在西欧国家工业化和城市迅速发展的历史背景下产生的，中心内容是论述一定区域内（国家）城镇等级、规模、职能间的关系及其空间结构的规律性。诚如作者所言："……为什么城市有大有小？我们相信，城市分布一定有什么安排它的原则在支配着……"为了寻求这个支配城市分布及城市规模等级的规律，他按照演绎推理的特点，从提出假设出发，通过逻辑推理，建立理论和法则，并用实践反复进行检验，因此中心地理论既与当时德国南部城镇的实际分布具有相当大程度的吻合性，同时又有抽象的概括力。

2. 区域经济学

经济区域是按人类经济活动的空间分布规律划分的，具有均质性和集聚性，经济结构基本完整，是在国民经济体系中发挥特定作用的地域单元。区域经济是一个国家经济的空间系统，是经济区域内部社会经济活动和社会经济关系或联系的总和，是经济区域的实质性内容。

区域经济学是研究经济活动在一定自然区域或行政区域中的变化或运动规律及其作用、机制的科学，是经济学与经济地理学相结合的产物。

2.3 物流节点系统规划与设计方法

随着应用数学和计算机技术的发展，选址决策的方法不再只是定性的方法，更多的是定量的方法，通过建立模型来寻求选址决策方案。本节主要讨论较现代的选址技术与方法。

2.3.1 选址问题中的距离计算方法

在选址问题模型中，最基本的一个参数是各个节点之间的距离。已知两节点的坐标，一般采用三种方法来计算节点之间的距离：一种是直线距离，也叫欧几里得距离（Euclidean metric）；另一种是折线距离（rectilinear metric），也叫城市距离（metropolitan metric），如图 2-3

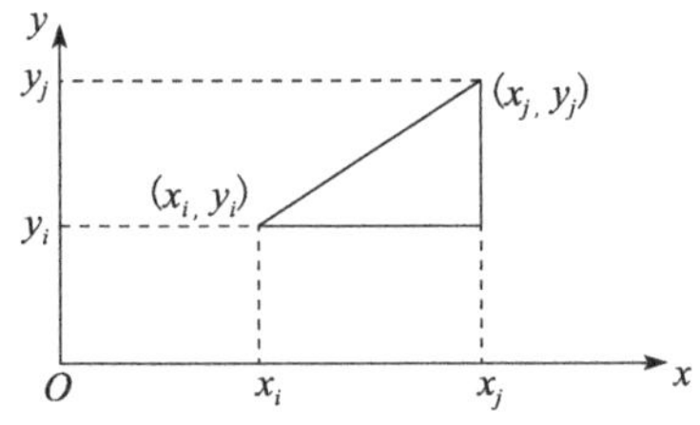

图 2-3　直线距离与折线距离

所示。上述两种是最常见的方法，还有一种是大圆距离，利用球面三角学（spherical trigonometry）计算。

1. 直线距离

当选址区域的范围较大时，网点间的距离常可用直线距离近似代替，或用直线距离乘以一个适当的系数来近似代替实际距离，如城市间的运输距离、大型物流园区间的间隔距离等都可用直线距离来近似计算。

区域内两点 (x_i, y_i) 和 (x_j, y_j) 间的直线距离 d_{ij} 的计算公式为：

$$d_{ij} = \beta_{ij}\sqrt{(x_i - x_j)^2 + (y_i - y_j)^2} \tag{2-1}$$

其中，β_{ij} 称为迂回系数，$\beta_{ij} \geqslant 1$，一般可取定一个常数，当 β_{ij} 取 1 时，d_{ij} 为平面上的几何直线距离。β_{ij} 取值的大小要视区域内的交通情况：在交通发达地区，β_{ij} 的取值较小；反之，β_{ij} 的取值较大。如在美国，β_{ij} 取 1.2，而在南美洲，β_{ij} 取 1.26。

2. 折线距离

如图 2-3 所示，折线距离也称为城市距离，当选址区域的范围较小而且区域内道路较规则时，可用折线距离代替两点间的距离。如城市间的配送问题，具有直线通道的配送中心、工厂及仓库内的布置、物料搬运设备的顺序移动等问题。

折线距离的计算公式如下：

$$d_{ij} = \beta_{ij}(|x_i - x_j| + |y_i - y_j|) \tag{2-2}$$

3. 大圆距离

由于各种地图制图技术都是将球体映射到平面上，必然会引起变形。用平面坐标来计算距离可能会产生计算误差，误差的大小取决于地图映射方法以及在地图的什么位置计算距离。更好的方法是利用经纬度坐标和大圆距离公式，大圆距离公式不仅能避免平面地图的偏差，而且还考虑了地球的弯曲程度。大圆距离的计算公式如下：

$$\begin{aligned} d_{AB} = 3\ 959\{&\arccos[\sin(\mathrm{LAT}_A)\times\sin(\mathrm{LAT}_B)+\cos(\mathrm{LAT}_A)\times\cos(\mathrm{LAT}_B)\times \\ &\cos(|\mathrm{LONG}_A-\mathrm{LONG}_B|)]\} \end{aligned} \tag{2-3}$$

式中　d_{AB}——点 A 到点 B 之间的大圆距离，单位为英里[⊖]；

LAT_A——点 A 的纬度（弧度，即角度乘以 $\pi/180$）；

LONG_A——点 A 的经度（弧度）；

LAT_B——点 B 的纬度（弧度）；

LONG_B——点 B 的经度（弧度）。

2.3.2　单物流节点选址模型

在展开讨论选址决策模型之前，先通过介绍一个较为简单的实例来理解物流节点的选

⊖ 1 英里＝1 609.344 米。

址问题。例如，在一条直线上（街道）选址一个有效位置（商店），即一种设施选址，为了能让在这条街上的所有顾客到达商店的平均距离最短，在不考虑其他因素的情况下，当然这条大街的中点是最为合理的位置。但更为现实的情况是，街上各个位置可能出现顾客的概率是不一样的，如果考虑到这个因素，那就需要给整条街的不同位置加上一个权重 w_i 进行分析。在权重等外部条件都确定的情况下，这个中值问题可以用如下目标函数来表示：

$$\min Z=\sum_{i=0}^{s} w_i(s-x_i)+\sum_{i=s}^{n} w_i(x_i-s) \tag{2-4}$$

或

$$\min Z=\int_{x=0}^{s} w(x)(s-x)\mathrm{d}x+\int_{x=s}^{L} w(x)(x-s)\mathrm{d}x \tag{2-5}$$

式中 w_i——街道上第 i 个位置出现顾客的频率；

x_i——街道上第 i 个位置到所选地址的距离；

s——选址的位置。

式（2-4）适用于离散模型，而式（2-5）适用于连续模型。

上述模型求解是无约束的极值问题，因此求解时，需先对等式两边求微分，然后再令其微分值为零。结果如下：

$$\frac{\mathrm{d}Z}{\mathrm{d}s}=\sum_{i=0}^{s} w_i-\sum_{i=s}^{n} w_i=0$$

或

$$\frac{\mathrm{d}Z}{\mathrm{d}s}=\int_{x=0}^{s} w(x)\mathrm{d}x-\int_{x=s}^{L} w(x)\mathrm{d}x=0 \tag{2-6}$$

上述模型的计算结果说明这样一个规则：求上述中值问题时，所开设的新店面需要设置在权重的中点，即设置点的左右两边的权重和都占 50%。

例如，假设在一条直线上，在位置 0、2、4 和 10 上有 4 个点。为每个点服务的成本与这些点到新设施间的距离成比例，并且权重相同。对于中值问题，新设施的最优位置是这些点的中值点，$X^*=3$，即在新值的左边和右边有同样多的点。实际上，在点 2 与点 4 间的线段上包含了无数多个其他中值位置，即选址区域是一条直线。如果最左边点定在 −500，而不是 0，最优中值位置不会改变，因此，对于中值问题，固定位置的顺序比它们的实际位置更加重要。

而对于中心问题（min-max 问题），最优位置是这些点的中心点，$X^*=5$，即新址位置到最左边点和到最右边点的距离是相等的。如果在点 2 和点 4 之间再增加 500 个点，最优中心点选址的位置同样不会改变。中心问题的选址是由那些极端位置决定的，而其他内部位置对它不起作用。

对于反中心问题（max-min 问题），在一定区域内（0 点与 10 点之内）的最优位置是这些点的反中心点，$X^*=7$，即新址位置是相邻点间距离最大的两点的中心。反中心问题的选址是由相邻点间距离最大的两点位置决定的，而其他内部的位置对它不起作用。

图 2-4 是中值点、中心点和反中心点的示意图。

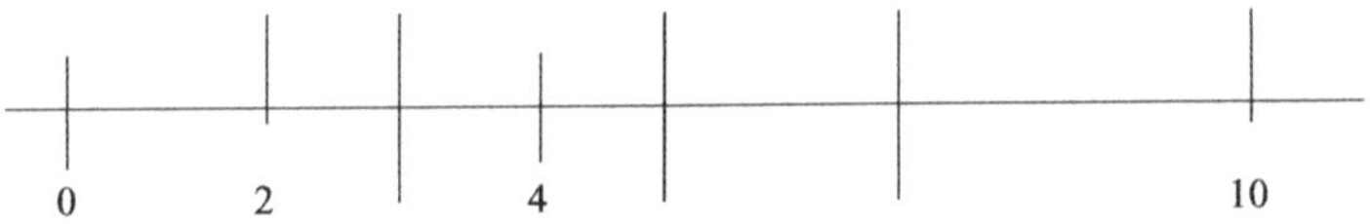

图 2-4　中值点、中心点和反中心点示意图

上面讲述了较为简单的一维的单一物流节点的选址，下面将详细介绍在单一物流节点的选址决策中较复杂的模型与方法。

1. 交叉中值模型

交叉中值模型是利用城市距离来进行距离计算，用来解决连续点选址决策的一种有效的模型。所谓连续点选址，是指在一条路径或一个平面区域里面任何一个位置都可以作为选址问题的候选解。

通过交叉中值的方法可以对单一节点的选址问题在一个平面上的加权的城市距离和进行最小化。其相应的目标函数为：

$$\min H=\sum_{i=1}^{n} w_i\left(|x_i-x_0|+|y_i-y_0|\right) \tag{2-7}$$

式中　w_i——与第 i 个需求点对应的权重（如需求量、客户人数或重要性等）；

x_i, y_i——第 i 个需求点的坐标；

x_0, y_0——服务设施点的坐标；

n——需求点的总数目。

特别注意的是，由于是城市距离，这个目标函数可以用两个相互独立的部分来表示：

$$H=\sum_{i=1}^{n} w_i|x_i-x_0|+\sum_{i=1}^{n} w_i|y_i-y_0|=H_x+H_y \tag{2-8}$$

其中

$$H_x=\sum_{i=1}^{n} w_i|x_i-x_0| \tag{2-9}$$

$$H_y=\sum_{i=1}^{n} w_i|y_i-y_0| \tag{2-10}$$

也就是说，这个选址问题可以分解成 x 轴上的选址决策与 y 轴上的选址决策。求式（2-7）的最优解等价于求式（2-9）和式（2-10）的最小值，跟上面介绍的商店在一条街道上选址的问题一样，选址涉及的是所有可能需要服务的对象到目标点的绝对距离总和最小的点，即中值点。这样，这个选址问题分为求 x 轴上的中值点与 y 轴上的中值点，其最优位置为由如下坐标组成的点：

x_0——在 x 方向的所有权重 w_i 的中值点；

y_0——在 y 方向的所有权重 w_i 的中值点。

考虑到 x_0, y_0 两者可能是唯一值或某一范围的值，最优位置也相应地可能是一个点，或是一条线，或是一个面（区域）。

讨论题 1　如何利用“交叉中值法”求解物流节点的位置？

【例 2-1】 一个速食公司想在一个地区开设一个新的食物提货点，其主要的服务对象是附近 5 个住宅小区的居民。为了计算方便，把每个住宅小区的中心点抽象成这个小区的需求点位置，其坐标如图 2-5 所示，而表 2-1 是各个需求点对应的权重。这里，权重表示每个月潜在的顾客需求总量，可以用每个小区中总的居民数量来近似。公司经理希望通过这些信息来确定一个合适的冷食提货点的位置，要求每个月顾客到这个冷食提货点行走的距离总和为最小。

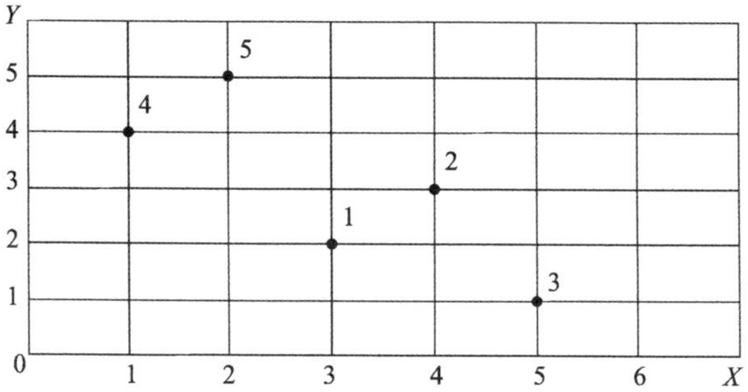

图 2-5　需求点分布图

表 2-1　需求点对应的权重

需求点	x 坐标	y 坐标	权重 w_i
1	3	2	5
2	4	3	2
3	5	1	11
4	1	4	5
5	2	5	9

解： 这个选址问题可考虑用交叉中值选址方法解决。首先，需要确定这些需求点的中值，从表 2-1 中可以容易得到中值 $\bar{W}=(5+2+11+5+9)/2=16$。

从图 2-5 可发现，各需求点在 y 方向从上到下的排序是 5、4、2、1、3。为了找到 y 方向上的中值点 y_0，先从上到下去逐一叠加各个需求点的权重 w_i 直到中值点，然后再从下到上逐一叠加各个需求点的权重 w_i，可以看到，从上往下开始到需求点 2 刚好达到中值点，而从下往上开始到需求点 1 刚好也达到中值点。因此，中值点在 y 方向上 2 与 3 刻度之间的选址都是一样的。

接着寻找在 x 方向上的中值点 x_0，同样从图 2-5 可发现，各需求点在 x 方向从左到右的排序是 4、5、1、2、3。先从左到右计算权重，在考虑 4、5 两个需求点后，权重和为 14，没有达到中值 16，但加上第 1 个需求点的权重 5 后，权重和达到 19，超过了中值 16。因此从左到右的方向看，食物提货点不会超过第 1 个需求点，即在 x 方向上不会大于

3 刻度。同样，再从右到左计算权重，考虑 3、2 两个需求点后，权重和为 13，没有达到中值点 16，同样加上第 1 个需求点后，权重和达到 18，超过了中值 16，因此从右往左的方向看，食物提货点也不会超过第 1 个需求点。因此，在 x 方向上，只能选择一个有效的中值点，即刻度 3 的位置。

综合考虑 x、y 方向的中值点，冷食提货点最后的选址为 $A(3,3)$、$B(3,2)$ 之间的线段上的任意一点，如图 2-6 所示。

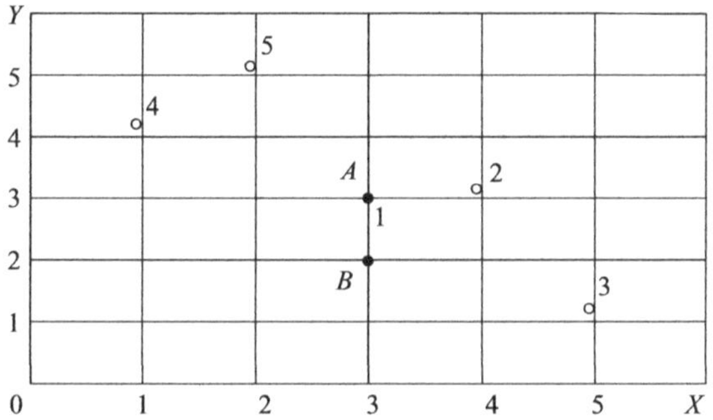

图 2-6　提货点选址的最后方案

2. 精确重心法（重心模型）

上面介绍的交叉中值模型具有其本身的局限性，例如它使用的城市距离，只适合解决一些小范围的城市内选址问题。接下来要介绍的是重心模型，它在计算距离时使用的是欧几里得距离，即直线距离，它使选址问题变得复杂，但是有着更为广阔的应用范围。

重心模型是选址问题中最常用的一种模型，可解决连续区域中直线距离的单点选址问题。

（1）重心模型的基本假设

1）需求量集中于某一点上。实际上的需求来自分散于区域内的多个需求点，市场的重心通常被当作需求的聚集地，而这会导致某些计算误差，因为计算出的运输成本是到需求聚集地，而不是到每个实际的需求点。在实际计算时，需要对需求点进行有效的聚类，减少计算误差。

2）选址区域不同地点物流节点的建设费用、运营费用相同。模型没有区分在不同地点建设物流节点所需要的投资成本（土地成本等）、经营成本（劳动力成本、库存持有成本、公共事业费等）之间的差别。

3）运输费用随运输距离成正比增加，显示出线性关系。实际上，多数运价是由不随运距变化的固定费用（起步价）和随运距变化的分段可变费用组成的，起步运费和运价分段则扭曲了运价的线性特征。

4）运输线路为空间直线。实际上这样的情况很少，因为运输总是在一定的公路网络、铁路系统、城市道路网络中进行的。因此，可以在模型中引入迂回系数把直线距离转化为近似的公路、铁路或其他运输网络里程。

（2）问题描述及模型的建立。设有 n 个客户（如零售便利店）$P_1, P_2, \cdots, P_n$ 分布在平面上，其坐标分别为 (x_i, y_i)，各客户的需求量为 w_i，准备配置一个设施（如配送中心）为这些客户服务，现假设设施 P_0 的位置在 (x_0, y_0) 处，希望确定设施的位置，使总运费最小。

记 a_j——设施到客户 P_j 每单位运量、单位距离所需运费；

w_j——客户 P_j 的需求量；

d_j——设施 P_0 到客户 P_j 的直线距离。

则总运费 H 为：

$$H=\sum_{j=1}^{n}a_j w_j d_j=\sum_{j=1}^{n}a_j w_j\left[\left(x_0-x_j\right)^2+\left(y_0-y_j\right)^2\right]^{1/2} \tag{2-11}$$

求 H 的极小值点 (x_0^*, y_0^*)。由于式（2-11）为凸函数，最优解的必要条件为：

$$\left.\frac{\partial H}{\partial x_0}\right|_{x=x^*}=0,\quad \left.\frac{\partial H}{\partial y_0}\right|_{y=y^*}=0 \tag{2-12}$$

令

$$\frac{\partial H}{\partial x_0}=\sum_{j=1}^{n}\frac{a_j w_j\,(x_0-x_j)}{d_j}=0,\quad \frac{\partial H}{\partial y_0}=\sum_{j=1}^{n}\frac{a_j w_j\,(y_0-y_j)}{d_j}=0$$

得

$$x_0^*=\frac{\sum_{j=1}^{n}a_j w_j\dfrac{x_j}{d_j}}{\sum_{j=1}^{n}a_j\dfrac{w_j}{d_j}},\quad y_0^*=\frac{\sum_{j=1}^{n}a_j w_j\dfrac{y_j}{d_j}}{\sum_{j=1}^{n}a_j\dfrac{w_j}{d_j}}$$

上式右端 d_j 中仍含有未知数 x_0、y_0，故不能一次求得显式解，但可以导出关于 x 和 y 的迭代公式：

$$x^{(q+1)}=\frac{\dfrac{\sum_{i\in I}a_i w_i x_i}{\left[\left(x^{(q)}-x_i\right)^2+\left(y^{(q)}-y_i\right)^2\right]^{1/2}}}{\dfrac{\sum_{i\in I}a_i w_i}{\left[\left(x^{(q)}-x_i\right)^2+\left(y^{(q)}-y_i\right)^2\right]^{1/2}}} \tag{2-13}$$

$$y^{(q+1)}=\frac{\dfrac{\sum_{i\in I}a_i w_i y_i}{\left[\left(x^{(q)}-x_i\right)^2+\left(y^{(q)}-y_i\right)^2\right]^{1/2}}}{\dfrac{\sum_{i\in I}a_i w_i}{\left[\left(x^{(q)}-x_i\right)^2+\left(y^{(q)}-y_i\right)^2\right]^{1/2}}} \tag{2-14}$$

应用上述迭代公式，可采用逐步逼近算法求得最优解，该算法被称为不动点算法。

（3）算法（单一物流节点选址的不动点算法）

输入：

n——客户数；

(x_i, y_i)——各客户点的坐标，$i=1,2,\cdots,n$；

a_i, w_i——各客户点的单位运费和运量，$i=1,2,\cdots,n$。

输出：

(x_0^*, y_0^*)——设施坐标；

H——总运费。

第一步：

选取一个初始的迭代点 $A(x_0^0, y_0^0)$，如：$x_0^0=\dfrac{1}{n}\sum_{j=1}^{n}x_j$，$y_0^0=\dfrac{1}{n}\sum_{j=1}^{n}y_j$，然后计算出 A 到各客户点的直线距离 d_j 和费用 H^0；

$$d_j=\left[\left(x_0^0-x_j\right)^2+\left(y_0^0-y_j\right)^2\right]^{1/2},\quad H^0=\sum_{j=1}^{n}a_jw_jd_j \tag{2-15}$$

第二步：

令

$$x_0^1=\frac{\sum_{j=1}^{n}a_jw_j\dfrac{x_j}{d_j}}{\sum_{j=1}^{n}a_j\dfrac{w_j}{d_j}},\quad y_0^1=\frac{\sum_{j=1}^{n}a_jw_j\dfrac{x_j}{d_j}}{\sum_{j=1}^{n}a_j\dfrac{w_j}{d_j}},\quad d_j=\left[\left(x_0^1-x_j\right)^2+\left(y_0^1-y_j\right)^2\right]^{1/2} \tag{2-16}$$

及

$$H^1=\sum_{j=1}^{n}a_jw_jd_j$$

转第三步。

第三步：

若 $H^0\leqslant H^1$，运费已无法减小，输出最优解 (x_0^0, y_0^0) 和 H^0，否则，转第四步。

第四步：

令 $x_0^0=x_0^1, y_0^0=y_0^1, H^0=H^1$，转第二步。

讨论题 2　如何利用"精确重心法"求解物流节点的位置？

【例 2-2】 针对例 2-1 的速食公司提货点选址问题做一个假设，即居民区以外的选址区域可近似看作一块空地，提货点可建在这个区域的任何一点上，这样使用直线距离进行计算是合适的，可以使用精确重心法来选择一个最优的提货点位置。

解： 先从点（3.5，2.5）出发开始进行迭代运算。在这里可采用 Excel 软件计算，如图 2-7 所示。

计算时，先在B2与C2单元格输入迭代初始点的坐标，可以是任何与需求点的坐标值不相同的值，如（3.5，2.5），然后，在D2单元格中按式（2-15）设置H，公式为：=SQRT(POWER((3−B2)，2)+POWER(2−C2，2))*5+SQRT(POWER((4−B2)，2)+POWER(3−C2，2))*2+SQRT(POWER((5−B2)，2)+POWER(1−C2，2))*11+SQRT(POWER((1−B2)，2)+POWER(4−C2，2))*5+SQRT(POWER((2−B2)，2)+POWER(5−C2，2))*9。

	A	B	C	D
1	迭代轮次	X坐标	Y坐标	总运输费H
2	0	3.5	2.5	69.10093451
3	1	3.336019	2.519632	68.70487000
4	2	3.264295	2.52727	68.63002269
5	3	3.235754	2.531356	68.61813023
6	4	3.224947	2.53415	68.61633516
7	5	3.220914	2.536105	68.61603760
8	6	3.219399	2.537435	68.61597439
9	7	3.218817	2.538317	68.61595619
10	8	3.218583	2.538894	68.61594973
11	9	3.218484	2.539268	68.61594721
12	10	3.218439	2.539509	68.61594620
13	11	3.218416	2.539663	68.61594579
14	12	3.218404	2.539762	68.61594562
15	13	3.218397	2.539826	68.61594555
16	14	3.218393	2.539867	68.61594552
17	15	3.218391	2.539893	68.61594551

图2-7 用Excel迭代计算结果

在B3单元格中按式（2-16）设置X，公式为：=(5*3/SQRT(POWER((3−B2)，2)+POWER(2−C2，2))+2*4/SQRT(POWER((4−B2)，2)+POWER(3−C2，2))+11*5/SQRT(POWER((5−B2)，2)+POWER(1−C2，2))+5*1/SQRT(POWER((1−B2)，2)+POWER(4−C2，2))+9*2/SQRT(POWER((2−B2)，2)+POWER(5−C2，2)))/(5/SQRT(POWER((3−B2)，2)+POWER(2−C2，2))+2/SQRT(POWER((4−B2)，2)+POWER(3−C2，2))+11/SQRT(POWER((5−B2)，2)+POWER(1−C2，2))+5/SQRT(POWER((1−B2)，2)+POWER(4−C2，2))+9/SQRT(POWER((2−B2)，2)+POWER(5−C2，2)))。

在C3单元格中按式（2-16）设置公式Y，公式为：=(5*2/SQRT(POWER((3−B2)，2)+POWER(2−C2，2))+2*3/SQRT(POWER((4−B2)，2)+POWER(3−C2，2))+11*1/SQRT(POWER((5−B2)，2)+POWER(1−C2，2))+5*4/SQRT(POWER((1−B2)，2)+POWER(4−C2，2))+9*5/SQRT(POWER((2−B2)，2)+POWER(5−C2，2)))/(5/SQRT(POWER((3−B2)，2)+POWER(2−C2，2))+2/SQRT(POWER((4−B2)，2)+POWER(3−C2，2))+11/SQRT(POWER((5−B2)，2)+POWER(1−C2，2))+5/SQRT(POWER((1−B2)，2)+POWER(4−C2，2))+9/SQRT(POWER((2−B2)，2)+POWER(5−C2，2)))。

其他单元格按列进行公式复制，即可进行迭代计算，如图2-7进行了15次迭代计算后，确认最优的提货点位置坐标是（3.218，2.540）。

2.3.3 多物流节点选址模型

对于大多数物流系统规划工作，其面临的问题往往是在规划区域范围内，需要同时确定两个或更多个设施的选址，由于不能将这些设施看成是经济活动上相互独立的，而且可能存在相当多的选址布局方式，寻求最优解比较困难，因此问题也十分复杂。虽然问题更加复杂，但也更加接近实际情况，多物流节点选址问题在实际规划工作中更普遍。

多物流节点选址决策问题一般可归纳为以下几个相互联系的基本规划问题：

（1）如何组织货流？各个物流节点的关系如何？运输线与各物流节点的关系怎样？

（2）网络中应该设几个物流节点？处于什么位置？

（3）物流节点服务于哪些顾客或市场区域？规模多大？具有哪些功能？

1. 多重心法（多重心模型）

对于上述重心模型，如果设立一个物流节点不能满足规模区域内全部服务对象的服务需求时，则需要设立多个物流节点。多重心法通过分组后再运用精确重心法来确定多个物流节点的位置与服务分派方案。多重心法的计算步骤如下：

（1）初步分组。确定分组原则，将需求点按照一定原则分成若干个群组，使分群组数等于拟设立的物流节点数量。每个群组由一个物流节点负责。确立初步分配方案。这样，形成多个单一物流节点选址问题。

（2）选址计算。针对每个群组的单一物流节点选址问题，运用精确重心法确定该群组新的物流节点的位置。

（3）调整分组。对每个需求点分别计算到所有物流节点的运输费用，并将计算结果列表，将每个需求点调整到由运输费用最低的那个物流节点负责服务，这样就形成新的分配方案。

（4）重复（2），直到群组成员无变化为止。此时的物流节点分配方案为最佳分配方案，物流节点的位置是最佳地址。

讨论题 3　如何利用“多重心法”求解物流节点的位置？

【例 2-3】 某公司计划建立两个药品配送点向 10 个药品连锁店送货，各药品连锁店的地址坐标和药品每日需求如表 2-2 所示，运价均为 1，试确定这两个药品配送点的地址，使送货运输费用最低。

表 2-2　药品连锁店的地址坐标与需求量

连锁店号 j	1	2	3	4	5	6	7	8	9	10
X_j	70	95	80	20	40	10	40	75	10	90
Y_j	70	50	20	60	10	50	60	90	30	40
需求量	8	10	6	5	7	8	12	5	11	9

解：①将 10 家药品连锁店分成两组。初步分为 {1，2，3，4，5} 和 {6，7，8，9，10} 两组，每一组由一个配送点负责送货。

②按精确重心法进行迭代计算，求出两个配送点的地址坐标为：$(P_1, Q_1) = (74.342, 46.147)$，$(P_2, Q_2) = (40, 60)$。

③计算各药品连锁店到这两个配送点的送货运输费用，计算结果如表 2-3 所示。考察表 2-3，按运输费用最低的节点送货原则重新分组，调整后的分组情况为：{1，2，3，5，8，10} 和 {4，6，7，9}。

表 2-3　第一次迭代的选址分配方案及运输费用

连锁店号 j	X_j	Y_j	需求量	到（P_1，Q_1）的运输费用	到（P_2，Q_2）的运输费用
1	70	70	8	193.959 8	252.982 2
2	95	50	10	210.142 5	559.017
3	80	20	6	160.513	339.411 3
4	20	60	5	280.399 7	100
5	40	10	7	349.017 1	350
6	10	50	8	515.658 1	252.982 2
7	40	60	12	444.369 3	0
8	75	90	5	219.289 7	230.488 6
9	10	30	11	729.708 7	466.690 5
10	90	40	9	151.392 4	484.664 8

④按第一次迭代后的分配方案重新选址，还是应用精确重心法进行迭代计算，求出两个配送点新的地址坐标为：$(P_1, Q_1) = (87.144, 44.292)$，$(P_2, Q_2) = (17.676, 49.679)$。

⑤再次计算各药品连锁店到这两个配送点的送货运输费用，计算结果如表 2-4 所示。考察表 2-4，重新调整后的分组情况为：{1，2，3，8，10} 和 {4，5，6，7，9}。

表 2-4　第二次迭代的选址分配方案及运输费用

连锁店号 j	X_j	Y_j	需求量	到（P_1，Q_1）的运输费用	到（P_2，Q_2）的运输费用
1	70	70	8	247.201	449.051 9
2	95	50	10	97.107 16	773.246 7
3	80	20	6	151.924 2	414.179 3
4	20	60	5	344.784 6	52.897 07
5	40	10	7	408.076 5	318.694 9
6	10	50	8	618.839 1	61.461 67
7	40	60	12	596.304 4	295.132 7
8	75	90	5	236.468 7	350.422
9	10	30	11	863.024	232.353 8
10	90	40	9	46.398 47	656.719 1

⑥按第二次迭代后的分配方案重新选址，经过迭代计算后，求出两个配送点的地址坐标为 $(P_1, Q_1) = (90.063, 47.843)$，$(P_2, Q_2) = (19.906, 45.474)$。

⑦计算各药品连锁店到这两个配送点的送货运输费用，计算结果如表 2-5 所示。考察表 2-5，发现分组情况不变，仍然为：{1，2，3，8，10} 和 {4，5，6，7，9}。因此，这一物流服务分配方案为最佳方案。

表 2-5　第三次迭代的选址分配方案及运输费用

连锁店号 j	X_j	Y_j	需求量	到（P_1，Q_1）的运输费用	到（P_2，Q_2）的运输费用
1	70	70	8	239.126	446.205 9
2	95	50	10	53.876 36	752.302 7

（续）

连锁店号 j	X_j	Y_j	需求量	到（P_1，Q_1）的运输费用	到（P_2，Q_2）的运输费用
3	80	20	6	177.634 1	391.621 9
4	20	60	5	355.549 5	72.631 52
5	40	10	7	439.296 5	285.388 3
6	10	50	8	640.736 4	87.127 86
7	40	60	12	618.215 1	297.535 5
8	75	90	5	223.836 2	354.186 2
9	10	30	11	902.298 9	202.104 9
10	90	40	9	70.589 28	632.766 8

在此方案下，总的最低送货运输费用为 1 709.85，第一个配送点的地址坐标为（P_1，Q_1）=（90.063，47.843），主要对 1、2、3、8、10 号药品连锁店提供服务；第二个配送点的地址坐标为（P_2，Q_2）=（19.906，45.474），主要对 4、5、6、7、9 号药品连锁店提供服务。

2. 覆盖模型

覆盖模型是一类离散点选址模型。所谓离散点选址，是指在有限的候选位置里，选取最为合适的若干个设施位置作为最优方案。它与连续点选址模型的区别是：离散点选址模型所拥有的候选方案只有有限个元素，在规划设计中，需要对这些有限个位置排列组合进行分析。

覆盖模型是指当设施的服务半径一定时，对于需求已知的一些需求点，如何确定一组服务设施来满足这些需求点的需求。在这个模型中，需要确定服务设施的最小数量和合适的位置。该模型适用于商业物流系统，如零售点的选址、加油站的选址、配送中心的选址问题等；公共事业系统，如急救中心、消防中心等；计算机等通信系统，如有线电视网的基站、无线通信网络基站、计算机网络中的集线器设置等。

根据解决问题的方法不同，覆盖模型常用的两类主要模型有：集合覆盖模型（set covering location），即用最小数量的设施去覆盖所有的需求点，如图 2-8 所示；最大覆盖模型（maximum covering location），即在给定数量的设施下，覆盖尽可能多的需求点，如图 2-9 所示。

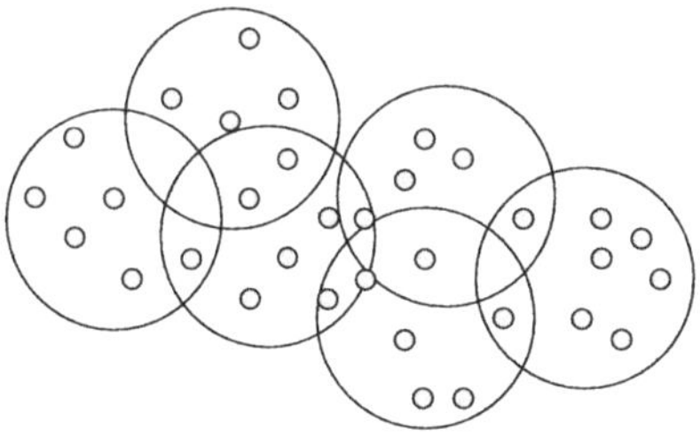

图 2-8　集合覆盖模型

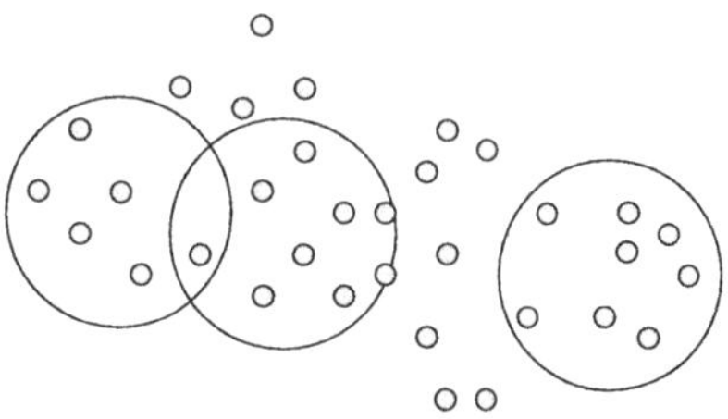

图 2-9　最大覆盖模型

这两类模型的区别是：集合覆盖模型要满足所有需求点的需求，而最大覆盖模型则指覆盖有限的需求点，两种模型的应用情况取决于服务设施的资源充足与否。

（1）集合覆盖模型。集合覆盖模型的目标是用尽可能少的设施去覆盖所有的需求点，其数学模型表述如下：

$$\min \quad \sum_{j\in N} x_j \tag{2-17}$$

$$\text{s.t.} \quad \sum_{j\in B(i)} y_{ij} = 1, \quad i \in N \tag{2-18}$$

$$\sum_{i\in A(j)} d_i y_{ij} \leqslant C_j x_j, \quad j \in N \tag{2-19}$$

$$y_{ij} \geqslant 0, \quad i, j \in N \tag{2-20}$$

$$x_j \in \{0,1\} \tag{2-21}$$

式中 N——n 个需求点集合；

d_i——第 i 个需求点需求量；

C_j——设施节点 j 的容量；

$A(j)$——设施节点 j 所覆盖的需求点的集合；

$B(i)$——可以覆盖需求点 i 的设施集合；

y_{ij}——节点 i 需求中被分配给设施节点 j 服务的部分，$y_{ij} \leqslant 1$；

x_j——节点 j 是否被选中成为设施，如选中则为 1，未被选中则为 0。

式（2-17）是目标函数，被选为设施的节点数最小化；式（2-18）保证每个需求点的需求都得到完全满足；式（2-19）是对每个设施的服务能力的限制；式（2-20）允许一个设施为某个需求点提供部分需求。x_j 和 y_{ij} 是决策变量，表明哪些节点选为设施节点，并且分配方案如何。这是一个混合型的 0-1 整数规划问题。

对于此类带有约束条件的极值问题，有两大类方法可以进行求解。一是应用分支定界算法，能够找到小规模问题的最优解，但只适用于小规模问题的求解。在求解中，可用后面介绍的 LINGO 软件求解。二是启发式算法，所得到的结果不能保证是最优解，但是可以得到较满意的可行解。对于大问题的分析与求解，应用启发式算法可以显著减少运算量。

下面用一报刊配送站选址问题的例子介绍一种启发式算法。

讨论题 4　如何利用“启发式算法”求解物流节点的位置？

【例 2-4】 一家自营销售的新闻集团公司为了提高服务质量，准备在某城区的一些居民小区中设立报刊配送站，以便快速递送报刊并兼营其他日用品配送。该地区的居民小区分布情况和相对距离如图 2-10 所示，距离以车辆行驶时间表示（单位：分钟），新闻集团公司需要确定在 15 分钟之内到达任何一个居民小区的情况下，要设多少个报刊配送站，以及它们的位置。

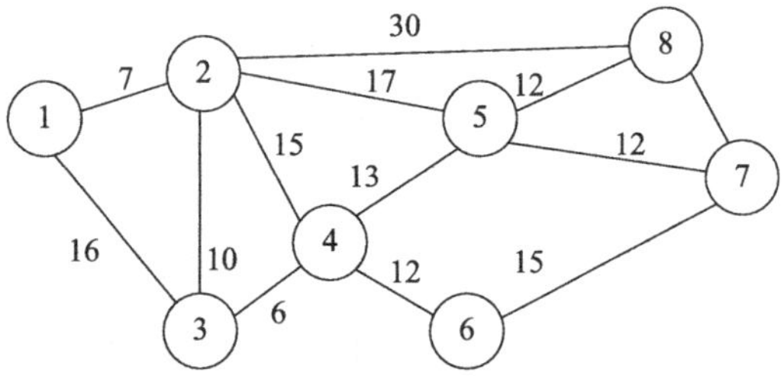

图 2-10　分布情况和相对距离

解：①由于不考虑配送站的服务能力限制，模型中式（2-19）可能省略，只需考虑覆盖的距离。首先，根据约束条件服务距离小于等于 15 分钟的要求，找出每一个备选地（居民小区）所服务的小区集合 $A(j)$ 和可以给每一个居民小区提供服务的备选地集合 $B(i)$，如在 1 号小区建配送站，其能服务的小区集合 $A(1)$ 是 {1，2}，同样，如果在 1 号小区建配送站能覆盖到 1 号小区，在 2 号小区建配送站也能覆盖到 1 号小区，在其他小区建配送站都不能覆盖到 1 号小区，因此能为 1 号小区提供服务的备选地集合 $B(1)$ 是 {1，2}，其他结果如表 2-6 所示。一般来说，这两个集合是一致的，但是如果加一些限制条件（如某个小区不能建配送站），那有可能会出现差异。

表 2-6　备选地服务范围

居民小区编号	$A(j)$	$B(i)$
1	1，2	1，2
2	1，2，3，4	1，2，3，4
3	2，3，4	2，3，4
4	2，3，4，5，6，	2，3，4，5，6
5	4，5，7，8	4，5，7，8
6	4，6，7	4，6，7
7	5，6，7，8	5，6，7，8
8	5，7，8	5，7，8

②根据表 2-6，在 $A(j)$ 中找出可以成为其他居民小区服务范围的子集，将其省去，这样可以简化问题。例如，在 1 号小区建配送站可以对 1、2 号小区提供服务，而在 2 号小区建配送站可以对 1、2、3、4 号小区提供服务，因此，1 号小区服务范围是 2 号小区服务范围的一个子集，可以忽略在 1 号小区建配送站的可能性。经过简化后，{2，4，5，6，7} 是候选点的集合。

③确定合适解。很显然，在候选点集中，在任何一个小区中建配送站都不能覆盖所有小区。考虑建 2 个配送站，经过组合穷举，发现（2，7）是可以覆盖所有小区的一个数量最少的组合解，即 2 号小区配送站服务 1、2、3、4 号小区，而 7 号小区配送站服务 5、6、7、8 小区。

（2）最大覆盖模型。最大覆盖模型的目标是对有限多个服务设施进行选址，并为尽可能多的需求点提供服务，但可能不能满足所有需求点的需求。最大覆盖模型的数学模型表述如下：

$$\max \sum_{j\in N}\sum_{i\in A(j)} d_i y_{ij} \tag{2-22}$$

$$\text{s.t.} \quad \sum_{j\in B(i)} y_{ij} \leqslant 1, \quad i\in N \tag{2-23}$$

$$\sum_{i\in A(j)} d_i y_{ij} \leqslant C_j x_j, \quad j\in N \tag{2-24}$$

$$\sum_{j \in N} x_j = p \tag{2-25}$$

$$y_{ij} \geqslant 0, \quad i, j \in N \tag{2-26}$$

$$x_j \in \{0,1\} \tag{2-27}$$

式中 N——n 个需求点集合；

d_i——第 i 个需求点需求量；

C_j——设施节点 j 的容量；

$A(j)$——设施节点 j 所覆盖的需求点的集合；

$B(i)$——可以覆盖需求点 i 的设施集合；

p——允许投建的设施数；

y_{ij}——节点 i 需求中被分配给设施节点 j 服务的部分，$y_{ij} \leqslant 1$；

x_j——节点 j 是否被选中成为设施，如选中则为 1，未被选中则为 0。

式（2-22）是目标函数，尽可能多地为需求点提供服务，满足它们的需求；式（2-23）是表明需求点的需求有可能得不到满足；式（2-24）是每个设施的服务能力的限制；式（2-25）是设施数的限制，表明设施只能建设有限多个；式（2-26）允许一个设施为某个需求点提供部分需求。x_j 和 y_{ij} 是决策变量，表明哪些节点选为设施节点，并且分配方案如何。这是一个混合型的 0-1 整数规划问题。

同集合覆盖模型一样，最大覆盖模型可采用精确求解方法与启发式方法求解，由理查德·丘奇（Richard Church）和查尔斯·R. 威乐（Charles R. Velle）设计的贪婪启发式算法可以对最大覆盖模型进行求解，该算法首先求出可以作为候选点的集合，并以一个空集作为原始解的集合，然后在候选点集合中选择一个具有最大满足能力的候选点进入原始解集合，作为二次解，以此往复，直到设施数目满足要求为止。

【例 2-5】 仍以上述报刊配送站选址问题为例，假设目标是只能新建 2 个配送站，并为尽可能多的小区提供服务。

解： 例 2-4 中已得出候选小区集合为 {2，4，5，6，7}，按贪婪启发式算法进行求解。

①初始解为 S = 空集；

②根据表 2-6，比较 2、4、5、6、7 号小区的服务范围，可见，在 4 号小区建配送站的覆盖能力最大，能覆盖 5 个小区，因此将 4 加入解集 S，则 S ={4}。

③重复②，除去 4 号候选小区的服务范围，将能覆盖剩下的待服务的小区能力最大的候选小区加入新的解集。在本例中，除去 4 号小区服务范围后，还剩下待服务的小区是（1，7，8），没有一个候选小区能覆盖这三个待服务小区，候选小区 5 号和 7 号能覆盖待服务小区 7 号和 8 号，因此 S ={4，5} 或 S ={4，7} 可作为新的解集。至此，达到新建 2 个配送站的目标要求，循环结束。

S ={4，5} 或 S ={4，7} 是用贪婪启发式算法求得的最大覆盖问题的可行解，对照上例的结果，这显然不是最优解，这也是启发式算法的特点。

3. P- 中值模型

P- 中值模型是指在一个给定数量和位置的需求集合与一个候选设施位置集合下，分别为 p 个设施找到合适的位置，并指派每一个需求点被一个特定的设施服务，使之达到在各设施点和需求点之间的运输费用之和最低。图 2-11 所示的是 P- 中值模型的原理。

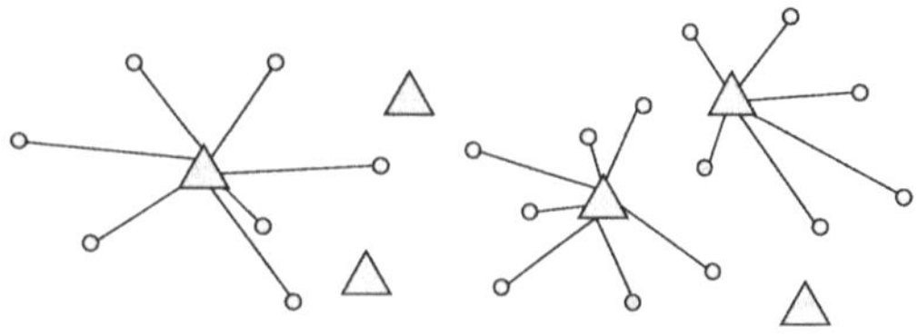

图 2-11　P- 中值模型原理

基本的 P- 中值模型的数学模型表述如下：

$$\min \sum_{i\in N}\sum_{j\in M} d_i C_{ij} y_{ij} \tag{2-28}$$

$$\text{s.t.} \quad \sum_{j\in M} y_{ij} = 1, \quad i\in N \tag{2-29}$$

$$y_{ij} \leqslant x_j, \quad i\in N, \quad j\in M \tag{2-30}$$

$$\sum_{j\in M} x_j = p \tag{2-31}$$

$$x_j, \quad y_{ij}\in\{0,1\}, \quad i\in N, \quad j\in M \tag{2-32}$$

式中　N——n 个需求点集合；

d_i——第 i 个需求点需求量；

C_{ij}——从需求点 i 到设施 j 的单位运输费用；

M——m 个建设设施节点候选点集合；

p——允许投建的设施总数（$p<m$）；

y_{ij}——需求点 i 是否由设施 j 来提供服务，0-1 决策变量；

x_j——节点 j 是否被选中，0-1 决策变量。

式（2-28）是目标函数，表明在达到各需求点到它服务设施的运输费用总和最低；式（2-29）保证每个需求点只有一个服务设施来提供服务；式（2-30）有效地保证没有选中的设施候选点不能够为需求点提供服务；式（2-31）限制了可以投建的设施总数为 p 个。x_j 和 y_{ij} 是 0-1 决策变量。这是一个 0-1 整数规划问题。

求解 P- 中值模型需要解决两方面问题：①选择合适的设施位置，即模型中的 x 决策变量；②指派需求点到相应的设施中去，即模型中的 y 决策变量。

一旦设施的位置确定之后，由于设施的服务能力在模型中没有限制，因此再指派每个需求点到不同的设施中使费用总和最小就十分简单了。如有能力限制，问题就更为复杂。选址设施位置如果穷举的话，共有 C_m^p 种可能方案。

与覆盖模型一样，求解一个 P- 中值模型问题，主要有两大类方法：精确法和启发式算法。下面介绍一种 P- 中值模型的启发式算法——贪婪取走启发式算法（greedy dropping heuristic algorithm）。这种算法的计算步骤如下。

（1）初始化，令循环参数 $K=m$，将所有的 m 个候选位置都选中，然后将每个客户指派给距离其最近的一个候选位置。

（2）选中并取走一个位置点，满足以下条件：假设将它取走，并将它的客户重新指派后，“总费用增加量”最小。然后 $K=K-1$。

（3）重复（2），直到 $K=p$。

讨论题 5　如何利用“贪婪取走启发式算法”求解物流节点的位置？

【例 2-6】 某医药公司有 8 个分销公司（A1 ～ A8），公司拟新建 2 个配送仓库，用最低的运输成本来满足 8 个分销公司的需求。经过实地考察后，公司确定 5 个候选地（D1 ～ D5），从候选地到各分销公司的单位运输成本、各分销公司的需求已确定，如表 2-7 所示，各分销公司分布及候选仓库位置如图 2-12 所示，试确定仓库的位置与分销公司分派情况，并计算出各仓库的运输成本。

表 2-7　分销公司需求量与单位运输成本

候选地 分销公司	D1	D2	D3	D4	D5	需求量
A1	30	45	48	10	35	10
A2	25	60	70	35	50	6
A3	28	15	25	32	10	11
A4	45	30	20	24	12	25
A5	58	12	25	60	30	15
A6	65	30	15	57	33	13
A7	65	35	16	45	28	20
A8	22	30	35	20	16	8

解： ①对表 2-7 的单位运输成本进行比较，按“距离最近”原则进行分派，得到初始化结果，如图 2-12 所示，总费用 = 150 + 180 + 195 + 320 + 100 + 128 + 300 + 110 = 1 483，$K=5$。

②分别对被移走的候选地 D1、D2、D3、D4、D5 进行重新指派，并对各自的运费增量进行计算。初始指派结果如图 2-13 所示。

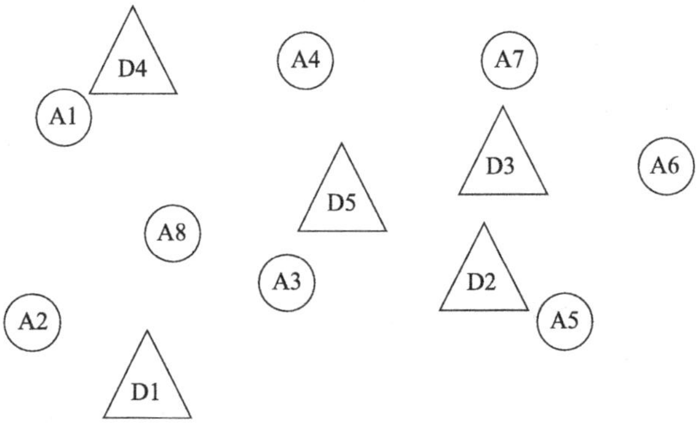

图 2-12　各分销公司分布和候选仓库位置

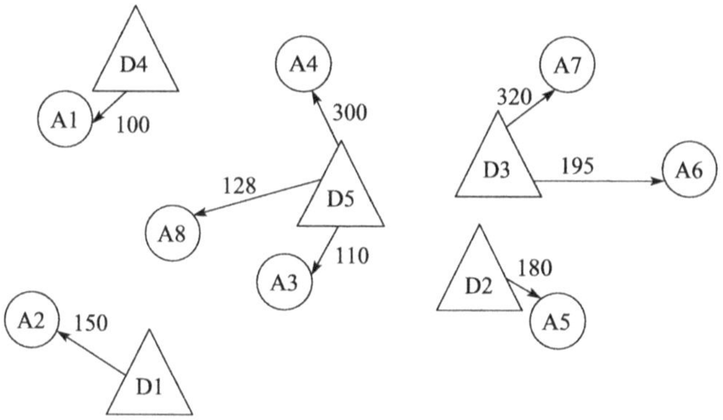

图 2-13　初始指派结果

当移走 D1 后，受影响的是 A2，A2 被指派给 D4 后，所产生的运费增量 = 210 − 150 = 60；

当移走 D2 后，受影响的是 A5，A5 被指派给 D3 后，所产生的运费增量 = 375 − 180 = 195；

当移走 D3 后，受影响的是 A6、A7，A6 被指派给 D2，A7 被指派给 D5 后，所产生的运费增量 = 390 + 560 − 320 − 195 = 435；

当移走 D4 后，受影响的是 A1，A1 被指派给 D1 后，所产生的运费增量 = 300 − 100 = 200；

当移走 D5 后，受影响的是 A3、A4、A8，A3 被指派给 D2，A4 被指派给 D3，A8 被指派给 D4 后，所产生的运费增量 = 165 + 500 + 160 − 110 − 300 − 128 = 287；

所以，第一个被移走的候选地是 D1，并把 A2 指派给 D4，$K = 4$。

③分别对被移走的候选地 D2、D3、D4、D5 进行重新指派，并对各自的运费增量进行计算。

当移走 D2 后，受影响的是 A5，A5 被指派给 D3 后，所产生的运费增量 = 375 − 180 = 195；

当移走 D3 后，受影响的是 A6、A7，A6 被指派给 D2，A7 被指派给 D5 后，所产生的运费增量 = 390 + 560 − 320 − 195 = 435；

当移走 D4 后，受影响的是 A1、A2，A1 被指派给 D5，A2 被指派给 D5 后，所产生的运费增量 = 350 + 300 − 100 − 210 = 340；

当移走 D5 后，受影响的是 A3、A4、A8，A3 被指派给 D2，A4 被指派给 D3，A8 被指派给 D4 后，所产生的运费增量 = 165 + 500 + 160 − 110 − 300 − 128 = 287；

所以，第二个被移走的候选地是 D2，并把 A5 指派给 D3，$K = 3$。

④分别对被移走的候选地 D3、D4、D5 进行重新指派，并对各自的运费增量进行计算。

当移走 D3 后，受影响的是 A5、A6、A7，A5 被指派给 D5，A6 被指派给 D5，A7 被指派给 D5 后，所产生的运费增量 = 450 + 429 + 560 − 375 − 195 − 320 = 549；

当移走 D4 后，受影响的是 A1、A2，A1 被指派给 D5，A2 被指派给 D5 后，所产生的运费增量 = 350 + 300 − 100 − 210 = 340；

当移走 D5 后，受影响的是 A3、A4、A8，A3 被指派给 D3，A4 被指派给 D3，A8 被指派给 D4 后，所产生的运费增量 = 275 + 500 + 160 − 110 − 300 − 128 = 397；

所以，第三个被移走的候选地是 D4，并把 A1 指派给 D5，A2 指派给 D5，$K = 2$，循环结束。最后的结果是在候选地 D3、D5 上投建新的仓库，总的运输成本为 2 078，其中 D3 仓库的运输成本为 890，D5 仓库的运输成本为 1 188，指派结果如图 2-14 所示。

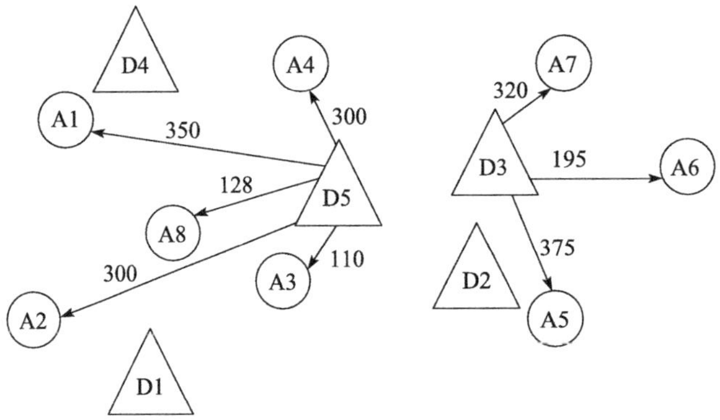

图 2-14　最后指派结果

4. 鲍摩 – 瓦尔夫（Baumol-Wolfe）模型

（1）问题描述。鲍摩 – 瓦尔夫模型又称多节点单品种选址模型，即模型中只考虑一种产品，模型的系统结构如图 2-15 所示。模型假设有 m 个资源点（如工厂）的单一品种产品，经从候选集选出的配送中心发运给 n 个地区的客户或者直送。问题是如何从 s 个候选的地点集合中选择若干个位置作为物流设施节点（如配送中心），使得从已知若干个资源点（如工厂），经过这几个选出的设施节点（配送中心），向若干个客户运送同一种产品时，总的物流成本（或运输成本）最小。模型中也可能存在从工厂直接将产品送往某个客户点的情况。

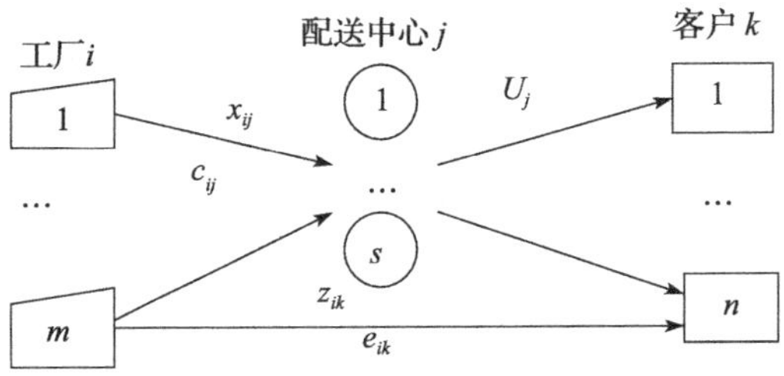

图 2-15　多节点单品种选址模型

（2）建立模型

记 S_i——工厂 i 的产品供应量；

D_k——客户 k 的产品需求量；

x_{ij}——从工厂 i 到备选设施节点 j 的货物量；

y_{jk}——从备选设施节点 j 到客户 k 的货物量；

z_{ik}——客户 k 从工厂 i 直接进货的数量；

U_j——备选设施节点 j 是否选中的决策变量（0-1 变量）；

c_{ij}——备选设施节点 j 从工厂 i 进货的单位货物进货费用；

d_{jk}——备选设施节点 j 向客户 k 供货的单位货物进货费用；

e_{ik}——客户从工厂 i 直接进货的单位货物直接配送费用；

w_j——备选设施节点 j 每单位货物通过量的变动费（如仓库管理或加工费等，与规模相关），即存储费用率；

v_j——备选设施节点 j 选中后的基础设施建设投资费用（固定费用，与规模无关的费用）。

假设 F 为选址布局方案的总成本，于是有目标函数：

$$\min \quad F=\sum_{i=1}^{m}\sum_{j=1}^{s}c_{ij}x_{ij}+\sum_{j=1}^{s}\sum_{k=1}^{n}d_{jk}y_{jk}+\sum_{i=1}^{m}\sum_{k=1}^{s}e_{ik}z_{ik}+\sum_{j=1}^{s}(v_jU_j+w_j\sum_{i=1}^{m}x_{ij})$$

在这个模型中，每个工厂运出的货物总量不大于该工厂的生产、供货能力；若所有客户的需求必须得到满足，做到不缺货，则有如下的约束条件存在：

$$\sum_{j=1}^{s}x_{ij}+\sum_{k=1}^{n}z_{ik}\leqslant S_i,\ i=1,2,\cdots,m$$

$$\sum_{j=1}^{s}y_{jk}+\sum_{i=1}^{m}z_{ik}\geqslant D_k,\ k=1,2,\cdots,n$$

对于每个物流设施节点，运进的货物总量应等于运出的货物总量，即有如下的约束条件存在：

$$\sum_{i=1}^{m}x_{ij}=\sum_{k=1}^{n}y_{jk},\quad j=1,2,\cdots,s$$

此外，物流设施节点的布局经过优化求解后的结果，可能有的备选地址被选中，而另外的一些被淘汰。被淘汰的备选设施节点，经过它中转的货物数量为零。这一条件可由下面的约束条件满足：

$$\sum_{i=1}^{m}x_{ij}-MU_j\leqslant 0,\quad j=1,2,\cdots,s$$

其中，当 j 点被选中时，$U_j=1$；当 j 点被淘汰时，$U_j=0$。不等式中的 M 是一个相当大的正数。由于 x_{ij} 是货物运输量，不可能小于零，故当 $U_j=0$ 时，$x_{ij}=0$ 成立；当 $U_j=1$ 时，M 是一个相当大的正数；MU_j 足够大，x_{ij} 为一有限值，所以不等式成立。

综上所述，可以写成多节点单品种物流设施节点布局的数学模型如下：

$$\min \quad F=\sum_{i=1}^{m}\sum_{j=1}^{s}c_{ij}x_{ij}+\sum_{j=1}^{s}\sum_{k=1}^{n}d_{jk}y_{jk}+\sum_{i=1}^{m}\sum_{k=1}^{s}e_{ik}z_{ik}+\sum_{j=1}^{s}(v_jU_j+w_j\sum_{i=1}^{m}x_{ij}) \tag{2-33}$$

$$\text{s.t.}\quad \sum_{j=1}^{s}x_{ij}+\sum_{k=1}^{n}z_{ik}\leqslant S_i,\quad i=1,2,\cdots,m$$

$$\sum_{j=1}^{s}y_{jk}+\sum_{k=1}^{m}z_{ik}\geqslant D_k,\quad k=1,2,\cdots,n$$

$$\sum_{i=1}^{m}x_{ij}=\sum_{k=1}^{n}y_{jk},\quad j=1,2,\cdots,s$$

$$\sum_{i=1}^{m}x_{ij}-MU_j\leqslant 0,\quad j=1,2,\cdots,s$$

$U_j=0$ 或 $1, j=1,2,\cdots,s$（当 j 被选中时，$U_j=1$；当 j 被淘汰时，$U_j=0$）

$x_{ij}, y_{jk}, z_{ik}, i=1,2,\cdots,m$；$j=1,2,\cdots,s$；$k=1,2,\cdots,n$

在式（2-33）中，$w_j\sum_{i=1}^{m}x_{ij}$ 项是备选设施节点 j 的存储费用项，如果把存储费用看成设

施节点吞吐量 $\sum_{i=1}^{m} x_{ij}$ 的线性函数，即存储费用率 w_j 与设施节点的规模的大小无关，那整个模型就是一个混合型 0-1 整数规划的数学模型。而实际情况是存储费用率一般与设施节点的规模（吞吐量）大小有关。鲍摩 - 瓦尔夫模型中用非线性函数来描述设施节点的存储费用函数，如图 2-16 所示。从图中的曲线可以看出，随着设施节点规模的增大，存储费用曲线变得平坦，即存储费率下降了。这是符合实际情况的。存储费用的非线性函数的引入，使整个模型变为非线性规划模型，这也使计算求解变得复杂。为了使问题简化，鲍摩 - 瓦尔夫模型给出了一个启发式算法，这个方法是在迭代求解中，对非线性函数采取分段线性化的做法，即在每一次迭代过程中用边际成本表示存储费用率。边际成本表示在一定设施节点规模下的单位货物存储费用，因此可与单位运输费用直接相加。经过这样处理后，就可直接利用运输规划问题的解决方法计算求解了。鲍摩 - 瓦尔夫模型的启发式算法在求解过程中只需要运用一般的运输规划问题的计算方法即可，避免了混合整数规划模型的求解困难，大大降低了计算成本，不仅如此，它还较好地解决了设施节点存储费用的非线性问题。

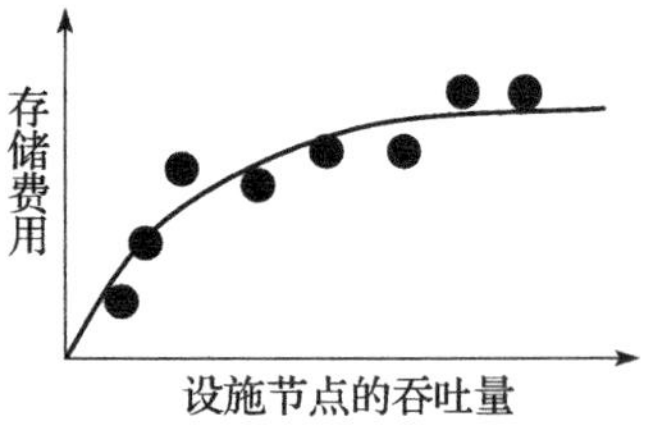

图 2-16　设施节点存储费用函数

通过对物流设施节点的存储成本与规模（吞吐量）的数据拟合，可以得到它们互相关系的数学表达式为：

$$H_j = \mu_j G_j^p$$

式中　H_j——设施节点 j 的存储成本；

G_j——节点的吞吐量；

μ_j、p——常系数。

设物流设施节点在某一规模时的边际成本为 w_j，则 $w_j = \frac{\partial H_j}{\partial G_j} = \mu_j p G^{p-1}$，当 $p = 0.5$ 时，$H_j = \mu_j \sqrt{G_j}, w_j = \frac{\mu_j}{2\sqrt{G_j}}$ 因此，如果已经确定了设施节点的规模，那么在此规模下的存储费率就可按上述边际成本的公式计算得到。

下面介绍鲍摩 - 瓦尔夫模型启发式算法的计算步骤。

（1）求初始解。首先，令各备选设施节点的规模均为 0，即 $G_j = 0$，$w_j = 0$。对工厂与客户间所有组合 (i,k)，求各单位运输成本的最小值，即运输成本最低的路线，其运输成本为 $c_{ik}^0 = \min_j (c_{ij} + d_{jk})$，引入变量 G_{ik}，表示从工厂 i 经一个备选设施节点 j 到 k 客户的流通量。解下列线性规划的运输问题：

$$\min \quad f = \sum_{i,k} c_{ik}^0 G_{ik}$$

$$\text{s.t.} \quad \sum_k G_{ik} = S_i$$

$$\sum_{i} G_{ik} = D_k$$

求出 G_{ik}。

（2）求二次解。设经过备选设施节点 j 的所有 (i,k) 组成的集合为 G_j，备选设施节点 j 的吞吐量为：

$$G_j = \sum_{(i,k)\in G_j} G_{ik}$$

以运输费率和变动存储费率的合计最小为标准，求最省路线：

$$c_{ik}^{1} = \min_{j}\left(c_{ij} + d_{jk} + \mu_j p G_j^{p-1}\right)$$

以 c_{ik}^{1} 代替 c_{ik}^{0}，重新解上一步的运输问题。求出 G_{ik}，并计算 G_j。

（3）求最优解。按步骤（2）反复计算，直至 G_j 不变，即获得满意解。

鲍摩－瓦尔夫模型启发式算法的每次迭代使系统总成本单调下降的趋势是明显的，它总是在使系统总费用最小的前提下寻求新的、更好的布局方案。但对于设施节点设置的固定投资成本，此算法在计算过程中没有考虑。

【例 2-7】 某公司有 2 个生产基地 A1、A2，这 2 个生产基地通过配送中心向 8 个销售地区供应产品。经过实地考察之后，公司确定 5 个配送中心候选地 D1、D2、D3、D4、D5，问题是如何从这 5 个候选地中选择若干个作为配送中心，使得总的配送成本最小。在此，每个候选地都要考虑规模经济因素，即配送中心存储费用与货物吞吐量呈非线性关系，已知条件如表 2-8、表 2-9 和表 2-10 所示。

表 2-8　生产基地到配送中心候选地的单位运输成本及供应量

生产基地＼候选地	D1	D2	D3	D4	D5	供应量
A1	8	9	18	30	35	160
A2	20	14	5	12	11	250

表 2-9　配送中心候选地存储费用

候选地	D1	D2	D3	D4	D5
存储费用	$200G_1^p$	$400G_2^p$	$500G_3^p$	$300G_4^p$	$300G_5^p$

注：本例中取 $p = 0.5$，G_j 为货物吞吐量。

表 2-10　配送中心候选地到各销售地的平均单位配送成本

候选地＼销售地	B1	B2	B3	B4	B5	B6	B7	B8
D1	10	5	12	23	33	34	44	53
D2	45	11	5	14	15	30	25	35
D3	30	25	10	7	8	20	22	19
D4	60	40	35	20	18	7	6	8
D5	65	55	39	30	15	12	21	6
需求量	45	25	70	50	80	60	30	50

解：①求初始解。在生产基地到销售地的所有组合中，找出使单位进货运输成本和单位配送运输成本之和为最小的配送中心，结果如表 2-11 所示。表中括号内的 *Dj* 表示要通过的配送中心。

表 2-11　生产基地到各销售地的最小运输成本

生产基地＼销售地	B1	B2	B3	B4	B5	B6	B7	B8
A1	（D1） 18	（D1） 13	（D2） 14	（D2） 23	（D2） 24	（D4） 37	（D2） 34	（D3） 37
A2	（D1） 30	（D1） 25	（D3） 15	（D3） 12	（D3） 13	（D4） 19	（D4） 18	（D5） 17

根据表 2-11 的运输成本解运输问题得到初始解，如表 2-12 所示。

表 2-12　初始解

生产基地＼销售地	B1	B2	B3	B4	B5	B6	B7	B8	供应量
A1	（D1） 45	（D1） 25	（D2） 70	（D2） 20					160
A2				（D3） 30	（D3） 80	（D4） 60	（D4） 30	（D5） 50	250
需求量	45	25	70	50	80	60	30	50	45

②求第二次解。根据初始解的结果，可以汇总出各配送中心候选地的吞吐量 G_i，再进一步计算出 c_{ik}^1。本例中，取 $p=0.5$，则配送中心的存储费率按公式 $w_j=\dfrac{\mu_j}{2\sqrt{G_j}}$ 计算。其结果如表 2-13 所示。

表 2-13　配送中心候选地吞吐量与存储费率

候选地	D1	D2	D3	D4	D5
吞吐量	70	90	110	90	50
存储费率	12	21.1	23.8	15.8	21.2

再对生产基地到销售地的所有组合，以单位进货运输成本、单位配送成本和存储费率的合计最小为标准，求最节省成本路线。其结果如表 2-14 所示。

表 2-14　生产基地到各销售地的最小运输成本

生产基地＼销售地	B1	B2	B3	B4	B5	B6	B7	B8
A1	（D1） 30	（D1） 25	（D1） 32	（D1） 43	（D2） 45.1	（D4） 52.8	（D4） 51.8	（D4） 53.8
A2	（D1） 42	（D1） 37	（D3） 38.8	（D3） 35.8	（D3） 36.8	（D4） 34.8	（D4） 33.8	（D4） 35.8

根据表 2-14 的运输成本解运输问题得到第二次解，如表 2-15 所示。

表 2-15 第二次解

生产基地＼销售地	B1	B2	B3	B4	B5	B6	B7	B8	供应量
A1	(D1) 45	(D1) 25	(D1) 70	(D1) 20					160
A2				(D3) 30	(D3) 80	(D4) 60	(D4) 30	(D4) 50	250
需求量	45	25	70	50	80	60	30	50	45

③求第三次解。根据第二次解的结果，可以汇总出各配送中心候选地的吞吐量 G_i，再进一步计算出 c_{ik}^1。由于 D2、D5 没有吞吐量，但为了后面计算时去掉这 2 个候选地并计算方便，将 D2 与 D5 的存储费率设置为一个足够大的数 M（本例中是 100 000），如表 2-16 所示。

表 2-16 配送中心候选地吞吐量与存储费率

候选地	D1	D2	D3	D4	D5
吞吐量	160	0	110	140	0
存储费率	7.9	M（100 000）	23.8	12.7	M（100 000）

以表 2-16 为基础，再对生产基地到销售地的所有组合，以单位进货运输成本、单位配送成本和存储费率的合计最小为标准，求最短路线。其结果如表 2-17 所示。

表 2-17 生产基地到各销售地的最小运输成本

生产基地＼销售地	B1	B2	B3	B4	B5	B6	B7	B8
A1	(D1) 25.9	(D1) 20.9	(D1) 27.9	(D1) 38.9	(D1) 48.9	(D4) 49.7	(D4) 48.7	(D4) 50.7
A2	(D1) 37.9	(D1) 32.9	(D3) 38.8	(D3) 35.8	(D3) 36.8	(D4) 37.7	(D4) 30.7	(D4) 32.7

根据表 2-17 的运输成本解运输问题得到第三次解，如表 2-18 所示。

表 2-18 第三次解

生产基地＼销售地	B1	B2	B3	B4	B5	B6	B7	B8	供应量
A1	(D1) 45	(D1) 25	(D1) 70	(D1) 20					160
A2				(D3) 30	(D3) 80	(D4) 60	(D4) 30	(D4) 50	250
需求量	45	25	70	50	80	60	30	50	45

比较第二次解与第三次解，发现各配送中心候选地的吞吐量没有变化。因此第三次解是最终解。最后在 5 个候选地中，选择 D1、D3、D4 为配送中心配置地点。

5. 奎汉－哈姆勃兹（Kuehn-Hamburge）模型

（1）问题描述。奎汉－哈姆勃兹（Kuehn-Hamburge）模型是一个多节点多品种选址模型，从表面上看，只需在单品种选址问题中增加多品种的因素就行了，即可分解成多个单品种选址子问题。但从实际情况看，由于各个品种都要按照各自的优化方案选择物流节点中转，因此，同一客户可能会需要不同品种的货物，他们将分别从几个不同的物流节点进货，这势必会出现在运输某些需求量不多的货物时，运输工具效率低而运输成本增大的现象。在这种情况下，无论是客户自己开汽车提货，还是货物供应部门组织配送，其效果都不是最经济的。为此，有必要将各客户所需的所有货物的供货地点相对集中，最好由一个物流节点供货。

由此，多节点多品种选址问题可描述如下：有 m 家工厂生产多种产品，其中，这些工厂的各种产品的产能已知，每个销售区对每种产品的需求量也已知。产品经由物流节点运往销售区，每个销售区的所有产品都由某一指定的物流节点独家供货，并考虑由于缺货导致的延误交货而支付的损失费，另外物流节点的候选地也是给定的，并且有容量限制，希望从这些候选地中选择若干个作为配送中心中转，以达到总的运营成本最低的目标。物流节点成本可表示为固定成本（实际用地所承担的费用或租金）和可变成本（可用吞吐量的线性表示）。

（2）建立模型

记 c_{hij}——工厂 i 至物流节点 j 运输产品 h 的单位运输费；

d_{hjk}——物流节点 j 至客户 k 运输产品 h 的单位运输费；

x_{hijk}——从工厂 i 经物流节点 j 向客户 k 运输产品 h 的数量；

Y_{hi}——工厂 i 生产产品 h 的能力；

Q_{hk}——客户 k 需要产品 h 的数量；

W_j——物流节点 j 的吞吐能力；

F_j——货物在物流节点 j 期间的平均固定管理费；

S_{hj}——物流节点 j 中为保管产品 h 而产生的单位可变费用；

D_{hk}——由于缺货延误向客户 k 配送产品 h 的数量；

T_{hk}——由于缺货延误向客户 k 配送产品 h 的单位损失费；

Z_j——0-1 变量，表示当物流节点 j 有吞吐量时为 1，否则为 0；

V_{jk}——若物流节点 j 为客户 k 供货时取 1，否则为 0。

多节点多品种选址问题的数学模型可做如下表述：

$$\min \quad f=\sum_{hijk}(c_{hij}+d_{hjk})x_{hijk}+\sum_{j}F_jZ_j+\sum_{hj}S_{hj}(\sum_{ik}x_{hijk})+\sum_{hk}D_{hk}T_{hk} \tag{2-34}$$

$$\text{s.t.} \quad \sum_{ij}x_{hijk}\leqslant Q_{hk}V_{jk} \tag{2-35}$$

$$\sum_{jk}x_{hijk}\leqslant Y_{hi} \tag{2-36}$$

$$\sum_{hik} x_{hijk} \leqslant W_j \tag{2-37}$$

$$\sum_{j} V_{jk} = 1 \tag{2-38}$$

$$V_{jk} \in \{0,1\}$$

$$x_{hijk} \geqslant 0$$

式（2-34）为目标函数，第一项为物流节点的内向与外向运输费用，第二项为物流节点固定费用，第三项为物流节点可变成本，第四项为由于缺货延误向顾客配送产品的损失费，$D_{hk} = Q_{hk} - \sum_{ij} x_{hijk}$；式（2-35）表示产品需求约束；式（2-36）表示满足工厂生产能力；式（2-37）表示满足物流节点的吞吐能力；式（2-38）表示满足同一销售地的所有产品必须由同一物流节点供货。这是一个混合整数规划模型。对于此模型的小规模问题的求解可用分支定界法求解，可选用一些现成的优化软件，如 LINGO 软件；对于大规模问题也可用现代优化技术，如模拟退火算法（simulated annealing algorithms)、禁忌搜索（TS)、遗传算法（genetic algorithms)、蚁群优化算法（ant colony optimization algorithms）等。

6. CFLP 模型

（1）问题描述。CFLP（capacitated facilities location problem）模型研究地是带容量限制的多设施选址问题。其问题描述如下：某公司有 n 个销售地区，每个销售地区的需求量已知。公司决定拟建立若干个配送中心，经考察确认候选地点有 m 个，每个候选地都有容量限制，并且有固定成本（如建造成本或租赁成本），问题是如何从 m 个候选地点中选择 k 个地点修建配送中心，使物流费用达到最小。

模型中没有考虑配送中心的进货成本。这里有一个假设，即货物的各供应地距离布局网络的规划区域都足够远。这是因为当供应地距离规划区域较远时，各配送中心从供应处进货的进货成本差异相对于进货成本本身来说，可忽略不计。这样各配送中心候选地的进货成本均相等，所以在此模型布局时可不考虑。

当然，如果供应地并不是远离规划区域，那就必须考虑进货成本。这样的话，此问题就接近于鲍摩 - 瓦尔夫模型。

（2）建立模型

记　i——配送中心候选地，$i = 1, 2, 3, \cdots, m$；

j——销售地区，$j = 1, 2, 3, \cdots, n$；

k——拟建配送中心个数；

D_j——销售地 j 的需求量；

F_i——配送中心候选地 i 的固定成本；

W_i——配送中心的容量；

C_{ij}——从配送中心候选地 i 到销售地 j 的单位运输费用；

X_{ij}——从配送中心候选地 i 到销售地 j 的运输量（决策变量）；

Y_i——配送中心候选地 i 被选中时取 1，否则为 0（0-1 决策变量）。

CFLP 问题的数学模型可做如下表述：

$$\min \quad Z=\sum_{i=1}^{m}\sum_{j=1}^{n}C_{ij}X_{ij}+\sum_{i=1}^{m}F_iY_i \tag{2-39}$$

$$\text{s.t.} \quad \sum_{i=1}^{m}X_{ij}=D_j, \quad j=1,2,3,\cdots,n \tag{2-40}$$

$$\sum_{j=1}^{m}X_{ij}\leqslant W_iY_i, \quad i=1,2,3,\cdots,m \tag{2-41}$$

$$\sum_{i=1}^{m}Y_i\leqslant k \tag{2-42}$$

$$Y_i\in\{0,1\}$$

$$X_{ij}\geqslant 0$$

式（2-39）为目标函数，它由两部分成本组成，第一部分为配送中心的外向运输成本，第二部分为配送中心的建造成本；式（2-40）表示所有销售地的需求得到满足；式（2-41）表示被选中的配送中心候选地的吞吐量不能超过它的容量限制；式（2-42）表示拟建的配送中心数不能超过 k 个。这是一个混合整数规划问题。

（3）模型求解。关于 CFLP 问题的求解，只要从 m 个候选地中确定了 k 个配送中心，整个问题就变为运输规划问题。因此，如果穷举的话，要解 C_m^k 个运输规划问题。对于小规模问题的求解可用分支定界法求解，可选用一些现成的优化软件，如 LINGO 软件；对于大规模问题也可用现代优化技术，如模拟退火算法、禁忌搜索、遗传算法、蚁群优化算法等。当然，针对这个模型的特点，也可用启发式算法来求解。

【例 2-8】某公司准备在 12 个销售区中选择 3 个拟建配送中心，这 12 个销售区之间的单位运输成本，以及各地区的需求量、投建配送中心的固定成本和最大能提供的容量如表 2-19 所示。试求出适合在哪些销售区建配送中心，以及这些配送中心的分派方案。

表 2-19 单位运输成本矩阵、需求量与配送中心相关数据

配送中心 \ 销售地	1	2	3	4	5	6	7	8	9	10	11	12
1	0	1	6	7	4	3	4	7	6	9	13	9
2	1	0	5	6	5	4	5	8	7	10	14	10
3	6	5	0	3	6	9	10	13	12	15	19	15
4	7	6	3	0	3	10	11	14	13	16	17	12
5	4	5	6	3	0	7	8	11	10	13	14	9
6	3	4	9	10	7	0	7	4	9	12	12	6
7	4	5	10	11	8	7	0	11	9	5	9	13
8	7	8	13	14	11	4	11	0	13	12	8	10

（续）

配送中心＼销售地	1	2	3	4	5	6	7	8	9	10	11	12
9	6	7	12	13	10	9	9	13	0	4	8	13
10	9	10	15	16	13	12	5	12	4	0	4	9
11	13	14	19	17	14	12	9	8	8	4	0	5
12	9	10	15	12	9	6	13	10	13	9	5	0
销售区需求量	4	6	7	3	8	2	8	2	3	5	4	2
配送中心固定成本	16	14	13	14	16	20	20	20	14	14	13	13
配送中心最大容量	18	18	18	18	18	18	18	18	18	18	18	18

LINGO 软件的程序如下所示：

```
MODEL:
    sets:
        Warehouse/1..12/:w, y ,f;/w 为配送中心容量、f 为配送中心固定成本、y 表示
            对应的候选地是否被选中 /
        Customer/1..12/: d;/d 表示销售地的需求量 /
        Routes (Warehouse, Customer) :c, x;   /c 表示单位运输成本、x 为运输量 /
    endsets
data:
    w=18, 18, 18, 18, 18, 18, 18, 18, 18, 18, 18, 18;
    d=4, 6, 7, 3, 8, 2, 8, 2, 3, 5, 4, 2;
    f=16, 14, 13, 13, 16, 20, 20, 20, 14, 14, 13, 13;

c=0, 1, 6, 7, 4, 3, 4, 7, 6, 9, 13, 9,
  1, 0, 5, 6, 5, 4, 5, 8, 7, 10, 14, 10,
  6, 5, 0, 3, 6, 9, 10, 13, 12, 15, 19, 15,
  7, 6, 3, 0, 3, 10, 11, 14, 13, 16, 17, 12,
  4, 5, 6, 3, 0, 7, 8, 11,1 0, 13, 14, 9,
  3, 4, 9, 10, 7, 0, 7, 4, 9, 12, 12, 6,
  4, 5, 10, 11, 8, 7, 0, 11, 9, 5, 9, 13,
  7, 8, 13, 14, 11, 4, 11, 0, 13, 12, 8, 10,
  6, 7, 12, 13, 10, 9, 9, 13, 0, 4, 8, 13,
  9, 10, 15, 16, 13, 12, 5, 12, 4, 0, 4, 9,
  13, 14, 19, 17, 14, 12, 9, 8, 8, 4, 0, 5,
  9, 10, 15, 12, 9, 6, 13, 10, 13, 9, 5, 0;
enddata
[OBJ]min=@SUM (Routes: c*x) +@SUM (Warehouse: f*y); / 目标函数 /
@for (Warehouse (i) :[SUP]
    @sum (Customer (j) : x (i, j) <=w (i) *y (i)); / 候选地的吞吐量不能超过它的容量限制
    /
@for (Customer (j) :[DEM]
        @sum(Warehouse (i) : x (i, j) =d (j) ); / 所有销售地的需求得到满足 /
@sum (Warehouse: y) <=3; / 拟建配送中心数为 3 个 /
@for (Warehouse;@BIN (y)); /y 为 0-1 决策变量 /
END/
```

运算后的全局最优结果是在 1、4、10 号销售地建配送中心，最低物流成本为 197。具

体的分派方案与分派运量如表 2-20 所示。

表 2-20 拟建配送中心的地点与配送分派方案

销售地 配送中心	1	2	3	4	5	6	7	8	9	10	11	12
1	4	6				2	4	2				
4			7	3	8							
10							4		3	5	4	2
需求量	4	6	7	3	8	2	8	2	3	5	4	2

7. 多枢纽站单一分派轴辐式网络选址问题

（1）问题描述。与上面介绍的一些模型不同，多枢纽站单一分派轴辐式网络选址问题是关于有双向物流的网络节点选址问题，是按照多枢纽站单一分派轴辐式网络组织模型进行管理的，它的问题描述如下：在一个有 n 个节点的物流网络中，每个节点都可能是货物的起始点或终至点，货物从起始点（origin）经若干个节点到达目的地（destination）的流通量称为 OD 量，经过的节点链称为 OD 流，根据多枢纽站单一分派轴辐式网络组织模型要求每条 OD 流汇聚于一个或两个枢纽站后到达目的地，由于枢纽站之间的运输是干线运输，具有规模效益，从而节约了整个系统的物流成本。问题是如何从 n 个节点中选择 p 个节点作为枢纽点，以使整个网络的物流成本最小。这个问题又称为 p-hub 选址问题，其网络结构如图 2-17 所示。

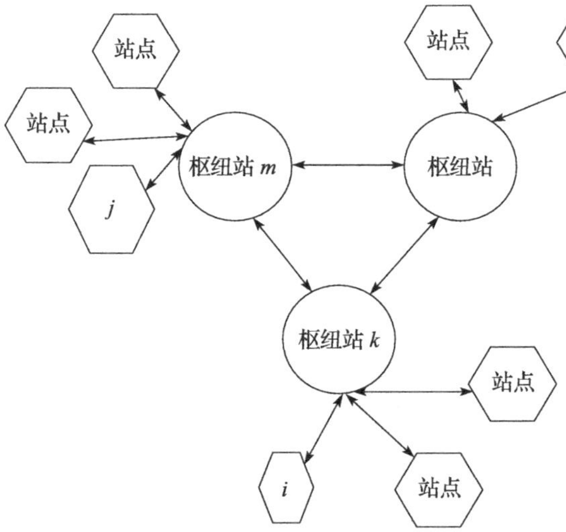

图 2-17 多枢纽站单一分派轴辐式网络

（2）模型建立

记 N——网络中所有节点的集合；

H——网络中所有潜在 hub 点集合，$H \subseteq N$；

i, j——起始点与目的地，$i, j \in N$；

k,m——候选的 hub 点，$k,m \in H$；

p——设置为 hub 点的数目；

W_{ij}——节点 $i \in N$ 到节点 $j \in N$ 的 OD 量；

C_{ij}——节点 $i \in N$ 到节点 $j \in N$ 的单位运输成本；

α——hub 点间干线运输的折扣率；

F_{ijkm}——OD 流 (i,j) 间经过路径 (i,k,m,j) 的货物运输总成本；

X_{ijkm}——0-1 决策变量，当值为 1 时，路径 (i,k,m,j) 被选为 OD 流 (i,j) 的路径，表示货物从节点 i 经过 hub 点 k 和 m 到达节点 j，当值为 0 时，表示此路径没被选中；

Z_{ik}——0-1 决策变量，当值为 1 时表示节点 $i \in N$ 与 hub 点 $k \in H$ 相连；

Z_{kk}——0-1 决策变量，当值为 1 时表示节点 $k \in H$ 为一个 hub 点。

由于采用干线运输，因此 OD 流 (i,j) 经过路径 (i,k,m,j) 的货物运输总成本由这三部分组成：节点 i 到 hub 点的运输成本、hub 点之间有折扣的干线运输成本和 hub 点到节点 j 的运输成本，即 $F_{ijkm} = W_{ij}(C_{ik} + \alpha C_{km} + C_{mj})$，当节点 i 和节点 j 其中一个或两个被选为 hub 点时，货物运输总成本的公式也成立，因为 $C_{kk} = 0$，$C_{mm} = 0$。多枢纽站单一分派轴辐式网络选址问题的数学模型可做如下表述：

$$\min \quad \sum_{i}\sum_{j \neq i}\sum_{k}\sum_{m} F_{ijkm} X_{ijkm} \tag{2-43}$$

$$\text{s.t.} \quad \sum_{k} Z_{ik} = 1 \quad \forall i, \tag{2-44}$$

$$Z_{ik} \leqslant Z_{kk} \quad \forall i,k, \tag{2-45}$$

$$\sum_{k} Z_{kk} = p, \tag{2-46}$$

$$\sum_{m} X_{ijkm} = Z_{ik} \quad \forall k,i,j \neq i, \tag{2-47}$$

$$\sum_{k} X_{ijkm} = Z_{jm} \quad \forall m,i,j \neq i, \tag{2-48}$$

$$X_{ijkm}, Z_{ik} \in \{0,1\} \quad \forall i,j \neq i,k,m$$

$$i,j,k,m \in N$$

式（2-43）为目标函数，表示使所有 OD 流按选中的路径进行运输的运输总成本最低；式（2-44）保证了每个非 hub 节点只能跟一个 hub 节点连接，即单一分派性质；式（2-45）表示如果某个节点没有被选为 hub 节点，则非 hub 节点就不能与它相连，也就是，当 Z_{kk} 为零时，Z_{ik} 只能为零；式（2-46）表示被选为 hub 节点的总数为 p 个；式（2-47）和式（2-48）表示任意覆盖了 hub 节点对 (k,m) 的 OD 流，它的起始地与目的地必须分别与 hub 点 k,m 相连，也就是说，如果起始地 i 没有跟某个 hub 点 k 相连的话，OD 流 (i,j) 中任何覆盖 hub 点 k 的路径都没被选中，对目的地 j 也同样。此模型是一个整数规划模型。

对于此模型的小规模问题的求解可用穷举法或分支定界法，也可选用一些现成的优化软件，如 LINGO 软件；对于大规模问题的求解非常困难，可用优化技术和一些针对特殊问题特征的启发式算法。从文献中看，我们可以用精确法计算 80 个节点的优化问题，用启发式算法计算出在大约 200 个节点中选择少量节点作为 hub 点的方案。

【例 2-9】 某快递公司在 10 个地区开展业务，准备在这 10 个地区中选择 3 个建枢纽站，并采用单一分派的方式组织货物运输，这 10 个地区之间的单位运输成本如表 2-21 所示，各地区间的 OD 量如表 2-22 所示。假设枢纽间单位运输成本是原来的 80%，试求出适合在哪些地区建立枢纽站，以及分派方案。

表 2-21 单位运输成本表

起始地 \ 目的地	1	2	3	4	5	6	7	8	9	10
1	0	6	19	9	10	10	5	13	7	14
2	6	0	13	3	15	4	7	7	9	16
3	19	13	0	10	28	15	20	4	22	29
4	9	3	10	0	18	5	10	7	12	19
5	10	15	28	18	0	16	8	19	10	7
6	10	4	15	5	16	0	8	3	10	12
7	5	7	20	10	8	8	0	11	2	9
8	13	7	4	7	19	3	11	0	13	20
9	7	9	22	12	10	10	2	13	0	10
10	14	16	29	19	7	12	9	20	10	0

表 2-22 各地区间的 OD 量

起始地 \ 目的地	1	2	3	4	5	6	7	8	9	10
1	40	130	151	210	37	130	230	60	37	20
2	117	98	156	341	194	175	94	231	110	119
3	119	85	150	421	432	129	325	156	455	205
4	53	78	321	692	324	460	210	146	375	423
5	82	156	143	333	288	192	424	450	410	199
6	69	179	210	452	134	176	423	211	218	145
7	104	165	98	326	278	423	55	375	220	501
8	132	234	108	324	529	76	312	265	274	198
9	93	482	65	248	527	123	399	332	165	329
10	177	423	195	625	398	185	267	385	132	23

LINGO 软件的程序如下所示：

```
MODEL:
    sets:
    depot/1..10/; /节点集合/
    Routes(depot, depot): c, w, z;/c 表示单位运输成本，w 表示 OD 量，z 是不是枢纽
    点或与枢纽点相连/
    Paths(depot, depot, depot, depot):x;/x 表示 OD 流的路径/
```

```
endsets
data:
   w=40,130,151,210,37,130,230,60,37,20,117,98,156,341,194,175,94,231,110,119,
     119,85,150,421,432,129,325,156,455,205,53,78,321,692,324,460,210,146,375,
     423,82,156,143,333,288,192,424,450,410,199,69,179,210,452,134,176,423,
     211,218,145,104,165,98,326,278,423,55,375,220,501,132,234,108,324,529,76,
     312,265,274,198,93,482,65,248,65,248,527,123,399,332,165,329,177,423,195,625,
     398,185,267,385,132,23;
   c=0,6,19,9,10,10,5,13,7,14,6,0,13,3,15,4,7,7,9,16,
     19,13,0,10,28,15,20,4,22,29,9,3,10,0,18,5,10,7,12,19,
     10.15,28,18,0,16,8,19,10,7,10,4,15,5,16,0,8,3,10,12
     5,7,20,10,8,8,0,11,2,9,13,7,4,7,19,3,11,0,13,20
     7,9,22,12,10,10,2,13,0,10,14,16,29,19,7,12,9,20,10,0;
enddata
min=@SUM (Paths (i, j, k, m) | j #NE# i: w (i, j) * (c (i, k) +0.8*c (k,m) +c(m,j)) *x
   (i, j, k, m)) ; / 目标函数 /
@for ((Paths (i, j, k, m) |j #EQ# i : x (i, j, k, m) =0) ; / 本地区运输不需要经过枢纽点 /
@for (depot (i) :
   @sum (depot (k) :z (i, k)) =1;/ 单一分派原则 /
   @for (depot (k) :z (i, k) <=z (k, k)) ; / 非 hub 节点之间不相连 /
   @for (depot (j) | j #NE# i:
      @for (depot (k):
         @sum (depot (m) :x (i, j, k, m) =z (i, k) ; /OD 流限制 /
         );
      @for (depot (m) :
         @sum (depot (k) :x (i, j, k, m)) =z (j, m) ;
         ) ;
      ) ;
   ) ;
@sum (depot (k) :z (k, k) <=3; / 枢纽点总数限制 /
@for (Paths (i, j, k, m) | j #NE# i: @BIN (x (i, j, k, m))) ;
   @for (depot (i) :
      @for (depot (k) :
         @BIN (z (i, k))
         ) ;
) ;
END
```

此模型有 $n^4 - n^3 + n^2 = 9\,100$ 个决策变量，$2n^3 - n^2 + n + 1 = 1\,911$ 个约束条件，运算后的全局最优结果是在 2、7、8 三个节点上设置为枢纽节点，其中节点 4、6 与枢纽节点 2 相连，节点 1、5、9、10 与枢纽节点 7 相连，节点 3 与枢纽节点 8 相连，总运输成本为 253 929.8。分派方案的网络如图 2-18 所示。

8. 多枢纽站多分派轴辐式网络选址问题

（1）问题描述。多枢纽站多分派轴辐式网络选址问题也是研究有双向物流的网络节点选址问题，它是按照多枢纽站多分派轴辐式网络组织模式进行管理的，因此关于多枢纽站多分派轴辐式网络选址问题是在多枢纽站单一分派轴辐式网络选址问题基础上，允许收发货站点与多个枢纽站相连（多分派原则），收发货站点可以根据实际情况（如枢纽站是否拥挤、客户的交货期要求等）选择与其连接的枢纽站，从而提高整个网络的转运效率，缩短运输时间，降低物流成本。它的问题描述如下：在一个有 n 个节点的物流网络中，按照多分派原则，如何从 n 个节点中选择 p 个节点作为枢纽点，以使整个网络的物流成本最小。其网络结构如图 2-19 所示。

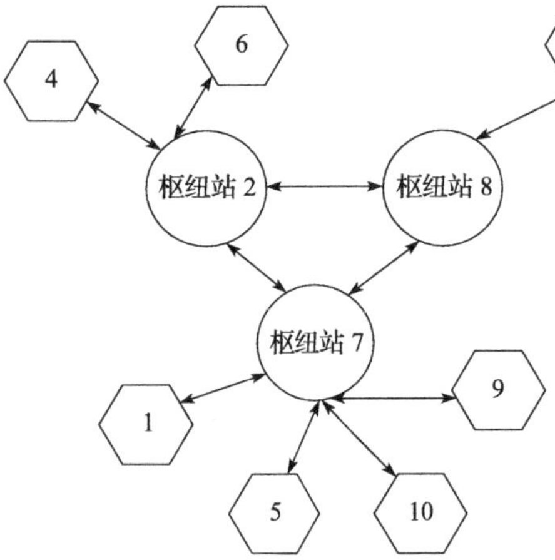

图 2-18　分派方案的网络

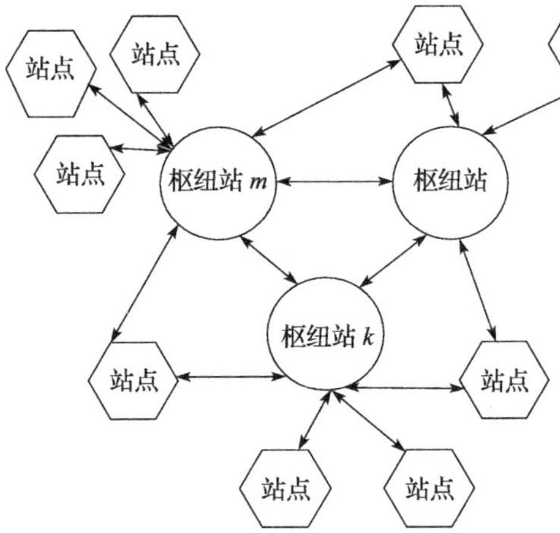

图 2-19　多枢纽站多分派轴辐式网络

（2）模型建立

记　N——网络中所有节点的集合；

H——网络中所有潜在 hub 点集合，$H \subseteq N$；

i,j——起始地与目的地，$i,j \in N$；

k,m——候选的 hub 点，$k,m \in H$；

p——设置为 hub 点的数目；

W_{ij}——节点 $i \in N$ 到节点 $j \in N$ 的 OD 量；

C_{ij}——节点 $i \in N$ 到节点 $j \in N$ 的单位运输成本；

α——hub 点间干线运输的折扣率；

F_{ijkm}——OD 流 (i,j) 间经过路径 (i,k,m,j) 的货物运输总成本，

$$F_{ijkm} = W_{ij}\left(C_{ik} + \alpha C_{km} + C_{mj}\right);$$

X_{ijkm}——0-1 决策变量，当值为 1 时，路径 (i,k,m,j) 被选为 OD 流 (i,j) 的路径，表示货物从节点 i 经过 hub 点 k 和 m 到达节点 j，当值为 0 时，表示此路径没被选中；

Z_k——0-1 决策变量，当值为 1 时表示节点 $k \in N$ 为一个 hub 点。

根据相关文献，多枢纽站多分派轴辐式网络选址问题的数学模型如下表述：

$$\min \quad \sum_{i}\sum_{j \neq i}\sum_{k}\sum_{m} F_{ijkm} X_{ijkm} \tag{2-49}$$

$$\text{s.t.} \quad \sum_{k}\sum_{m} X_{ijkm} = 1 \quad \forall i,j \tag{2-50}$$

$$\sum_{k} Z_k = p, \tag{2-51}$$

$$\sum_m X_{ijkm} - Z_k \leqslant 0 \quad \forall k,i,j, \tag{2-52}$$

$$\sum_k X_{ijkm} - Z_m \leqslant 0 \quad \forall m,i,j, \tag{2-53}$$

$$Z_k \in \{0,1\} \quad \forall k$$

$$i,j,k,m \in N$$

式（2-49）为目标函数，优化目标是所有设置为 OD 流路径的运输成本之和最低；式（2-50）表示每条 OD 流只有一条路径，由于非 hub 节点可以与多个 hub 节点相连，每条 OD 流可能有多条路径，这里做了一个限制；式（2-51）表示设置的 hub 节点数为 p 个。式（2-52）和式（2-53）表示如果某节点没有被选为 hub 节点，则覆盖此节点的路径都不能选为 OD 流的路径。

【例 2-10】 对于例 2-9 的数据，按多分派的原则进行分析，试求出在哪些地区建立枢纽站，以及 OD 流的路径。

LINGO 软件的程序如下所示：

```
    MODEL:
        sets:
            depot/1..10/: z;
            Routes (depot, depot): c, w;
            Paths (depot, depot, depot, depot) :x;
        endsets
    data:
        w=40,130,151,210,37,130,230,60,37,20,117,98,156,341,194,175,94,231,110,119,
          119,85,150,421,432,129,325,156,455,205,53,78,321,692,324,460,210,146,375,
          423,82,156,143,333,288,192,424,450,410,199,69,179,210,452,134,176,423,
          211,218,145,104,165,98,326,278,423,55,375,220,501,132,234,108,324,529,76,
          312,265,274,198,93,482,65,248,65,248,527,123,399,332,165,329,177,423,195,625,
          398,185,267,385,132,23;
        c=0,6,19,9,10,10,5,13,7,14,6,0,13,3,15,4,7,7,9,16,
          19,13,0,10,28,15,20,4,22,29,9,3,10,0,18,5,10,7,12,19,
          10.15,28,18,0,16,8,19,10,7,10,4,15,5,16,0,8,3,10,12
          5,7,20,10,8,8,0,11,2,9,13,7,4,7,19,3,11,0,13,20
          7,9,22,12,10,10,2,13,0,10,14,16,29,19,7,12,9,20,10,0;
        enddata
min=@SUM (Paths (i, j, k, m) | j #NE# i: w (i, j) * (c (i, k) +0.8*c (k,m) +c(m,j)) *x
        (i, j, k, m)) ; / 目标函数 /
@for ((Paths (i, j, k, m) |j #EQ# i : x (i, j, k, m) =0) ;
@for (depot (i) :
        @for (depot (j) | j #NE# i:
            @sum (Routes (k, m): x (i, j, k, m) =1;
                / 每条 OD 流只有一条路径 /
        @for (depot (k) : /OD 流限制 /
            @sum (depot (m) :x (i, j, k, m)) <=z (k) ;
                ) ;
        @for (depot (m) :
            @sum (depot (k) :x (i, j, k, m)) <=z (m) ;
            ) ;
        ) ;
```

```
    );
  @sum(depot(k):z(k)<=3; / 枢纽点总数限制 /
  @for(Paths(i, j, k, m) | j #NE# i: @BIN(x(i, j, k, m)));
  @for(depot(k):@BIN(z(k));
END
```

此模型 $n^4-n^3+n^2=9\,010$ 个决策变量，$2n^3-n^2+n+1=1\,891$ 个约束条件，运算后的全局最优结果是在 2、7、8 三个节点上设置为枢纽节点，其中节点 1 与枢纽节点 2 和 7 相连，节点 4 与枢纽节点 2 和 8 相连，节点 5、9、10 与枢纽节点 7 相连，节点 3 与枢纽节点 8 相连，节点 6 与枢纽节点 2、7 和 8 相连，总运输成本为 240 632.4，比例 2-8 节省成本 5.24%。分派方案的网络如图 2-20 所示，每条 OD 流经过的枢纽站点与流向如表 2-23 所示。

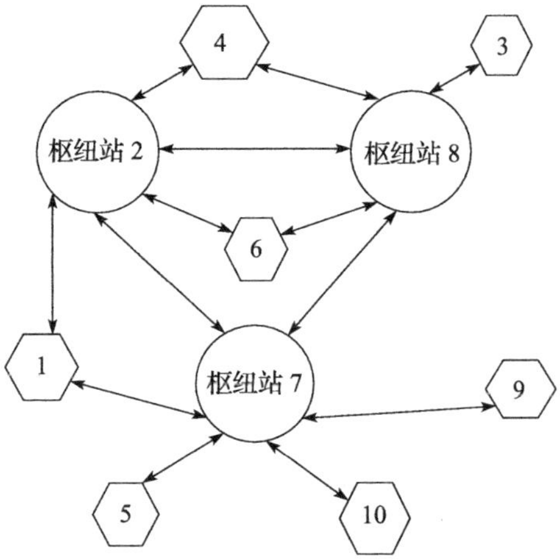

图 2-20　分派方案的网络

表 2-23　OD 流经过的枢纽站点与流向

起始地＼目的地	1	2	3	4	5	6	7	8	9	10
1		2	2，8	2	7	2	7	2，8	7	7
2	2		2，8	2	2，7	2	2，7	2，8	2，7	2，7
3	8，2	8，2		8	8，7	8	8，7	8	8，7	8，7
4	2	2	8		2，7	2	2，7	8	2，7	2，7
5	7	7，2	7，8	7，2		7	7	7，8	7	7
6	2	2	8	2	7		7	8	7	7
7	7	7，2	7，8	7，2	7	7		7，8	7	7
8	8，2	8，2	8	8	8，7	8	8，7		8，7	8，7
9	7	7，2	7，8	7，2	7	7	7	7，8		7
10	7	7，2	7，8	7，2	7	7	7	7，8	7	

本章小结

本章叙述了物流节点系统规划与设计概念、物流节点选址规划目标、物流节点选址问题分类；介绍了物流节点选址方法、决策影响因素、早期研究理论；阐述了物流节点选址技术与方法、单物流节点选址模型，主要包括交叉中值模型、精确重心模型。

本章重点论述了多物流节点选址模型，主要包括多重心模型、覆盖模型、P－中值模型、鲍摩－瓦尔夫模型（多节点单品种选址模型）、奎汉－哈姆勃兹模型（多节点多品种选址模型）。

同时，本章介绍了部分多物流节点选址模型，主要包括 CFLP 模型、多枢纽站单一分派轴辐式网络选址问题、多枢纽站多分派轴辐式网络选址问题。

案例分析

项目选址篇

1. 选址思路

（1）充分考虑 XY 市位于三省交界的便利区位及发达的陆路交通体系，发挥商贸物流园区对大西南的支持作用。

（2）为城市发展空间布局提供支持；东、北部片区是未来 XY 城市发展方向及产业布局重点，未来随着产业集聚与规模化发展，必然带来规模化的商贸物流量需求，本园区的选址应充分考虑城市发展及产业空间布局的要求。

（3）充分依托、利用现有的汕昆高速、毕水兴高速、兴晴高速、南昆铁路及 320、324 国道等交通基础设施，节约建设投资。

（4）具备与市区内部交通的便捷联系，便于城市商贸批发交易及物流配送业务。

（5）宜选址在离城市的居民区有一定距离的地方，避免对居民生活带来不便。

（6）尽量选择空间发展潜力较大的场址，为商贸物流园区的持续发展提供保障。

2. 选址原则

（1）符合性：遵循地区国民经济发展规划与城市总体规划，与相关行业规划相协调。

（2）通达性：与其他货运设施和综合交通运输网络有便捷的交通联系，以方便货物集散和中转换乘。

（3）相关性：与城市货运对外辐射方向和区域布局相适应；与城市物流需求和供给的方向性基本一致，并充分考虑多式联运的可能性。

（4）具有发展潜力：充分考虑业务集约化、规模化发展的潜力，需要有满足城市商贸物流业务持续发展的空间资源。

（5）良好的用地条件与外协条件：具备良好的用地条件和水、电、通信与道路交通等外协条件。

（6）具有环境友好性：布局选址应避免园区运营对城市市民生活产生负面影响。

3. 影响因素

（1）交通因素。商贸物流园应能便捷地进入区域对外交通网络以及城市内部交通网络。同时要减少园区交通对城市内部交通的干扰。

（2）产业布局因素。商贸物流园布局尽可能与产业园形成配套，相互促进。

（3）城市空间发展因素。商贸物流园布局应符合城市的空间发展战略的思路。

（4）环境因素。商贸物流园应选址于对居民生活干扰小的地区。

（5）商贸物流园发展的自身因素

①微观因素：商贸交易及物流操作流程的通畅性，衔接性，与铁路货运站场、高速公路等对外交通设施协作的便利度，商贸物流园的规模化，与 XY 市综合交通体系对接的便利度。

②宏观因素：商贸物流园区与外部条件的关系，与周边的批发市场、物流园能够合理分工，物流园能处在城市行政区域之内，物流园区与上层规划相协调。

4. 基本要求

（1）具有足够的发展空间

1）商贸物流园区应具备满足商贸交易展示、物流业务集约化、规模化发展的空间资源条件，为长远发展留有余地。

2）按照国内外物流园区的规划建设经验，大型商贸物流园一般在2平方公里以上。根据《物流园区分类与基本要求》，物流园区至少应在1平方公里以上。XY市商贸物流园的面积应与发展定位相匹配。

（2）与现有交通运输体系有效对接

1）交通条件是商贸物流园存在和发展的基础，本园区应能与XY市的高速公路、铁路、国省道、快速路、市政路、港口、机场等交通基础设施便捷对接。

2）应尽量减少园区交通对城市内部交通的干扰。

（3）符合城市综合发展战略

1）避免园区建设与城市发展的冲突，尽量不占用城市远期建设用地，避免园区对城市其他功能区的干扰。

2）减少园区对当地居民生活的影响。考虑到商贸物流园24小时连续作业的需要，园区应和居住区、较稠密的居民点保持一定距离。

3）考虑到城市配送的功能。

（4）有助于提高区域商贸、物流产业的综合竞争力

1）充分发挥商贸、物流在转变经济增长方式、推动流通服务业发展的作用。

2）完善流通配套基础设施。

3）形成功能互补及差异化定位的园区格局。

5. 选址方案

根据商贸物流园区选择要求及相关思路，调研组在XY市域范围内多方考察，多次比选后选中以下备选方案。

选址方案1

位于JS东北部汕昆高速与324国道交界处东南角。

（1）初具规模：占地面积约1 050亩[⊖]。

（2）交通便捷：地块被汕昆高速、324国道及JS环城路三面包围。

（3）区位优势：地块位于JS北部，正处于城市发展方向上，位于JS区与马岭镇之间的开阔地带，可持续发展空间较大。

（4）缺点：地形略有起伏，增加开发难度；配套缺乏。

选址方案2

（1）初具规模：占地面积约1 300亩。

（2）交通便捷：地块被汕昆高速、324国道及JS环城路三面包围。

⊖ 1亩≈666.6平方米。

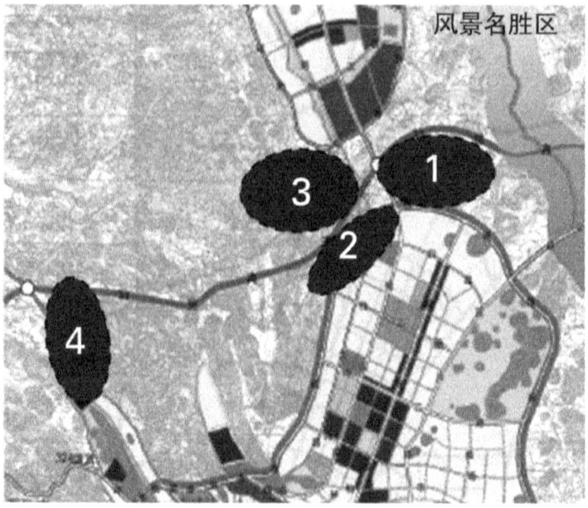

XY 市商贸物流园备选地块示意

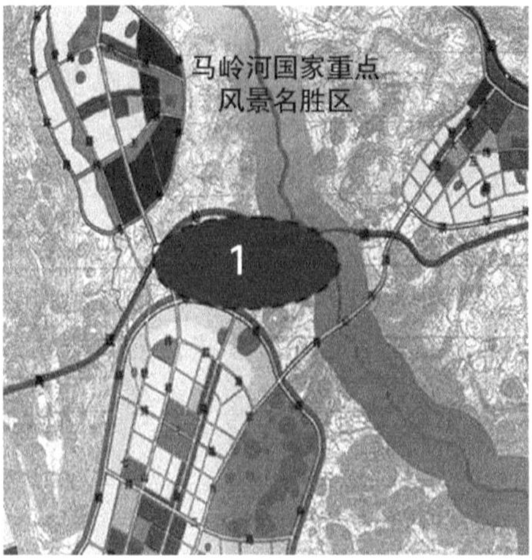

XY 市商贸物流园备选地块 1 示意

（3）区位优势：地块位于 JS 东北部，正处于城区边缘的开阔地带，与市区结合较为紧密。

（4）建设条件优势：地势较为平坦，利于开发；配套较好。

（5）缺点：物流配送可能对城市内交通、居住区有较大干扰；受地形干扰，可持续发展空间不大。

选址方案 3（略）

选址方案 4（略）

6. 选址方案评价与选择

综合各项评判指标，并按照商贸物流园对各项内容的依赖度设定权重，采用德尔菲法（Delphi Method）及层次分析法（AHP）相结合，采取 5 分制（5 分为满分）进行评价比较（见表 2-24）。综合比较，三地块的分值较为接近，其中 3 号地块和 4 号地块的分值较高，是较为理想的项目选址。

表 2-24　4 地块综合对比情况

地块	区位	交通	与市区结合度	环境影响	规模	发展空间	加权	加权平均
1 号地	3	4	3	5	5	5	94	4.09
2 号地	5	5	5	3	4	4	102	4.43
3 号地	4	5	4	5	4	5	103	4.48
4 号地	4	5	5	5	4	5	104	4.53
权重	4	5	4	3	4	3	23	

综合 1、2、3、4 号地块，建议 3 号地块作为桂山商贸物流园的选址，4 号地块作为坪东商贸物流园的选址。

资料来源：王术峰．商贸物流园概念性规划与设计［R］. 2012.

思考题

结合本案例，物流园项目选址影响因素主要有哪些。

参考思路

1. 产业布局因素。商贸物流园布局尽可能与当地产业园形成配套，相互促进。

2. 区位因素。项目选址处于城区边缘的开阔地带，与市区结合较为紧密。

3. 交通因素。商贸物流园应能便捷地进入对外交通网络以及城市内部交通网络，同时要减少园区交通对城市内部交通的干扰。

4. 城市空间发展因素。项目选址应符合城市的空间发展战略的思路。

5. 环境因素。商贸物流园应选址在对居民生活干扰小的地区。

6. 空间优势。地块预留发展用地，地形较为平坦，可持续发展空间大。

课外拓展

1. 物流园项目选址影响因素主要有哪些？

2. 物流园项目选址原则主要有哪些？

课堂讨论

讨论以下说法是否正确：

讨论 1　在物流节点选址决策中，是在成本最优化的前提下，考虑物流量最大化。

讨论 2　在物流节点选址问题早期研究理论中，人力成本在物流节点选址决策中起到重要作用。

复习思考题

一、简答题

1. 物流节点选址有哪些方法？

2. 如何理解 P- 中值模型？（什么是 P- 中值模型？求解 P- 中值模型需解决哪些问题？）

二、计算题

某公司在某区域有 6 个零售商客户（A1 ～ A6）。拟在该区域新建 2 个仓库，用最低的运输成本来满足这 6 个客户。经考察，公司确定 5 个候选地（D1 ～ D5），从候选地到各客户的单位运输成本、客户需求量已确定（见表 2-25）；客户和候选地位置，如图 2-21 所示。试用 P- 中值模型确定仓库位置与客户分派情况。

表 2-25　客户需求量与单位运输成本矩阵

	D1	D2	D3	D4	D5	需求量
A1	8	9	25	6	11	45
A2	4	11	28	2	24	20
A3	5	8	12	20	13	50
A4	8	6	10	25	5	100

（续）

	D1	D2	D3	D4	D5	需求量
A5	15	10	8	28	10	80
A6	18	3	5	27	2	40

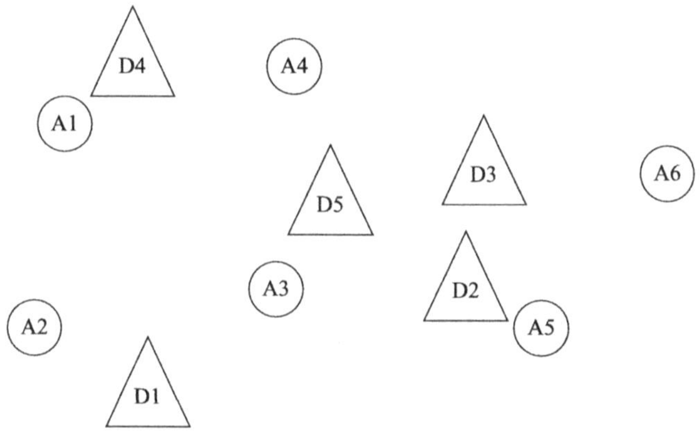

图 2-21　客户和候选地位置分布

第3章 CHAPTER 3

物流网络系统规划与设计

| 本章要点 |

- 物流网络系统的含义和内容
- 物流网络系统基本结构
- 物流网络系统规划设计的原则与步骤

| 开篇案例 |

中国移动的物流网络优化之路

项目背景

在电信行业，工程物流算不上企业的核心竞争力，各大电信运营商在早期的管理和运营方面并不太重视物流，而且多存在各省间各自为政，同厂家单一联系的弊端。同时，国内移动通信行业也经过了几次大的分离和整合，从最初的中国邮电拆分为电信和邮政；后来电信又拆分为电信和网通。在国家颁发3G牌照后，现在国内电信市场有三大运营商，即中国移动、中国电信和中国联通。

另外，前两年移动通信用户出现了爆发式增长。截至目前，国内移动通信有近7亿用户，其中中国移动的用户就达4亿～5亿。这对基站站点的需求不断增加，通信基础设施建设的任务变得非常紧张。虽然近两年用户增加相对平缓，但由于3G的快速发展，新的通信基础设施建设的高潮又开始了。

为了更好地开展工作，及时响应公司基础设施建设对物资的需求，降低整体物流成本，中国移动在 2008 年成立了专门的物流工作组，负责工程物资物流规划和建设，并开始实施“物流改造”工程，进行物流优化。

物流网络现状

中国移动将工程（物资）物流分为两级进行优化管理，构建二级物流体系。该二级物流体系是指公司在全国构建大区和省区。大区是第一级，省区是第二级，省区与大区的物流可以进行对接。供应商的设备首先送到大区，然后再分拨到各省区。目前中国移动在国内共有五大区，包括华北大区、西北大区、西南大区、广东大区和华东大区。它在全国建立大区和省区两级集中仓储中心，推进干线运输的集中运营和区域配送的集成一体化运作。一期工程在全国选择五个省市——天津、陕西、重庆、广东、江苏建立大区物流基地，分别覆盖华北大区、西北大区、西南大区、广东大区和华东大区的物资仓储与配送。

以西南大区物流基地为例，该区是公司两级物流体制的重要组成部分，建成之后，该物流基地将辐射重庆、四川、贵州、云南四省市，形成快速的物流通道。该物流基地可以大幅度提高集团公司集中采购的效率，实现“物资集中化”管理，更好地保证各省公司的物资供应，提升中国移动的市场竞争能力。

中国移动实行自建各大区和省物流中心，仓储和配送全部外包给第三方物流公司的模式。这样可以更好地整合社会物流资源，一方面可以降低公司的总体运营成本，另一方面可以更好地发展自己的主业。中国移动在首先满足公司内部物流配送的前提下，将来还可以满足社会需求。

物流网络优化方法

公司聘请一些国际知名的咨询公司和大学为中国移动的物流网络优化提供专业服务。其通过采用统筹学知识、物流网络建设和优化工具、布点方面的数学模型，构建了中国移动新型的二级物流体系。行业专家认为，物流网络建设和优化工具只是一个辅助性参考，还要跟实际情况结合，包括当地政府的支持力度等，否则这些工具就成了空中楼阁。

在大区物流网点建设中，中国移动选择了自建仓库而不是租赁仓库的模式。原因有二：一是中国移动的仓库需要长期使用，而租赁仓库可能会牵涉到租赁时间问题，这样每次签租赁合同时会在价格上丧失主动权。二是中国移动的工程物资产品尺寸不一，形状各异，与标准化的产品仓储有很大不同，而社会上的仓库很难满足这样的需求。

项目实施效果

通过规划实施这样的“物流改造”工程，大区物流中心的物资设备库存起到了“蓄水池”的作用，理顺和平衡了公司上下游的供给和需求，对整个产业链起到了调整作用，为移动通信行业的供应链建设做出了贡献。过去，在公司通信基站建设的高峰期，设备需求高涨，供应商加班加点生产，仍难以满足需求；在基站建设的平淡期，供应商设备和产品闲置，造成大量浪费。二级物流体制建设完成后，这种问题将会得到有效解决。

通过公司先进适用的信息系统，中国移动能够查看跟踪各地区的物资物流状况，大区之间可以根据物资库存的多缺状况进行方便的调配，公司的管理体系变得更加顺畅。通过实施物流网络的规划和优化，中国移动不仅降低了物流成本，而且可以做到及时响应。

资料来源：http://www.chinatat.com/new/201012/ti4382132417152210102 2346.shtml.

3.1 物流网络系统概述

3.1.1 物流网络系统的基本概念

物流网络就是物流的过程，如果按其运动的程度即相对位移大小，它是由许多运动过程和许多相对停顿过程组成的。

把物流系统抽象为由节点（nodes）与通道（route）连成的网络。网络中的链代表不同库存储存点之间货物的移动。这些储存点（零售店、仓库、工厂或者供应商）就是节点。任意一对节点之间可能有多条链相连，代表不同的运输形式、不同的路线。节点也代表那些库存流动过程中的临时经停点，如货物运达零售店或最终消费者之前短暂停留的仓库。

和物流网络相配合的还有信息网络，其中包含了关于销售收入、产品成本、库存水平、仓库利用率、预测、运输费率及其他方面的信息。信息网络中的链由两点之间的信息传输构成。信息网络中的节点则是不同的数据采集点和处理点，如进行订单处理、拣选、备货和更新库存记录等。

产品流动网络与信息网络并不是相互独立的，它们结合在一起就形成了物流系统。在设计时，我们必须将其作为一个整体来考虑，否则将影响系统的优劣。例如，信息网络的设计将会影响系统的订货周期，进而影响产品网络各节点保有的库存水平。库存的可得率会影响客户服务水平，进而影响订货周期和信息网络的设计。同样，其他各因素之间的相互依赖也要求从整体的角度看待物流系统，而不能将其分开考虑。

3.1.2 物流网络系统的组成要素

所谓物流网络结构，是指由执行物流运动使命的线路和执行物流停顿使命的节点两种基本元素所组成的网络结构。

全部物流活动是在线路和节点上进行的。其中，在线路上进行的活动主要是运输，包括：集货运输、干线运输、配送运输等。物流功能要素中的其他所有功能要素，如包装、装卸、保管、分货、配货、流通加工等，都是在节点上完成的。

物流网络结构有两个主要组成部分，即物流通道和物流节点。

1. 物流通道

物流通道广义上指所有可以行驶和航行的陆上、水上、空中路线，狭义上仅指已经开辟的，可以按规定进行物流经营的路线和航线。物流线路有以下几种类型：铁路线路、公路线路、海运线路、空运线路。

2. 物流节点

物流节点又叫物流结点，是物流网络中连接物流线路的结节之处，所以又称为物流结节点。物流节点的种类很多，在不同线路上节点的名称也各异。在铁路运输领域，节点的称谓有：货运站、专用线货站、货场、转运站、编组站等；在公路运输领域，节点的称谓有货场、车站、转运站、枢纽等；在航空运输领域，节点的称谓有货运机场、航空港等；在商贸领域，节点的称谓有流通仓库、储备仓库、转运仓库、配送中心、分货中心等。

3.1.3　物流网络的优化方法

很多的企业物流网络都是随着业务的发展自然形成的，存在着各种不合理的情况。如何优化、改建网络是企业战略性的课题。

目前一般都应用数学规划等相关理论解决网络规划问题，本节就重点介绍基于运输费用最小原则的物流网络优化模型以及服务范围优化模型的建立方法。

1. 物流网络优化模型的建立

已知某企业有 40 个需求城市，准备在广州或深圳设立物流中心，配送中心候选地有 8 个，包括广州、深圳、厦门、武汉、长沙、郑州、汕头、福州。企业物流网络结构如图 3-1 所示。

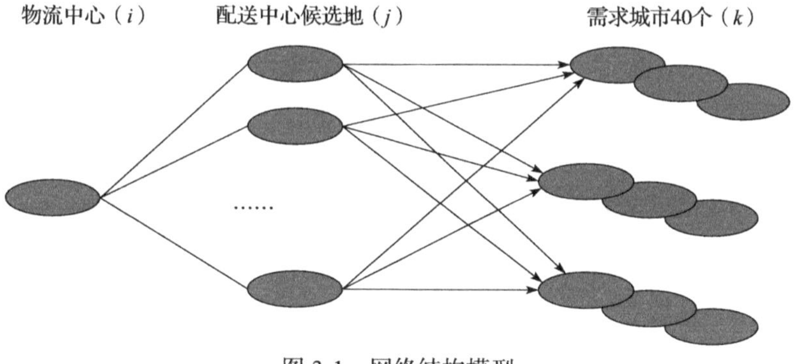

图 3-1　网络结构模型

为完善其物流网络，该企业研究建立其网络优化模型。

从 1 个物流中心出发，经过若干个配送中心，向若干个客户配送货品。物流中心已定，配送中心候选地有 8 个，从中选择若干个配送中心，使总的物流成本最低。

（1）优化目标。整个网络的优化目标是整个网络的物流成本最低。整个网络的物流成本包括以下几个部分：

$$\text{总物流费用} = (\text{总运费} + \text{总配送费}) + \text{配送中心仓储费} + \text{配送中心内部可变费用} + \text{配送中心固定费用}$$

（2）数学模型。目标函数可表示成：

$$\min f(x_{ijk})=\sum_i\sum_j\sum_k(c_{ij}+d_{jk})x_{ijk}+\sum_j e_jZ_j+\sum_j w_jZ_jQ+\sum_j V_jr(Z_j) \quad (3\text{-}1)$$

约束条件：

$$\sum_{i=1}^{1}\sum_{j=1}^{8}x_{ijk}=p_k \quad k=1, 2, 3, \cdots, 40 \quad (3\text{-}2)$$

$$x_{ijk}\geqslant 0 \quad i=1; \quad j=1, 2, \cdots, 8; \quad k=1, 2, 3, \cdots, 40$$

式中　c_{ij}——从物流中心 i 到配送中心 j 每单位量的运输成本；

d_{jk}——从配送中心 j 到客户 k 每单位量的配送成本；

e_j——配送中心的单位仓储费；

x_{ijk}——从物流中心 i 经过配送中心 j 到客户的运输量 k；

Z_j——配送中心 j 的物流通过量，$Z_j=\sum_i\sum_k x_{ijk}$；

w_j——配送中心 j 通过量的变动费用系数，w_j = 年总费用 / 年通过量，年通过量 Q = 1/2；

V_j——配送中心 j 的固定费（与配送中心规模无关的费用）；

$r(Z_j)=0: Z_j=0$ ——不建此配送中心，

$r(Z_j)=1: Z_j>0$ ——建设此配送中心；

p_k——第 k 个需求城市的配送需求量。

在目标函数中：

第一项是运输、配送费；

第二项是配送中心的仓储费，与通过量 Z_j 成正比；

第三项 w_jZ_jQ——配送中心的可变成本，与通过量 Z_jQ 成正比，考虑规模经济性，一般 $0<Q<1$，假设 $Q=1/2$；

第四项是配送中心的固定费，它与变量 x_{ijk} 无关，所以优化计算上可不考虑。

此优化模型为非线性规划模型，可采用启发式方法利用计算机求解。

2. 服务范围优化模型的建立

已知某企业由一个物流中心（广州）经由 4 个配送中心（广州、深圳、福州、武汉）向若干个需求城市配送，如图 3-2 所示。

已知：物流中心到各个配送中心的距离和单位运费、各个配送中心到各个需求城市的距离和单位运费以及各个需求城市的需求量，求使总运费最低的运输方案。这是一个数学规划问题。数学模型研究如下。

设由配送中心 j 到需求城市 k 的配送量为 x_{jk}。

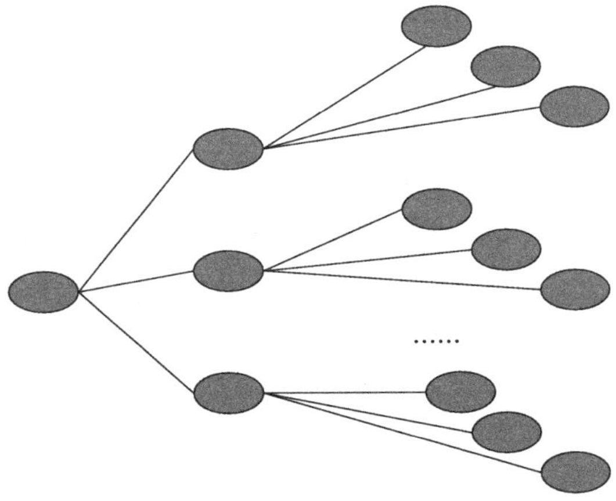

图 3-2　现行网络结构

目标函数为：

$$\min \quad f(x_{jk}) = \sum_{j} c_{ij} \sum_{k} x_{jk} + \sum_{j} \sum_{k} d_{jk} x_{jk} = \sum_{j} \sum_{k} (c_{ij} + d_{jk}) x_{jk} \tag{3-3}$$

约束条件：

$$\sum_{j} x_{jk} = p_k \quad k = 1, 2, 3, \cdots, 40 \tag{3-4}$$

$$x_{jk} \geqslant 0 \quad j = 1, 2, 3, \cdots, 4; \quad k = 1, 2, 3, \cdots, 40$$

式中 c_{ij}——从物流中心 i 到配送中心 j 每单位量的运输成本；

d_{jk}——从配送中心 j 到客户 k 每单位量的配送成本；

p_k——第 k 个需求城市的配送需求量。

$$j = 1，2，3，4$$

$$k = 1，2，\cdots，40$$

这是一个运输线性规划问题模型，可采用计算机求解。

3.2 物流网络系统的结构模式

以物流战略高度来看，在企业物流战略确定以后，设计整体物流系统模式应该是非常重要的工作了，可以说物流系统模式是物流运行系统规划设计的开始，因为它决定企业的物流管理体制与组织制度，是物流网络规划、设施布置、具体的作业流程设计、信息系统建设规划的基础和前提。

3.2.1 物流系统模式的含义及设计内容

在企业供应链物流渠道上，物流据点与线路及其功能的组合一旦稳定下来就形成了物流系统模式。物流系统模式在表现形式上是物流据点与线路的组合，其内在精髓是组合后的物流系统运行机制，物流系统模式的设计依据是企业物流系统的目的。

根据物流系统模式的含义，设计物流系统模式主要是明确物流据点在供应链中的地位及其功能、供应链库存的控制方法、各据点的物流衔接方式、信息处理与传递的方式与手段，并对整个系统的运行机制进行安排等。

由于物流系统模式反映了企业物流管理体制、业务流程，决定了企业物流组织机构设置与人员配备，物流设施的取舍、规模及布置，整个网络节点的设置规划等，是物流设施规划设计的前提条件，因此优化企业物流系统模式对提高企业物流效率、效益乃至企业竞争能力均有十分现实的意义。

下面以 MD 公司供应物流系统变革为例说明物流系统模式的设计原理及意义。

MD 公司的传统供应物流系统模式，如图 3-3 所示。

MD 公司设立了原材料二级仓储部门并建设了原材料总库与分库多个仓储设施，配备了相应的仓储管理与搬运人员，整个物料供应过程的物流信息是层层向后传递并且是分割处理的，其供应机制对外采购部门向供应商下订单，供应商通过第三方运输部门向公司运送货物，对内采取的是领料制和计划申报制，即各车间根据生产计划向公司仓库领料，分公司既要以库存量保证车间生产，又要根据库存定额向总公司仓库申请补充库存。

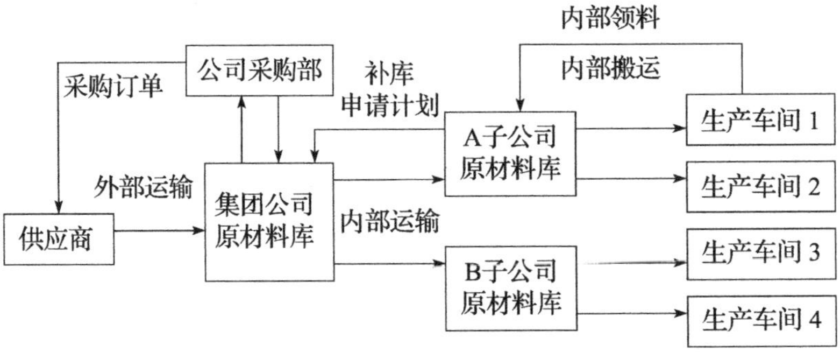

图 3-3　MD 公司的传统供应物流系统模式

由图 3-3 可以看出，在传统供应物流系统模式下，层层设库，尽管对生产供应保证程度强，但物流环节多、货物周转速度慢、库存量大、物流成本高，特别是仓储设施投资费用大、物流业务流程复杂、人员工作重复、工作效率低下。

该公司物流主管总经理，还曾考虑提高公司物流效率，计划投资 3 000 万元将总公司原材料库改造成立体库，并已经请某仓储设备公司做好了立体库的改造设计方案。

随后该公司请来了物流专家对供应物流系统模式进行了重新规划设计，新的系统方案不仅取消了立体库，而且导致了企业整个物流管理体制的大变革。

物流咨询专家设计的 MD 公司新的供应物流系统模式，如图 3-4 所示。

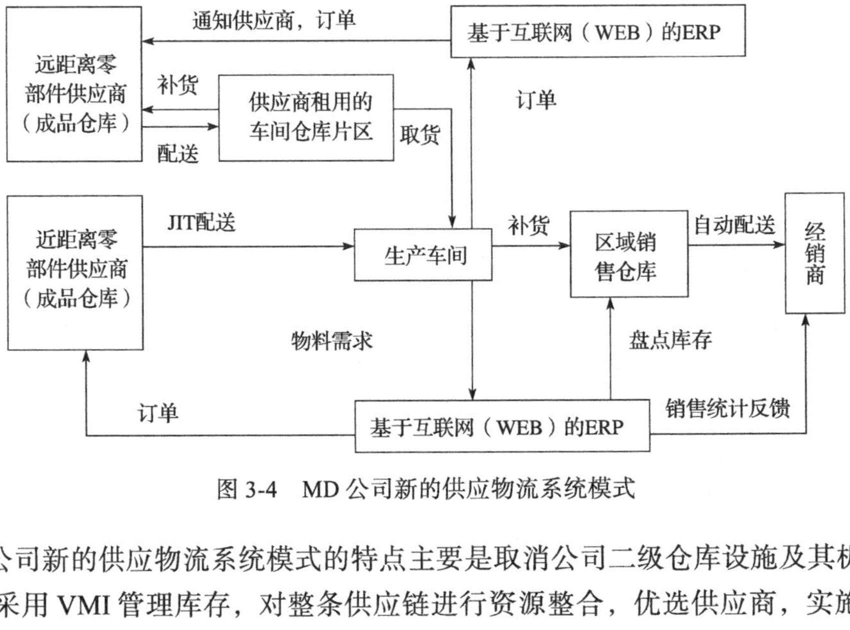

图 3-4　MD 公司新的供应物流系统模式

MD 公司新的供应物流系统模式的特点主要是取消公司二级仓库设施及其机构，在管理机制上采用 VMI 管理库存，对整条供应链进行资源整合，优选供应商，实施供应链管理，建立企业资源管理系统（ERP），并与供应商建立直接的电子交货平台，通过互联网共享信息。在进行后端供应物流系统模式优化的同时，公司还加紧对前端销售物流系统的改造，为终端经销商安装进销存储软件。

以基于互联网的信息网络为纽带，面对供应链上端，远距离零部件供应商租赁 MD 公司仓库里的一个片区为 MD 公司的库存做保障，MD 公司的生产采用取货制；近距离零部件供应商实施 JIT 配送供应零部件，实现 MD 公司的生产零库存。面对供应链下端，MD 公司主动供给经销商库存，以配送为手段，以自身最少的库存保证经销商的销售。

经过物流系统模式的变革，MD 公司不仅因为省去了众多的仓储设施而使仓储费用大幅度减少，而且供应链管理能力得到提升，原材料库存与产品库存直线下降，资金周转加快、风险下降，销售量比 2001 年增长 50% ～ 60%，在激烈的市场竞争下维持了一定的利润。当然 MD 公司对业务流程、物流管理体制、组织机构与人员配备也做了相当大的变动与调整。

1. 物流系统模式设计的理论依据

物流系统模式设计实质上是对商流、物流、信息流的分离，也是对供应链的业务流程进行再造，因此其设计的理论基础是商物分离理论、供应链管理理论及业务流程重组理论（BPR）。

（1）商物分离理论。传统流通过程是商物合一，即商流与物流两者共同组成商品流通活动。尽管商流与物流两者之间关系密切，但是由于它们各自具有不同的活动内容和规律，所以各自均可按照自己的规律和渠道独立运动，再加之现代社会经济的高速增长，增大的物流量远远超过了生产企业商品的自行供应能力，因此，人们基于流通效率的提高和成本的节约，开始重视物流，将物流与商流分离开来，独立研究，便产生了商物分离理论。商物分离式物流科学赖以存在的先决条件，也是设计物流系统模式的理论依据。

如图 3-5、图 3-6 所示，商物合一，物流渠道长，中间环节多，参与主体杂，物流时间周期长、速度慢，并且物流批量小、作业分散、库存分散，社会货物总库存高、资金占用多，物流资源分散、重复运输、空载运输、物流设施设备利用率低，重复建设浪费严重，难以实现物流集约化、规模化，物流成本高，也不利于采用现代物流技术装备设计提高物流作业效率，而商流和物流分离往往可以克服这些缺点。

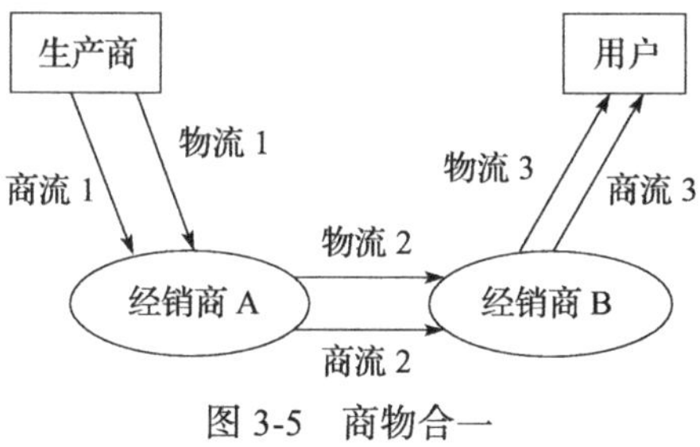

图 3-5　商物合一

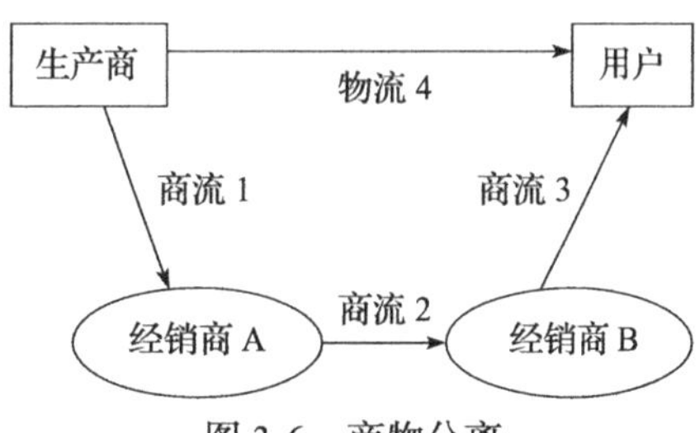

图 3-6　商物分离

（2）供应链管理理论。传统的企业库存管理是站在单一企业的立场上，以企业物流成本最小化为原则来管理库存。在传统的库存管理方式下，企业库存控制的依据是来自下游企业的订货信息，根据客户的订货数量补充库存。在这种情况下，订货信息是否可以充分反映市场需求的状况，就成为直接影响库存控制准确性的重要因素。如果下游企业提交的订货数据在反映市场需求方面带有一定的虚假性，那么，在此基础上做出的库存补充计划本身就会成为产生多余库存的原因。其结果是产生库存不足与需求放大效应——牛鞭效应，为消除需求放大效应及其对库存管理带来的负面影响，有效的方法就是实行供应链管理。

供应链管理（supply chain management，SCM），即利用计算机网络技术全面规划供应链中的商流、物流、信息流、资金链等，并进行计划、组织、协调与控制。

供应链管理环境下的企业库存管理是以整个供应链整体物流效果为追求目标，通过供应链上各个节点企业对最终消费市场信息的有效把握和信息共享，提高库存管理的准确性，降低供应链各个环节的库存水平，实现高效率的库存补充。从物流系统的角度看，供应链物流管理是将供应链中的上下游企业作为一个整体，通过相互合作，信息共享，实现库存的合理配置，提高物流的快速反应能力，降低物流成本。

实施供应链管理，其运行机制也非常关键。供应链管理运行机制主要是合作企业建立战略联盟，在信息共享的基础上形成一个有效的利益共享与风险共担的合作机制，对供应链资源进行集成与优化。

供应链管理方法有快速反应（quick response，QR）、有效客户反应（efficient consumer response，ECR）、联合库存管理（jointly managed inventory，JMI）、供应商管理库存（vendor managed inventory，VMI）、虚拟物流（virtual logistics，VL）和连续补充（continuous replenishment，CR）等。

（3）业务流程重组理论。业务流程重组（business process reengineering，BPR）就是对企业的业务流程进行根本性再思考和彻底性再设计，从而在成本、质量、服务和速度等方面获得戏剧性的改善，使企业能最大限度地适应以顾客、竞争和变化为特征的现代企业经营环境。

业务流程重组关注的要点是企业的业务流程，并围绕业务流程展开重组工作，业务流程是指一组共同为顾客创造价值而又相互关联的活动。哈佛商学院的迈克尔·波特（Michael E. Porter）教授将企业的业务流程描绘为一个价值链（value chain）。他认为竞争不是发生在企业与企业之间，而是发生在企业各自的价值链之间。只有对价值链的各个环节——业务流程进行有效管理的企业，才有可能真正获得市场上的竞争优势。

2. 几种典型的分销物流系统运行模式

（1）物流中心库存集中型。这是制造企业具有代表性的物流系统化基本模式，是建立在双重区域处理基础上的物流系统化的有效模式。其含义是将库存划分为两个区域，一个是配送中心，另一个是库存中心。由于市场的销售动向难以把握，库存集中放置在与工厂相邻的物流中心，配置在市场附近的配送中心保有 3 天或一周左右的少量必要库存。根据出库动向，由物流中心向配送中心补充库存，从而构筑起效率化的作业系统。

库存中心则用来放置大量库存、积压库存、出库频率低的库存以及超出需要的过剩库存。这个中心的功能有两个：①将多余的库存隔离开来，避免对物流作业的效率化产生影响；②作为储备库存为配送中心备货做补充（见图 3-7）。

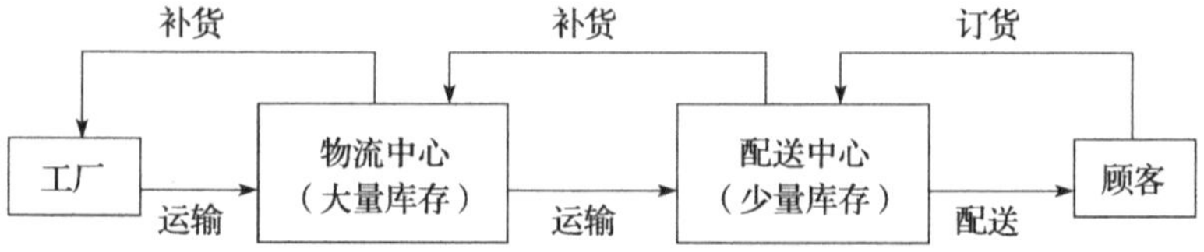

图 3-7　物流中心库存集中型

物流中心与配送中心的连线表示为实现物流中心向配送中心补充库存的运输功能部分。

（2）配送中心换载基地型。这种模式是适应及时生产、及时配送方式的一种物流系统。换载基地属于没有库存的配送基地，其运作原理是：零售店的订货信息传达到物流中心后，物流中心按照换载基地的类别、零售店铺类别拣选出货物并装入小型集装箱，再用大型车辆将集装箱运送到换载中心，在换载中心将集装箱再换载到小型的集装箱运送车上进行配送（见图 3-8）。

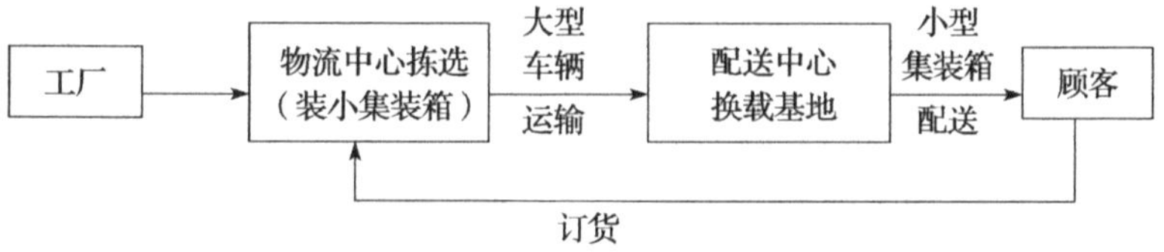

图 3-8　配送中心换载基地型

（3）C 类商品后方配置型。这里的 C 类商品是指出库频率十分低的那些商品。这种模式将偶尔出库的商品集中放置在工厂附近的物流中心，配送中心只备有出库频率高和较高的 A、B 两类商品，当顾客需要 C 类商品时，由工厂的物流中心直接送达顾客或经由配送中心转送（见图 3-9）。

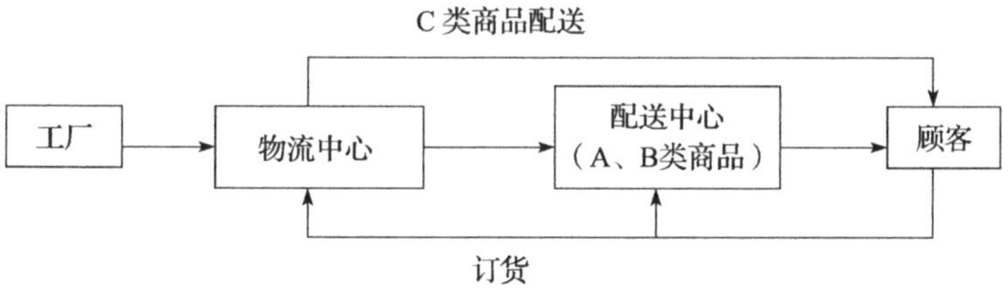

图 3-9　C 类商品后方配置型

（4）多频率小批量集中出库型。这种模式是将大批量货物的物流业务与多品种小批量货物的物流业务分离开，以提高多品种小批量货物分拣和出库等作业效率，便于实现机械化作业。

其运作原理是：在区域物流中心（RDC）进行多品种小批量货物分拣，然后运送到批量出货中心（FDC），再由批量出货中心将送来的分拣好的小批量货物与大批量货物放在一起向顾客配送。这种批量出货中心被称为FDC，即前方配送中心，承担着批量货物分拣和小批量多品种货物向顾客配送的任务（见图3-10）。

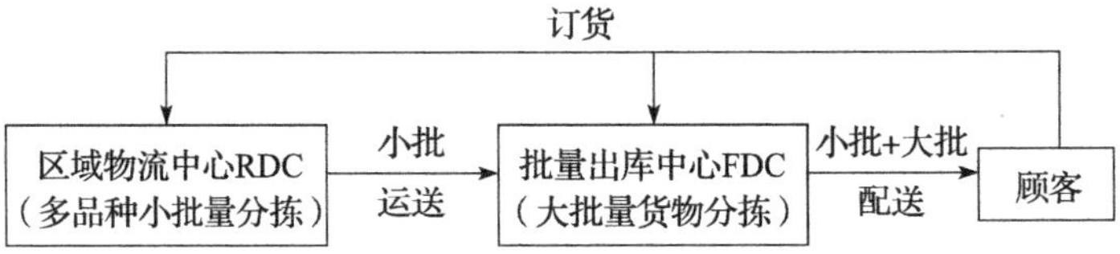

图3-10　前方配送中心型

（5）工厂直达送货型。这是企业物流系统的一种极端形式，在多数情况下，与第一种类型的物流系统结合在一起使用（见图3-11）。

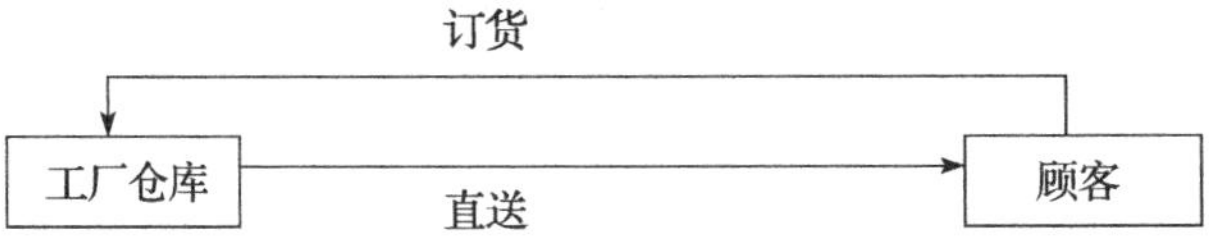

图3-11　工厂直达送货型

上述列举的物流系统实际上只是停留在销售物流系统的层面上，按照供应链物流理论，物流系统要延伸到原材料的供应和产品生产领域。除物流作业功能之外，该物流系统还应该具备根据市场需求规划采购、生产销售信息传递与反馈的功能；通过供应链信息协同调整生产、采购、销售计划，发挥物流管理在库存配置方面的作用，反映整个物流系统的运作机制。

物流系统所肩负的使命可以用总成本和物流服务来衡量。物流服务的衡量涉及存货的可得性、作业表现和服务的可靠性。存货的可得性是存货对需求的满足程度。作业表现体现在从处理订货、入库到交付的全过程中，涉及交付的速度和交付的一致性。物流成本直接关系到所期望的物流服务水平，一般来说，对服务的期望越大，物流总成本也会越高。有效物流系统表现的关键是要在服务与总成本的开支之间形成一种均衡。

3.2.2　城市物流网络系统

1. 城市物流的概念

城市物流（urban logistics）是指为城市服务的物流，它服务于城市经济发展的需要，是指物品在城市内部的实体流动，城市与外部区域的货物集散以及城市废弃物清理的过程，并存在不同的模式、体系和存在形态，和其他形式的物流有一定区别。

现在人们经常提到现代物流，经济学界对物流也有很多说法，称物流为“黑暗大陆”“未被开垦的处女地”“第三利润源泉”等，有“冰山学说”之说。这些都说明物流是现代企业发展的重点，是企业利润新的增长点，是提高企业竞争力的一剂良药，是企业迅速发展的催化剂。各种资料都反映不同行业，其物流费用都不同程度地占到商品价格的45% ～ 75%。

中国物流技术、管理水平的发展速度较国外要慢些，只是近几年才觉醒并认识到实施现代物流管理的重要性。首先是东南沿海城市的企业认识、发展了现代物流，并从物流管理中取得了巨大的效益，提升了企业的竞争力，激发了企业的活力，而西部、北方城市的企业由于地域、经济发展速度的差距，企业的物流管理大部分停留在过去粗放型的物资供应、储存、运输、中转、装卸等单一的流程操作管理上，没有对现代物流有一个清晰的认识，更不要说对城市物流、区域经济的考虑。东西部经济的差距从某种程度上可以说就是文化意识的差距，它们是一种现代、科学的管理思想、管理理念在经济发展中从感性认识到理性认识的过程与实际应用的体现。

塞翁失马，焉知非福。差距、劣势从另一个角度来说可能就是优势，国外、东南沿海成功的经验，加快了西部的成功步伐，我们可以起点更高，规划更好。随着国家经济发展的重点向西部倾斜，新疆特殊的经济与战略地位突显出来，同时西部经济发展水平与战略地位的不协调、矛盾性越发明显。整体上对区域经济快速发展的愿望与实际状况的巨大差距给政府、企业提出了严峻的要求，迫切地需要发展经济，而要发展经济首先应该合理、快速地发展现代物流。物流需要企业、社会去做，如果为了发展一窝蜂地都去做，可能就不能充分发挥现代物流的积极性，不能充分利用有限的资源，难以达到社会利润的最大化，从经济学的角度来说，边际收益没有达到最优，即利润最大化。作为国有大型企业、政府应该站在更高的位置，以战略、发展的眼光，从整体全局的角度看待物流，既要看到其紧迫性，又要认识到其重要性、合理性，做什么非一蹴而就，而是需要做综合、全面的分析，整体规划，建立城市物流的观念，认识到城市的兴起和城市区域经济的形成是社会生产力和商品经济的产物，是生产力空间存在的重要形式，也是社会再生产各环节（生产、分配、交换、消费），以及各经济部门在城市空间上的集中表现。也就是说，城市经济的形成是城市物流存在的条件，而城市物流又是促进城市区域经济快速发展的有效手段，它们是相辅相成、紧密联系的，它们的目标是一致的。

2. 城市物流的特点

（1）物流活动频繁、信息量较大。主要原因在于城市作为社会经济活动的中心，其经济运行的速度要高于区域经济的运行速度。城市物流信息具有规模大，波动幅度大，繁忙时节和平常时节信息量差异很大，覆盖面广，信息的发源地、处理地点、传递路线和使用节点分散在广泛的区域，变动频繁等特点。

（2）运输距离短、主要为公路运输。相对于区域物流来说，城市物流的运送距离较短，主要为公路运输，部分涉及管道和内河运输，基本不涉及航空、铁路和远洋运输。运输方式以直线、零散、联合及中转运输为主。小批量、多品种、高效率、近距离决定了城市运输工具具有小型化的趋势。

（3）物流多品种、节点多、运输批量小、频率高。城市物流有很大一部分是为最终消费者服务的，具有小批量、多品种、高频率消费需求的特点。分布密度的不同，使城市物流又具有节点多、运输批量小以及频率高的特点。

（4）受城市规划与各种管制的制约较多。这主要表现在两个方面：一是在仓储设施方面，很多城市的发展规划都对其位置做了相应的限制；二是在交通运输方面，很多城市都制定了相应的管制条例。比如，大型车辆的通行时间等。

（5）物流设施布局相对均衡。一般来说，城市物流的基础设施布局相对均衡，差异较小。

与其他物流相比，城市物流与其他物流的区别主要体现在以下几方面：

（1）城市物流与企业物流的区别。第一，配置的资源不同。对企业物流而言，企业所能配置的资源仅限于企业的内部资源；对城市物流而言，需要配置的资源包括整个城市内的运输资源、信息资源和政策资源等。第二，综合的程度不同。对企业物流而言，其物流系统只能在现有的道路以及企业本身拥有的物流设备基础上，进行其物流系统的设计；对城市物流而言其系统将在综合考虑多种运输方式，调整城市用地规划，搜集和处理所有物流信息的基础上，使物流资源得到最大限度的集成和最优的配置。

（2）城市物流与行业物流的区别。城市物流与行业物流相比，最主要的区别在于追求的目标不同。行业物流如商业物流追求的目标是本行业的效益最大化，城市物流追求的目标是整个城市社会成本的最小化，除了经济因素还包括环境、交通等因素。

（3）城市物流与国际物流、区域物流的区别。城市物流与国际物流、区域物流相比，最大的区别在于研究的内容不同。国际物流、区域物流的重点在于如何组织货物在大范围内流动，主要考虑的是干线运输组织；城市物流的重点是考虑如何保障整个城市的物流活动，以满足人们生活、生产的需要，考虑的是货物在城市内的流动以及在城市外界的交换，以配送为主。

3. 城市物流网络系统规划的概念

城市物流网络系统规划，是指根据城市的外部环境、城市的经济发展状况和功能定位，以及城市现有物流状况和未来物流需求，从城市整体利益的角度出发，合理配置城市物流资源，建立起一个适合城市发展需要且有效的城市物流网络系统建设方案的过程。也就是说，城市物流系统规划所设计出的城市物流网络系统，是一个既适合促进该城市经济发展，又适合促进大范围经济发展的物流系统。城市物流系统规划的前提是对物流需求的预测，其主要内容包括物流基础设施平台构建、物流公共信息平台构建、物流政策平台构建以及城市物流市场主体培育。

城市物流系统是一个涉及领域非常广泛的综合系统，它涉及交通运输、货运代理、仓储管理、流通加工、配送、信息服务、营销策划等领域。城市物流系统又是一个开放的复杂系统，影响其发展的内外部因素多且变化大，其依托的外部环境的变化也有很大的不确定性，因此，不论是改进现有物流系统还是开发新物流系统，进行物流系统规划都显得尤为重要。总的来说，城市物流系统规划有利于社会经济的可持续发展，对物流业的发展、物流用地的布局、物流设备的配置、解决城市问题等方面的作用，主要表现在以下几个方面：

（1）进行城市物流系统规划有利于城市建设与发展。物流领域容易出现低水平的重复建设现象，需要有规划的制约。物流领域进入的门槛比较低，而发展的门槛比较高，这就使物流领域容易在初期出现低水平层次上的重复建设现象，如仓储设备的建设、物流园区的建设、信息系统建设等。物流领域的建设投资，尤其是基础建设的投资规模比较大，需要有规划的引导。如果没有科学的规划，就不能有效地利用资源，就可能给城市、社会、企业造成巨大损失。

（2）进行城市物流系统规划有利于物流业的健康持续发展。物流系统规划指引物流业的发展。物流业的发展首先是社会要有物资需求，其次是需要一定的基础设施作为依托。社会有什么样的物资需求、需求的数量有多少、需求的分布情况等都需要进行物流系统规划加以确定；另外，物流业发展所依托的基础设施利用情况、信息平台的需求情况、物流企业的发展情况也需要物流系统规划的辅助决策。因此有必要对物流业发展的各阶段进行物流系统规划，为物流业走上正确的发展轨道提供科学的依据。

（3）进行城市物流系统规划有利于物流用地的合理布局和物流设施的合理配置。土地资源的利用是物流业发展在城市空间上的主要约束条件，对物流的影响主要是物流基础设施对物流条件的选择和各种物流需求在不同用地功能上的产生状况。因此，只有通过物流系统规划才能整体把握物流用地分布、数量情况，物流用地中仓储、车场的布局和规模以及配送中心和物流园区的选址、用地规模、功能设置等。

（4）做好城市物流系统规划，对于解决城市日益严峻的交通、环境污染等问题有巨大的作用。每个大中城市都存在着交通拥挤问题，城市内的交通包括客运和货运两部分，正确且合理地进行城市物流配送，不但可以保证城市的物资供应，还可以减少货运交通量，把更多的交通资源让位给客运，解决城市交通问题，而这同时也降低了城市的交通污染。

4. 城市物流网络系统规划的基本原则

不同的城市发展水平各不相同，客观情况千差万别，但是，城市物流的发展毕竟有其内在规律。为此，在进行城市物流系统规划时，必须遵循科学、合理的规划原则，才能保证城市物流系统的正常、有效运行，避免一些不必要的资源浪费，真正使物流系统为城市的经济发展和居民生活水平的改善发挥最大作用。

（1）城市物流规划应与城市整体规划一致的原则。城市物流规划首先应该与该城市的整体规划一致，与城市总体规划的功能、布局相协调。在做城市规划的时候就要充分考虑到物流规划，同时物流规划要在城市整体规划的前提下进行，必须与城市的总体规划保持一致，避免盲目地重复建设。

（2）城市物流规划坚持以市场需求为导向的原则。城市物流系统的规划必须遵循市场化规律，使物流系统总体的经济运行取得最佳效益。只有根据市场需求，才能设计、构建出有生命力的、可操作的城市物流系统，才能规划出合理的物流基础设施，才能构建高效的信息平台，才能出台到位的物流政策，才能使整体的城市物流系统走向合理化。

（3）城市物流系统规划既要立足于现实的市场需求，又要考虑将来的发展需求。城市物流系统是为城市经济发展服务的，但它同时又必须有一定的超前性。城市管理者和经营者在制定城市物流系统规划时，既不能盲目追求规模大、功能全的规划，搞形象工程和政绩工程，又不能目光短浅，仅考虑当前需要，而是要立足于城市目前的经济发展状况和对将来的发展趋势的科学预测，使资源最大限度地发挥作用。

（4）整合各种城市物流资源，实现城市物流方式的优势互补。当城市物流资源分散在不同企业或不同部门时，各种城市物流要素很难充分发挥其应有的作用。只有在全社会范围内对各种城市物流要素进行整体的优化组合和合理配置时，才可以最大限度地发挥各种城市物流要素的作用，提高整个城市的物流效率。

5. 城市物流网络系统规划的主体

在发达国家，物流市场已经充分发展，物流系统的规划主要是大型物流企业的发展规划，以微观的企业物流规划管理来进行供应链的整合。

在欧美，物流主要靠市场推进，物流系统的规划主要是大型物流专业公司的发展规划，以微观的企业物流规划管理来进行供应链的整合。我国由于长期受计划经济的影响，物流市场比较薄弱，缺乏大型的、成规模的专业化物流企业。同时物流资源大多分散在各部门，部门间目前还缺乏协调机制，在资源的市场整合方面也存在障碍。因此在我国物流发展的初期，现代物流还不能完全靠市场推进，政府的推动作用仍非常重要。城市政府部门应当作为城市物流系统规划的主体，协调各部门利益，整合各方面资源，从宏观上主导城市物流系统规划。

同时，行业管理部门、行业协会基于对本系统的资源优化所制定的行业物流发展规划，也是城市物流系统总体规划的一部分，甚至城市内一些大型支柱企业的企业物流规划也可以融入城市物流总体规划中，作为公共物流系统规划的有益补充。

6. 城市物流网络系统规划的框架

对于城市物流网络系统总体规划的框架和具体内容，目前还没有统一的看法和标准。通过对一些中心城市物流规划的实践总结可知，城市物流网络系统总体规划的前提是城市物流需求预测以及城市物流发展现状分析，城市物流网络系统规划的主要内容包括：城市物流基础设施平台构建、城市物流公共信息平台构建、城市物流政策平台构建、物流市场主体培育等。

（1）物流需求预测分析。物流需求预测和物流发展现状分析是物流系统规划的前提，合理的规划一定是建立在对现状的准确了解和对未来物流量科学预测的基础上的。物流需求预测分析主要包括货运量和物流总量的预测，不仅是确定物流基础设施的规模和布局的前提，而且对物流信息平台的构建、物流政策的出台和政府部门的宏观决策都有重要的意义。物流需求量所受影响因素众多，对其进行较为准确的预测是个较难的课题。物流发展现状分析主要包括分析城市物流业发展水平、物流基础设施建设中存在的问题、信息系统建设的现状和需求等方面，可以通过调查和统计得到相关信息。

（2）物流基础设施规划。物流基础设施规划是城市物流系统规划的重要组成部分，是城市物流系统规划的硬件部分。物流基础设施的建设，不仅要满足商品货运的需要，而且要满足客运交通的要求。相对中心城市或枢纽城市，物流基础设施规划主要是指城市物流节点的空间分布和数量关系规划以及货运配送道路体系规划。因为基础设施建设投资巨大，所以应该充分利用现有基础设施。此外，新的设施规划建设要与城市和地区总体发展规划协调一致。

（3）物流信息平台规划。现代城市物流系统的高效运转离不开先进的物流公共信息平台，即城市物流系统的软件部分。城市物流信息平台可以看成是城市物流领域的神经网络，连接着城市物流系统的各个层次、各个方面，是支撑城市现代物流系统发展的关键性因素。物流信息平台规划就是根据物流业发展战略目标和城市定位，在分析各种物流模式下功能与需求的基础上，提出城市物流信息平台发展的战略目标、建设策略、体系结构和功能模块等。

（4）物流政策平台规划。城市物流系统的发展肯定是政府和市场共同作用的结果，特别是在发展初期，政府的政策扶持尤其重要。物流政策平台规划是制定与社会主义市场经济制度和城市物流产业发展相适应的法规框架和政策体系，目标是为城市物流的发展创造良好的柔性软环境。该规划主要包括政府宏观引导、法规建设、市场运作、项目规划、协调服务、行业政策、行业标准，以及技术支持等一系列的政策和措施。物流政策平台规划还同时担负着为物流基础设施规划和物流信息平台规划的实施提供政策保障的任务。

（5）物流市场主体培育。有了物流基础平台、信息平台和政策平台，还不一定有发达的城市物流系统，成熟的物流市场主体必不可少。物流市场主体培育规划的主要任务是提出适合改造传统物流企业和促进现代物流企业快速发展的对策措施。它是城市物流系统规划的重要目的和成果体现，可以包括引进国外物流巨头，运用产业、财政税收和金融等政策措施对本土物流企业加以支持，促进物流企业联盟与合资合作等。

3.2.3　区域物流网络系统

1. 区域物流的概念

区域通常指的是某一经济区域或特定的地域范围，根据区域大小物流网络可划分为地区物流网络、国家物流网络、国际物流网络等。区域物流中的“区域”是特定的经济区域，经济区域与行政区域不同，它是社会经济活动专业化分工与协作的结果，具有特定的经济规律。区域内各要素相互制约，相互依存，共同推动区域经济的发展。但是，目前国内外学术界对区域物流尚没有统一的定义，崭伟教授认为，区域物流是指一个地区范围或一个区域范围的货物运输、保管、包装、装卸、流通加工、配送和相关的信息传递活动，区域物流的主体是趋于货物运输；王莉教授认为，区域物流是区域范围内的一切物流活动的总和，其具有明确的区域性、整体性、目的性、层次性、适应性和动态性；还有其他的研究以系统论的观点来定义区域物流，认为区域物流是在一定经济区域范围内，为有效达成以低物流成本向顾客提供优质物流服务的系统，是所在区域内众多的物流环节和物流运作的各组成要素在物流运作机制的综合作用下，以提高物流效率，获取物流利润为核心目标的区域性物流综合体系。

本书认为区域物流是在一定的经济区域地理环境条件下，以大中小型城市为中心而形成的一系列物流活动总和的网络系统，它的核心是大中型城市物流节点，属于全国物流、国际物流等宏观物流系统的重要组成部分，其基本构成单元是微观的企业物流，因此，区域物流系统是微观物流和宏观物流的交接系统。研究区域物流是为了解决单一企业以外的各种物流问题，以实现区域或更大范围的物流合理化，服务于区域的经济发展，增强区域的物流功能，提高区域的经济实力。

2. 区域物流网络的概念

在现代交通经济学中，网络是指一定地域内各种交通线路与通信线路所构成的地域分布体系，它是地域经济空间中线状要素发展到较高阶段的产物。用图论来表述，网络可描述为若干有向线条和若干不同等级节点相连接的连通图。节点是网络的心脏，线路是节点间联系的通道，点、线、面空间结构要素之间客观上存在着几何学和物理学上相互必然的转换关系，即连点成线、交线成网和扩网成面。在区域经济中，网络表示空间经济联系的通道，在空间上表现为交织成网的交通和通信等线状基础设施；它还表示区域经济联系的系统，这种联系表现为地区之间和企业之间的经济、技术和信息等方面的联系，它反映了一种区域经济发展的有序结构。随着区域经济活动的高度化发展，由交通、通信等生产性基础设施构成的区域物流网络系统已成为地区经济发展的重要子系统。

和区域物流一样，目前学术界对区域物流网络还没有统一的定义，那么我们不妨从区域物流和网络的概念来定义区域物流网络。在微观领域，区域物流网络是一定的区域范围内一系列供应商、制造工厂和仓库的有机组合，其目的是加强对供应链的管理，其本质就是物流过程中相互联系的组织和设施的集合。线路和节点相互关系、相互配置以及结构、联系方式的不同，形成不同的物流网络。在宏观领域，区域物流网络是以综合物流枢纽中心、区域物流枢纽中心、城市物流枢纽中心等为网络节点，以物流通道为线路，彼此有机结合，构成了由多层次物流中心体系和交通运输网络体系形成的综合物流网络体系，如图 3-12 所示。物流企业是区域物流网络系统运作的主体，地方政府则是区域物流政策制定的主体，是区域物流网络系统的宏观调控者。本书对区域物流网络的相关研究侧重宏观领域。区域物流与区域物流网络的联系，即区域物流网络是实现区域物流服务的载体，是实现区域物流系统化的方法和手段。构建区域物流网络是政府从宏观角度促进区域经济一体化，鼓励物流产业发展，降低物流总成本而具体实施的。

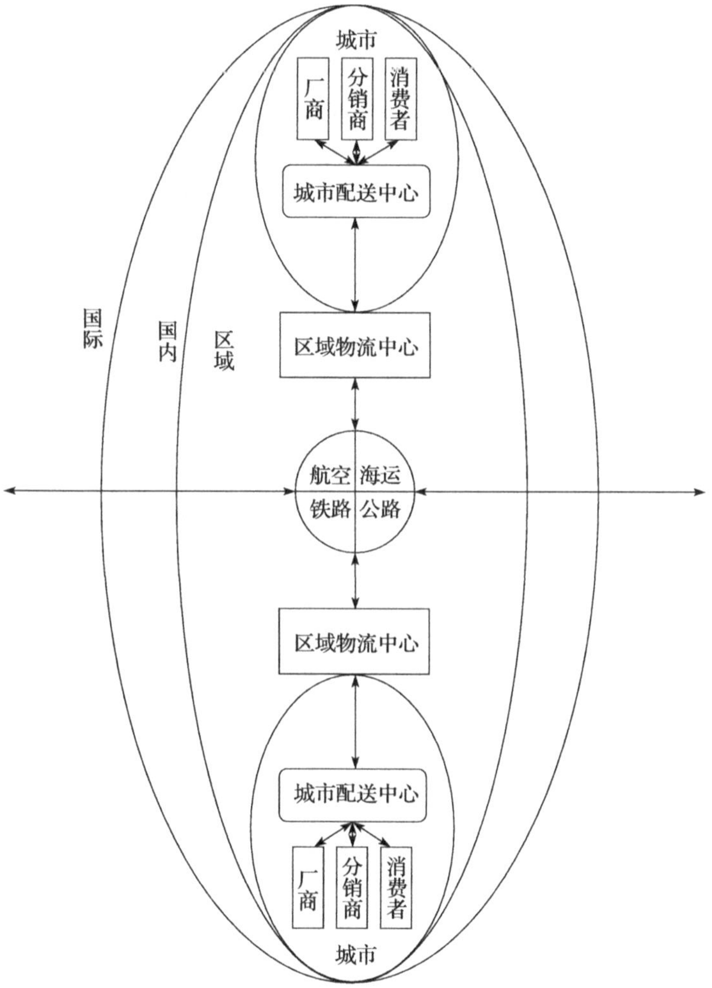

图 3-12　区域物流网络内部构造及层级

区域物流网络具有区域物流的一切特性，区域物流贯穿生产、流通、消费三大领域，流通过程伴随着大量物流信息，其涉及的人员、资金、经营网点范围广、数量大；区域物流的总目标是实现宏观和微观经济效益。但是，系统要素间有着非常强的“背反”现象，如物流成本与服务、物流成本与效率等都存在一定矛盾；企业的业务活动和企业间的物流常常跨越不同的地域，这使得区域物流的地域跨度更大。另外，由于区域之间产业的互补性，为了使需求得到快速的满足，企业通常采取存货的方式解决产需之间的时间矛盾，这更使得区域物流的时间跨度加大，这些无疑给区域物流的管理带来了麻烦，而且对信息的依赖程度加大。区域物流网络也同样具有这些特征，将区域物流网络体系系统化、最优化是现代物流区别于传统物流的最大特点。区域物流网络系统除了上述的一些特征外，还具有以下特性。

（1）开放性：区域物流网络是一个开放体系，能够不断地从外界（周边区域、全国范围以及跨国范围）获得物流要素和信息，同时又向外界传递物流要素和信息，从而维持着区域及不同区域物流要素之间的相互联系。

（2）动态性：物流经济要素的吸附性、流动性和结合性，使物流节点和物流通道具有很强的吸附性，能吸引更多的资源和空间，不断扩大物流经济要素的现有规模。随着物流网络与外部系统的物质和能量交换，其内部结构表现出起飞、扩张、膨胀、成熟、衰退等生命周期特征，具有发展性。在不同的发展阶段，物流网络呈现出不同的空间形态、产业结构特征以及内外交流走势。物流网络节点和物流通道的吸附性，使得物流网络的发展也充分体现了区域物流网络的动态性。

（3）非均衡性：物流的发展水平总是以经济发展为基础，在现实经济生活中，不同的区域，社会资源的分布状况是不均衡的，其直接影响了提高物流发展程度的经济基础，因此经济的发展也是不均衡的，从而决定了区域物流网络的非均衡性。

（4）网络节点物流利益的相对独立性：区域物流网络是由一系列的城市物流网络节点有机组成的，这些城市都是相对独立的经济利益主体，每个地区都有其相应的经济利益，因此，它们之间避免不了竞争，但是只要正确的引导，适度的竞争是必要的，符合经济发展的需要。因为区域物流介于宏观物流与微观物流之间，应当接受国家的宏观调控，节点之间在竞争的同时还应当相互支持。目前为止，经济落后的地区向发达地区输入了自然资源和劳动力，给予了多方面的帮助，另外经济发达的地区也应该在经济规律的作用下产生生产要素向落后地区输送，这样才能实现区域经济的协调发展。

区域物流网络的基本功能如下。

（1）区域物流网络的整体功能：整合功能。在现代物流中，整合就是要优化资源配置，就是要有进有退、有取有舍，就是要获得整体的最优。区域物流网络的作用就是整合区域内的物流基础设施资源、物流组织资源和物流信息资源，通过整合使物质资料和信息在区域范围内高效流动和传播，以达到降低物流成本，提高物流效率的目的。具体来说，区域内和区域间自然资源、经济发展的不平衡，生产与消费、供给与需求的空间分离，引起不同区域经济的相互需求，产生物质资料的相互交换，通过区域物流网络削弱空间差异，使不同区域相互协调统一。虽然区域物流网络能缩小空间差异，但同时又加剧了空间的不平衡。区域经济活动通过物流网络更加频繁、更加高效地开展，随着技术进步和区域物流基础设施的改善，为物流经济要素的进一步聚集创造了条件，引起企业生产规模的扩大、城市规模的扩大等，这样就产生了新的空间不平衡性。反过来这种不平衡又对区域物流网络提出了新的要求，从而推动了区域物流网络的发展，提高了区域物流网络的有序性。也就是说区域物流网络的整合功能在推动区域经济高速发展的同时，也促进了区域物流网络的有序发展，两者的关系总是相互促进、相互协调、共同发展的。我国物流服务市场基本上还处于分散、割裂、封闭和无序竞争状态，区域物流企业在发展过程中存在诸多问题，资源分散，重复建设严重，资源利用率和信息化水平低，这与区域经济的快速发展极不协调，要想提升区域的核心竞争力，推动区域经济的发展，就离不开区域物流网络的整合功能。

（2）区域物流网络的中心城市功能：极化功能、扩散功能、创新功能。中心城市无论从物流总量还是从区位条件在区域物流网络中都处于“核心”地位，也是区域物流网络的经济增长中心、资源配置和调控中心、创新中心及区域行政调节中心。在区域物流网络中的中心城市通常也分为多个级别，不同级别的中心城市在网络中的功能不同，辐射的地域范围也不同，可分为网络中心节点和网络次级节点，在不同的区域范围内发挥着中心节点的功能，从而推动区域经济的整体发展。

物流中心城市在经济发展中积累了巨大优势，如强大的科技力量、便捷的交通通信系统、完备的基础设施、优越的生产协作条件、雄厚的资本和集中的消费市场，其很自然地成为区域物流网络的"增长中心"，按照弗朗索瓦·佩鲁（Francois Perroux）的增长极理论，增长总是要被极化的，产生"极化效应"。极化效应是指一个地区只要它的经济发展达到一定水平，超过了起飞阶段，就会具有一种自我发展的能力，可以不断地积累有利因素，为自己进一步发展创造有利条件。那么各种物流经济要素就会通过物流网络向中心城市聚集，使其物流及综合经济实力进一步加强，从而促进周围的物流经济发展，在区域物流网络初期，中心城市的极化作用明显。极化效应的对偶效应是扩散效应，当区域物流网络发展比较成熟时，扩散作用较为突出，物流经济要素从中心城市通过物流通道向物流网络外围扩散，这体现物流中心城市的辐射作用，其辐射的区域则相应成为其腹地，形成物流经济的极化区域和辐射区域。区域物流网络是区域内多元主体参与的、有多种创新资源流动的创新系统，其创新资源主要集中在中心城市，它的极化效应为创新功能的实现提供了人才、科技、资金，并营造了良好的创新环境，通过不断的创新使中心城市向物流网络"外围"产生"扩散效应"，这一系列效应的产生都是紧密联系的，缺一不可，共同推动区域物流网络乃至区域经济的发展。

3. 区域物流网络的系统构建

区域物流网络系统构建服务于现代物流发展，其作用体现在：①有利于第三方物流企业的组建和发展；②有利于物流行业内的经济组织重新整合；③有利于物流各个环节的衔接性；④区域物流网络的完善程度、整体优化对区域物资流通的快捷性有重要的影响。既然区域物流网络对经济和物流的发展有如此多的益处，那么就应该帮助政府构建更加完善合理的物流网络，其基本思路主要包括区域物流网络的服务对象、影响因素、组成要素、构建原则等。

（1）区域物流网络的服务对象。物流作为第三产业，属于服务性产业，要构建区域物流网络，首先要明确区域物流网络的服务对象，区域物流是区域经济活动的重要组成部分，是区域功能得以发挥的有力支柱，因此，区域物流网络从根本上讲是为区域经济服务的，满足经济社会发展的需要，以区域物流网络为平台积聚、扩散区域内外的各种物流经济要素，合理配置区域资源，因此，区域物流网络也是为现代物流发展服务的。

（2）区域物流网络的影响因素。物流已渗透到经济生活的各个领域，凡是对物流有影响的因素，对所在的小区域都会有影响，只是影响程度的大小不同而已，因此，区域物流网络的影响因素有很多，而本书对区域物流网络的研究更多考虑的是宏观领域，侧重于区域物流网络的结构、规模以及各中心节点功能的研究。从这个角度出发，对于影响因素，我们也将从上述几个方面去重点考虑，不难得出有如下三点。

1）区域地理位置和形态：区域地理形态将直接影响区域物流网络的轮廓，设置地理布局上的制约条件。因此，不同区域的物流网络都具有特定的地域形态特征，应结合具体情况具体分析。区域的地理位置决定了区域物流网络的区域经济定位和网络中心城市的地理区位，其客观上决定了区域地理的现实状态，形成了不同区域地理位置的差异，这同时也造成了区域物流网络的差异。例如内陆区域和沿海区域从事国际物流就有本质的区别，内陆区域要从事国际物流首先要经历国内物流，待货物到达沿海区域之后再从事国际物流，很明显沿海区域的港口地区成为国际物流的中心节点，自然也成为某一国家和某一区域的物流中心。这些差异往往也是造成区域经济差异的主要原因。地理位置是一方面，形态也有很重要的影响，它直接决定了区域物流网络的轮廓，在某种情况下是区域物流网络地理布局的制约条件。因此，不同区域的地理位置和形态，使得区域物流网络具有不同的结构和特定的地域形态特征，应视具体情况而定。

2）区域经济发展状况：区域物流网络与区域经济关系密切，二者相互促进，共同发展，区域经济的发展水平决定了区域物流的发展水平，其规模决定了区域物流网络的规模，区域的产业结构决定了区域物流的活动方式和服务水平，如东部沿海的高新技术产业和珠三角的制造业，其原材料和成品可采用多种运输方式，对响应速度和物流服务要求较高；中西部的主体产业是原材料工业和农业，它们的产品基本上都采用大宗货物运输，以铁路和水运为主。因此，一旦其产业结构发生变化，将对物流基础设施及区域物流服务水平、规模等产生重要的影响，同时对区域物流网络提出新的要求，构建的区域物流网络必须与区域经济发展相适应。

3）区域物流基础设施发展水平：具体来说，物流基础设施是指公路、铁路、港口、机场、流通中心以及网络通信基础等。大型的物流基础设施建设一般都是由国家统一安排，地方政府只是做一些辅助性的建设，因此区域物流基础设施建设受到国家宏观经济建设的影响，并且与国家的产业发展、产业政策和基础设施的布局紧密相关。由于区域物流基础设施的建设周期长、投资大，在短时间难以有很明显的变化，所以政府相关部门要及早做好规划工作，否则将影响区域物流活动的开展。区域物流基础设施的规模也决定了区域物流网络的辐射范围。此外，还要考虑到区域物流网络的调控主体是政府，物流的运作主体是企业，这也是构建企业物流网络与区域物流网络所需要特别注意的。

（3）区域物流网络的组成要素

1）物流节点：物流节点是物流网络中线路与线路的交接点或衔接处，是物流经济活动的空间聚集点或转接点，在物流网络中起着十分重要的衔接、管理与控制作用。从实体网角度来说，区域物流节点既包括物流园区、物流中心和配送中心，也包括仓储中心、站场（汽车站、火车站、机场、港口等）、物流企业、物流枢纽城镇等。从区域的角度来说，城市可以抽象为区域物流的集散点，区域内各节点城市物流的集合构成了区域物流。本书所阐述的网络节点主要是指物流中心城市，它是区域物流网络的集合，物流经济要素在物流中心城市做点状聚集运动。本书中节点和结点是有区别的，节点理解为中间的点，尚有延续，而结点是结束的点。区域物流网络中的节点也可被称为“网点”。在研究网络的点结构时可用节点城市的重要程度作为点结构的测度指标。节点城市越重要，表示该节点城市物流需求潜力越大。

2）物流线路：物流线路也被称为物流通道，是物流网络中各种资源及信息流通的渠道。物流线路既包括虚拟的信息通信线路，也包括有形的物质流通线路。节点城市之间由于存在多种运输方式，物流线路可分解为公路、铁路、水路、航空、管道五种。在物流网络中，如果单纯只有线路和节点存在，没有联系，那么物流节点只能是孤立的、分散的，根本谈不上物流网络，因此，联系也是物流网络形成的一个不可或缺的基本因素。物流网络的联系除了节点和线路之间物理上的逻辑联系（连接）之外，更重要的是节点与节点之间的各种经济联系，这些经济联系的存在和发展，只有给物流网络注入能量和动力，才能推动物流网络的有效运作。在研究网络的线结构时可用节点城市的吸引程度作为物流联系能力的测度指标。该指标表示一个节点与其他节点物流联系量占区域物流联系总量的相对比重，其值越大，表示该节点在物流网络中的地位越重要。我们可以采用点线结合的方法评价节点城市在物流网络中的能力水平（见表 3-1）。

表 3-1　物流节点及线路的界定

区域物流网络组成要素	形　　式	功　　能
物流节点	机场、港口、物流中心、配送中心、物流企业、物流枢纽城镇、仓库、车站等	存储、装卸搬运、配货、流通加工等
物流线路	公路、铁路、水路、航空、管道	运输

（4）区域物流网络的构建原则。区域物流网络的构建主要涉及物流网络节点的选择、层次划分、功能定位、物流通道的完善等，重点是节点的选择、层次划分、功能定位，克服“重线路、轻节点”的传统做法，并注重节点和线路的协调发展。区域物流节点可划分为综合物流枢纽中心、区域物流枢纽中心、城市物流枢纽中心。由于区域物流网络受到多方面因素的影响和制约，因此必须统筹兼顾，合理安排，既要从宏观上把握，又要进行微观考虑，重点把握该地区的经济实力、物流基础设施条件、交通便利性、物流市场需求等，综合考虑这些因素后，在构建区域物流网络时，应遵循以下原则。

1）匹配性原则：当区域物流网络的发展水平与区域经济的发展水平相匹配时，才能发挥其最大功效。因此构建的区域物流网络不能过于滞后，也不能太过超前，应与区域经济的发展相匹配。

2）前瞻性原则：在构建区域物流网络前，应对区域、地区未来的发展方向、产业特点、经济趋势以及物流的发展做出科学的预测，使区域物流网络的构建具有适度的前瞻性与连贯性，以促进区域经济的发展。

3）系统性原则：区域物流网络本身是一个复杂的系统，其内部包含多种物流要素，各种要素的影响因素众多，而且很多要素之间还存在大量的“背反”现象。区域物流系统是区域经济的重要组成部分，二者相互联系、相互制约，因此，在进行构建区域物流网络时，必须将其置于区域经济与社会发展规划之中。区域物流网络构建涉及范围广，包括若干个行政区域与行政管理主体、物流事业主体等，还要考虑各方的经济利益和管理权限，需要区域层面之上的国家层面的政策支持，而政策的实施需要站在系统的角度之上。因此，构建区域物流网络，必须对其各种要素进行系统思考和系统设计，不能顾此失彼，若只考虑局部环节，会使整个物流系统的效率受到影响。

4）科学性原则：区域物流网络构建的科学性原则主要体现在对区域物流网络节点城市的现状与问题进行科学调查与分析，科学调查是科学分析的基础，只有对调查资料进行科学的处理和分析，才能得出科学的结论，另外还要有科学的构建方法和步骤。

3.3 物流网络系统规划设计的原则与步骤

3.3.1 物流网络系统规划设计的原则

为了达到物流网络系统节约社会资源、提高物流效率的目标，在进行物流网络系统构建时要遵循一些原则。

1. 按经济区域建立网络

物流网络系统构建必须既要考虑经济效益，也要考虑社会效益。考虑经济效益就是要通过建立物流网络降低综合物流成本。考虑社会效益是指物流网络系统要有利于资源的节约。

在一个经济区域内，各个地区或企业之间经济上的关联性和互补性往往会比较大，经济活动比较频繁，物流规模总量较大，物流成本占整个经济成本的比重大，物流改善潜力巨大。因此，在经济关联性较大的经济区域建立物流网络非常必要，要从整个经济区域的发展来考虑构建区域物流网络。

2. 以城市为中心布局网络

作为厂商和客户的集聚点，其基础节点建设与相关配套支持比较完备，作为物流网络布局的重点，可有效地发挥节省投资和提高效益的作用。因此，在宏观上进行物流网络布局时，要考虑物流网络覆盖经济区域的城市，把它们作为重要的物流节点；在微观上进行物流网络布局时，要考虑把中心城市作为依托，充分发挥中心城市现有的物流功能。

3. 以厂商集聚形成网络

聚集经济是现代经济发展的重要特征，厂商集聚不仅会降低运营成本，而且将形成巨大的物流市场。物流作为一种实体经济活动，显然与商流存在明显区别，物流活动对地域、基础节点等依赖性很强，因此，很多企业把其生产基地设立在物流网络的中心。例如，美国很多大规模的跨国公司总部坐落在小城市，大量的商流活动在那里发生。天津经济技术开发区汇集了很多跨国公司的生产中心，形成了巨大的物流市场。因此，在进行物流网络构建时，需要在厂商物流集聚地形成物流网络的重点节点。

4. 建设信息化的物流网络

物流信息系统作为物流网络的一个重要组成部分，发挥着非常重要的作用。物流网络的要素是指物流中心、仓库、节点、公路、铁路等有形的硬件，这些硬件可以保证物流活动的效率提高 3 ～ 8 倍，甚至会更高。

3.3.2　物流网络系统规划设计的步骤

在确定物流网络最佳规划和设计方案时，需要考虑诸多因素。设计合适的物流网络需要与物流系统战略总体规划目标保持高度的一致。物流网络的设计归根结底是为了实现物流系统战略规划的目标。

物流网络的规划设计是一个复杂的、反复的过程。一般战略性和综合性的物流网络设计过程需要以下几个步骤。

1. 组建物流网络规划设计团队

最重要的就是成立负责物流网络规划设计过程各个方面的物流网络设计团队。这一团队可以包括企业的高层管理人员、物流经理、物流专家以及生产和销售部门的相关人员等。组建物流网络规划设计团队的关键就是参加人员必须了解企业总体发展战略、企业的根本业务需要和企业所参与的供应链。这个团队需要制定出物流网络设计的目标和评价参数，还要考虑使用物流外包如第三方物流供应的可能性，以充分利用外部提供的物流网络解决方案和物流资源。

2. 物流网络的数据收集

物流网络数据收集的主要目的是全面深入地了解当前的系统并且界定对未来系统的要求。一般来说，数据的收集包括对物流网络中各个节点资料的收集，例如，对于库存系统，需要获取空间利用率、仓库布局和设备、仓库管理程序等具体的数据；对于运输系统，应收集运费等级和折扣、运输操作程序、送货需求等资料；此外，还要收集客户需求情况和关键的物流环境要素的数据，并且界定出企业在相关供应链上的位置。

3. 备选方案的提出

在数据收集之后，企业需要利用各种定量、定性的方法建立恰当的模型，进行节点规划选址分析，提出物流网络规划的具体备选方案。各种用于取舍备选方案的数据来自实地调查、未来要求、数据库分析和客户服务调查，用于选择的方法随网络设计的目的不同而不同。主要的建模方法有模拟仿真方法和启发式方法等。

4. 相关方案的比较

备选物流网络设计方案的比较首先是各个方案实施费用的比较，如添置新的仓库设备、有关建筑物建造整改费用等都是用于进行各个备选方案优劣分析的重要因素。当然，各方案之间不能仅仅依靠经济分析来进行比较，还必须考虑每个方案对于客户服务水平的影响，不能一味地降低成本而使客户满意度下降。在得出结论后，就要制定各主要步骤的时间进度表，包括从现在的系统向未来系统转换等的执行时间表。

5. 方案的执行实施

物流网络规划的总体方向一旦确定，有效的执行方案就变得非常重要。这是物流网络规划设计的最后一个步骤，在方案的实施过程中应该不断地收集信息、发现问题，及时将具体实施过程中的问题汇总到管理层和物流规划设计团队，以期得到修正。

本章小结

本章叙述了物流网络系统的基本概念与组成要素、物流网络系统的结构模式、物流网络系统规划设计的原则与步骤；介绍了城市物流网络系统、区域物流网络系统各自的概念和特点，阐述了商物分离、供应链管理、业务流程重组等理论，从物流网络系统运作流程出发，重点论述了物流网络系统在规划设计中应考虑到的影响因素，并根据合理的设计原则和步骤对物流网络进行规划设计。

案例分析

宝马集团在澳大利亚的NDC：“双子仓库”的物流战略

关注澳大利亚市场

宝马集团在全球35个地区拥有自己的子公司，而澳大利亚一直是公司主要关注的市场之一。过去十年，宝马集团（BMW）澳大利亚分公司创造了业务增长的奇迹，在当地消费者旺盛需求的带动下，其销售额增长了近85%。而位于墨尔本的宝马汽车仓库的年处理量也从1997年的9 318辆上升至2007年的17 197辆。

为进一步扩大宝马集团在当地市场中的品牌影响，宝马集团决定对其零件物流的服务水平和操作流程进行优化，在国家物流配送中心（national distribution center，NDC）的基础上采取所谓的“双子仓库”物流战略。

客户服务为先

宝马集团澳大利亚分公司的“双子仓库”物流战略分为两个方面：一是在悉尼成立新的地区物流配送中心；二是将墨尔本配送中心改造为“卫星仓库”。因此，宝马集团花费了近三年半的时间完成了整个“工程”的改造工作，在悉尼和墨尔本两地打造出世界顶级水平的国家物流配送中心，位于M5高速公路的交界处。墨尔本国家物流配送中心加快了汽车零件产品到澳大利亚各地之间以及州际公路网络中的流通速度，有效地确保了地区零售商的产品可得性和最短送货时间。在新模式下，宝马澳大利亚分公司改变以往的“全部库存”方式，采用“需求为导向”的库存战略，将其全国的配送服务指标设置为汽车95%，摩托机车92%。

新设施储存了宝马集团几乎在澳大利亚所有零售商的汽车零件，为3万SKU。据悉，墨尔本国家物流配送中心将能够为南部和中部地区提供快速或中速的移动库存补货，而为全国其他地区提供快速的移动库存补货服务。公司的目标是将FPA（零件采购申请）控制在93%～95%（除墨尔本）和85%～87%（除穆尔格拉维）。

墨尔本国家物流配送中心

位于墨尔本的新设施占地 12 600 平方米，随着当地业务的增长和宝马集团 2012 年长期规划的实施，其面积预计将会扩充至 2 万平方米。据相关负责人介绍，新国家物流配送中心的亮点在于配备了全球最先进的货架、流通及存储系统。该系统由胜斐迩（SSI SCHAEFER International）设计并安装，货架高度达到 7 米，以及三层楼层平面布局，高度可达 7.5 米左右，面积约为 1 300 平方米。胜斐迩根据宝马集团对配送中心系统的定制要求，选用“托盘货架（1 600）系统”作为仓库基本存储单位，其中，“隔板系统（R3000）”可存储一些小型或中型的汽车零部件。另外，照明系统、喷水装置、货物升降机、墙壁式控制面板、通道指示器以及用于散件或整体的储存模块一应俱全。

托盘货架（1 600）系统具有相当大的灵活性，为宝马集团日后的分拣系统修改和整合提供了便利，从而能够满足各种新货物的配送和存储工作。依靠其承重和存储数量的能力，托盘货架（1 600）能够尽可能满足多位置存储的要求，使宝马集团仓库的空间利用率达到最高的经济效益。隔板系统（R3000）最大的特点就是模块式设计，易于组装和拆卸。宽度为 99.4 厘米，延伸长度有 30 厘米、40 厘米、50 厘米、60 厘米和 80 厘米五种不同规格，而高度可以根据实际需要进行调节。不难想象，隔板系统将成为宝马国家物流配送中心未来扩张的重要基础。

此外，楼层设计、照明、升降以及喷水设施都是仓库不可或缺的重要部分，每一个细节都能够反映出配送中心的现代化程度。宝马墨尔本国家物流配送中心正在全面采用条形码技术，用于货物接受、分拣、存储、追踪和信息更新等管理。据不完全统计，在墨尔本国家物流配送中心与其在穆尔格拉维子中心的协调运作下，宝马集团能够顺利应付每日 95% 的货物订单公路配送，缓解了航空运送的压力。

策略上准确定位

通过数据分析，宝马集团在生产规划过程中可做出 10 个月后所需的订货需求预测，供货商也可据此预估自身对上游供货商所需提出货物的种类及数量。这样，可以由同一个货运公司将货物集中到配送中心，然后由此再配送到各所需工厂。这样有效地安排取货路径，降低了前置运送所需的成本，同时也考虑到了各工厂间整合性仓储设备及运送的供应链管理、各个价值创造的部分程序及次系统，使其产生互动影响，着眼点不再只限于局部最佳化，而是以整体成本为决定的依归。

宝马集团为了降低仓储设备成本，只能积极地减少存货数量，从而导致供货商送货频率不断提高，如每周多次送货，甚至达到必须每天送货，造成货运成本提高。所以，宝马集团不得不考虑到运送成本与仓储设备成本互相抵触。一方面为降低仓储成本而减少仓储设备，会造成运送频率及其成本的提高；另一方面为降低运送成本，尽量一次满载，囤积存货，势必造成仓储成本的提高。事实上，宝马集团一直将物流作为公司长远战略发展的一个重要组成部分。这才是宝马集团物流成功的关键所在。无论是顶尖技术的物流配送中心，还是合理优化的无论策略，离不开的还是公司的支持和始终如一的做事谨慎态度。

资料来源：万联网，http://info.10000link.com。

思考题

1. 为什么说物流管理水平成为宝马在国际竞争中制胜的重要因素？
2. 宝马集团在澳大利亚建立的国家物流配送中心（NDC）如何实现减少存货数量的目标？

课堂讨论

区域物流网络由哪几部分组成？如何构建区域物流网络？

复习思考题

一、名词解释

物流网络系统；城市物流；区域物流；物流网络系统规划设计

二、填空题

1. 物流网络结构，是指由执行物流运动使命的__________和执行物流停顿使命的__________两种基本元素所组成的网络结构。
2. 供应链管理，即利用计算机网络技术全面规划供应链中的__________、__________、__________、__________等，并进行__________、__________、__________与__________。
3. 区域物流是在一定的经济区域地理环境条件下，以__________为中心而形成的一系列物流活动总和的__________，它的核心是__________。
4. 传统流通过程是商物合一，即__________与__________两者共同组成商品流通活动。

三、选择题

1. 城市物流有很大一部分是为最终消费者服务的，具有（　　）、多品种、高频率消费需求特点。

   A. 大批量　　B. 小批量

   C. 大批次　　D. 小批次

2. 供应链管理的方法有（　　）。

   A. 快速反应　　B. 联合库存管理

   C. 虚拟物流　　D. 供应商管理库存

四、简答题

1. 供应链管理的方法有哪些？
2. 物流网络系统的组成要素是什么？
3. 物流网络系统结构都有哪几种，它们之间的区别是什么？
4. 城市物流的特点及其网络系统规划的基本原则是什么？
5. 物流网络系统规划设计的基本步骤有哪些？

五、论述题

1. 试论述几种典型的分销物流系统运行模式及彼此之间的联系与区别。
2. 根据物流网络系统的规划设计原则和步骤，讨论在其过程中会出现的问题及解决对策。

CHAPTER 4

第4章

物流配送中心系统布局规划与设计

| 本章要点 |

- 物流配送中心的功能与作业区域结构
- 物流配送中心系统布局规划设计的目标、原则和主要内容
- 物流配送中心系统布局规划的主要方法、优化问题
- 系统布局规划法：SLP 法

| 开篇案例 |

配送中心的组织方式

沃尔玛是全球第一个发射物流通信卫星的企业，很快就超过了美国零售业的龙头——凯马特和西尔斯，成为全球零售业的“巨无霸”。而这些奇迹的取得，有赖于高速运转的全球物流配送中心。1990 年，沃尔玛在全球有 14 个配送中心；到了 2001 年沃尔玛一共建立了 70 个配送中心。作为世界 500 强企业，沃尔玛到现在为止只在几个国家运作，只在它看准有发展潜力的地区经营。沃尔玛在经营方面十分谨慎，在这样的情况下建立了 70 个配送中心，说明它的物流配送中心的组织结构调整做得比较到位。

沃尔玛配送中心设立在 100 多家零售店的中央位置，也就是配送中心设立在销售主市场。这使得一个配送中心可以满足 100 多个附近周边城市销售网点的需求。另外，运输的半径基本上比较短、比较均匀，以 320 千米为一个商圈建立一个配送中心。

1. 沃尔玛配送中心采用的作业方式

（1）一端为装货月台，另一端为卸货月台。配送中心就是一个大型仓库，但是概念上与仓库有所区别。配送中心的装货与卸货两项作业分开。这样设计看似与装卸一起的方式没有什么区别，但是运作效率由此提高很多。

（2）交叉配送（cross docking，CD）。交叉配送的作业方式非常独特，而且效率极高，进货时直接装车出货，没有入库存储与分拣作业，降低了成本，加速了货品的流通。商品在配送中心停留不超过48小时。沃尔玛要卖的产品有几万个品种，吃、穿、住、用、行各方面都有。尤其像食品、快速消费品这些商品的停留时间直接影响到使用。

2. 沃尔玛如何不断完善其配送中心的组织结构

每家店每天送一次货（竞争对手每五天送一次）。至少一天送货一次意味着可以减少商店或者零售店里的库存。这就使零售场地和人力管理成本都大大降低。要达到这样的目标就要通过不断地完善组织结构，并建立一种运作模式以满足这样的需求。

截至2014年4月30日，沃尔玛已经在全国21个省、自治区、4个直辖市的约170个城市开设了400多家商场、7家配送中心和9家鲜食配送中心，这说明它的物流配送中心的组织结构调整做得比较到位。

沃尔玛的配送成本占它销售额的2%，而一般来说物流成本占整个销售额的10%左右，有些食品行业甚至达到20%或者30%。沃尔玛始终如一的思想就是要把最好的东西用最低的价格卖给消费者，这也是它的成功所在。另外，竞争对手一般只对50%的货物进行集中配送，而沃尔玛超过90%的货物是进行集中配送的，只有少数可以从加工厂直接送到店里去，这样成本与对手就相差很多了。

资料来源：中国电子商务研究中心。

4.1 物流配送中心的系统布局规划与设计概述

物流配送中心的系统布局规划设计应遵循一般设施规划设计的理论与方法。设施规划理论起源于早期制造业的“工厂设计”研究，最初主要解决操作法工程（methods engineering）、工厂布局（plant layout）和物料搬运（material handling）问题。在此期间，主要凭设计者个人的主观判断、经验积累或其他定性分析方法开展工厂布局设计。随着研究的深入，运筹学、统计数学、概率论广泛应用到生产建设领域，同时系统工程理论、电子计算机技术也得到普遍应用，工厂设计和物流分析逐渐运用系统工程的概念和系统分析方法，“工厂设计”也逐渐被“设施规划”“设施设计”所涵盖。管理科学、工程数学、系统分析的应用也为布局规划设计由定性分析转向定量分析创造了条件。

当然，随着应用数学与计算机技术的发展，人们越来越多地利用先进的数学建模或是计算机仿真等技术来解决物流设施系统布局问题。

4.1.1 物流配送中心的功能与作业区域结构

物流配送中心的功能主要有以下几个方面。

1. 商品展示与交易功能

商品展示与交易是现代物流配送中心的一个重要功能。在互联网时代，许多直销商通过网站进行营销，并通过物流配送中心完成交易，从而降低经营成本。同时物流配送中心也是实物商品展览的场所，可以进行常年展览与定期展览。日本东京和平岛物流（配送）中心就专门设立了商品展示与贸易大楼。

2. 集货转运功能

此功能主要是将分散的、小批量的货物集中起来，全球集中处理与中转。生产型物流中心往往需要从各地采购原材料、零部件，在进入生产组装线之前进行集货处理，同时对产成品集中保管、统一配送。商业型物流中心也需要采购上万种商品进行集货处理，统一配送与补货。公共型物流中心则要实现转运、换载、配载与配送等功能。

3. 储存保管功能

为了满足市场需求的及时性与不确定性，不论是哪一类物流配送中心，或多或少都有一定的安全库存，根据商品的特性及生产闲置时间的不同，安全库存的数量也不同。因此，物流配送中心均具备储存保管功能。物流配送中心一般都有库存保管的储放区。

4. 分拣配送功能

物流配送中心的另一项重要功能是分拣配送功能。中心根据客户的多品种小批量的需求进行货物分拣配货作业，并以最快的速度送达客户手中或在指定时间内送达客户。这种分拣配送的效率是物流服务质量的集中体现。

5. 流通加工功能

物流配送中心还会根据客户的需要，进行一些流通加工作业，这些作业包括原材料简单加工、货物分类、大包装拆箱改包装、产品组合包装、商标与标签粘贴作业等。流通加工功能是提升物流配送中心服务品质的重要手段。

6. 信息处理功能

集多种功能于一身的物流配送中心必然是物流信息的集散地，具有信息中心的作用。货物到达、配送、装卸、搬运、储存保管、交易、客户、价格、运输工具及运行时间等各种信息在这里交汇，并收集、整理和发布。

与上述各种功能相适应，物流配送中心的作业区域结构一般由如下工作区组成。

1. 管理指挥区（办公区）

这个区域既可集中于物流中心的某一位置，也可分散设置于其他区域中。该区域主要包括营业事务处理场所、内部指挥管理场所、信息处理与发布场所、商品展览展销场所等，其职责是对外负责收集、汇总和发布各种信息，对内负责协调、组织各种活动，指挥调度各种资源，共同完成物流中心的各种功能。

2. 接货区

该区域负责完成接货及入库前的工作，如接货、卸货、清点、检验、分类等各项准备工作。接货区的主要设备包括进货铁路或公路、装卸货站台、暂存验收检查区域。

3. 储存区

该工作区域存储或分类存储经过检验的货物。进货在该工作区域要有一定的时间，并且占据一定的位置。和进出的接货区域相比，该工作区域所占面积较大，在许多物流（配送）中心里往往占总面积的一半左右。对于某些特殊物流配送中心（如水泥、煤炭），其面积占总面积的一半以上。

4. 理货、备货区

该工作区域主要进行货物的分货、拣货、配货作业，目的是为送货做准备。区域面积随物流中心的不同而有较大变化，如就多用户、多品种、少批量、多批次处理的物流配送中心而言，分货、拣货、配货工作复杂，该区域所占面积很大。而在另一些中心里，该区域面积却较小。

5. 分放、配装区

在该工作区域内，按用户需求，将配好的货暂放、暂存等待外运，或根据每一个用户货物状况决定配送方式，然后将货物直接装车或运到发货站台装车。该区域的货物是暂存，时间短，周转快，所占面积相对较小。

6. 发货区

在该区域内，将准备好的货物装入外运车辆发出。该工作区域结构与接货区域类似，有站台、外运线路等设施。发货区一般位于整个工作区域的末端。

7. 加工区

许多物流配送中心都设有加工区，在该作业区域内，进行分装、包装、切裁、下料、混配等各种类型的流通加工。加工区在物流配送中心所占面积较大，但设施设备随加工种类不同而有所区别。

除了以上主要工作区域外，物流配送中心还包括其他一些附属区域，如停车场、生活区、区内道路等。

4.1.2 物流配送中心系统布局、规划设计的目标和原则

1. 规划设计的目标

在物流配送中心规划设计时合理地布局各个功能区的位置非常重要，物流配送中心规

划设计要达到的目标有以下几个。

（1）有效地利用空间、设备、人员和资源；

（2）最大限度地减少物料搬运；

（3）简化作业流程；

（4）缩短生产周期；

（5）力求投资最低；

（6）为员工提供方便、舒适、安全和卫生的工作环境。

2. 规划设计的原则

为了达到这些目标，在规划设计时应遵循以下基本原则。

（1）运用系统的观点。运用系统分析的方法，求得整体化，同时也要把定性分析与定量分析结合起来。

（2）以物流的效率作为区域布局的出发点，并贯穿于整个设计过程。

（3）先从整体到局部进行设计，再从局部到整体实现。布局设计总是先进行总体布局，再进行详细设计，而详细设计的方案要回到总体布局方案中去评价，并加以改进。

（4）减少和消除不必要的作业流程，这是提高生产效率和减少消耗的最有效的方法之一。

（5）重视人的因素，以人为本。作业地点的规划，实际是人机环境的综合，要注意中心周围的绿化建设，以营造一个良好、舒适的工作环境。

（6）对土地使用进行合理规划，预留发展空间，注重保护环境和经营安全。土地的使用要根据明确的功能加以区分，货物存储区域应按照无污染、轻度污染和重度污染分开，还要根据实际需要和货物吞吐能力，合理地规划设计各功能区的占地情况，同时还要考虑防洪排泄、防火因素对规划设计的指标要求。

4.1.3　物流配送中心系统布局规划设计的主要内容

物流配送中心规划设计，根据规划设计的目标和原则，可包括物流作业区布局、辅助作业区布局和建筑外围区域布局。

1. 物流作业区布局

以物流作业为主，仅考虑物流相关作业区域的配置形式，由于物流配送中心内的基本作业形态大部分为流程式作业，不同订单具有相同的作业程序，因此适合以生产线式的布局方法进行配置规划。若是订单种类、货物特性或提炼方法有很大的差别，则可以考虑将物流作业区分为多个不同形态的作业线，以区分处理订单内容，再经由集货作业予以合并，如此可有效率地处理不同性质的物流作业，这有些类似于传统制造工厂中的成组布局。

2. 辅助作业区布局

除了物流作业以外，物流配送中心还包括一些行政管理、信息服务等内容的辅助作业区域，这些区域与物流作业区之间无直接流程性的关系，因此适合以关系型的布局模式作为区域布局的规划方法。这种配置模式有两种参考方法。

（1）可视物流作业区为一个整体性的活动区域，分析各辅助作业区与物流作业区之间的相关活动的紧密关系，来决定各区域之间相邻与否的程度。

（2）将各物流作业区分别独立出来，与各辅助作业区一起综合分析其活动的相关性，来决定各区域的配置。

采用第一种方法较为普遍，也较为简便，可以减少相关分析阶段各区域间的复杂度，但也会增加配置空间的限制。因此在规划时，企业要结合规划人员的一些经验判断，做适当的人工调整。

3. 建筑外围区域布局

除了各作业区的布局规划外，企业还需对建筑外围的相关区域进行布局，如内部通道、对外出入大门及外围道路形式等。企业在进行建筑外围区域布局时特别需要注意未来可能的扩充方向及经营规模变动等因素，以保留适当的变动弹性。

在一般情况下，整个区域布局规划是按上述顺序进行的，如果是实际道路形式，大门位置等条件已有初步方案或已确定的情况下，则需要先规划建筑外围区域的布局形式，再进行物流作业区与辅助作业区的规划，这样可以减少不必要的修正调整工作，以适应实际的地理空间限制。

4.2 物流配送中心的系统布局规划方法

4.2.1 主要方法

物流配送中心的系统布局规划方法总结起来可以分为以下几类。

1. 摆样法

这是一种最早的布局方法，即利用二维平面比例的模拟方法，按一定比例制成的样片在同一比例的平面图上表示设施的组成、设施、设备或活动，通过相互关系分析，调整样品位置可得到较好的布局方案。这种方法适用于简单的布局设计，对复杂的系统则做不到十分准确，而且花费的时间较多。

2. 图解法

图解法产生于20世纪50年代，有螺线规划法、简化布局规划法以及运输行程图等。其优点在于将摆样法与数学模型结合起来，但现在应用较少。

3. 系统布局规划法：SLP 法

SLP 法是最具代表性的布局方法，属于工厂布局设计，从定性阶段发展到定量阶段，加以大量的图表分析和图形模型为手段，把量的概念引入设计分析的全过程，通过引入量化的关系密级概念，建立各作业单元之间的物流相关关系与非物流的作业单元相关关系图标，从而构成布局设计的模型。它是当前布局设计的主流方法。

4. 数学模型法

该方法把物流系统抽象为一种数学表达式，通过求解数学表达式找到最优解，运用运筹学、系统工程中的模拟优化技术研究最优布局方案，用数学模型提高系统布局的精确性和效率。常用的运筹学方法有最短路法、最小费用最大流法、线性规划、随机规划、多目标规划、模糊评价法等。

但是数学模型的求解往往很困难，可以利用计算机的强大功能，帮助人们完成设施布局的复杂任务。计算机辅助求解的布局方法有很多，根据算法可分为两大类。

（1）构建法。这类方法根据 SLP 理论由物流、非物流信息出发，对设施逐一进行选择和放置决策，从无到有，生成比较好的（可能是最优的）平面布局图，如 CORELAP、ALDEP。

（2）改进算法。对初始布局方案改进，交代布局部门的位置，通过对布局对象间有规律的交换，保留新的优化方案，寻找一个成本最小的布局方案，如 CRAFT、Multiple。

近十几年来，人工智能技术（AI）的发展为平面布局提供了功能强大的算法。由于平面布局是典型的 NP（nondeterministic polynomial）问题，人工智能技术成为在有效时间内寻找满意解的可行算法。它应用快速并行处理，可以同时得到多个解，丰富了被选方案；并且它允许代价更高的解出现，从而可以跳出局部最优点，解决对初始解敏感的问题。

4.2.2　优化问题

设施内部平面布局问题是一种组合优化问题。数学模型的变量是各个工作区在空间中的位置组成的向量，约束条件是各个工作区在空间中的位置约束，而目标根据实际需要，可以是单一的，也可以是多个的。大多数设施内部平面布局问题都是以工作区间物料搬运费用最小为目标，实现“物流效率最大化”。因此，物流配送中心的系统布局优化问题的数学模型可以抽象为如下形式。

$$\min \quad f=\sum_{i,j}\sum_{k,m} c d_{ij} l_{km} x_{ik} x_{jm}+\sum_{i,k} F_{ik} x_{ik} \tag{4-1}$$

$$\text{s.t.} \quad \sum_{k} x_{ik}=1, \quad i=1,2,\cdots,n \tag{4-2}$$

$$\sum_{i} x_{ik}=1, \quad k=1,2,\cdots,n \tag{4-3}$$

$$x \in \{1,2\}$$

式中　c——单位物流量移动单位距离的费用；

d_{ij}——第 i 个工作区与第 j 个工作区之间的物流量；

l_{km}——第 k 个位置与第 m 的位置间的距离；

F_{ik}——第 i 个工作区布局在第 k 个位置所需的固定费用；

x_{ik}——0-1 决策变量，1 表示第 i 个工作区布局在第 k 个位置上。

式（4-1）为目标函数，式（4-2）表示一个工作区只能布局在一个位置上，式（4-3）表明一个位置只能被一个工作区布局。这是一个非线性整数规划模型。

4.3 系统布局规划法：SLP 法

4.3.1 SLP 法概述

最初的设施布局设计主要直接凭经验和感觉。但到了 20 世纪 50 年代，布局设计从传统的只涉及较小的系统发展到大而复杂的系统设计，凭经验已难以胜任。于是，在综合各学科发展的基础上，研究者在布局设计中运用了系统工程的概念和系统分析的方法。

1961 年，美国学者理查德·缪瑟（Richard Muther）提出了极具代表性的系统布局规划（systematic layout planning）理论，简称 SLP 法。系统布局规划法（SLP 法），即系统设施布置方法，是指首先对作业单元之间的物流以及非物流关系进行分析，然后做出作业单元位置以及相关图，最后进行评价选优，选取出最佳的平面布置方案的设施规划方法。SLP 法概念内涵概括为“4-4-5-5”，即主要包括 4 个布局设计阶段、4 个基本思路、5 个基本要素、5 个规划步骤。缪瑟的系统布局规划理论是一种条理性很强，将物流分析与作业单元关系密切程度分析相结合，求得合理布局的技术，因此在布局设计领域获得极其广泛的运用。20 世纪 80 年代，该方法传入中国并逐步成为工厂布局设计的主流方法。SLP 法将设施规划和设计向科学化、精确化和量化方向迈进了一步。它主要有以下特点。

（1）定性分析与定量分析有机结合。

（2）以大量的图表分析和图形模型分析为手段，直观、清晰。

（3）采用了严密的系统分析手段和规范的设计步骤，逻辑性和条理性较强。

（4）着眼于整个物流系统，反复修正与调整，设计方案具有很强的合理性和实用性。

（5）操作性和实践性强，适用范围广，可以应用于各种类型的企业。

但由于历史的局限性，SLP 法没有充分考虑利用计算机技术。传统的 SLP 法主要是手工布局，受主观经验、自身知识及能力等多种因素的影响，往往得不到较优解。

因此针对 SLP 法的这些优缺点，相关学者做了相应的改进，20 世纪 60 年代以来，以 J.M. 摩尔等为代表的一批设施规划与设计学者开始利用计算机的强大功能，帮助人们解决设施布局的复杂任务，节省了大量的人力、物力。

20 世纪 80 年代，日本物流技术研究所铃木震提出的 EIQ 分析法应用于系统布局设计，一定程度上大大改善了 SLP 法，拓宽了 SLP 法的应用范围。

缪瑟自己也在 20 世纪 90 年代，在 SLP 法的基础上，针对日常处理最多的布局设计中的中小项目，提出了简化的系统布局设计（simplified systematic layout planning，SSLP），SSLP 比 SLP 在工作过程方面大为简捷。

同时，威廉·温拿等工厂设计师们在实践中不断对 SLP 法进行发展和完善，在 20 世纪 90 年代提出了新的战略设施规划（strategic facilities planning，SFP）理论。其核心思想表现为以下两个方面。

第一，把设施布局提升至战略高度，通过一次根本性的再聚焦以及精益原则来提高企业的整体生产力。实施的关键是根据企业流程再造原理，进行业务重组。

第二，新的战略设施规划融合了优良的计算机辅助设施布局方法，一定程度上实现了设施布局的快速响应。在设施布局项目向大型化、复杂化方向发展的今天，考虑到时效性，计算机辅助设施布局方法已经逐渐成为设施布局设计的主流。

4.3.2　SLP 法基本思路

在 SLP 法中，缪瑟将研究设施布局问题的依据和切入点，归纳为 P－产品、Q－产量、R－工艺过程、S－辅助部门、T－时间这五个基本要素。

采用 SLP 法进行总平面布局的基本思路：①对各作业单元之间的相互关系做出分析，包括物流关系和非物流关系，经过综合得到作业单元的相互关系图；②根据相互关系图中作业单元之间相互关系的密切程度，决定各作业单元之间距离的远近，安排各作业单元的位置，绘制作业单元位置相关图，将各作业单元实际占地面积与作业单元位置相关图结合起来，形成作业单元空间相关图；③通过作业单元空间相关图的修正和调整，得到数个可行的布局方案；④采用系统评价方法对各个方案进行评价择优，以得分最多的布局方案作为最佳布局方案，具体流程如图 4-1 所示。

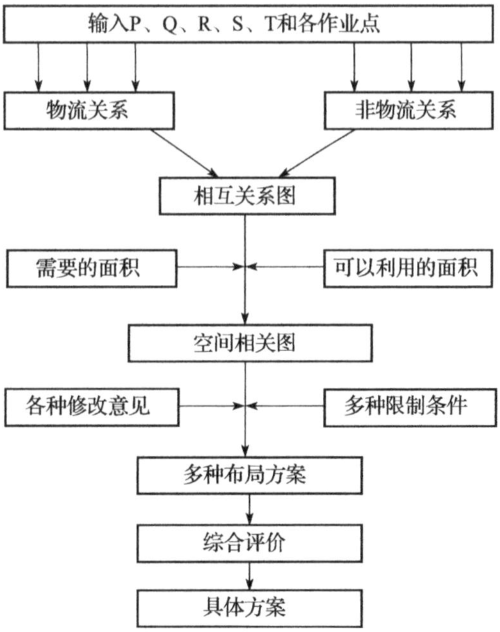

图 4-1　SLP 流程

4.3.3　SLP 法布局设计阶段

整个物流系统布局设计要分四个阶段进行，被称为“布局设计四个阶段”，即确定位置阶段、总体区划阶段、详细布局阶段和施工安装阶段。

这四个阶段交叉进行，其中总体区划阶段与详细布局阶段是布局设计最重要的阶段，也是布局设计的关键所在，而在物流配送中心的整个规划设计中，需要经历物流配送中心选址、平面布局、搬运系统设计、辅助部门设置、方案评价与选择等众多细化的工作，而平面布局设计处于其中的核心位置，其主要任务就是确认各作业单元、职能管理部门、辅助管理部门的功能，确定它们的占地面积和外形尺寸，根据它们之间的联系和运作流程，确定其平面位置。

4.3.4 SLP 法基本要素

在 SLP 法中，缪瑟最初是以工厂布局问题为依据和出发点的，故把产品 P、产量 Q、工艺过程 R、辅助部门 S 和时间 T 作为五项基本要素。这五项基本要素是设施规划时不可缺少的基础资料。而在物流配送中心布局规划中，可以把这些要素的概念适当修正为：物流对象 P、物流量 Q、物流作业路线 R、辅助部门 S 和作业时间安排 T。其中物流对象 P、物流量 Q、物流作业路线 R 是重点分析的对象。

1. 物流对象 P（product）

在物流配送中心规划中，物流对象是进出物流配送中心的货物，不同的物流对象对整个物流作业路线的设计、设施装备、存储条件都有不同的要求，一定程度上决定了布局规划的不同。因此，需要对货物进行分类，物品特征分析结果是货物分类的重要参考因素，如按储存保管特征可分为干货区、冷冻区及冷藏区，按货物重量可分为重货区、轻货区等。因此，企业在对物流配送中心规划时首先需要对货物进行物品特征分析，以归划为不同的储存和作业区域以及作业线路。

2. 物流量 Q（quantity）

在物流配送中心规划中，物流量是指各类货物在物流配送中心里的物流作业量。物流量不仅直接决定着装卸、搬运等物流成本，一定程度上也影响着物流设施的规模、设施数量、建筑物面积、运输量等。但是物流量的确定比较麻烦，为了准确地测定物流配送中心的物流量，企业需要收集每一类货物出入中心的数量以及各作业单元之间的流量变化。在收集过程中，企业必须考虑物流配送中心内各作业单元的基本储运单位，一般物流配送中心的储运单位包括 P－托盘、C－箱子和 B－单品，而不同的储运单位，其配备的储运和搬运设备不同，所需要的空间也有区别。因此掌握物流量的同时，掌握储运单位转换也相当重要，需要将这些包装单位（P、C、B）纳入分析范围，即所谓的 PCB 分析。

在考虑实际物流量的同时，还要对未来货物量变动趋势有一定的预见性，对未来的流量进行预测。

3. 物流作业路线 R（route）

物流作业路线是指各物流对象在各作业单元之间的移动路线。作业路线既反映物流配送中心内各作业单元的物流作业流程，也反映各个功能区之间的联系，是后面物流相关分析的依据。SLP 法的设计原则就是使物流作业路线简捷顺直，减少不必要的搬运，并试图使下列因素降到最低：①移动距离；②返回次数；③交叉运输；④费用。而物流作业路线的确定往往受物流配送中心的运作模式和管理模式等的影响。

物流配送中心内各作业单元的物流作业路线类型及描述如表 4-1 所示。

表 4-1　作业单元的物流作业路线类型

项次	作业单元间的物流线路类型	图示	描述
1	直线型	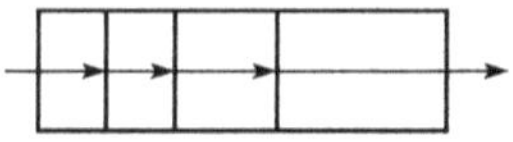	适用于出入口在作业区域两侧、作业流程简单、规划较小的物流作业，无论订单大小与配货品种多少，均需通过作业区域全程
2	双直线型	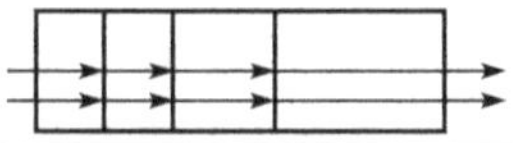	适用于出入口在作业区域两侧、作业流程相似，但是有两种不同进出货形态或作业需求的物流作业
3	锯齿型或 S 型	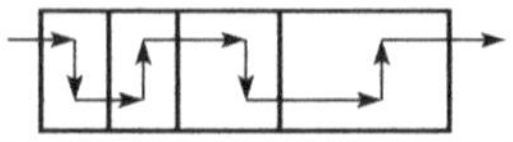	适用于较长的流程，需要多排并列的作业区
4	U 型	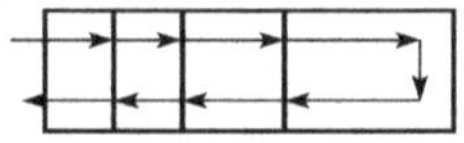	适用于出入口在作业区域同侧的作业，可依出入货频率大小安排接近进出口端的储存区，以缩短拣货搬运路线
5	分流型	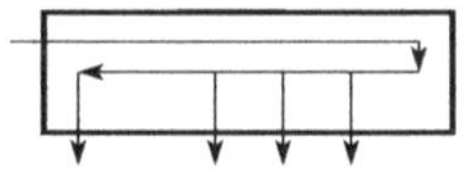	适用于批量拣取后进行分流配送的作业
6	集中型	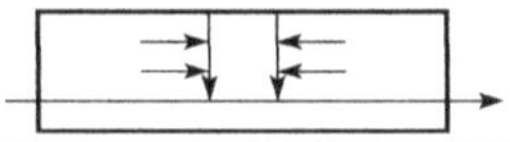	适用于因储存区特点将订单分割在不同区域拣取后进行集货的作业

4. 辅助部门 S（subsidiary）

在工厂中，S 是指保证生产正常运行的辅助服务性活动、设施以及服务的人员。包括道路、生活设施、消防设施、照明、采暖通风、办公室、生产管理、质量控制及废物处理等；它是生产的支持系统，从某种意义上来说对生产系统的正常运行起着举足轻重的作用。

5. 作业时间安排 T（time）

在工厂中，T 是指时间或时间安排，指在什么时候、用多长的时间生产出产品，包括作业、工序、流动、周转等标准时间。这些因素决定着设备的数量、需要的面积和人员、工序的平衡安排等。

4.3.5　SLP 法规划步骤

系统布局规划法（SLP 法）的规划步骤，主要包括物流分析（物流关系、非物流关系）、作业单元相关性分析、作业单元综合相互关系分析、作业单元位置与空间关系确定、方案评价与选择。

SLP 法的主要图表，包括“物流流向流量表（从至表）”“作业单元相互关系图”“作业单元综合关系计算表”“空间关系线型布局图”“优化平面布局图”。

1. 物流分析（物流关系、非物流关系）

物流分析主要是确定物流对象在物流作业过程中每个作业单元之间移动的最有效顺序以及移动的强度和数量。物流分析是物流配送中心布局设计的核心工作。物流分析通过对基础数据相互之间的依赖关系分析，为后续的布局设计提供参考。物流分析方法通常由物流对象 P 和物流量 Q 的性质决定，不同的运作类型应采用不同的分析方法。

（1）物流作业过程图。对于物流量 Q 很大而物流对象 P 的种类或品种比较少的物流系统，采用标准符号绘制物流作业过程图，在作业过程中注明各作业单元之间的物流量，可以直观地反映出物流配送中心的作业情况。因此，只要物流对象比较单一，无论物流配送中心规模大小，都适合用物流作业过程图来进行物流分析。

（2）物流流向流量表（从至表）。当物流对象 P 种类很多，物流量 Q 也比较大时，用从至表研究物流状态是比较方便的。通常用一张矩阵表来表示各物流作业单元之间的物流方向和物流量。矩阵表中的行表示物流作业单元之间物流的源头，而列表示物流的目的地，行列交叉点表示从源头到目的地的物流量，如表 4-2 所示。

表 4-2 物流从至表

从 / 至	作业单元 1	作业单元 2	……	作业单元 *n*
作业单元 1				
作业单元 2				
……				
作业单元 *n*				

（3）成组分析法。当物流对象的品种较多，而物流量的规模较小时，可以将作业流程相似的物流对象进行分组归类，根据每一组物流对象及其对应的物流量画出从至表。

物流分析是物流配送中心规划的重要依据，但有时还存在一些非物流关系，这些非物流关系可能对物流运作产生重大影响，是必须要被重视的。

2. 作业单元相关性分析

在物流配送中心内还存在一些管理或辅助性的功能区域，这些区域尽管本身没有物流活动，但与作业区有密切的业务关系，而这些非物流的业务关系必须通过作业单元相关性分析来反映。不同的是，物流分析的基础是物流对象 P、物流量 Q、物流作业路线 R，而作业单元相关性分析是以物流对象 P、物流量 Q 和辅助部门 S 为基础的。

评价作业单元相互关系主要考虑以下几个方面。

（1）程序性关系：因物料流、信息流而建立的关系。

（2）组织与管理上的关系：部门组织上形成的关系。

（3）功能上的关系：区域间因功能需要而形成的关系。

（4）环境上的关系：因操作环境、安全考虑需保持的关系。

根据相关因素，可以对任何两个区域的相关性进行评价。评价相关紧密性程度的参考因素主要包括人员往返接触的程度、文件往返频度、组织与管理关系、使用共享设备与否、使用相同空间区域与否、物料搬运次数、配合业务流程的顺利程度、是否进行类似性质的活动、作业安全上的考虑、工作环境的改善、提高工作效率及人员作业区域的分布等内容。工作区之间关系的密切程度可划分为 A、E、I、O、U、X 六个等级，其含义及表示方法如表 4-3 所示。根据 Heragu 的建议，一般来说，一个布局内 A、E、I 级的关系，不超过 10% ～ 30%，其余为一般关系（O、U 级），X 级的关系需视具体情况而定。

表 4-3　作业单元相互关系等级及表示方法等级

符号	含义	色彩	线型	占有比例（%）
A	绝对重要（absolutely important）	红色	4 条平行线	2 ～ 5
E	特别重要（especially important）	橙色或黄色	3 条平行线	3 ～ 10
I	重要（important）	绿色	2 条平行线	5 ～ 15
O	一般（common）	蓝色	1 条平行线	10 ～ 25
U	不重要（unimportant）	无色	无	25 ～ 60
X	禁止（forbidden）	褐色	折现	待定

为了简明地表示所有作业单元之间的物流关系，采用作业单元相互关系图来描述，即在行与列交叉的菱形框中填入相关的作业单元之间的物流强度等级，来反映所有的物流关系，如图 4-2 所示。在绘制作业单元相互关系图时，也可将确定各作业单元之间物流关系等级的所有理由列成编码表，根据编码表，将关系等级与确定该等级的理由一同填入行与列交叉的菱形框中。

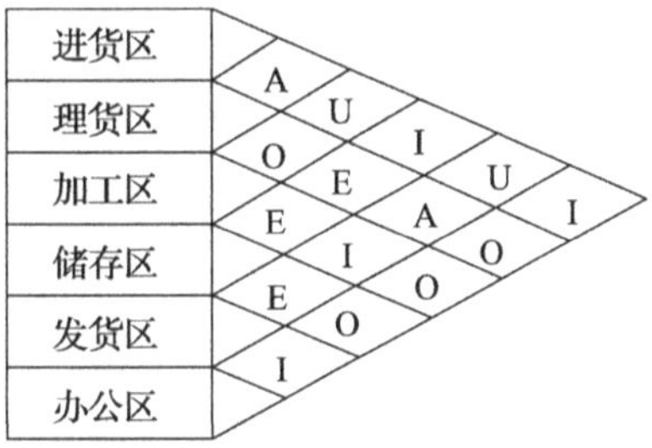

图 4-2　作业单元相互关系

3. 作业单元综合相互关系分析

在物流配送中心系统布局规划中，各作业单元之间既有物流联系又有非物流联系。在 SLP 法中，要将作业单元之间的物流关系和非物流关系进行合并，求出综合相互关系，然后由这个综合相互关系出发，实现各作业单元的合理布局。综合过程按以下步骤进行：

（1）确定物流关系与非物流关系的相对重要性。一般来说，物流与非物流之间的比重应介于 1 : 3 ～ 3 : 1。在实际布局中，一般相对重要性的比值 $m : n$ 取 3 : 1、2 : 1、1 : 1、1 : 2、1 : 3 几个值。

（2）将关系的密切程度等级量化。一般取 A = 4，E = 3，I = 2，O = 1，U = 0，X = −1。

（3）计算两个作业单元之间综合相互关系的量化值。设两个作业单元为 i，j，其综合相互关系的值为 TR_{ij}，物流关系的量化值表示为 LR_{ij}，非物流关系密切程度的量化值为 NR_{ij}，则 $TR_{ij} = m \times LR_{ij} + n \times NR_{ij}$。

（4）综合相互关系等级划分。对 TR_{ij} 进行等级划分，建立作业单元综合相互关系图。根据递减的 TR_{ij} 值再将关系等级划分为 A、E、I、O、U、X 六个等级。划分等级的比例如表 4-4 所示。

表 4-4　综合相互关系等级及比例

符号	含义	所占比例（%）
A	绝对重要	1 ～ 3
E	特别重要	2 ～ 5
I	重要	3 ～ 8
O	一般	5 ～ 15
U	不重要	20 ～ 85
X	禁止	

在对物流与非物流相互关系进行合并时，任何一级物流相互关系与X级非物流相互关系等级合并后的等级不应该超过O级，对于某些极不希望靠近的作业单元可以设为XX级，表示绝对不能相互靠近。

（5）结果调整，建立综合相互关系图，其形式与图4-2中作业单元相互关系一致。

4.作业单元位置与空间关系确定

在布局设计确定位置时，首先根据综合相互关系图中的级别高低按顺序先后确定不同级别作业单元的位置，关系级别高的作业单元之间距离近，关系级别低的作业单元之间距离远，而同一级别的作业单元按综合接近程度的分值高低顺序来进行布局。作业单元综合接近程度分值高的应处于中间位置，分值低的应处于边缘位置。

在SLP法中，采用了线型图“试错”来生成空间关系图，各个级别的线型表示如表4-3所示。在绘制线型布局图时，首先将A、E级关系的作业单元放进布局图中，同级别的关系用相同长度的线段表示。经过调整，使E级关系的线段长度约为A级关系的两倍。随后，按同样的规则布局I级关系。若作业单元比较多，线段比较混乱，则可不必画出O级关系，但X级关系必须表示出来。调整各作业单元的位置，以满足关系的亲疏程度。根据图4-2的作业单元相互关系图的关系等级可生成初步线型图，如图4-3所示。

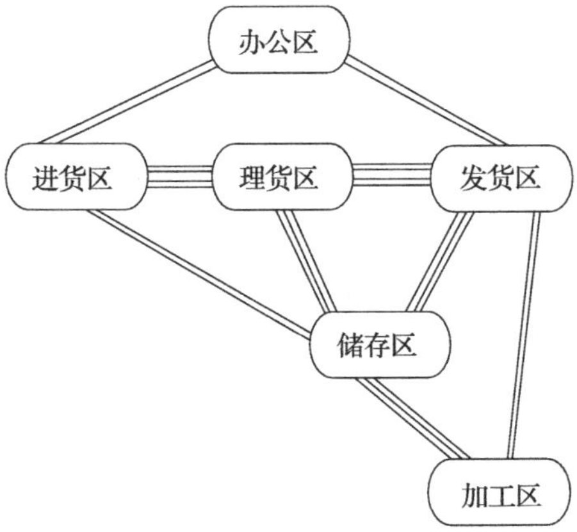

图4-3 空间关系线型布局

作业单元空间关系的确定是和物流配送中心的平面形状和建筑空间几何形状结合起来的。各作业单元的占地面积由设备占地面积、物流模式、人员活动场地等因素所决定，将各个作业单元的面积加入布局图中，生成空间关系布局图。

在SLP法中直接生成的空间关系布局图只能代表理想情况下的布局方案。在实际规划中，还需要考虑场址条件和周围情况，建筑特征、容积率，绿地与环境保护空间的比例及限制，人员需要、搬运方法、资金等实际限制条件，以及各种修改意见，通过调整修正得到多种可行的布局方案。

5.方案评价与选择

对调整修正得到的多个可行的布局方案进行综合评价，在综合评价的基础上，最后选择一个最优的布局优化方案，绘制布局优化图，完成物流配送中心系统布局的规划与设计。

本章小结

本章介绍了物流配送中心的系统布局规划方法，主要包括摆样法、图解法、数学模型法、系统布局规划法（SLP法）等。

本章叙述了系统布局规划法是最具代表性的布局规划方法。它是工厂布局设计，从定性阶段发展到定量阶段，加以大量的图表分析和图形模型为手段，把量的概念引入设计分析的全过程，通过引入量化的关系密级的概念，建立各作业单元之间的物流相关关系与非物流的作业单元相关关系图标，从而构成布局设计的模型，这是当前布局设计的主流方法。

本章重点阐述了如何运用 SLP 法进行物流配送中心规划，主要包括 5 大步骤：①物流分析（物流关系、非物流关系），确定“物流流向流量表（从至表）”；②作业单元相关性分析，绘制“作业单元相互关系图”；③作业单元综合相互关系分析，确定“作业单元综合关系计算表”；④作业单元位置与空间关系确定，绘制“空间关系线型布局图”；⑤方案评价与选择，生成布局优化方案，绘制“优化平面布局图”。

案例分析

冷链物流中心的布局及功能区规划设计

1. 冷链物流中心的功能分析

现代冷链物流中心不应仅局限于利用冷库进行低温仓储这样单一的物流业务，而是应具备集低温仓储、预处理与包装加工、分拨配送、产品展示交易、办公综合管理及信息处理、车辆调度管理及维护、停车、餐饮休闲娱乐等功能的专业化、便捷化的物流服务站。各项功能逐一说明如下。

（1）低温仓储功能。低温仓储是冷链物流中心最具特色的功能。现今的低温仓储已从单纯地利用冷库进行生鲜品的储存保管，发展到担负货物的接受、分类、计量、存档等多种功能。它应能满足生鲜品低温储存的要求，适应现代化生产和商品流通的需要，以及实现高效率物流作业的需要。

（2）预处理与包装加工功能。其主要作用就是对生鲜产品进行预冷处理、包装、再包装和加工，这是冷链物流中心的特色功能之一。需特别注意的是，由于生鲜品需在恒定低温环境下进行物流作业，因此该项功能的实施也应处于特定、低温环境中。

（3）分拨配送功能。分拨配送是利用配送车辆把用户订购的物品从制造厂、生产基地、批发商、经销商或物流中心，送到用户手中的工作。进行配送规划主要应注意以下工作：①根据用户分布情况确定基本配送区域的划分，根据订单货品特性进行配送批次的决定，根据各用户的交货时间暂定配送的先后次序；②根据订货量、体积、重量和车辆的可调派状况，最大载重量限制，用户点卸货特性及运送成本来进行车辆的安排；③根据交通状况、用户点位置及运送时间的限制来进行路径顺序的安排。最后根据货物的运输温度、性态、形状、容积、重量再最终决定车辆的装载方式。

（4）产品展示交易功能。其主要进行展销与配送信息的发布，生鲜产品的展示，客户信息的收集、处理等工作，为全国众多农产品、生鲜水产品、果蔬生产商、速冻食品生产、加工企业及冷链物流企业提供设立办事处服务，为它们提供良好的办公环境、一流的商务服务平台；

为生产、经销企业提供设施完善的商品立体化、多元化展示销售服务。

借助于展示交易，低温物流中心将为各大农产品、生鲜水产品、果蔬生产商、速冻食品生产、加工企业提供多元化的展示交易平台以及全程周到的物流服务，而农产品、生鲜水产品、果蔬生产商、速冻食品生产、加工企业也能在良好的基础上进行市场交流和客户拓展，双方都能得到良好的经济效益。

（5）办公综合管理及信息处理功能。办公综合管理是冷链物流中心的信息、管理与办公中枢，主要为政府物流领导部门及物流中心内各进驻企业提供办公场所，信息处理同时为货运和货代公司提供物流信息服务。它主要实现以下四方面的服务。

1）为物流中心管理机构提供舒适、方便、快捷、高层次的办公环境。

2）为入驻低温物流中心的企业提供办公场所及便捷的商务服务。

3）构建物流信息平台，为货运和货代公司提供完善的信息服务。

4）建立现代化的监控中心，对物流中心进行监控。

它主要实现采购与供应信息的汇集，采购商与供应商交易的促成以及订单的获取、分发、传递及分析，还有运输、仓储、配送等各项作业过程的信息管理，以及电子商务平台的交易与处理。办公综合管理对整个物流中心的运营情况有掌握和控制的作用，其职责主要是处理配送基地的日常物流活动事务，提供汽配与整车的公用物流信息平台和物流交易平台，管理整个物流中心的运作情况。结算中心和物流信息管理中心专门负责配送基地的金融结算和公司内外信息的沟通，另外为国家工商、税务、银行等提供一定的商务环境。

（6）车辆调度管理及维护功能。车辆调度的职能是对物流中心的低温运输作业车辆进行安排和调配，在需要的时间按照客户的需求把货物送到目的地，同时还要考虑到各个作业环节以便在车辆的使用上进行合理的分配，完成高峰作业期对运输车辆的分配和调节。车辆维护主要用于对配送车辆进行日常维护修理作业，为进入物流中心的车辆提供维修、清洁、保养以及提供汽车配套零部件等服务。因为进入物流中心的大多是一些长途运输的货车，长距离的行驶容易使车辆超负荷运行，另外低温运输车辆在技术上更需要经常维护以保证运输温度的恒定。汽车配套维修服务中心的服务功能，可以保证车辆的正常运行，防患于未然，解除驾驶员的后顾之忧，提高运输效率和质量。

（7）停车功能。冷链物流中心内部的停车功能主要指以下几方面。

1）为在冷链物流中心进行作业的低温货运车辆提供停放场所。

2）根据冷链物流中心作业与管理需要制订车辆调度计划。

3）为冷链物流中心的低温货运车辆进行检查、保养等提供了场所。

4）由于业务和交流的需要，为外来车辆提供停放场所。

（8）餐饮休闲娱乐功能。它主要为在冷链物流中心内部进行交易的人员、工作人员、运输司机以及外来人员提供包括餐饮、休闲娱乐等方面的服务。一个物流中心的运作，得益于管理工作的高效组织。现代冷链物流中心的建设和规划，不仅要设计物流作业的区域，同时也要为中心内所进驻的企业以及企业的员工提供良好的生活、娱乐、休闲条件。其主要提供商务洽谈的服务设施，以及为车辆驾驶员提供食宿服务，为驾驶员解除旅途疲劳，恢复精力创造了条件。为中心内的员工与车辆驾驶员提供餐饮和娱乐服务，这对于缓解人们的工作压力，补充体力，使其更高效率地投入工作具有重要作用。

以上是现代冷链物流中心应具备的功能，在实际规划建设中，不同功能类型的低温物流中心内部的功能侧重也有所不同，如仓储型的冷链物流中心一般位于大型生鲜品生产基地附近，其功能应偏向于生鲜品的预冷处理、包装及储藏，而流通型、配送型的冷链物流中心多位于城市近郊，其功能应偏向于对城市大型超市、市场及便利店进行配送服务。在实际规划项目中，应根据情况对冷链物流中心的功能进行调整与设置。

2. 冷链物流中心的功能区设置

冷链物流中心内部分为物流作业区域和辅助性区域两大部分，其中物流作业区域有低温仓储区（其中根据储藏温度的差别与冷藏方式的差别细分为冷冻仓储区、冷藏仓储区、气调仓储区）、预处理加工包装区、分拨配送区、展示交易区和办公综合管理区；辅助性区域有车辆调度管理及维护区、停车区、生活综合服务区、道路、绿地等，如表 4-5 所示。

表 4-5　冷链物流中心功能区设置

分　　类	名　　称
物流作业区域	低温仓储区
	预处理加工包装区
	分拨配送区
	展示交易区
	办公综合管理区
辅助性区域	车辆调度管理及维护区
	停车区
	生活综合服务区
	道路
	绿地

3. 冷链物流中心的功能区布局

（1）功能区布局原则。规划建设冷链物流中心是为实现现代化的冷链物流提供物流作业场地。中心规划的合理与否，直接决定了冷链物流是否便捷、高效、节约、畅通。冷链物流中心需要在布局时遵循一定的原则。

1）冷链物流中心功能分区须明确、合理、得当，布局紧凑，节约用地、能源和人力资源等。

2）设施的规划及布局应该留有发展的空间和有适应于变化的规划。如发达国家有些工业厂房都是组合式的，设备安装也有利于变动和调整。

3）与外界保持良好的交通和运输联系，出入口和内部道路符合客流与车流的集散要求，各运动流线保持顺畅、短捷。

4）最大限度地减少物料搬运，简化作业过程。以最少的运输与搬运量，使货物的流动以最快的速度到达用户的手中，并满足客户的要求。

5）建筑物布局应配合当地总体景观，与周边环境相协调。

6）设施布局。彼此之间物流量大的设施布置得近一些，而物流量小的设施与设备可布局得远一些。同时尽量避免货物运输的迂回和倒流，迂回和倒流现象会严重影响低温物流中心的整体效率与效益，甚至会影响低温物流中心货物的流畅和环境。因此必须将迂回和倒流减少到最低程度，使整个低温物流中心的设施布局达到整体最优。

（2）功能区布局方法。布局是系统规划的重要一环，它既受到系统其他设计环节的影响，也对系统的其他设计环节产生影响。从过去到现在，国内外主要应用的方法有以下几种。

1）摆样法。它是最早的布局方法，利用二维平面比例模拟方法，按一定比例制成的样片在同一比例的平面图上表示设施系统的组成、设施、机器或活动，通过向关系的分析，调整样片的位置可得到较好的布置方案。这种方法适用于较简单的布局设计，对复杂的系统而言无法做到十分准确，而且花费时间多。

2）数学模型法。运用运筹学、系统工程中的模型优化技术研究最优布局方案，为工业工程师提供数学模型，以提高系统布置的精确性和效率。但是用数学模型解决布局问题存在两大困难。首先，当问题的条件过于复杂时，简化的数学模型很难得出符合实际要求的准确结果；其次，布局设计最终希望得到布局图，但用数学模型得不到。

3）图解法。它产生于20世纪50年代，有螺线规划法、简化布置规划法及运输行程图等。其优点在于将摆样法与数学模型法结合起来，但在实践中较少应用。

4）系统布局规划（SLP）法。系统布局规划法本来被用在工厂系统布局设计中，是把产品、产量、生产路线、辅助服务部门及生产时间安排作为布局设计工作基本出发点的一种布局方法。

SLP法是当前布局规划的主流方法。考虑到工厂布局和物流中心布局的相似性，我们选择将SLP法作为冷链物流中心平面布局的方法，并且将对系统布置设计基本要素的修改和流程的修改应用到冷链物流中心的规划与设计方法上。首先分析物料流程与作业单元的相关关系得到作业单元相关关系图，再通过对冷链物流中心客流、车流进行分析，对建筑物、运输通道和场地做出有机的组合与合理配置，达到系统内部布局的最优化。操作程序如图4-4所示。

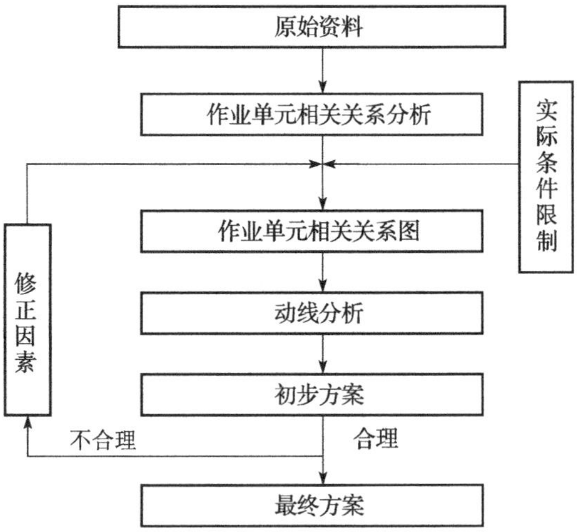

图4-4 SLP法操作程序

（3）功能区布局规则

1）作业单元相关关系分析。在功能区布局中，各个区域除了通过物流联系外，还有人际、工作事务、行政事务等活动，对于这类布局的基本出发点是人员联系方便、信息联系便捷、生产管理方便、服务对象便利、客流合理、生产环境对人员影响小、社会联系方便等。这些联系都可以表示为各种单位之间的联系。单位之间活动的频繁程度可以说明单位之间的关系是密切还是疏远，再根据单位之间关系的密切程度来布置设施设备。采用“密切程度”代码来反映不同单位之间的密切关系。“密切程度”代码如表 4-6 所示。

表 4-6 “密切程度”代码

密切程度代码	A	E	I	O	U	X
实际含义	绝对重要	特别重要	重要	一般	不重要	禁止
所占比例（%）	2～5	3～10	5～15	10～20	45～80	不希望接近

还要用一种理由代码来说明达到此种密切程度的理由，如表 4-7 所示。

表 4-7 “密切程度”理由代码

理由代码	1	2	3	4	5	6
理由	同一性质	物流	服务	方便	联系	噪声、粉尘

对冷链物流中心内部平面布局来说，低温仓储区、预处理加工包装区、分拨配送区、展示交易区、办公综合管理区、车辆调度管理及维护区、生活综合服务区和停车区是主要的功能区块。需要特别说明的是，在常温物流中心中，也有将加工区单独划分为一块物流作业场地的规划方式，但由于冷链物流中心处理的货物须始终处于恒定、低温的环境下，因此将预处理加工包装区规划在仓储区中，以保证货物的安全与品质。

对以上作业区域进行作业相关性的分析从而得到作业单元之间的密切程度，作为物流中心布局规划的理论基础。如图 4-5 所示，图的左方为需要进行设施布置的各作业单元，图的右方的每个菱形框表示和左方相对应两个作业单元之间的关系，菱形字母部分代表“密切程度”代码，数字部分代表理由代码。

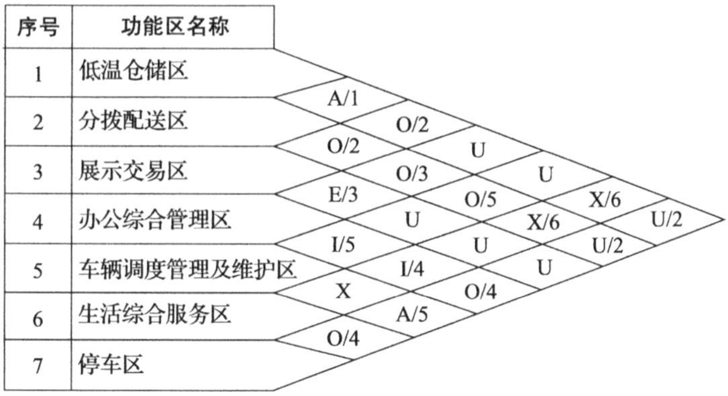

图 4-5　作业单元相互关系

根据上述作业单元相互关系图，画出作业单元关系连线图，如图 4-6 所示。该图比较直观地反映出各作业单元之间的关系密切程度，作业单元间连线越粗表示关系越密切，反之不密切。图 4-6 是进行物流中心初步布置的依据。

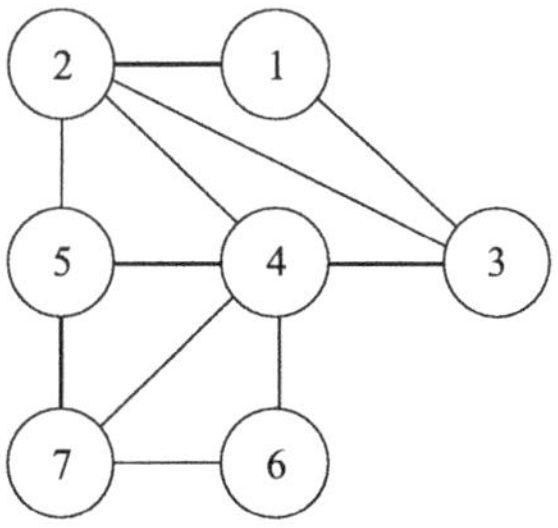

图 4-6　作业单元关系连线

根据各功能区之间的关系连线图，考虑到相关作业单元的要求，结合规划布局的原则等，以一定的比例关系初步规划出块状区面积相互关系图，如图 4-7 所示。

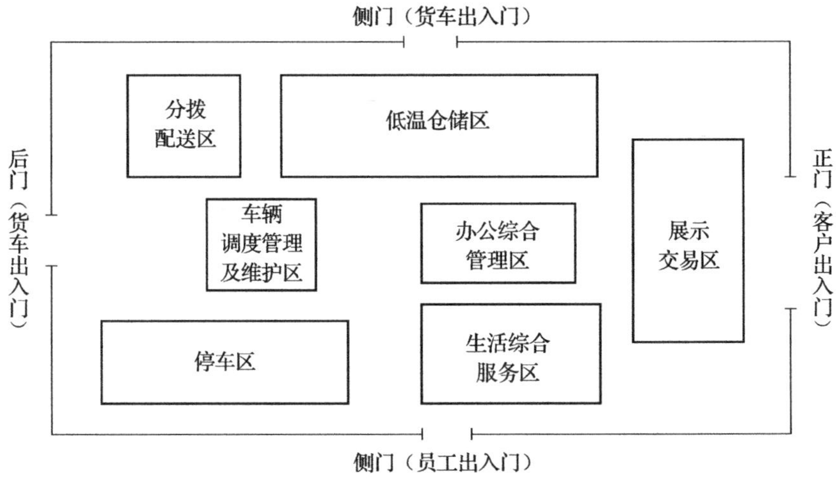

图 4-7　初步布置方案

2）动线分析。冷链物流中心的平面布局要保证其内部物流流程的连续性，为此应将所有的建筑物、道路、功能区域按物流流程进行联系和组合，尽量避免作业线的交叉和迂回。

具体地说，就是要满足低温物流作业要求并保证内部交通便利。在对冷链物流中心进行平面布局时，应尽量避免各种动线互相交叉干扰，保证分区明确；动线要力求简捷、明确、通畅、不迂回，尽量缩短流动距离，尽量避免车流、人流混杂拥挤。最后应根据物流动线及作业流程，配置各区域的位置。

下面将通过对冷链物流中心内部的车流和人流的流向描述绘制动线示意图，并分析其是否畅通、合理。

①车流。运送货物的车辆，通过专门的货车通道进入物流中心后，分别停放在各自的储存区前进行单证核对、卸货与货物检查活动，卸货完毕后，货车有三种不同的去向。

a. 开往货车停车场，司机到货车停车场附近的车辆调度管理区休息整理；

b. 开往车辆调度管理及维护区进行车辆的检修和清洗、保养等活动后到停车场或直接到发车位；

c. 直接开往发车位准备装货上车。

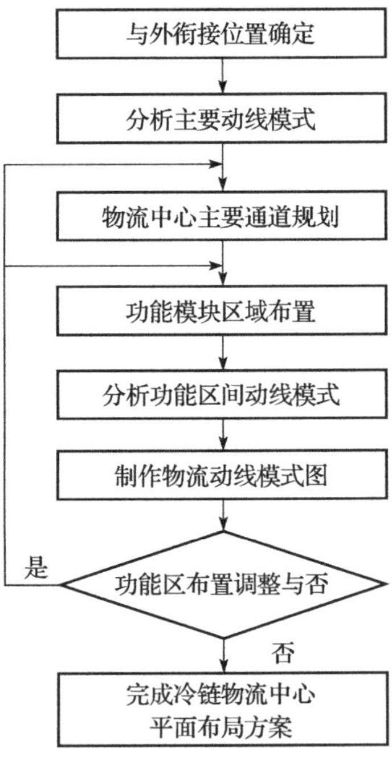

图 4-8　货车流程

货车流程如图 4-8 所示。

根据货车的运输流程，画出物流中心货车动线，如图 4-9 所示。

客户车辆从冷链物流中心正门进入，在停车场停车。顾客下车在商品展示交易区进行订货、购物等商贸活动，在办公综合管理区了解信息、办理相关手续等，在生活综合服务区休息，最后到达停车场取车，从正门离开冷链物流中心，如图 4-10 所示。

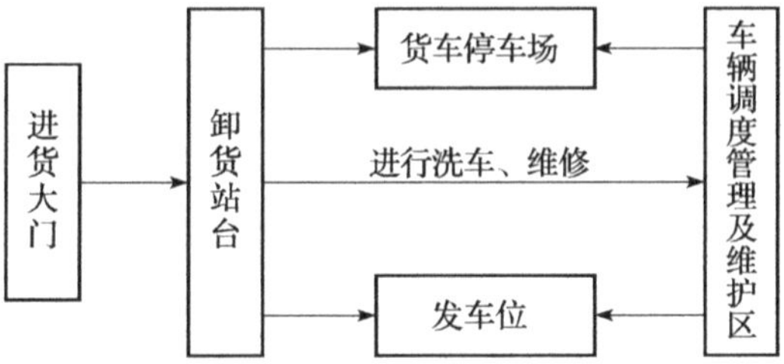

图 4-9　货车动线示意

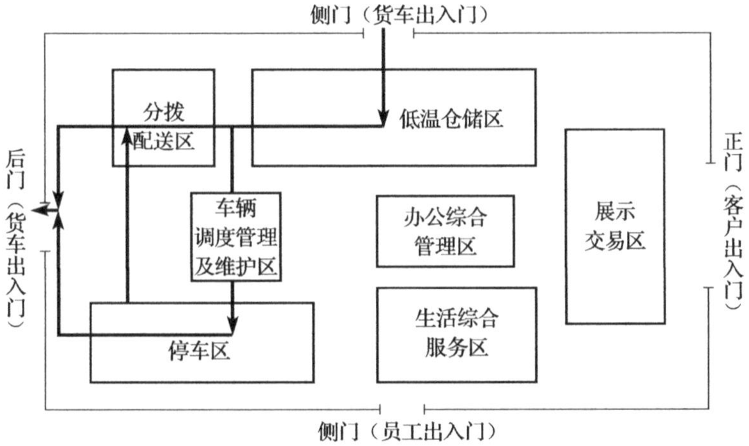

图 4-10　客车流程

根据客车流程，得到物流中心客车动线，如图 4-11 所示。

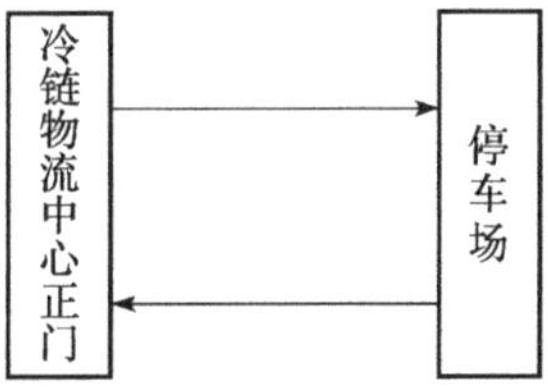

图 4-11　客车动线示意

②人流。批发顾客开车至冷链物流中心，将车辆停放于停车场，进入商品展示交易中心选购货物，下单后到办公楼批发部办理提货手续并办理付款，结束后到停车场取车离开冷链物流中心。批发顾客流程如图 4-12 所示。

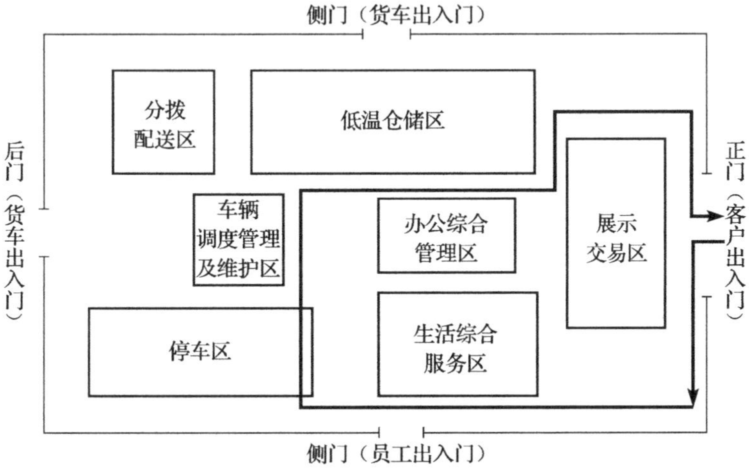

图 4-12　批发顾客流程

根据批发顾客流程，得到顾客在物流中心内动线，如图 4-13 所示。

零售顾客进入冷链物流中心，将车停放在停车场后，步行进入商品展示交易中心。在商品展示交易区选中所要购买商品后，由各柜组的营业员开出零售小票，顾客持零售小票到收款台，计算机系统根据零售小票填写“零售单”，顾客付款并凭 POS 机上打印出的“零售单”到柜台取货。零售顾客流程如图 4-14 所示。

根据零售顾客流程图，得出零售顾客动线，如图 4-15 所示。

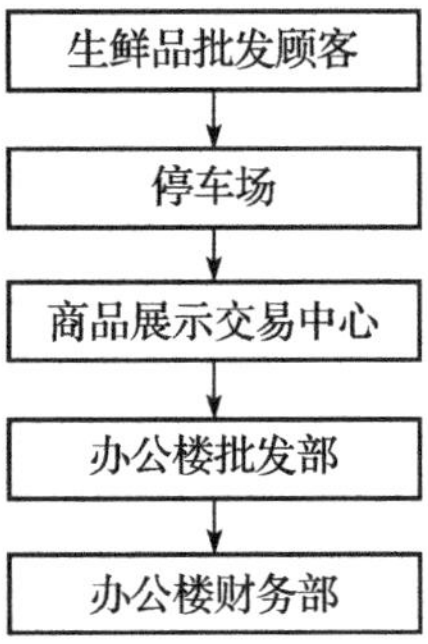

图 4-13　批发顾客动线示意

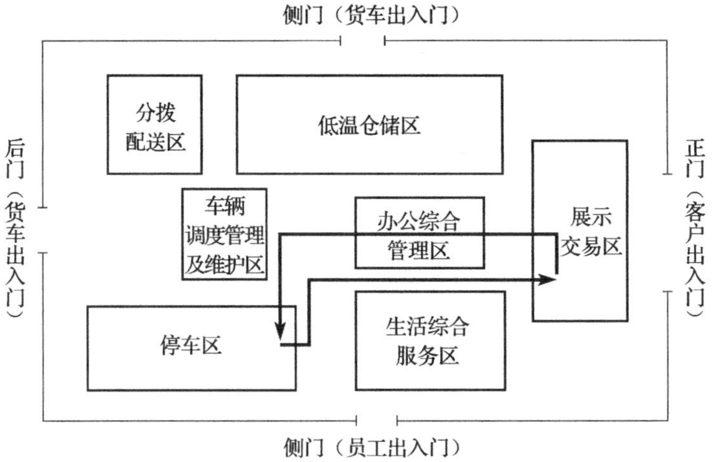

图 4-14　零售顾客流程

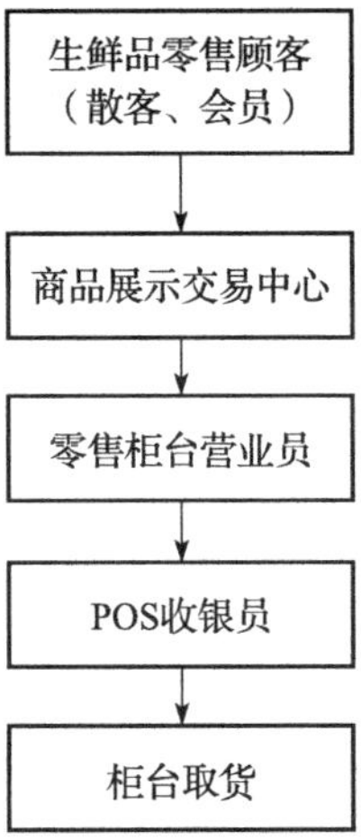

图 4-15　零售顾客动线示意

3）修正因素分析。

将冷链物流中心内的车流与人流动线叠加，其中货车车流、客车车流及人流分别以虚线、点虚线和实线表示，各功能区动线汇总图如图 4-16 所示。

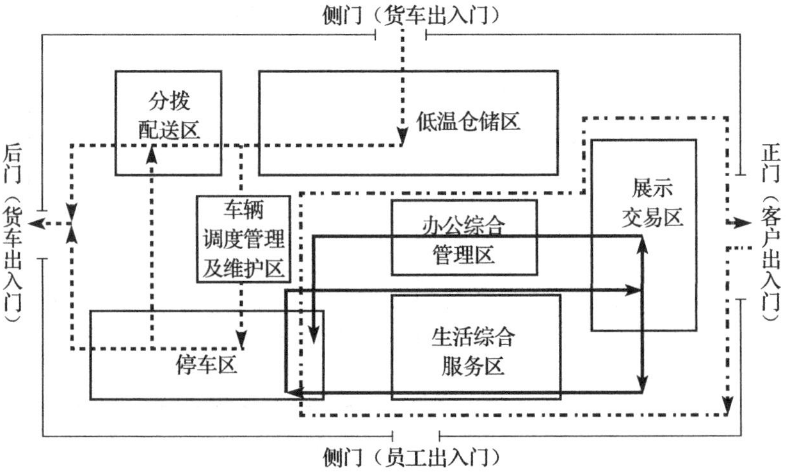

图 4-16　各功能区动线汇总

对动线模式进行分析可以看出，货车动线与客车动线分属两大区域，互不影响，但存在如下问题。

①车辆调度管理及维护区的利用率不高，位置不够理想，停车场与分拨配送区较远，不利于装车作业的高效进行。

②停车场内客车、货车混杂。

③客车车流与人流的动线都有不同程度的迂回。

④中心内部人流动线过长。

因此调整如下：

调整停车场位置与车辆调度管理及维护区位置，通过动线分析，用停车区将低温仓储区、分拨配送区与车辆调度管理及维护区划分为作业与休整两个区域，更有利于货运车辆的调配和运输。

增设小型车辆停车场。原有规划区域中只设置了货物运输车辆停车场，客户用车与员工用车若与货车共用停车场，一方面影响物流作业的流畅性，另一方面增加交通事故的发生概率，因此经过调整，在展示交易区旁和生活综合服务区旁各增设一个小型车辆停车场。

4）功能区布局方案。

经过优化、调整以后的物流中心功能分区布局示意图，如图 4-17 所示。

4. 辅助性区域及设施规划

对冷链物流中心的辅助设施进行合理规划，能够使冷链物流中心的功能区域划分明确，运输管理方便，生产协调，生活方便。同时冷链物流中心的规划风格与城市规划及周围的环境协调统一，也能够树立良好的企业形象。

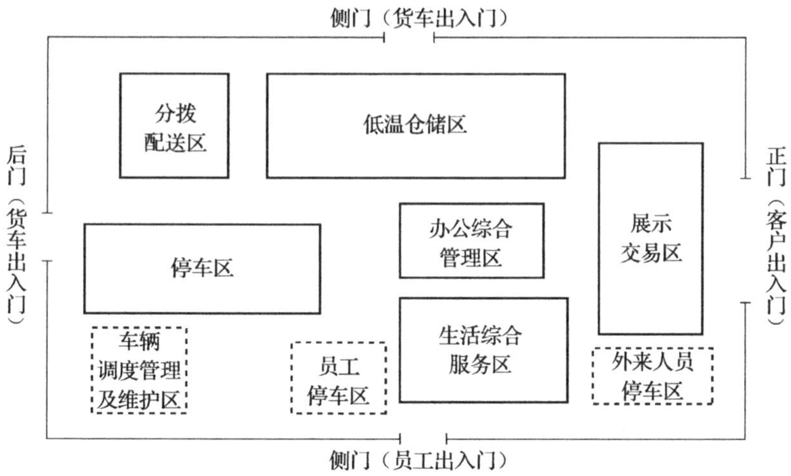

图 4-17　物流中心功能分区布局示意

（1）道路。冷链物流中心内部的道路主要分为货运车辆道路、小型车辆道路及人行道路。在作业区，小型车辆道路应尽量避免与货运车辆道路发生平面交叉，在生活区则避免人行道路与车辆道路发生平面交叉。道路与相邻建筑物的距离应尽量取较小值以节约用地，同时布置道路网时也应考虑防火急救等方面的要求，此外还应考虑工程管线的设置及绿化用地的要求。

（2）防火通道与消防设施。由于冷库的特殊性，需特别注意劳动安全。冷库大多采用氨作为制冷剂，氨在我国国家标准中属于4级轻度危害的有毒物质，当空气中的氨比例达到16%～25%时，遇明火即可引起爆炸。因此，这对冷链物流中心的消防安全防范提出了更高要求，在规划设计冷链物流中心时必须考虑消防通道的通畅。

冷链物流中心外侧应设有环行消防通道。建筑物与周边建筑物之间保持足够的防火间距和留有环形车道。消防车道的宽度不应小于3.5米，道路上空遇有管架等障碍物时，其净高不应小于4米。环形消防车道至少应有两处与其他车道连通，尽头消防车道应设回车道或面积不小于12米×12米的回车场，供大型消防车使用的回车场面积不应小于15米×15米。

（3）绿地。随着社会的不断发展进步，人们越来越注重工作和整体环境的质量，因而中心内的环境塑造对于改善物流中心环境，建设现代化的物流中心，起到相当重要的作用。冷链物流中心的设计应从整体空间环境出发，充分发挥绿化的环境效用，组合不同功能区内建筑的形态，给人以视觉上的美感。在进行绿地规划时，企业应符合当地规划部门的相关要求。

（4）节能与环境保护。食品冷链物流若走可持续发展道路，必须重视能源效率和环境保护两大问题。冷库是能源消耗大户，环境保护指的是要按照《蒙特利尔议定书》和《京都议定书》，避免臭氧层遭到破坏和考虑温室效应，使全球气候变暖得到控制。就制冷剂而言主要是淘汰氯氟烃，限制氢氟烃，扩大使用氨、二氧化碳等。

5. 小结

本文完成了对冷链物流中心内部规划、平面布局流程的研究；分析了冷链物流的特点和冷链物流中心的特殊性，并确定了物流中心的功能区；对SLP法进行适当修改，使其适用于冷链物流中心的平面布局。在布局工作中，首先利用作业关系法对各功能区进行紧密程度的分析，得到初步布局方案，接下来利用动线分析的方法对其物流流程进行分析，并在初步布局方案上绘制动线示意图。在对动线示意图进行分析后，本文分析初步布局方案的不合理处，给出修正建议，并加以调整，最终得到冷链物流中心的布局方案。

资料来源：Soo56物流搜索网，http://www.soo56.com，2012年6月5日。

思考题

1. 冷链物流中心功能区布局需要遵循哪些规划原则？
2. 冷链物流中心动线规划主要考虑哪些影响因素？

基于系统布局规划法的汽车物流中心规划设计

1. 物流中心简介

YC物流集团有限公司旗下的YC物流中心，主要经营货物配送、货物运输、仓储、信息服务、汽车及配件、维修发动机、工程机械、能源化工、物流汽贸、零部件、专用汽车等项目。2002年10月公司通过ISO 9001: 2000质量体系认证并获得国家道路货物运输一级企业资质，是全国仅有的20家一级企业之一。固定货物包括柴油机、挖掘机、重工机械、药材、工程机械、能源化工、物流汽贸、零部件等。产品的储存与配送有遍布全国的物流网络。作为功能最全的大型现代化物流中心，YC物流中心在物流、车辆调配等方面与全国主要物流枢纽城市及物流中心联结成信息网络，提供实时动态的综合信息服务；同时，在国内首创以物流信息服务为主，集仓储配送、车辆调度、维修配件、停车、后勤服务于一体的物流集散基地以及汽车售后服务市场为专业功能的汽配物流中心区。

（1）服务功能。建立广西最大、功能最全的大型物流综合场站，在物流、车辆调配等方面与全国主要物流枢纽城市及物流中心联结成信息网络，提供实时动态的综合信息服务，并发展成为以物流信息服务为主，集仓储配送、车辆调度、维修配件、停车、后勤服务为一体的物流集散基地。

（2）物流中心理念。

诚信：做持久的品牌企业，对客户、合作伙伴、员工及股东诚信为本。

便捷式：菜单式地选择和组合，配对门对门，提供更高效的配送服务。

个性化：根据客户的个性化需求，选择合适的配送方式。

（3）物流中心作业区域设置。配送中心的作业区域包括物流作业区及外围辅助活动区。物流作业区涉及如装卸货、入库、订单拣取、出库、出货等，通常具有物流相关性；外围辅助活动区如办公室、计算机室、维修间等，具有业务上的相关性。经作业流程规划后，即可针对配送中心的营运特性规划所需作业区域。

（4）配送中心作业区域的布置。

1）决定配送中心的联外道路模式。确定配送中心联外道路、进出口方位及厂区配置模式。

2）决定配送中心厂房空间范围、大小及长宽比例。

3）决定配送中心内由进货到出货的主要物流路线模式。决定其物流模式，如U形、双排形等。

4）按物流相关表和物流路线配置各区域位置。首先将面积较大且长宽比例不易变动的区域先置入建筑平面内，如自动仓库、分类输送机等作业区；再按物流相关表中物流相关强度的大小安排其他区域的布置。

（5）行政活动区域的配置。企业对一般配送中心行政办公区均采用集中式布置，并将其与物流仓储区分隔，但也应进行合理的配置。由于目前配送中心仓储区一般采用立体化设备较多，其高度需求与办公区不同，故办公区布置应进一步考虑空间的有效利用，如采用多楼层办公室、单独利用某一楼层、利用进出货区上层的空间等方式。

1）行政活动区域内的配置方法。首先选择与各部门活动相关性最高的部门区域先行置入规划范围内，再按活动相关表，将各部门按照其与已置入区域关系的重要程度依次置入规划范围内。

2）确定各种布置组合。根据物流相关表和活动相关表，探讨各种可能的区域布置组合。根据以上方法，可以逐步完成各区域的概略配置，然后再将各区域的面积置入各区域的相对位置，并做适当调整，减少区域重叠或空隙，即可得到面积相关配置图。最后调整部分作业区域的面积或长宽比例后，即得到作业区域配置图。

（6）作业区域面积表。作业区域面积表如表4-8所示。

表 4-8　作业区域面积表

序号	1	2	3	4	5	6	7	8	9
物流区	理货区	储存区	分拣区	加工区	展示区	交易区	配载区	垃圾区	综合服务区
面积	60	50	50	50	60	80	20	40	50

2. 物流配送中心规划设计步骤

（1）物流分析。首先，进行物流流量分析。物流流量分析主要是根据物流强度和物流相关表来表示各功能区域之间的物流关系强弱，最后绘出物流从至表（见表 4-9）。

表 4-9　物流从至表

从 / 至	理货区	储存区	分拣区	加工区	展示区	交易区	配载区	垃圾区	综合服务区
理货区	——	100	420	100					
储存区		——					120		
分拣区			——		20	32	220		
加工区				——	6	30	200		
展示区					——		14		
交易区						——		12	
配载区							——		
垃圾区								——	
综合服务区									——

（2）作业单元相关性分析。根据各个区域间物流量的大小，将其分为五个级别，分别用 A、E、I、O、U 表示，其中 A 占物流量的 40%；E 占物流量的 30%；I 占物流量的 20%；O 占物流量的 10%；U 占物流量的 0%。做出各个区域的物流相互关系图（见图 4-18）。

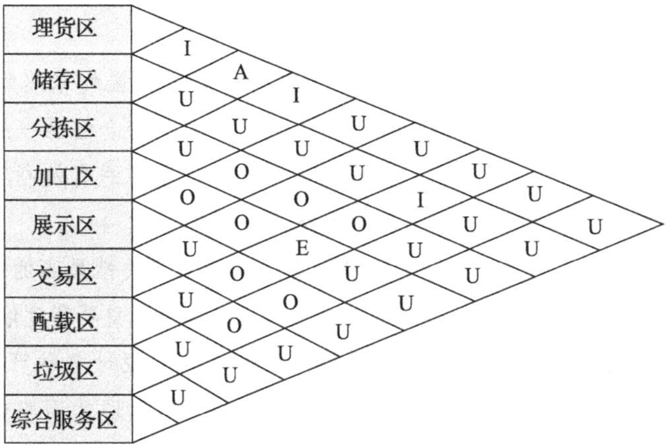

图 4-18　作业单元相互关系

作业区域物流等级划分表如表 4-10 所示。

表 4-10　作业区域物流等级划分

作业对	物流强度	物流等级
理货区——分拣区	420	A
分拣区——配载区	220	E
加工区——配载区	200	E
储存区——配载区	120	I
理货区——储存区	100	I
理货区——加工区	100	I
分拣区——交易区	32	O
加工区——交易区	30	O
分拣区——展示区	20	O
配载区——配载区	14	O
交易区——垃圾区	12	O
加工区——展示区	6	O

根据作业区域物流等级划分表，可以得出作业区域物流相互关系图。

（3）非物流相关性分析。非物流关系定性密切程度等级包括 A、E、I、O、U 5 种，其比例一般如表 4-11 所示。

表 4-11　非物流相关性

符号	A	E	I	O	U
含义	绝对重要	特别重要	重要	一般	不重要
量化值	4	3	2	1	0
比例（%）	2 ~ 5	3 ~ 10	5 ~ 15	10 ~ 25	45 ~ 80

该公司物流配送中心共有 8 个区域，所得非物流作业单元相互关系图，如图 4-19 所示。

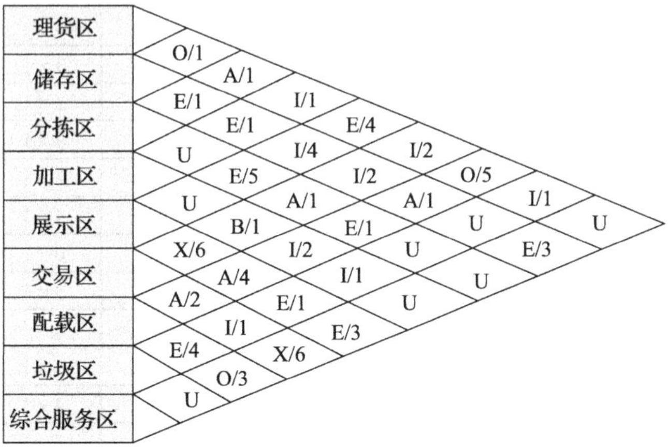

图 4-19　非物流作业单元相互关系

（4）作业单元相互关系影响因素。作业单元相互关系影响因素如表 4-12 所示。

表 4-12 作业单元相互关系影响因素

编号	理由
1	作业流程的连续性
2	物料搬运
3	管理方便
4	人员联系
5	作业性质相似
6	安全卫生
7	使用相同的设备

（5）作业单元综合相互关系分析。在大多数物流中心中，各作业单元之间既有物流联系，也有非物流联系，两作业单元之间的相互关系应包括物流关系与非物流关系，因此在 SLP 法中要将作业单元间物流的相互关系与非物流的相互关系进行合成，求出合成的相互关系即综合相互关系，然后再从各作业单元间的综合相互关系出发实现各作业单元的合理布置。

物流与非物流关系比值，选定取加权值为 2∶1。根据 A = 4、E = 3、I = 2、O = 1、U = 0、X = −1 得出综合关系计算表，如表 4-13 所示。

表 4-13 综合关系计算表

序号	作业单元对			关系密切程度				综合关系	
	作业单元 1	——	作业单元 2	物流关系比值（2）		非物流关系比值（1）			
				等级	分值	等级	分值	分值	等级
1	理货区	——	储存区	I	2 × 2	O	1 × 1	5	O
2	理货区	——	分拣区	A	4 × 2	A	4 × 1	12	A
3	理货区	——	加工区	I	2 × 2	I	2 × 1	6	U
4	理货区	——	展示区	U	0	E	3 × 1	3	U
5	理货区	——	交易区	U	0	I	2 × 1	2	U
6	理货区	——	配载区	U	0	O	1 × 1	1	U
7	理货区	——	垃圾区	U	0	I	2 × 1	2	U
8	理货区	——	综合服务区	U	0	U	0	0	U
9	储存区	——	分拣区	U	0	O	3 × 1	3	U
10	储存区	——	加工区	U	0	O	3 × 1	3	U
11	储存区	——	展示区	U	0	O	2 × 1	2	U
12	储存区	——	交易区	U	0	O	2 × 1	2	U
13	储存区	——	配载区	I	2 × 2	I	4 × 1	8	E
14	储存区	——	垃圾区	U	0	U	0	0	U
15	储存区	——	综合服务区	U	0	O	3 × 1	3	U
16	分拣区	——	加工区	U	0	U	0	0	U
17	分拣区	——	展示区	O	1 × 2	O	3 × 1	5	O
18	分拣区	——	交易区	O	1 × 2	I	4 × 1	6	I
19	分拣区	——	配载区	E	1 × 2	O	3 × 1	5	O
20	分拣区	——	垃圾区	U	0	U	0	0	U
21	分拣区	——	综合服务区	U	1 × 2	U	0	2	U
22	加工区	——	展示区	0	1 × 2	O	3 × 1	5	O

（续）

序号	作业单元对			关系密切程度				综合关系	
	作业单元 1	——	作业单元 2	物流关系比值（2）		非物流关系比值（1）			
				等级	分值	等级	分值	分值	等级
23	加工区	——	交易区	0	3×2	O	2×1	8	E
24	加工区	——	配载区	E	0	O	2×1	2	U
25	加工区	——	垃圾区	U	0	U	0	0	U
26	加工区	——	综合服务区	U	0	U	1×1	1	U
27	展示区	——	交易区	U	1×2	I	4×1	6	I
28	展示区	——	配载区	O	1×2	O	3×1	5	O
29	展示区	——	垃圾区	U	0	O	3×1	3	U
30	展示区	——	综合服务区	U	0	I	4×1	4	U
31	交易区	——	配载区	U	1×2	O	2×1	4	U
32	交易区	——	垃圾区	O	0	U	−1×1	−1	U
33	交易区	——	综合服务区	U	0	O	3×1	3	U
34	交易区	——	垃圾区	U	0	U	1×1	1	U
35	配载区	——	综合服务区	U	0	U	0	0	U
36	垃圾区	——	综合服务区	U	0	U	0	0	U
37	综合服务区	——	垃圾区	U	0	U	0	0	U

确定作业单元位置与空间关系，绘制空间关系线型布局图。

（6）方案评价和选择

1）加权因素比较法。加权因素比较法的基本思想是把布置方案的各影响因素，不论是定性的还是定量的，都划分等级，给每一个等级都赋予一个分值来表示该因素对布置方案的影响程度，同时根据不同因素对布置方案取舍的影响重要程度设立加权值，以此来计算布置方案的评分值，评定方案的优劣。

依据某一因素与其他因素的相对重要性，来确定该因素的加权值，具体是把最重要的因素确定下来，然后确定出该因素的加权值，一般为 10，之后将其他各因素的重要程度与该因素比较，确定适当的加权值。对于各因素的加权值，我们通常采用集体评定后求平均值的方式确定。而对于评价结果，我们一般划分成评价等级。评价因素等级的划分则可以参考 SLP 法的方式，划分为 A、E、I、O、U 五级，如表 4-14 所示。

表 4-14　因素权重赋分

等级	符号	效果	分值
优秀	A	效果完美	4
良好	E	效果很好	3
中等	I	达到主要要求	2
一般	O	效果一般	1
差	U	效果欠佳	0

在此物流中心的规划设计中，我们主要考虑以下五个因素并赋予权重：

物流作业效率 —— 0.4

空间利用率 —— 0.2

工作环境的舒适及安全性 —— 0.1

柔性空间规划 —— 0.2

减少货损 —— 0.1

2）规划方案评价表。因素评价等级表，如表 4-15 所示。

表 4-15 因素评价等级

考虑因素	评价等级
物流作业效率	A（4）
空间利用率	E（3）
工作环境的舒适及安全性	I（2）
柔性空间规划	E（3）
减少货损	I（2）

根据公式计算得 $T=4\times0.4+3\times0.2+2\times0.1+3\times0.2+2\times0.1=3.2$，在方案的实施过程中，可采取多种评价方式对方案进行综合评价并最终选取最优方案。

3）绘制优化平面布局图。考虑上述影响因素，最后得出布置方案，绘制出 YC 物流中心布局优化图，如图 4-20 所示。

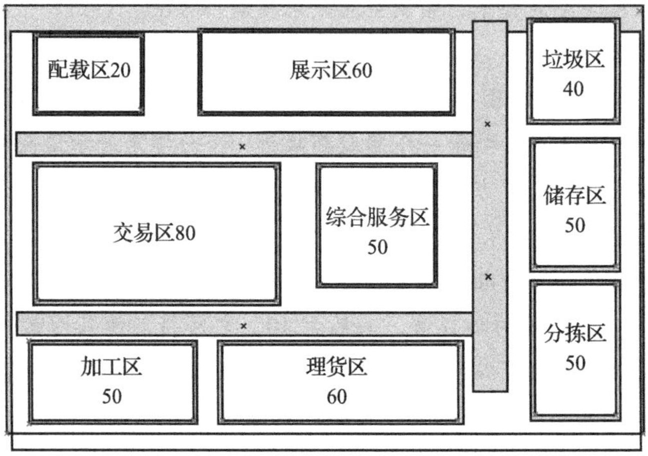

图 4-20 YC 物流中心优化平面布局

思考题

1. 加权因素比较法的基本思想是什么？
2. 案例表明，运用改进的 SLP 法可以获得更加符合物流生产作业流线的功能区布局方案，那么 SLP 法改进的关键是什么？
3. 在物流设施布局过程中，如何理解 SLP 法对于物流企业的物流设施布局优化具有很好的实用价值和指导意义？

参考答案

1. 功能区布局需要遵循的原则主要包括以下几方面：

（1）冷链物流中心功能分区须明确、合理、得当、布局紧凑，节约用地、能源和人力资源等。

（2）设施的规划及布局应该留有发展的空间和适应变化的规划。

（3）与外界保持良好的交通和运输联系，出入口和内部道路符合客流与车流的集散要求，各运动流线保持顺畅、短捷。

（4）最大限度地减少物料搬运，简化作业过程。

（5）建筑物布置应配合得当，使总体景观与周边环境相协调。

（6）彼此之间货物流量大的设施布置得近一些，物流量小的设施与设备可布置得远一些。同时尽量避免货物运输的迂回和倒流，迂回和倒流现象会严重影响低温物流中心的整体效率与效益，甚至会影响低温物流中心货物的流畅和环境，因此必须将迂回和倒流减少到最低程度，使整个低温物流中心的设施布局达到整体最优。

2. 动线规划需要考虑的影响因素主要包括以下内容。

冷链物流中心的平面布局要保证其内部物流流程的连续性，为此应将所有的建筑物、道路、功能区域按物流流程进行联系和组合，应尽量避免作业线的交叉和迂回。具体地说，就是要满足低温物流作业要求并保证内部交通便利。在对冷链物流中心进行平面布局时，应尽量避免各种动线互相交叉干扰，保证分区明确；动线要力求简捷、明确、通畅、不迂回，尽量缩短流动距离，尽量避免车流、人流混杂拥挤。最后要根据物流动线及作业流程，配置各区域的位置。

课外拓展

对于冷链物流中心的布局及功能区规划设计，功能区布局需要遵循的规则原则，主要包括哪几个方面？

课堂讨论

试以某物流配送中心规划设计为例，论述何为系统布局规划法（SLP 法）；SLP 法的基本思路、布局设计阶段、基本要素、规划步骤以及相互间的关系又是什么。

复习思考题

一、名词解释

系统布局规划法（SLP 法）；物流作业路线

二、填空题

1. 物流配送中心的功能主要包括：__________、__________、__________、__________、__________和__________。

2. 系统布局规划的主要方法有：__________、__________、__________和__________。

3. 物流配送中心设施内部平面布局组合优化问题，“目标”根据实际需要，可以是单一的，也可以是多个的，大多数设施内部平面布局问题都是以________为目标，实现________。
4. 整个物流系统布局设计要分四个阶段进行，被称为“布局设计四个阶段”，包括确定位置阶段、总体区划阶段、详细布局阶段、施工安装阶段。这四个阶段交叉进行，其中________与________是布局设计最重要的阶段，也是布局设计的关键所在。

三、简答题

1. 简述系统布局规划法（SLP 法）的基本要素。
2. 简述系统布局规划法（SLP 法）的基本思路。
3. 简述系统布局规划法（SLP 法）的规划步骤。

CHAPTER 5

第5章

物流园区功能布局规划与设计

| 本章要点 |

- 物流园区的概念、内涵、特征、分类、功能
- 物流园区规划设计方法：MSFLB 五步规划法
- 物流园区建设与运营模式
- 国内外物流园区发展趋势

| 开篇案例 |

2014 年对即墨 60 平方公里国际陆港的概念性规划[⊖]

1. 概况

即墨国际陆港位于青岛主城区的北部，即墨市的西南部，处于大青岛半小时经济圈范围内，地理位置十分优越。陆港规划总面积为 60 平方公里，核心区规划面积 30 平方公里，启动区规划面积约 7.8 平方公里。范围涵盖蓝村（43 平方公里）、大信（17 平方公里）2 个镇。即墨国际陆港坐拥青岛流亭国际机场、青荣城际铁路即墨北站两大枢纽，距建设中的半岛国际机场 15 分钟车程，距青岛港一小时车程。一个由空运、城际铁路、高速公路、城市快速路组成的立体现代化交通体系，势必推进国际陆港的快速发展。这片充满潜

⊖ 此规划制订于 2014 年，规划中相关背景资料取自当时的情况。

质的土地将融合物流产业，构建以物流产业为引领的宜业、宜居的新功能区。

2. 背景

即墨，凭借辐射内陆、连通南北、面向太平洋的战略区位优势，在国务院批复的《山东半岛蓝色经济区发展规划》中处于重要地位，对青岛建设成为山东蓝色经济发展的龙头城市，发挥着重要作用。2013 年，习近平主席提出建设“一带一路”的合作倡议；2015 年，国家发展改革委、外交部、商务部联合发布了《推动共建丝绸之路经济带和 21 世纪海上丝绸之路的愿景与行动》，青岛成为“一带一路”倡议中的支点城市，正努力成为“一带一路”特别是 21 世纪海上丝绸之路建设的排头兵和主力军。位于即墨的国际陆港，将作为青岛“海、陆、空、铁”多式联运枢纽门户，将被打造成为青岛“一带一路”双向开放的“桥头堡”，搭建“青新欧”跨国货运铁路直达通道的门户。

3. 发展目标

即墨国际陆港形成以公铁联运为基础、以物流信息服务为支撑、以三方物流交易为主体、以集成四方物流服务平台的现代综合智能物流园区。该港将推进保税加工中心、物流装备制造中心、保税交易中心建设，拓展保税加工制造与贸易业务，实现由保税仓库到保税园区。最后，它将借助中韩自贸区建设，升级为青岛陆港自贸区，全力打造山东半岛物流枢纽和千亿级物流产业集群。

4. 规划理念

国际陆港将坚持以全域统筹和产城一体的理念高标准地进行规划建设，以物流产业为引领，协同国际商贸城、胶东国际机场，对接青岛和即墨主城区，推动相邻功能区融合互动。该港将保证物流产业链的完整和物流产业集群的发展，同时统筹考虑生活配套、商业服务、生产服务等综合功能，真正实现物流园区的突破，向经济繁荣、生活舒适、环境优美的新港发展。

5. 空间布局

即墨将充分考虑蓝村小城市和国际陆港的功能定位、产业布局、交通体系、基础设施和公共服务设施，沿胶济铁路、青威路布置物流组团，沿青银高速公路布置工业组团，沿蓝鳌路布置商务办公组团；沿洪江河、桃源河布置生活组团，构建“一港两区十中心四基地”的格局。

“一港”，即国际陆港核心港区，它是国际陆港集中发展的核心区域。

“两区”包括如下内容。

蓝村临空产业区：凭借临近胶东国际机场的优势和蓝村小城市驻地，集中发展临空产业。

大信综合服务区：围绕大信打造国际陆港的综合服务区。

“十中心”包括如下内容。

公铁联运中心：建设铁路作业区、货运集散区、智能停车区、司机之家及货运信息大厅，打造集铁路运输、城市配送、信息服务等业务为一体的公铁联运枢纽。

国际汽车展贸中心：建设进口汽车展示中心、新车上市发布中心、汽车性能检测中心、汽车零部件市场、汽车物流仓储配送中心，形成与汽车产业新城联动发展的局面。

保税物流中心：建设联检大楼、检验检疫区、保税区、保税仓、海关监管仓等，服务于保税物流业务。

商务配套中心：建设管理服务大楼、金融保险大楼、物流科技研发中心、商品交易所、人才孵化中心，是内陆港的商务服务中心。

生活居住中心：建设综合型生活配套区，突出生活、文化、休闲三大功能，合理地配套建设生活居住、购物商场、餐饮休闲等设施。

航空快递分拨中心：建设专用航空快件分拨中心及共用航空快件分拨中心，实现航空与陆运方式灵活转换、无缝衔接，形成快件“绿色通道”。

航空商务服务中心：建设航空商务区，将商务服务、餐饮休闲娱乐业与机场服务业天然结合，给这一区域带来更加旺盛的人气、商气和财气。

进出口配件物流中心：提供汽车、机械等产品零配件的进出口、报关、维修、组装等配套服务。

国际轻工材料采购中心：面向电子、纺织、玩具等产品，提供轻工材料的存储、装卸、运输、展示交易等配套物流服务。

冷链物流中心：面向海产品、肉类、农副产品、食品、果蔬、药材等，建设集冷藏加工、物流配送、贸易流通、第三方冷链物流为一体的大型物流基地。

“四基地”包括如下内容。

物联网产业基地：围绕传感器、芯片、软件服务、数据处理、图像识别、智能终端、信息安全等业务，聚集物联网研发企业，打造新一代信息技术产业基地。

跨境电商产业基地：建设集展示体验、通关监管、研发加工、仓储配送为一体的跨境电商综合性服务基地，使本地成为跨境电子商务的供应链枢纽节点。

物流金融监管基地：建设物流金融监管仓，为金融物流业务提供货物监管基地，优化中小型企业资源融资困境，有效支持中小型企业的融资活动。

国际服装艺展基地：为设计师、厂商等专业渠道和广大市民提供设计、电商、体验、直销的一站式服务，搭建厂商互动和商贸合作平台。

6. 招商引资

即墨国际陆港不断加强招商引资力度，采取定向招商、税收优惠、土地支持三大政策：针对国际、国内大型物流企业（集团）以及汽车贸易、销售等相关产业单位进行定向招商；减收企业所得税以及企业其他费用，对物流园区内企业实行“两免三半”等税收优惠政策；优先保证、审批物流用地，实行减免土地税费等用地支持优惠政策。即墨国际陆港建设在这些政策支持下尽快驶入发展的快车道。

7. 结语

即墨国际陆港是国家“一带一路”倡议构想实践的前沿阵地，代表了物联网时代下物流产业集群的最新走向，为即墨这座既古老又年轻的城市提供了最炙热的能量。它将引领即墨产业全面升级，带动区域经济社会持续发展，成为立足青岛、面向半岛、服务环渤海的产业、生态、城市共生相容的活力新港。

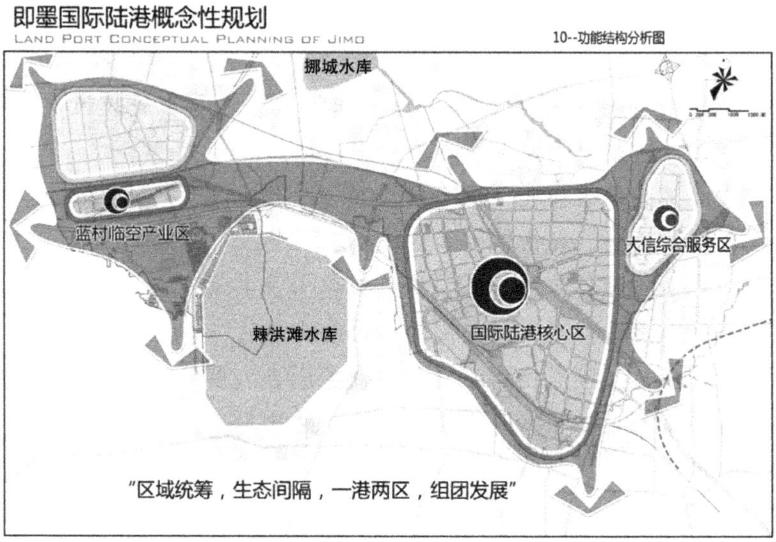

资料来源：法布劳格物流咨询（北京）有限公司，https://www.fablog.net.cn/case/zlgh/2019126.html，2020 年 1 月 15 日。

5.1 物流园区概述

物流园区在物流产业中具有重要地位，是物流产业成功所必需的点、线、面结合的网络中的重要节点，物流园区规划和设计的好坏对物流产业的发展非常重要。

5.1.1 物流园区的概念

物流园区（logistics park）是指在物流作业集中的地区，在几种运输方式衔接地，形成的物流节点活动的空间集聚区，是不同类型的物流组织和多种物流设施在空间上集中布局的大型场所，是具有一定规模和多种服务功能的新型物流业务载体。物流园区按照专业化、规模化的原则组织物流活动。园区内各经营主体，通过共享相关基础设施和配套服务设施，发挥整体优势和互补优势，进而实现物流集聚的集约化、规模化效应，促进载体城市区域的可持续发展。

物流园区在国内和国外还没有统一的定义，不同国家称谓也不一样。物流园区最早出现在日本东京，又被称为物流团地。从 1965 年起在规划城市发展的时候，日本政府从城市整体利益出发，为解决城市功能紊乱，缓解城市交通拥挤，减轻产业对环境压力，保持产业凝聚力，顺应物流业发展趋势，实现货畅其流，在郊区或城乡边缘带主要交通干道附近专辟用地，确定了若干集约运输、仓储、市场、信息、管理功能的物流团地，通过逐步配套完善各项基础设施、服务设施，提供各种优惠政策，吸引大型物流（配送）中心在此聚集，使其获得规模效益，对于整合市场、降低物流成本起到了重大作用，同时，减轻大型配送中心在市中心分布所带来的种种不利影响，成为支撑日本现代经济的基础产业。

在欧洲，物流园区被称为货运村。货运村是指在一定区域范围内，所有有关商品运输、物流和配送的活动，包括国际和国内运输，通过各种经营者实现。这些经营者可能是建在那里的建筑和设施（仓库、拆货中心、存货区、办公场所、停车场等）的拥有者或租赁者。同时，为了遵守自由竞争的规则，一个货运村必须允许所有与上面陈述的业务活动关系密切的企业进入。一个货运村也必须具备所有公共设施以实现上面提及的所有运作。如果可能，它也应当包括对员工和使用者的设备的公共服务。为了鼓励商品搬运的多式联运，货运村必须采取更适宜的多样性的运输模式（陆路、铁路、深海、深水港、内河、空运服务于一个货运村）。最后，一个货运村必须通过一个单一的主体运营，或者是公共的，或者是私有的，这一点是必须明确的。

这个定义是由一个被称为“欧洲平台”的机构在 1992 年 9 月 18 日提出的，这个定义明确了如下几方面内容。

（1）在货运村内实现运输、物流和配送等所有业务活动——业务活动或范围。

（2）经营者是物流及相关设施的拥有者和租赁者——所有者及经营者。

（3）企业进入遵守自由竞争的原则——市场规则。

（4）货运村必须具备所有的公共设施——基本或基础设施。

（5）多样性的运输模式——多样化的运输方式。

（6）一个单一的运营主体——运营主体。

在国内，第一个物流园区是深圳平湖物流基地。它始建于 1998 年 12 月 1 日，第一次提出物流基地这个概念，叫作“建设物流事业基础的一个特定区域”，其特征有三点：一是综合集约性，二是独立专业性，三是公共公益性。物流基地即从事专业物流产业，具有公共公益特性的相对集中的独立区域。

一般认为，物流园区是指在几种运输方式衔接地形成的物流节点活动的空间集聚体，是在政府规划指导下多种现代物流设施设备和多家物流组织机构在空间上集中布局的大型场所，是具有一定规模和多种服务功能的新型物流业务载体。它按照专业化、规模化的原则组织物流活动，园区内各经营主体通过共享相关基础设施和配套服务设施，发挥整体优势和互补优势，进而实现物流集聚的集约化、规模化效应，促进载体城市的可持续发展。

物流园区是对物流组织管理节点进行相对集中建设与发展的，具有经济开发性质的城市物流功能区域；同时，也是依托相关物流服务设施降低物流成本，提高物流运作效率，改善企业服务有关的流通加工、原材料采购，便于与消费地直接联系的生产等活动，具有产业发展性质的经济功能区。在外延方面：作为城市物流功能区，物流园区包括物流中心、配送中心、运输枢纽设施、运输组织及管理中心、物流信息管理中心，以及适应城市物流管理与运作需要的物流基础设施；作为经济功能区，其主要作用是开展满足城市居民消费、就近生产、区域生产组织所需要的企业生产和经营活动。因此，现代物流园区主要具有两大功能，即物流组织管理功能和依托物流服务的经济开发功能。

《中华人民共和国国家标准：物流术语》（GB/T 18354—2021）中对物流园区的定义是：由政府规划并由统一主体管理，为众多企业在此设立配送中心或区域配送中心等，提供专业化物流基础设施和公共服务的物流产业集聚区。

5.1.2 物流园区的内涵

物流园区将众多物流企业聚集在一起，实行专业化和规模化经营，发挥整体优势，促进物流技术和服务水平的提高，共享相关设施，降低运营成本，提高规模效益。其内涵可归纳为以下三点。

（1）物流园区是由分布相对集中的多个物流组织设施和不同的专业化物流企业构成的具有产业组织、经济运行等物流组织功能的规模化、功能化的区域。这首先是一个空间概念，与工业园区、经济开发区、高新技术开发区等概念一样，具有产业一致性或相关性，拥有集中连片的物流用地空间。

（2）物流园区是对物流组织管理节点进行相对集中建设与发展的，具有经济开发性质的城市物流功能区域。作为城市物流功能区，物流园区包括物流中心、配送中心、运输枢纽设施、运输组织及管理中心和物流信息管理中心等适应城市物流管理与运作需要的物流基础设施。

（3）物流园区也是依托相关物流服务设施，进行与降低物流成本、提高物流运作效率和改善企业服务有关的，流通加工、原材料采购和便于与消费地直接联系的生产等活动的，具有产业发展性质的经济功能区。作为经济功能区，其主要任务是开展满足城市居民消费、就近生产、区域生产组织所需要的企业生产和经营活动。

5.1.3 物流园区的特征

1. 多模式运输方式的集合（运输服务）

多模式运输方式即多式联运，以海路—铁路、公路—铁路、海路—公路等多种方式联合运输为基本手段发展国际国内的中转物流。物流园区也因此呈现一体化枢纽功能。

2. 多状态作业方式的集约（功能服务）

物流园区的物流组织和服务功能不同于单一任务的配送中心或具有一定专业性的物流中心，其功能特性体现在多种作业方式的综合、集约等特点上，包括仓储、配送、货物集散、集拼箱、包装、加工以及商品的交易和展示等诸多方面，同时也体现在技术、设备、规模管理等方面的集约。

3. 多方面运行系统的协调（管理服务）

运行系统的协调表现为在对线路和进出量调节上。物流园区的这一功能体现为其指挥、管理和信息中心功能，通过信息的传递、集中和调配，使多种运行系统协调共同为园区各物流中心服务。

4. 多角度城市需求的选择（增值服务）

物流园区与城市发展呈现互动关系，物流园区如何协助城市理顺功能，满足城市需求是物流园区的又一功能特征。物流园区的配置应着眼于其服务区域的辐射方向、中心城市的发展速度，从而保证物流园区的生命周期和城市发展协调统一。

5. 多体系服务手段的配套（延伸服务）

物流园区应具备综合的服务性功能，如结算功能、需求预测功能、物流系统设计咨询功能、专业教育与培训功能、共同配送功能等。多体系服务手段的配套是物流组织和物流服务的重要功能特征（见表 5-1）。

表 5-1　物流园区、物流中心和配送中心比较

比较对象	规模	综合程度	服务对象	功能	层次关系
物流园区	超大规模	必定是综合型的物流设施	综合型的基础服务设施，面向全社会	具有综合运输、多式联运、干线终端等大规划处理货物和提供相关服务的功能	综合型的大型物流节点
物流中心	大规模和中等规模	有一定的综合性	局部领域经营服务	主要是分销功能	专业范畴的综合型大型物流节点
配送中心	依据专业化配送和市场大小而定，一般比较小	专业化的，局部范围的	面向特定用户和市场	向最终用户提供送货服务的功能	专业清晰规模适应于需求的专业性物流节点

5.1.4　物流园区的分类

1. 按投资主体划分

按投资主体划分，物流园区可分为政府主导型物流园区与市场主导型物流园区。大多数的物流园区都是政府主导型的，浙江传化物流园区以及由德力西、物美集团联合投资的物流园区等是市场主导型的。

2. 按产业依托划分

按产业依托划分，物流园区可分为基于物流产业的物流园区与基于其他产业的物流园区。大多数的物流园区都是基于物流产业，以物流企业为主体的。外高桥物流园区、北京空港物流园区等是基于其他产业的物流园区。

3. 按功能定位划分

按功能定位划分，物流园区可分为综合化物流园区和专业化物流园区。前者在物流功能、服务功能、运行管理体系等多方面综合性强，体现出现代化、多功能、社会化、大规模的特点，而专业化物流园区的专业化程度高，表现出现代化和专业化的基本属性。

4. 按满足物流服务需求划分

（1）产业型物流园区。其功能是满足所在区域的物流组织与管理需要，如深圳市的港

口物流园区、成都市的龙泉公路口岸物流园区等。

（2）商贸型物流园区。商贸型物流园区在功能上主要是为所在区域或特定商品的贸易活动创造集中交易和区域运输、城市配送服务条件。商贸型物流园区基本位于传统、优势商品集散地，对扩大交易规模和降低交易成本具有重要作用。

（3）运输枢纽型物流园区。物流园区作为物流相对集中的区域，从运输组织与服务的角度，可以实现规模化运输。反过来，规模化运输也就为物流组织与管理活动的集中创造了基础条件。因此，建设专门的运输枢纽型物流园区，形成区域运输组织功能也是物流园区的重要类型之一。

5. 按物流园区依托对象划分

根据《物流园区分类与规划基本要求》（GB/T 21334—2017），按物流园区依托对象划分，它可划分为以下几种类型。

（1）货运服务型：依托空运、水运或陆运节点（枢纽）而规划建设；为大批量货物分拨、转运提供配套设施；主要服务于区域性物流转运及运输方式的转换。其中，空港物流园区依托机场，以空运、快运为主，衔接航空与公路转运；港口物流园区依托海港或河港，衔接水运、铁路、公路转运；陆港（公路港、铁路港）物流园区依托公路枢纽或铁路场站，衔接公路与铁路转运。

（2）生产服务型：依托经济开发区、高新技术园区、工业园区等制造业集聚园区而规划建设；为生产型企业提供一体化物流服务；主要服务于生产企业物料供应、产品生产、销售和回收等。

（3）商贸服务型：依托各类批发市场、专业市场等商品集散地而规划建设；为商贸流通企业提供一体化物流服务及配套商务服务；主要服务于商贸流通业商品集散。

（4）口岸服务型：依托对外开放的海港、空港、陆港及海关特殊监管区域及场所而规划建设；为国际贸易企业提供国际物流综合服务；主要服务于进出口货物的报关、报检、仓储、国际采购、分销和配送、国际中转、国际转口贸易、商品展示等。

（5）综合服务型：具备上述两种及两种以上服务功能的物流园区。

5.1.5 物流园区的服务功能

物流园区是集停车、配载、配送、存储、运输、装卸、加工等功能于一身，具有高科技、高效率特征的新型货运集散中心。不同性质、不同规模、不同类型的物流园区，其功能也不相同。一般来说，物流园区由以下功能组成。

1. 基本服务功能

物流园区的基本服务功能包括以下几方面。

（1）停车。物流园区中具有现代化的停车场。现代化停车场的特征是环境优美整洁，实行信息化管理，可提供安全可靠、方便高效、低成本的服务。

（2）配载。从人工无序、不安全、高费用、低效率的现状逐步实现计算机优化配载。

（3）仓储保管。物流园区可以发挥仓库的集中储存保管功能，通过与企业建立供应链联盟，还可以为企业提供集中库存功能和相应的调节功能，从而减少客户对仓库设施的投资和占用。按照物流园区所在地的实际物流需求，园区可以相应地建造普通仓库、标准仓库、专用仓库，甚至建立自动化立体仓库（如医药、电子、汽车等）。

（4）中转和衔接。作为现代化的物流节点，物流园区对多种运输方式的有效衔接是其最基本的功能之一，其主要表现在实现公路、铁路、海运、空运等多种不同运输形式的有效衔接上。

提供中转服务也是物流园区的基本功能之一，特别是对于枢纽型物流园区这一功能更为重要。由于物流园区的特殊性，它们大都建在交通枢纽上，是国家与国家、地区与地区、城市与城市商品运输的节点和中转地，大批量的货物从这里中转流通，所以说物流园区具有明显的中转功能。

该功能是指物流园区通过与不同等级物流节点的有效衔接，再通过中转，将本地运往其他地区的货物集零为整组织发运，将其他地区进入本地的部分货物化整为零组织运转，完成货物的集散作业；开展货物分拨、集装箱中转、集装箱拼装拆箱等业务。

（5）加工。物流园区并不是一个简单的只提供单纯中转、物资集散、配送等功能的物流节点，它还为各方面的用户提供加工服务，以增加商品的价值，其内容主要包括商品的包装、整理、加固、换装、改装，条码的印制、粘贴，等等。

（6）配送。配送是一种现代流通方式，集经营、服务、社会集中库存、分拣、装卸、搬运于一身，通过配货、送货的形式最终完成社会物流活动。对物流园区而言，既可以由入驻企业自己实现配送功能，也可以通过引进第三方物流企业来实现这一功能。

（7）信息服务。物流园区作为一种现代化的物流节点，高科技和高效率是其基本特征。它可以通过高科技，高效率地向各需求方提供信息咨询服务，其提供的信息包括交易信息、仓储信息、运输信息、市场信息等。物流园区是物流信息的汇集地，能够提供订货、储存、加工、运输、销售的服务信息，以及客户需要的物流服务相关信息；还可以通过物流作业信息，控制相关的物流过程，实施集成化管理；同时，可以进行物流状态查询、物流过程跟踪、物流要素信息记录与分析，建立物流客户关系管理、物流决策支持、物流公共信息平台等，还可以根据物流园区货物的流通数量、品种、出入园区频度、货物来源、去向等信息和数据，综合分析出国内外市场销售状况、动态和趋势，了解进出口贸易和商品流通等情况。

2. 增值服务功能

物流园区的增值服务功能包括以下几方面。

（1）物品展示交易。物流园区利用资源优势，可有效地处理库存物资与开办新产品展示会。

（2）物流技术开发与系统设计咨询。物流园区吸引相关物流高科技企业进驻园区，利用园区物流企业密集的资源优势，促进物流软件开发与物流设施设备的技术开发，形成第四方物流利润的增长点。

（3）物流咨询培训服务。物流园区利用自身运作的成功经验及相关的物流发展信息优势，吸引物流咨询企业进驻发展；利用高校、企业、政府在科研上多方合作的优势，开展物流人才培训业务。

3. 配套服务功能

物流园区的配套服务功能包括以下几方面。

（1）车辆辅助服务，如加油、检修、培训、配件供应等。

（2）金融配套服务，如银行、保险、证券等。

（3）生活配套服务，如住宿、餐饮、娱乐、购物、旅游等。

（4）工商税务海关等服务。

物流园区是物流组织活动相对集中的区域，外在形态上不同园区有相似之处，但是，物流的组织功能因园区的地理位置、服务地区的经济和产业结构及企业的物流组织内容和形式、区位交通运输地位及条件等存在较大不同或差异，因此，我们对物流园区的功能不应有统一的界定。同时，由于物流园区种类较多，在物流网络系统中的地位和作用也不尽相同，因此，每个物流园区的功能集合也不尽相同，某些物流园区可能只具备上述部分服务功能。

| 案例拓展 |

2010 年东平县物流园区功能设计及布局规划方案设计

东平县物流园区是内陆口岸型的第三方公共枢纽型物流园区，面向全社会提供服务；是组织、转运、调节和管理货物流通的场所，是集货物仓储功能、货物集散运输功能、流通加工及配送功能、装卸搬运功能、综合办公及配套服务功能和信息服务功能为一体的现代物流园区。东平县物流园区共分为一个主园区、四个子园区，规划占地 9 000 亩。其中，主园区位于彭集镇铁矿路以北、105 国道以西、大清河河堤以南、铁矿风井路以东，园区（含货运码头）占地约 3 000 亩；火车站子园区位于彭集镇吕庙村、吕楼村以北，郑海村以东，龙崮村以南，马代村以西，占地约 3 000 亩；八里湾闸子园区位于商老庄乡八里湾闸以东及以南附近，园区约占地 1 000 亩；代屯子园区位于老湖镇境内 255 省道以南、毛马路以西，本园区（含货运码头）占地约 1 000 亩；济徐高速路出口子园区位于沙河站镇大王营村、黄路沟村以南，中李庄村以东，彭沙路以北，占地约 1 000 亩。

东平县物流园区建设要实现货物仓储、货物集散及运输、流通加工及配送、装卸搬运、综合办公及配套服务和信息服务等六大功能。

货物仓储功能：①物流园区设计分货种建设现代化仓库，提供专业仓储服务，以满足工商企业和第三方物流企业对货物的储存、保管、整理、配载等要求，与货物的运输、配送、流通加工等物流活动及时衔接。为此，园区还需要配备高效率的传送、储存、拣选设备；有露天堆场、室内仓库以及提供常温及有温湿度要求的栈房。②园区为适应东平县巨大的矿产产业和其他化工产业的发展需求，还应设置专业的加工企业仓储服务区，满足矿产副产品等的储存服务。

货物集散及运输功能：①园区具备以公路为主的各类物流集结、分散的功能，成为公路货物枢纽站，规范东平本地小而散乱的货运市场。②园区还应该负责为客户提供所需要的运输方式，然后具体组织网络内部的运输作业，在规定的时间内将客户的商品运抵目的地。除了在交货时需要客户配合外，整个运输过程，包括最后的市内配送都应由园区负责组织，以尽可能方便客户。同时，园区还应具备转运功能，进行不同运输方式的转运。③为使物流园区成为济南、日照港等外贸物流在泰安内陆的节点，园区还应该具备专业的集装箱运输功能，为东平及泰安地区外贸进出口集装箱运输、装卸箱、拼箱、箱务管理、检验等提供专业服务。

流通加工及配送功能：①物流园区除提供基本的物流服务外，还设置专门区域为工商企业提供简单加工、组合包装、分拆分拣、计量、贴标签等物流活动中的增值服务。②以物流园区为配送基地，设置专业车辆和工具，为用户提供快速配送服务，如为县城内提供生活、生产资料的配送，做到及时、方便、快捷；为企业提供产品供应销售配送，做到及时、快捷、安全、可靠。

装卸搬运功能：园区应配备专业化的装载、卸载、提升、运送、码垛等装卸搬运机械，以提高装卸搬运作业效率，减少作业对商品造成的损毁。

综合办公及配套服务功能：①物流园区建有完善的商务办公楼，主要为入驻园区的企业提供办公、商务、金融、税务、保险等服务。②物流园区还提供生活和管理配套服务，建有生活服务楼，其功能主要是为入驻企业提供餐饮、住宿、娱乐、信息等生活服务及物业、治安、停车、加油、维修等管理服务。

信息服务功能：计算机应成为园区的主要工作手段，物流园区建设有物流信息平台，将物流作业中各个环节产生的信息进行实时采集、分析、传递，并向客户提供物流状态查询、物流过程跟踪、物流客户关系管理、物流决策支持等各种作业明细的咨询信息，同时发布运量运力供求、价格走势、经贸商情等信息，开展网上交易等。

资料来源：https://wenku.baidu.com/view/b401f5cca12d7375a417866fb84ae45c3a35c24b.html。

5.2　物流园区规划设计方法：MSFLB 五步规划法

物流园区的建设是一项复杂而长期的工程，投资大、回收周期长。因此，园区的规划工作是非常重要的。

作为世界一流的物流咨询和研究机构，德国弗劳恩霍夫物流研究院在众多的国际性物流园区规划项目实践中总结出了基于需求驱动、竞争驱动和最佳实践驱动的 MSFLB 物流园区规划方法论。

MSFLB 规划方法论要通过五个步骤来实施，也称“五部曲”。MSFLB 是这五个步骤英文首字母的简称，它们分别是：市场分析（market study）、战略定位（strategic positioning)、功能设计（function design)、布局设计（layout design）和商业计划（business plan)。每个步骤的具体内容如图 5-1 所示。

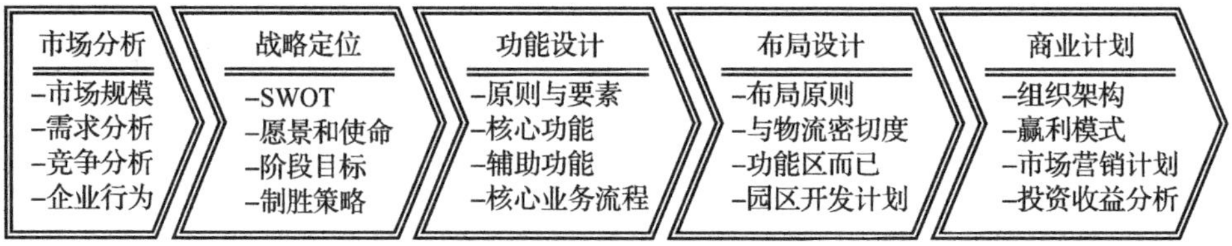

图 5-1　MSFLB 五步规划法

5.2.1　市场分析

为了深入了解区域物流园区周边地区的经济发展状况、市场需求、基础设施、服务竞争等情况，必须对物流园区辐射地的宏观经济、产业和微观环境情况进行全面调查与研究，根据远期和近期的物流量，确定物流园区长远和近期的建设规模。

在资料收集和调查分析过程中使用的研究方法与工具包括：二手资料收集与分析、一手资料收集与分析。其中，一手资料收集与分析包括深度访谈、电话访谈、问卷调查等方法。

在完成一手和二手的资料收集后，所有的资料都被汇总到一个规划数据库里，下一步就是数据处理及分析工作。我们建议采用 SCP 模型进行定性分析，采用 REA 模型进行定量分析。

SCP 模型的基本含义是，市场结构决定企业在市场中的行为，而企业行为又决定市场运行在各个方面的经济绩效。SCP 模型从特定行业结构、企业行为和经营绩效三个角度来分析外部冲击的影响。

1. 外部冲击（shock）

它主要是指企业外部经济环境、政治、技术、文化变迁、消费习惯等因素的变化。

2. 行业结构（structure）

行业结构是指特定的市场中的企业在数量、份额、规模上的关系。一个特定的市场属于哪种行业结构类型，一般取决于下面几个要素。

（1）交易双方的数目和规模分布。完全竞争市场存在众多的买者和卖者，企业的规模很小以至于其不能单独对市场上的价格产生影响，只能是市场价格的接受者。一般情况下，随着交易双方数目的减少，双方的规模会相应增大，价格变动的潜力越来越强，出现垄断的可能性越来越大，到了一定阶段，必然会出现卖方垄断（买方垄断）。

（2）产品差异化。在理想的完全竞争情形下，企业出售的都是同质的产品，它们只能通过价格进行竞争。在现实的世界中，产品总是在某些方面存在差异，随着产品差异化程度的增大，不同企业间产品的可替代性变弱，企业获取垄断地位的可能性相应变大。但产品差异化所带来的消费者主观上的满足和企业的市场控制力导致的福利损失之间存在一定的可替代性。

（3）市场份额和市场集中度。在特定的市场中，市场份额（某个企业的市场销售份额比重）、市场集中度（少数几个最大规模企业所占的市场份额）与行业结构密切相关。一般而言，市场份额越大，市场集中度越高，少数几个企业的市场支配势力越大，市场的竞争程度越低。

（4）进入壁垒。进入壁垒意味着进入某一特定市场所遇到的各种障碍，主要包括：国家立法、机构政策针对少数特定厂商授予特许经营权所形成的政策性壁垒；在位厂商采取措施抵制新厂商进入而形成的策略性壁垒；因资源分布的区域性导致某地厂商无法取得该资源而不能进入特定行业的资源性壁垒；潜在进入者获取行业核心技术的困难所形成的技术性壁垒；在位厂商的绝对成本优势所构成的成本性壁垒；此外，市场容量、规模经济、消费者偏好也会构成进入壁垒。

3. 企业行为（conduct）

企业行为是行业结构、经营绩效的联系纽带，通过各种策略对潜在进入者施加压力从而影响行业结构。但我们必须在不完全竞争市场中讨论企业行为方才有意义，完全竞争市场中企业微弱的市场控制力决定了企业广告等行为的无效性。企业可以按照市场价格销售任何数量的产品。它主要包括以下几方面内容。

（1）营销：定价、批量、广告 / 促销、新产品 / 研发、分销。

（2）产能改变：扩张、收缩；进入、退出；收购、合并或剥离。

（3）纵向整合：前向、后向整合；纵向合资企业；长期合同。

（4）内部效率：成本控制、物流、过程发展、组织效能。

4. 经营绩效（performance）

它主要是指在外部环境方面发生变化的情况下，企业在经营利润、产品成本、市场份额等方面的变化趋势。

我们利用德国弗劳恩霍夫物流研究院专用的 REA（requirement estimation approach）经验模型公式，就可以非常简便地推算出每个行业的运输量、仓库作业面积、增值加工区作业面积，以及相应的占地面积大小。

每个行业都可以从市场调查中得到某地区的生产总量（或消费总量），以及通过该地区的物流园区的货运量，估计有多少百分比的量可能在物流园区进行仓储，其中包括属于保税和非保税仓储方面的存储量需求。每个行业生产的产品在仓库内存放的周转率、堆码方式是不同的，我们根据调查和经验数据可以得到每年每平方米的仓库面积可以存放多少货物，然后再与每年该行业的存储量相除，就可以得到保税（非保税）仓库的面积需求。在知道该区域物流园区不同行业中简单物流加工、中等物流加工、复杂物流加工的比例之后，我们还可以算出保税（非保税）仓库增值服务作业面积。然后，根据仓库建筑密度这个国内要求的技术经济指标，我们就可以得到保税（非保税）仓库所需的占地面积。需求分析和计算的主要流程，如图 5-2 所示。

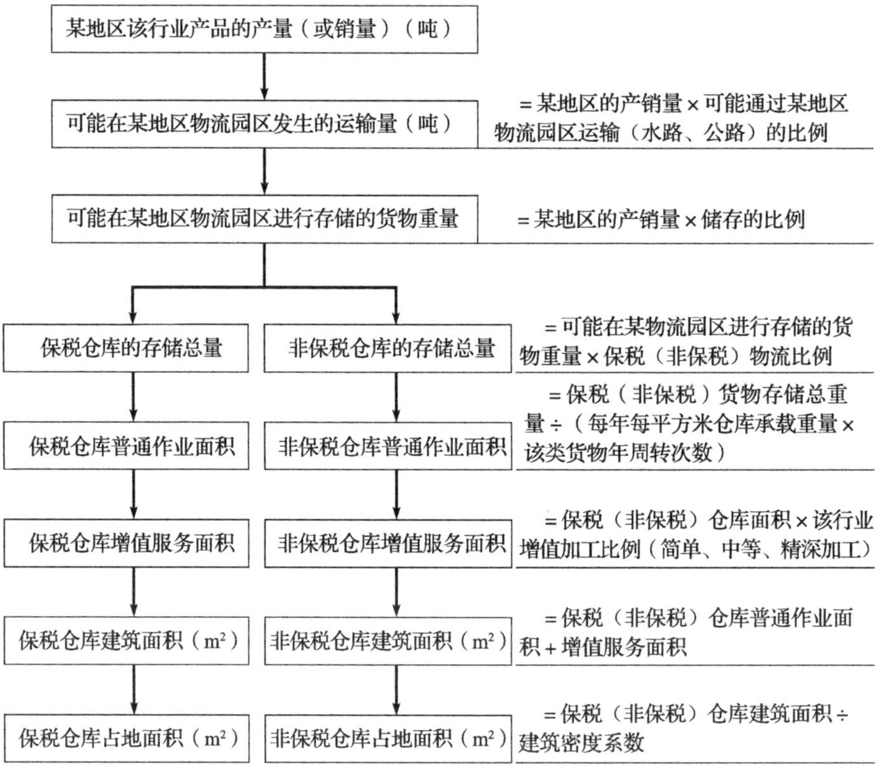

图 5-2　需求分析和计算的主要流程

此后，参照该地区 GDP 最近几年的增长率以及未来几年的预期增长率，以此数据作为该区域物流园区的物流作业量的年增长率，就可以得到物流园区未来 10 ～ 15 年每年物流发生量的预测数据。在测算过程中，我们可以建立不同的预测模型，例如指数回归分析法和灰色系统模型 GM（1，1），这样就能使预测值更加贴近区域物流未来发展的实际情况。

【知识拓展 5-1】 SCP 模型

SCP（structure conduct performance）模型是由美国哈佛大学产业经济学权威乔·贝恩（Joe S.Bain）、谢勒（Scherer）等人建立的。该模型提供了一个既能深入具体环节，又有系统逻辑体系的行业结构（structure）– 企业行为（conduct）– 经营绩效（performance）的产业分析框架（见图 5-3）。

SCP 模型分析在行业或者企业受到表面冲击时，可能的战略调整及行为变化。SCP 模型从特定行业结构、企业行为和经营绩效三个角度来分析外部冲击的影响。SCP 模型分析框架包括如下内容。

（1）外部冲击（shock）：企业外部经济环境、政治、技术、文化变迁、消费习惯等因素的变化。

（2）行业结构（structure）：外部各种环境的变化对企业所在行业可能的影响，包括行业竞争的变化、产品需求的变化、细分市场的变化、营销模型的变化等。

（3）企业行为（conduct）：企业针对外部的冲击和行业结构的变化，有可能采取的应对措施，包括企业方面对相关业务单元的整合、业务的扩张与收缩、营运方式的转变、管理的变革等一系列变动。

（4）经营绩效（performance）：在外部环境方面发生变化的情况下，企业在经营利润、产品成本、市场份额等方面的变化趋势。

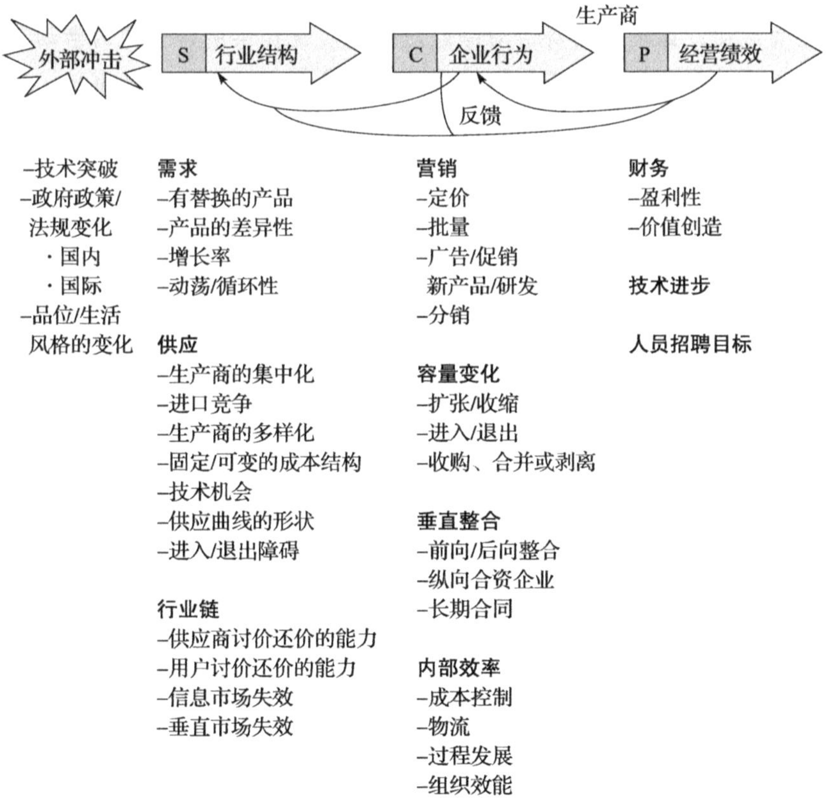

图 5-3　SCP 模型图

【知识拓展 5-2】 REA 模型

REA 模型是密歇根州立大学教授威廉 · E. 麦卡锡（William E. McCarthy）在 1982 年的一篇论文中提出的一种新的会计模型。REA 模型是一种对企业的经济业务的原始描述方法，其主要思想是对企业的重要资源（resource）、事件（event）、参与者（agent）及其相互关系建模，把企业一切经营事件，按照其初始形态，而不是像传统财务信息系统那样将信息处理为财务人员所需的那种形式输入数据库中存储。

在 REA 模型中，经济活动涉及的实体可分为以下三类。

1. 资源

麦卡锡认为资源是稀缺的、可为企业带来利益的，并且可以具体量化的对象实体。传统财务信息系统中的资源概念与会计体系中的资产类似，但二者并不完全等同。以应收账款为例，REA 模型认为它是由于销售事件与确定收入事件有时间差而产生的。麦卡锡认为应收账款是一个用于存放和传递数据的人为记录，即中间数据，因而不以 REA 模型基本实体的形式纳入数据库中。

2. 事件

REA 模型下的事件是指引起企业价值链中经济变动的事项。REA 模型下的事件不只包括能够进入传统会计账簿体系的经济事项，还包括其他与传统财务理念无关但是能引起资源变动的经营活动，如市场调研活动等能对管理决策提供所需信息的活动、与经营业务密切相关的计划活动等，但通常不包括单纯的信息处理或管理决策等事件，因为它们是对原始的经营事件信息的操作或分析，是由经营业务而产生出的进一步的“结果”，不符合选择初始形态数据的要求。

3. 参与者

REA 模型下的参与者是指参与经济事件的单位、部门或个人。组织收集与他们相关的数据，是为了更好地计划、控制和评价其基本活动。参与者包括组织内部参与者如销售员、采购员、生产人员、生产或业务部门和外部参与者（如客户、供应商）等。

5.2.2 战略定位

在完成翔实的定性和定量市场分析研究之后，规划者必须对物流园区整体优势、劣势、机会、威胁进行分析（即 SWOT 分析），如果某类服务，如空港、海港和公路货运站场在整个园区中占有较大比例，还必须进行专项的 SWOT 分析。这些分析主要是帮助园区的高层经营决策者明晰内外部环境，提出发展物流园区的使命、愿景目标和制胜策略，从而进行准确的战略定位（strategic positioning），帮助实现其战略目标。这里的制胜策略，是指击败现有及潜在竞争者的计划，包括一系列举措以提高物流服务的水平、物流园区战略选择的“价值方案”及实施步骤。这些策略应该严格被限制在内部使用。

典型的物流园区制胜策略有：充分利用保税物流中心的功能，实现进出口通关和行政管理的高效率；充分利用和拓展现有的物流信息系统，打造强势的国际物流信息平台；充分利用 WTO 和 CEPA 的国际贸易政策，建立特色的欧美商品专业集散地，拓展国际物流业务；充分利用现有入驻园区企业的优势和物流需求的特点，促进行业供应链的竞争力提升，集聚产业的物流，实现产业链的成形和优化；按照循环经济的发展要求，以创建生态物流园区为目标，牢固树立科学发展观，坚持经济发展和生态保护并重，致力于生态环境的培育和提升。

【知识拓展 5-3】 SWOT 分析模型

SWOT 分析模型主要分析企业优势（strength）、劣势（weakness）、机会（opportunity）和威胁（threat）。因此，SWOT 分析实际上是对企业内外部条件各方面内容进行综合和概括，进而分析组织的优劣势、面临的机会和威胁的一种方法。SWOT 分析可以帮助企业把资源和行动聚集在自己的强项和有最多机会的地方，并让企业的战略变得明朗（见表 5-2）。

表 5-2　SWOT 矩阵图表

		内部	
		优势 S	劣势 W
外部	机会 O	SO 战略（增长型战略）	WO 战略（扭转型战略）
	威胁 T	ST 战略（多种经营战略）	WT 战略（防御型战略）

5.2.3　功能设计

物流园区系统的整体效率依赖系统的各组成部分有机配合与协调，因此，对于各组成部分的功能定位设计，应从物流园区整体系统出发，强调各组成部分之间的功能协调，使各组成部分既实行合理分工，又相互联系，形成一个有序的整体，以实现园区的总体效率最大化。基于现代物流的新意在于系统整合的概念，物流园区系统功能规划应遵循以下原则。

1. 系统集成一体化

系统化是物流的核心，系统化要求系统各元素间的协调、配合，注重系统的整体效应，而不是个体效应。因此，在构筑物流系统功能时，一方面，应考虑各组成部分的个体效应，在各组成部分中，每个功能只是完成物流过程中某一环节的特定功能，这种特定功能并不是独立活动；另一方面，应考虑整个园区的整体效应，在整个园区中，各组成部分并不是完全独立地完成某些活动，而是与其他组成部分相互协作，共同完成某些功能，因此，各功能、各组成部分必须协调、衔接，实现物流功能的一体化、集成化，才能有利于物流系统综合功能的协调发挥，保证物流系统各环节的无缝衔接。

2. 分期实施

园区的建设是一个长期的过程，尤其是大型综合物流园区的建设，既是时间跨度大，又是投资高的工程。因此，对于园区的功能设计，企业应分期制定设计目标。

3. 近期强调资源的有效利用

在对现有资源整合、利用的基础上，构筑各组成部分的系统功能，企业应充分发挥现有资源优势。

4. 远期强调功能、资源的优化配置

结合城市发展规划、物流发展趋势、物流园区布局理论，通过土地置换、系统整合，企业应逐步调整园区的空间用地布局和功能配置组合，最终形成空间布局合理、资源和功能配置优化、各组成部分相互协调的综合性物流园区。

5. 符合现代物流发展需要

在由传统物流进入现代物流的过程中，物流的功能不断得到发展、完善和提升。企业应根据现代物流发展趋势，构筑系统功能。

6. 高起点、高水平要求

中国物流业正处于由传统物流向现代物流转化的转型期。因此，在规划系统功能时，企业不能仅仅局限于转型期的过渡、改良，应立足于现代物流发展需要的战略高度来规划系统功能。

7. 具有良好的可调整性

物流园区的建设时间跨度大，且物流系统一般处于动态发展中，物流系统的功能随着物流系统自身的发展、物流需求的变化而不断变化、延伸、提升。因此，在规划系统功能时，企业应充分考虑物流系统的动态发展过程。

8. 符合经济性与适应性的要求

物流园区应与可能的投资规模相适应，与未来的物流服务与发展需求相适应，与该地区物流特点、进驻企业特点相适应。

9. 有助于培育物流核心企业联盟

在构筑物流系统功能时，考虑主要物流企业的核心能力，使这些企业进驻物流园区，通过全方位的功能整合，形成协同工作的物流企业群体，构筑中国现代物流企业集团军。

10. 有助于培育物流龙头企业

物流的发展离不开物流龙头企业的带动，物流园区可以积极为物流企业的发展营造一个良好的发展环境，促进物流龙头企业的快速成长，以推进现代物流产业快速发展。

11. 具有良好的可操作性

物流园区的建设研究，既不能教条地硬套物流理论、原则，也不能照搬国外的建设模式，而应该在物流理论原理的指导下，结合具体实情，设计具有实践意义的方案。

5.2.4 布局设计

物流园区的设施规划与布局设计是指根据物流园区的战略定位和经营目标，在已确认的空间场所内，按照从货物的进入、组装、加工等到货物运出的全过程，力争将人员、设备和物料所需要的空间做最适当的分配和最有效的组合，以获得最大的经济效益。

企业根据统一规划、远近结合、经济合理、方便客户、货畅其流等布局的原则，考虑货物品种、数量及储存特性，同时考虑与园区配套的附属设施，设计物流园区内各类企业的空间以及相关的公共服务设施和货运通道的布局，提出几个功能的布局方案。在物流园区的规划布局方案中，企业还必须研究物流园区建设中与园区配套的货运通道的建设方案，确保货畅其流。

目前，我国在物流园区布局规划方面可以参考的案例不多。欧洲物流园区部分优秀实践案例（如杜伊斯堡物流园区、不来梅物流园等），可使国内物流园区在布局方面有不少值得借鉴的经验：校园化的设计理念，分割不同的功能区域；按照物流与空港、海港以及与陆路运输的密切程度来安排相关产业；地块规划面积能满足柔性需求并有可选的扩展空间；多式联运的设施规划，如水路、铁路、公路和航空；保持产业加工和高附加值物流企业之间合理的分配比例；充分考虑地理和生态环境，有吸引力地设计并考虑环保预留用地。

对物流园区中的各建筑设施的选址和规划，企业应采用科学的定量方法，如：运筹学中的一些最优选址方法，像最短路径法、最小费用最大流法，有效的物料进出表法、搬运系统分析法，模糊理论中的模糊综合评价法、最优决策方法等。物流园区规划与设施布局的合理性还可以通过动画仿真来进行检验。德国物流研究院在物流园区仿真方面拥有成熟的软件和模型，可以轻松地协助客户优化规划成果。

物流园区布局设计方案的经济评价分析主要涉及提高物流运作效率、促进园区内物流企业之间的相互合作、公共物流设施利用的方便性、客户进区后的方便程度、园区空间利用率等方面。

5.2.5　商业计划

商业计划包括物流园区管理公司的组织架构和职责、物流园区业务模式、收益预测、客户分析、园区销售、市场推广策略、投资收益等财务概要分析。

物流园区的开发一般分阶段进行。分阶段进行将比整体一步到位式开发容易实施，而且，后一个阶段可以吸取前一个阶段的经验，同时进一步调整和优化下一步的营销策略和其他细节。物流园区典型的业务模式有：物业支持、建设支持、财务支持、人力资源支持、环境支持、安全支持、质量支持、设备支持等服务。

在物流园区市场营销方面，建议采取宣传手册、用户杂志、出席推介会和交易会、视觉形象设计、互联网、投资指南、广告等多种手段混合使用的整合营销方式，以达到预期效果。

5.3　物流园区建设与运营模式

5.3.1　建设要求

1. 规划与评审

物流园区的规划应结合国家物流产业规划要求、所属地的物流产业导向，根据所属地的城市总体规划、用地规划和交通设施规划等进行选址，编制符合所属地城市总体规划和土地利用规划的物流园区详细规划，并通过规划评审。

物流园区建设应做好各功能区的规划，建设适合物流企业集聚的基础及配套设施，引导区域内物流企业向物流园区聚集。物流园区建设应加强土地集约使用和发挥规模效益，物流园区的规模不小于 1 平方公里，货运服务型和生产服务型物流园区所配套的行政办公、商业及生活服务设施用地面积应不大于园区总用地面积的 10%，贸易服务型和综合服务型应不大于 30%。

2. 交通影响

物流园区建设应开展项目对区域内各类交通设施的供应与需求的影响分析，评价其对周围交通环境的影响，包括建设项目产生的交通对各相关交通系统设施的影响，分析交通需求与路网容纳能力是否匹配，并对交通规划方案进行评价和检验。

物流园区建设应按交通影响评价的要求，采取有效措施，提出减小建设项目对周围道路交通影响的改进方案和措施，处理好建设项目内部交通与外部交通的衔接，提出相应的交通管理措施。

物流园区应建有能满足入驻企业活动所需的由主要道路、次要道路和辅助道路构成的道路系统，其主要道路、次要道路应纳入城市道路系统统一规划建设。

物流园区应建立与国家现有的建筑标志系统、设施标志系统、机动车路标系统以及步行道标志系统的设计相衔接的园区标志系统。

3. 环境影响

物流园区规划与建设应进行环境影响评价，并按环境影响评价的要求，采取有效措施，减少环境污染，保护环境。物流园区应建立与其规模相适应的环境保护和监管系统，并定期开展环境质量监测活动。物流园区的环境空气应达到《环境空气质量标准》（GB 3095—2012）中的二级标准。物流园区应鼓励入驻企业通过《环境管理体系　要求及使用指南》（GB/T 24001—2016）环境管理体系认证。

4. 基础设施建设

物流园区应配套建设与园区产业发展相适应的电力、供排水、通信、道路、消防和防汛等基础设施，并将其纳入城市基础设施建设的总体规划，与城市基础设施相衔接。物流园区基础设施的建设，应遵循“一次规划、分步实施、资源优化、合理配置”的原则，防止重复建设，以降低基础设施的配套成本。物流园区各种基础设施的地下管线敷设，应符合《城市工程管线综合规划规范》（GB 50289—2016）要求。

物流园区应提供满足入驻企业正常生产经营活动需要的电力设施，应根据所属地电网规划的要求，建设符合《城市电力规划规范》（GB 50293—2014）和《供配电系统设计规范》（GB 50052—2009）要求的电力设施和内部应急供电系统。

物流园区应为工商、税务、运管、检验检疫等政府服务机构的进驻提供条件，并逐步完善“政府一站式服务”的功能。物流园区应为银行、保险、中介、餐饮、住宿、汽配汽修等各项支持服务机构的进入提供相应的配套设施，并为入驻企业提供必要的商业服务。

5. 信息化设施建设

物流园区应建设具有基础通信平台、门户网站、信息管理平台、电子服务平台以及信息安全等功能的信息化设施。物流园区应为入驻企业提供具有数据通信、固定电话、移动通信和有线电视等方面基础功能的基础通信设施。物流园区应逐步建设具有对外宣传、电子政务、电子商务、信息服务、园区信息管理等功能一体化的门户网站，能为园区内企业提供物流公共信息；设有保税物流中心的物流园区，应建设符合海关监管要求的计算机管理系统。

5.3.2　运营模式

我国物流园区开发方式主要划分为政府规划、工业地产商主导模式，政府规划、企业主导模式以及政府政策支持、主体企业引导模式。

在物流园区的开发建设过程中，投资建设主体呈现多元化的趋势，既有国有及国有控股企业、民营企业，也有外商投资企业；建设资金来源既有自有资金也有银行贷款。调查数据显示，民营及民营控股企业参与投资建设的物流园区数量最多，其次是国有及国有控股企业参与出资建设的物流园区。另外，部分物流园区有外资参与投资建设。

在上述三种模式中，前两种模式是一种自上而下的模式，政府在园区建设中始终起着关键作用，往往由政府牵头成立专门的园区经营管理公司或委托专业公司进行运作，在一些园区的股东结构上国有资产往往占有很大比例。第三种模式是一种自下而上的模式，由市场自发形成，企业自行发起成立。但是，无论哪种模式，政府的各种政策支持都是非常重要的。无论哪种开发方式，物流园区都要成立经营管理公司来进行运营和日常管理。

经营管理公司的主要任务是根据股东的要求，按照现代企业制度的要求，负责物流园区的运营和日常管理，做好客户服务工作，确保股东的资产投入增值和保值。其主要职责包括以下几点。

（1）物流园区从筹建到运营全过程的总体管理，包括土地开发、基础设施建设和改造等一系列问题的解决。

（2）物流园区网络平台的设计、搭建与管理，包括提供园区内部网络平台的建设、园区之间的网络链接以及信息系统开发。

（3）物流园区的招商引资，开展物流园区的营销、推广工作，组织博览会、广告宣传，制作宣传册、客户杂志以吸引企业投融资和客户入驻。

（4）政府部门、物流园区以及园区入驻企业之间的各种关系的沟通和协调。

（5）相关企业、院校及研究机构等各类人员的培训、实习与进修。

（6）特殊商品（如化学品、药品以及危险品等）的安全监管。

（7）为入驻园区的企业提供所需要的各种日常服务，包括业务管理、客户接待、投诉反馈等。

5.3.3 盈利模式

盈利模式主要是指收入来源及利润形成途径，是物流园区生存发展的基础。根据国外物流园区的发展经验，物流园区投资回收期大约在15年，其主要原因是物流园区项目投资大，社会公益性特征明显，投资回报慢。由于投资主体的不同（有的以政府为主，有的以企业为主），以及物流园区功能定位不同，各园区投资者有着不同的利益要求。

日本“物流团地”的盈利模式主要来自地价升值和低廉的仓库租金。集资企业租用仓库的租金低于市场价格，并可按市场价格给其他企业，政府对已确定的物流园区积极加快交通设施的配套建设，以促进其他企业入驻园区，从而使园区投资者得到回报。德国“货运村”的盈利模式主要来自出租收入和服务费。政府将货运中心的场地向运输企业或与运输有关的企业出租，承租企业则依据自身的经营需要建设相应的库房、堆场、车间，配备相关的机械设备和附属设施并交纳相关费用，同时提供良好的公共设施和优良的服务并收取一定的服务费。

中国物流园区的效益体现在：政府主要通过经济总量增加、税收增加、就业扩大等来取得经济与社会效益；开发商通过园区土地增值、物业增值、土地与物业转让或出租收入、配套服务等来取得经济效益；入驻企业通过规模化的交易收入、仓储收入、配送收入、信息中介收入、加工收入或者较低的运营成本等来取得经济效益。

从盈利方式来看，物流园区所有者与经营者的盈利模式主要包括三个方面，如表5-3所示。

表5-3 物流园区盈利模式

土地增值	……	……
出租/租赁	仓库租赁	
	设备租赁	
	房屋租赁	
	停车场	
	软件租赁	
	其他	
服务	信息服务	供求信息、会员信息、配载信息、价格信息
	物业服务	
	中介服务	融资中介
	咨询服务	物流设计、解决方案、需求分析
	培训服务	企业培训、院校培训
	其他	

1. 土地增值收入

对园区所有者与经营者来说，均将从土地增值中获取巨大收益。所有者（即投资者）从政府手中以低价购得土地，等完成初期基础设施建设后，地价将会有一定的升值，而到物流园区正式运营后，还将大幅上涨。对经营者（即物流运营商）来说，土地的增值将能提高其土地、仓库、房屋等出租收入。

2. 出租 / 租赁收入

园区所有者与经营者按一定比例获得出租 / 租赁收入，主要包括仓库租赁费用、设备租赁费用、房屋租赁费用、停车场收费等。

3. 服务收入

服务收入主要包括信息服务收入、培训服务收入、中介服务收入、物业服务收入、咨询服务收入等。

目前，中国物流园区的盈利模式中主要收入来源首先是库房或货场租金，其次是办公楼租金、配套设施租金或管理费和物业管理费，再次是所属物流企业增值服务费、设备租金等土地升值后出租或出售、税收优惠以及国家拨款获得的收益等。由此不难看出，传统的基于出租 / 租赁的园区盈利模式在中国还占主导地位。根据国内外运营良好的物流园区经验来看，传统的出租 / 租赁盈利模式已经逐渐被服务收入，特别是基于信息、咨询的增值服务收入所替代。就国际发展趋势来看，基于信息、咨询的增值服务最具增长潜力，在园区盈利收入总量中将占有越来越大的比重，这给中国的物流园区运营者以很好的启示。

5.4　国内外物流园区发展趋势

5.4.1　国外物流园区

国外物流园区呈现集约化与协同化发展趋势。物流园区一般是多家物流（配送）中心在空间上集中布局的场所，是具有一定规模和综合服务功能的物流集结点。物流园区也称物流团地，是政府从城市整体利益出发，为解决城市功能紊乱，缓解城市交通拥挤，减轻环境压力，顺应物流业发展趋势，实现“货畅其流”，在郊区或城乡边缘带主要交通干道附近专辟用地，通过逐步配套完善各项基础设施、服务设施，提供各种优惠政策吸引大型物流（配送）中心在此聚集。物流园区将多个物流企业集中在一起，可以发挥整体优势和规模优势，实现物流企业的专业化和互补性。同时，这些企业还可共享一些基础设施和配套服务设施，降低运营成本和费用支出，获得规模效益。

物流园区的建设能满足仓库建设的大型化发展趋势的要求。城市中心地区大面积可用于大型仓库建设的用地越来越少，而建在郊区的物流园区可以提供较充分的发展空间。日本是最早建立物流园区的国家，至今已建成 20 个大规模的物流园区，平均占地约 74 万平方米；韩国于 1995 ～ 1996 年分别在富谷和梁山建立了两个物流园区，占地规模都是 33 万平方米；荷兰有 14 个物流园区，平均占地 44.8 万平方米；比利时的 Cargovil 物流园区占地 75 万平方米；德国不来梅的货运中心占地在 100 万平方米以上。一般来说，国外物流园区用地多在 7 万平方米以上，最大不超过 1 平方千米。

德国的物流园区是以提高货物运输的经济性和合理性，以发展综合交通运输体系为主要目的。德国物流园区的建设遵循联邦政府统筹规划、州政府扶持建设、企业自主经营的发展模式，具体内容如下。

1. 联邦政府统筹规划

联邦政府在统筹考虑交通干线、主枢纽规划建设的基础上，通过广泛调查生产力布局、物流现状，根据各种运输方式衔接的可能，在全国范围内规划物流园区的空间布局、用地规模与未来发展。为引导各州按统一规划建设物流园区，德国交通主管部门还对规划建设的物流园区给予资助，未按规划建设的则不予资助。

2. 州政府扶持建设

州政府提供建设所需土地，建设相应的公路、铁路、通信等设施，把物流园区场地出租给物流企业，与其按股份制形式共同出资，由企业自己选举产生咨询管理委员会，代表企业与政府打交道，协调园区内各企业和其他园区的关系，但不具有行政职能，同时还负责兴建综合服务中心、维修厂、加油站等公共服务设施，为成员企业提供信息、咨询、维修等服务。

3. 企业自主经营

入驻企业自主经营、照章纳税，根据自身经营需要建设相应的库房、堆场、车间，配备相关的设备。此外，物流园区在空间布局时还需考虑物流市场需求、地价、交通设施、劳动力成本、环境等经济、社会、自然等多方面因素。如德国在全国范围内布置货运中心时主要考虑以下三方面因素：一是至少有两种以上运输方式连接，特别是公路、铁路；二是选择交通枢纽中心地带，使物流园区网络与运输枢纽网络相适应；三是经济合理性，包括运输方式的选择与利用、环境保护与生态平衡、在物流园区经营的成员利益的实现等。

5.4.2 国内物流园区

国内物流园区呈现高速增长及基础物流和高端物流增长明显分化的发展趋势。中国经济中心城市开始意识到物流园区对于促进物流的技术升级和服务升级、改善城市和区域物流投资环境、推动第三方物流的发展、整合利用现有城市和区域物流资源、加快物流企业成长、缓解交通压力、改善生态环境等方面都具有重要作用。

中国现有物流园区主要分布在：东部沿海经济区（20.4%)、南部沿海经济区（20.2%)、北部沿海经济区（14.1%)、西南经济区（11.8%)、东北经济区（10.1%)、黄河中游经济区（9.9%)、长江中游经济区（9.1%）和西北经济区（4.4%)。

2009年3月，《国务院关于印发〈物流业调整和振兴规划〉的通知》（国发〔2009〕8号）指出：我国物流业的总体水平仍然偏低，还存在一些突出问题。必须加快发展现代物流，建立现代物流服务体系，以物流服务促进其他产业发展。积极扩大物流市场需求，推动物流企业与生产、商贸企业互动发展，推进物流服务社会化和专业化；加快物流基础设施建设，提高物流标准化程度和信息化水平。《物流业调整和振兴规划》确定了振兴物流业的十大主要任务、九大重点工程和九项政策措施。其中，十大主要任务之一是：根据市场需求、产业布局、商品流向、资源环境、交通条件、区域规划等因素，重点发展九大物流区域，建设十大物流通道和一批物流节点城市，优化物流业的区域布局。

《物流业调整和振兴规划》是有史以来提到国家产业振兴政策层面上第一个服务业的振兴规划，自 2009 年 3 月以来，全国各地的物流园区规划、物流产业规划、配送中心规划如雨后春笋般涌现出来，各地区对物流地产的开发成为中国新一轮经济增长的亮点。

本章小结

本章叙述了物流园区的概念、内涵、特征、分类、功能，重点阐述了物流园区规划设计方法——MSFLB 五步规划法，分析了物流园区建设与运作模式、盈利模式，介绍了国内外物流园区发展趋势。

MSFLB 五步规划法包括：市场分析（market study)、战略定位（strategic positioning)、功能设计（function design)、布局设计（layout design）和商业计划（business plan)。

物流园区系统的整体效率依赖系统的各组成部分有机配合与协调，因此，对于各组成部分的功能定位设计，应从物流园区整体系统出发，强调各组成部分之间的功能协调，使各组成部分既实行合理分工，又相互联系，形成一个有序的整体，以实现园区的总体效率最大化。

物流园区的设施规划与布局设计是指根据物流园区的战略定位和经营目标，在已确认的空间场所内，按照从货物的进入、组装、加工等到货物运出的全过程，力争将人员、设备和物料所需要的空间做最适当的分配和最有效的组合，以获得最大的经济效益。根据统一规划、远近结合、经济合理、方便客户、货畅其流等布局的原则，企业考虑货物品种、数量及储存特性，考虑与园区配套的附属设施，设计物流园区内各类企业的空间以及相关的公共服务设施和货运通道的布局，提出功能的布局方案；同时，还必须研究物流园区建设中与园区配套的货运通道的建设方案，确保货畅其流。

案例分析

2012 年商贸物流园区概念性规划与设计

第一部分　战略定位篇

1.1　战略定位

1.1.1　商贸物流园区战略定位

根据物流发展定位，依托现有城镇体系和地区未来发展目标，结合东西走向的南昆铁路、汕昆高速、324 国道、320 国道，南北走向的晴隆－兴仁－XY 高速、毕水兴高速、309 省道、212 省道等主要道路，合理布局物流发展格局及发展空间，规划形成“三个区域性商贸物流园区、二个片区性商贸物流园区及六个镇域物流中心”的物流发展格局及空间布局。

1.1.2 物流园区总体规划："三、二、六"

三个区域性商贸物流园区。规划建设JS、PD、DX三个区域性商贸物流园区，立足XY市，服务QXN州，并辐射周边200公里范围。

二个片区性商贸物流园区。规划建设南部下五屯、西北马岭两个片区性商贸物流园区，服务本片区，辐射XY市及QXN州，规范中心城区商贸物流秩序，促进商贸物流发展。

六个镇域物流中心。在威舍镇、清水河镇、乌沙镇、万屯镇、郑屯镇、捧乍镇分别规划建设镇域物流中心，支撑乡镇经济发展。

1.1.3 三大战略层次

第一圈层：成为QXN州地区具有示范作用和领头作用的地区商贸物流中心，且片区性商贸物流中心和镇域物流中心得到同步发展，并有效带动和联动QXN州其他县、镇物流发展。

第二圈层：辐射周边200公里范围，影响周边黔、滇、桂三省区相关城市，成为我国西南地区重要的物流节点和我国西南重要的物流中心城市。

第三圈层：面向东盟并具有一定国际影响力的商贸物流城市。

1.2 项目开发理念定位

项目开发从五大理念出发：城市经营理念、新产业区的企业集群理念、复合型产业城区的泛地产开发理念、以人为本（企业家为本）的创新理念、政府决策企业经营的理念。

1.3 功能定位

1.3.1 核心功能

核心功能包括：商贸、物流、旅游、文化。

商贸和物流是XY市商贸物流园区项目最核心的功能，是其他两个核心功能的龙头，商贸和物流功能的实现带动旅游和文化功能的发展；旅游和文化功能是商贸和物流功能的衍生功能，通过商贸和物流功能将地方"商气和人气"激发出来，同时吸引更大范围的需求和供给来到XY市，会使XY市的旅游和文化功能得到彻底的释放。

1.3.2 辅助功能

辅助功能包括会议展览功能、商务住宿娱乐功能、商务办公功能、电子信息服务功能、加工仓储服务功能。

辅助功能是由核心功能配套设置而形成的，是对核心功能的完善和提升，通过辅助功能的配套实施，增强项目的竞争优势和差异性，提升项目的整体档次和层次。

1.3.3 基本服务功能

物流园区提供的具体服务功能包括货物运输、分拣包装、储存保管、集疏中转、信息服务、货物配载、业务受理、通关等功能，是组成物流园区功能的重要基础。现代商贸物流园区建设，要遵照"物流集聚效应"和"设施适应性"两大原则，按八大功能进行规划布局。

（1）现代市场批发功能。园区主要批发服装、纺织品等，逐步发展门类较多、规模齐全的服装市场群体。

（2）商品集散功能。园区要发挥"蓄水池"的作用，吸引和汇集国内外商品，形成一个新的商品集散中心。

（3）商品加工功能。园区应建设加工配选区。

（4）配送功能。园区应组织加工、包装、处理、分拨等物流服务，向连锁公司和零售企业实行专业化配送服务。

（5）电子商务交易功能。园区应建设网络交易服务中心，利用现代信息技术和网络系统，收集、处理、发布产销变化、货物供求、价格走势、经贸商情信息，开展网上交易，实现有形市场与无形市场有机结合。

（6）商品展示和商务活动功能。园区要建立商品展览展示厅，平时以生产商、经销商展示商品为主，可根据不同时期的特点，举办中小规模展销会，为中外客商提供理想的商品展地和贸易洽谈场所。

（7）多式联运中转功能。园区要利用区位优势，发展包括海运、公路、铁路、民航、内河航运等多种运输方式为一体的多式联运业务，承担货物从发货人到收货人的门对门的全程服务。

（8）完善配套的管理服务功能。园区要建立比较完善的管理服务机构，形成集园区物业、工商、治安、金融、税务管理服务于一体的管理服务区，为用户提供商务、办公、住宿等综合性配套服务。

第二部分　物流系统篇

2.1　物流园区位与交通分析

2.1.1　JS 商贸物流园概况

JS 位于 XY 市境中部，东连 DX 镇，南临下五屯街道办与则戎乡，西靠黄草街道办，北接马岭镇。JS 中心区位于 XY 市老城区北，南至北京路、凤仪路，西、北至环城路，东至顶兴路。

JS 境内企业有建材、冶金、农产品加工、制药、商贸餐饮服务等。代表企业主要是绿茵草地畜牧发展有限公司、两江绿色食品责任有限公司等，加工制造业基础比较雄厚，有发展商贸物流的良好基础。

国道 324 线贯穿中心区南北，贵兴高速公路直通新区的北部，外围有南昆铁路和省道 214、省道 218 通过。规划建设中的汕昆高速、毕水兴高速将给 JS 中心区提供极大的交通和经济发展优势。JS 中心区已基本建成“三纵七横”的路网格局，南北向重要的交通主干道瑞金大道已建成通车，同样重要的 XY 大道以及中心规划区北侧的峡谷大道也接近全部竣工，并与 XY 市规划中的“一环、二纵、三横、六放射”的主要干道大部分相连，其中一环中的环城路，二纵中的 JS 路、顶兴路，三横中的纬三路、北京路、凤仪路经过 JS 中心区。

JS 中心区位于 XY 市的中心位置，城区周边有多条对外道路通过，便利的交通区位决定了其在 XY 市的发展中起到了绝对核心的作用，JS 的立体交通建设对 JS 与其他片区的联系以及疏导中心区域周边的交通将起到积极的作用。

在 XY 市新一轮的城市总体规划中，JS 是 XY 中心城区的核心，也是 XY 中心城区发展与扩大的起始点，是未来 XY 中心城区的行政中心、体育中心、金融贸易中心和旅游集散中心，人口规模预计将大幅度扩大；在居住区布局方面，各居住区之间将布置较大型的公共服务中心，其中将设置大型综合类商业百货、办公区、医院等，在居住区内部则布置中小学、幼托、社区服务和商业等居住区的公共服务配套。

2.1.2　物流体系建议

JS商贸物流园预计总规划面积约1 496.55亩，交通非常方便。因JS的定位是作为XY市未来的“五中心”(行政办公中心、金融贸易中心、文化体育中心、通信信息中心、旅游服务中心)，民生消费比较活跃，JS商贸物流园区产业定位于轻工类，如日用品、数码、服装、农副产品、花卉、中草药、家具、建材等，其区位接近都会生活圈，为商贸发展提供很大的便利。

在交通组织上，通过沿区内及周边的国道324、省道214、省道218、马岭大道、贵兴高速、汕昆高速、毕水兴高速等各公路主干道、高速公路、联络线、支线等的有效衔接和互通，进行相关货物、产品、商品的集聚、集散、交易、分流、中转、输入、输出、配送等，并借助境内物流通道与外部物流通道的有效衔接和互通，通达各地。

2.2　物流枢纽建设

物流枢纽是在传统物流园的基础上，应用先进的电子技术和IT网络科技构建物流营运及管理平台，结合物流原理及理论基础，综合打造一个以公共仓储服务为主，并提供配送、分拣、搬运作业等综合物流服务的物流枢纽（第四方物流），为当地商贸活动提供强有力的后台服务保障。

物流园通过“链”来链接物流枢纽服务体系中的每个部分，实现社会、企业物流一体化，形成一个有机服务整体，建立起高效的物流服务链（见图5-4）。

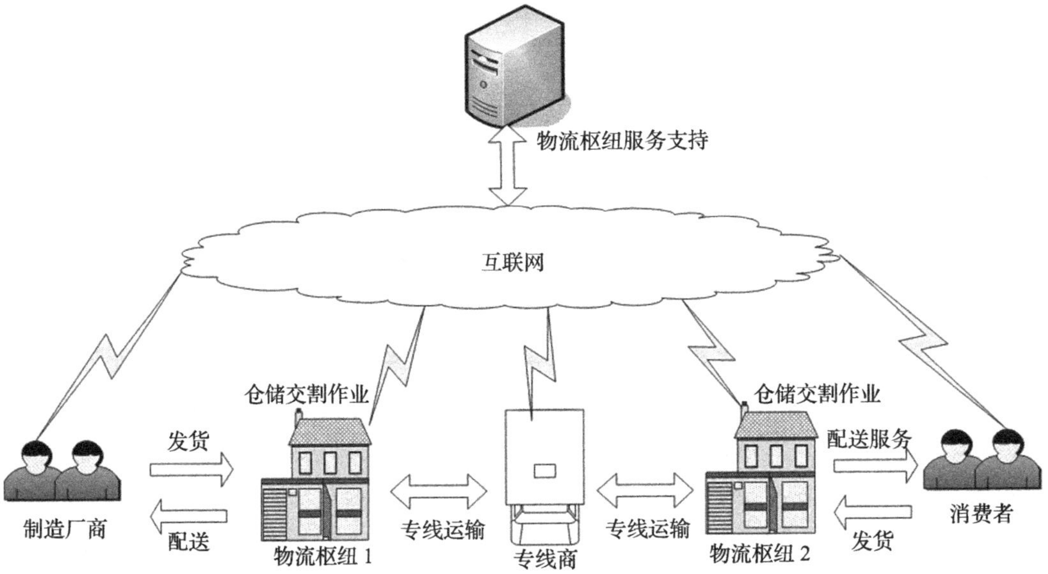

图5-4　物流枢纽服务体系

2.2.1　物流服务节点

物流园作为全国货物运输的主要节点，其枢纽作用在物流服务中的重要性已日益突出。故物流枢纽营运中心亦是第四方物流服务的服务中心点，它以数字物流园中心仓为基础，进行大量的货物仓储、配送、分拣等物流作业活动，并以每日最高可达数万立方米（以 1 万平方米的仓库为例）的货物吞吐实现货物的快速流通，体现其枢纽的本质——具有快速的通过能力，提高流通效率（见图 5-5）。

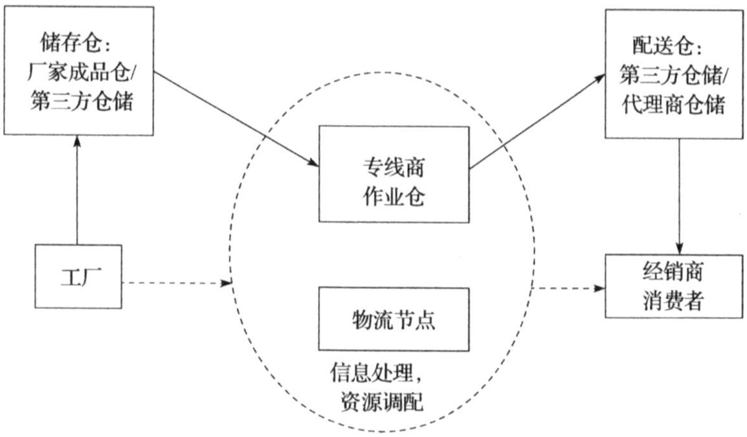

图 5-5　以物流节点体现的两种不同的货物运输线路流程

（1）在图 5-5 中，实线表示的是传统的货物运输线路，而现今国内的货物运输线路都是如此。企业将工厂生产出的成品放入自己的储存仓，然后根据客户和市场需求通过专线商的干线运输运送到离消费者最近的配送仓，而后由配送仓将产品配送给经销商或消费者。一般情况下这种运输模式最少都会有四次运输，产生四次装卸搬运作业。

（2）在图 5-5 中，虚线表示的是一种新的运输模式，是经由第四方物流服务提供商整合后的运输线路，是在物流枢纽中心仓的基础上实现的。厂家将生产出的产品直接运入物流枢纽的中心仓，根据客户和市场需求在物流枢纽选择专线商进行分拣、干线运输等作业，直接运送到经销商或消费者手中。这其中一般只会有两次装卸搬运活动，自然货物流通的速度会更快，货损货差也会更低，能够为企业提高作业效率、降低物流成本并能够保障物流服务质量；同时，这种运输模式对比第一种运输模式，还节省了两个仓储环节，能直接为生产企业节省仓储成本，带来经济效益。

2.2.2　数字物流园和物流枢纽建设

数字物流园主要是从经营管理的角度使物流园实现集约化、信息化管理，提供的是增值服务。它以出租档口等物业为主要经营目标，兼以通过电子技术及设备，应用 IT 网络技术实现更好的管理及增值服务，提升管理效率，提高客户满意度，促进物流园的盈利能力，其建设的主要内容是围绕着管理事务的信息系统，并可选择部分硬件配套（可根据实际需要选择开发和应用）。

物流枢纽是一个整体的物流营运服务体系，完成的是物流全过程的作业及其服务。物流枢纽建设围绕物流作业全过程进行软硬件的配置，通过对物流服务资源进行集合和控制，整合各个物流服务功能模块，建立起统一的物流营运服务平台，形成一个有机整体，实现物流作业及管理的集约化、信息化和标准化，其本质已经由单一的物业经营管理角色转变为提供综合物流服务的营运角色（见图 5-6）。

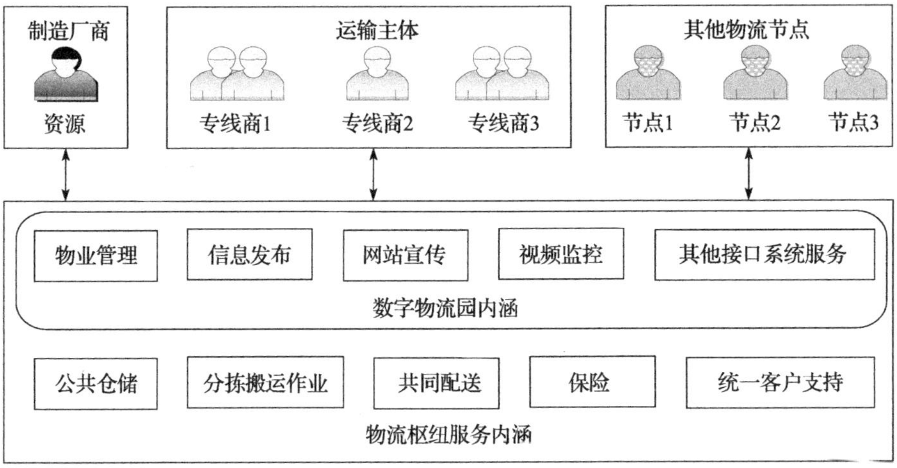

图 5-6　数字物流园与物流枢纽关系

物流园是物流枢纽的主体，所以数字物流园建设亦是物流枢纽的基础建设。实现物流枢纽的服务功能就要先对物流园进行数字化建设，对物流园进行软硬件各方面的设施、设备的添加和配置，并通过信息技术的应用将这些设施和设备连接起来使之形成一个整体，让信息畅通无阻，实现各方的信息对接、交互和处理。

第三部分　功能规划篇

3.1　功能设计

3.1.1　物流功能设计

1. 物流配送功能

（1）集配货业务

干线配货业务：XY 市内“四纵四横”八条铁路、公路干线交流能够产生巨大的干线运输业务，可以开展为空车配货和为货物配车的业务，不仅能够提高物流效率，也能够给 XY 商贸物流园带来大量的物流业务。

多级配送业务：XY 市物流产业战略规划为“三、二、六”即三个区域性商贸物流园区、二个片区性商贸物流园区及六个镇域物流中心。区域性、片区性和镇域性相互结合，XY 市可以考虑针对这些商贸物流开展多级物流配送业务，使各类商品通过各级商贸物流园区分散到批发商、零售商等客户。

JIT 集补货业务：为 XY 市、QXN 州及 XY 市周边 200 公里范围内商业企业、终端消费客户提供即时集货、补货业务，减少商业企业的库存，提高商业企业的客户满意度。

（2）仓储业务。根据集配货需要的配送中转仓储业务、特殊商品仓储业务、大宗商品仓储业务、附加值高的仓储业务、对外租赁仓储等。

建议大宗货物（如煤炭、水泥）等商品在交易地外选取仓库，采用多级配送方式，商贸物流园区仅用作交易、信息发布、展览展示。

（3）停车场业务。它主要满足三类停车需求：一是每个园区内综合服务中心办公停车需求；二是每个园区内货运车辆停车需求；三是每个园区内商贸客户办公和通勤停车需求。同时，每个园区内相关业务处理也存在大量的停车需求，停车场业务也有利于开展集配货、货运代理和运输代理等业务。

2. 物流代理功能

物流代理功能包括：物流金融服务、物流税务代理、货运代理、运输代理、仓储代理等业务。

3. 集装箱进出口货运业务

物流园区在集装箱进出口货运业务中，特别是开展多式联运业务时，承担货运站（CFS）的作用。物流园区有海关、检验检疫局派驻机构，进口商、出口商可以就地办理报关手续，就地清关，为中外客户提供便利。

4. 配送网络功能

网络建设方面。建立以强大的客运网络体系为依托的快运配送网络（公路快运），主要以高时效、小批量、高附加值的小件货物为服务对象，在省外则致力于将原有的联运网络、零担货运网络改造为物流服务网络，与相关物流企业建立稳定的合作关系。

专业物流管理信息系统方面。物流园区要能够实现对受托、配送、过程查询、管理、结算等环节的全程控制和自动化管理；规划物流交易大厅，引进大屏幕、微机自动查询、自动报价等先进科技设备，提供货运信息查询服务。

3.1.2　商贸功能设计

（1）商业贸易平台功能。商贸功能作为 XY 商贸物流园区的核心功能之一，是 XY 商贸物流园区差异化的重要表现。物流园区通过贸易平台的打造真正实现“大聚小散、小聚大散、大聚大散”的战略规划，同时利用贸易平台的建设，突破长久以来园区功能单一、结构简单的发展现状，建立新的商贸物流新模式。

（2）电子商务信息交流功能。随着互联网在全球的普及，地球越来越像一个村落，现代商业交流模式也在发生翻天覆地的变化，电子商务交易已经成为当今世界最流行、最快捷的信息交流通道，B2B、B2C 和 C2C 等电子交易的新形式正在成为当今商务交流的重要渠道。本项目在商务信息交流功能的设计上一定要突出电子商务的先进性和实用性。

（3）商贸体验功能。XY 商贸物流园区内部设计有独特的商贸体验功能，使项目具有一般物流园区内缺乏的体验功能。XY 商贸物流园区不仅具有商贸、物流核心功能，还具有体验功能安排，被打造成为体验式商贸、体验式交流、体验式一体化综合商贸物流园区。

（4）商品展览、展示功能。

（5）商业服务、文化娱乐功能。

（6）休闲、旅游功能。

3.2　商贸物流园区“三大园区”具体功能设置

XY 商贸物流园区着力打造三大园区：JS 商贸物流园区、PD 商贸物流园区和 DX 商贸物流园区。本次概念规划重点对 JS 商贸物流园区、PD 商贸物流园区进行了详细的功能设计规划。

3.3　商贸物流园区

3.3.1　区域位置分析

规划区位于 XY 市区北部，东临 324 国道，距汕昆高速公路出入口不足 1 公里，交通极为便利。

3.3.2　现状影响要素分析

区内地形较为平缓，西部为山体，中部有一河流呈南北向穿越规划区，且有若干个小山丘，景观较好。规划区东北部有数个工厂，尤其是荣盛水泥厂，灰尘污染较大，对区内规划布局造成一定的影响，应逐步拆除现有的工业厂房。规划区有少量的村民住宅，未来项目建设需要做一定的拆迁工作。

3.3.3　总体规划设计（略）

第四部分　投资估算与资金筹措篇（略）

本次投资估算以相关参数较为准确的JS商贸物流园区为例，在实际情况的基础上，以行业经验及理论为辅，进行准确度较高的投资成本及效益估算。PD、DX两个园区的相关数据待相关参数确定后再依例推算。

第五部分　开发策略篇

总体思路：一是“政府搭台”，商贸产业发展，物流政策扶持，交通配套建设；二是“引凤筑巢”，吸引第三方物流品牌企业进驻，联合开发园区。

（略）

第六部分　结束语

在中国商贸物流产业迅猛发展之际，XY市打造西南物流产业支柱、构建中国商贸物流第三极，形成南有义乌、北有临沂、西有XY市的物流大格局，是XY的经济发展和区位特点的必然选择。纵观中国整体商贸型物流园发展，浙江义乌小商品贸易和临沂商贸物流发展都是从无到有、从小到强的过程，已形成“南有义乌、北有临沂”的商贸格局；XY区位和交通优势明显，辐射范围广，发展前景巨大，具备打造成为中国西部物流中心城市、建设最综合商贸物流园区的历史机遇。XY商贸物流园区的成功建设，将重新构筑中国商贸物流新格局，形成“西有XY、南有义乌、北有临沂”三足鼎立新局势。

资料来源：王术峰.商贸物流园概念性规划与设计[R].2012.

思考题

1. 商贸物流园区有哪些基本功能？

2. 如何对物流园区进行数字化建设来实现物流枢纽的服务功能？

参考思路

1. 商贸物流园基本功能主要包括：①现代市场批发功能；②商品集散功能；③商品加工功能；④配送功能；⑤电子商务交易功能；⑥商品展示和商务活动功能；⑦多式联运中转功能；⑧完善配套的管理服务功能。要建立比较完善的管理服务机构，形成集园区物业、工商、治安、金融、税务管理服务于一体的管理服务区。为业户提供商务、办公、住宿等综合性配套服务。

2. 对物流园进行数字化建设来实现物流枢纽的服务功能。数字物流园主要是从经营管理的角度使物流园实现集约化、信息化管理，提供的是增值服务。其建设的主要内容围绕着管理事务的信息系统展开，并可选择部分硬件配套。物流枢纽是一个整体的物流营运服务体系，实现的是物流全过程的作业及其服务。物流营运服务平台，形成一个有机整体，实现物流作业及管理的集约化、信息化和标准化，其本质已经由单一的物业经营管理角色转变为提供综合物流服务的营运角色。

2014 年基于 MSFLB 五步规划法的 LC 钢铁物流园规划设计[⊖]

钢铁市场分析（M）

1. 现状

国内现状。近期钢铁行业激烈的兼并重组情况，表明行业的成长性。由于我国钢铁总产量较大，但生产规模分散，产业集中度较低，与发达国家的钢铁行业相比，我国钢铁行业的规模经济效应仍有不小的差距，在这样的情况下，我国钢铁行业仍处于向规模化、集约化、专业化的方向发展的阶段，还处于行业的成长时期，大规模的兼并重组情况还会不断出现。工商企业已不能满足传统储运企业的单一、单项、分散的储运服务需求，正在向社会、市场寻求现代物流服务。

国外现状。美国钢材进口量创新高，日本钢铁联盟称本财年国内钢材需求将会下降，欧洲钢铁工业联合会称未来几年钢材进口量将快速增长。

公司情况。经过几年发展，通过规模化扩张，公司成为西部地区最大的钢材物流基地和集散地。公司以钢铁流通为核心业务，涉足商贸流通、物业管理、再生资源、园林绿化、汽车贸易、酒店经营等产业和行业。公司围绕核心业务和战略发展目标，履行经营管理职责，形成相互独立、职责明确并相互制约、相互配合的利益共同体，形成战略服务保障运营商集成团队。公司坚持“服务、效率、网络”为核心要素的现代钢铁流通发展方向，以“产业升级，业态重组，功能整合，战略拓展”为核心内容，以“四流”（商流、物流、资金流、信息流）合一，同步推进“两业”（制造业、流通业）联动发展，“资源有效整合”“博物博览为桥梁，工业与市场互动”为核心内涵，始终坚持规划设计长远化、体系建设规范化、制度完善秩序化、技术应用标准化、管理手段信息化、商务运用网络化、资源整合集中化、作业流程精细化、客户服务个性化、未来发展规模化的“十大”建设理念，以服务战略升华为宗旨，以实施产业链管理为发展模式，全面致力于现代钢铁服务产业钢铁城的建设。

2. 地理位置及规模

LC 钢材物流中心位于成都市三环路外侧三环路与新成彭路交会处，直面三环路、成彭高速公路，后接四环路，距建机厂 306 铁路专用线 400 米、郫县火车货运站 1.5 公里，与成南、成绵、成渝及成乐高速路相连。目前，市场占地 1 300 余亩（其中征地 470.28 亩），入驻厂（商）家 800 余户。2007 年，市场各类金属材料吞吐量达 243 万吨，占成都市钢材销售总量的 80% 左右，销售额 121.5 亿元，税收 7 150 万元，吸纳相关从业人员 6 000 余人，成为西南地区最大的钢材集散中心。LC 钢材城是西部地区最大的专业化钢材物流市场。市场各类金属材料年吞吐量达 243 万吨，销售额达 56.9 亿元，占地面积 1 300 余亩，入驻商家达 700 余家，是集钢材交易、加工、仓储、配送、商务办公、网上交易管理平台、银行服务为一体的现代钢铁

⊖ 此规划设计为 2014 年所做，故其中相关背景资料以当时为准。

物流中心。图 5-7 给出了该物流中心的 SWOT 分析矩阵。

图 5-7　SWOT 分析矩阵

3. 需求分析

（1）经济对钢材市场的影响：随着近几年经济的好转，LC 钢材城的需求与日俱增，逐渐引领中国钢铁行业走向国际市场。

（2）投资对钢材需求的影响：就目前而言，投资仍是经济增长的主要推动力。成都钢材物流中心的组建，进一步完善了钢材物流体系，并对 LC 钢材物流中心进行全面改造，升级为 LC 钢铁物流园。该项目改造建设预计 3 年完成，总投资为 12.08 亿元。该项目建成之后，将极大地促进当地钢铁行业乃至全国钢铁行业，甚至国际钢铁行业的发展。

（3）国内市场钢材价格渐失弹性，总体水平低于上年。①长材价格跌幅大于板材。2013 年，CSPI 长材平均价格指数为 105.01 点，比上年下降 10.43 点，降幅为 9.03%；CSPI 板材平均价格指数为 102.36 点，比上年下降 7.27 点，降幅为 6.63%。长材降幅比板材高 2.40 个百分点。②主要钢材品种价格均有较大幅度下降。2013 年，国内市场长材和管材价格降幅较大，板材价格降幅相对较小，特别是高线、螺纹钢、角钢、中厚板、热轧卷板、冷轧薄板、镀锌板和热轧无缝管。③国际市场钢材价格上半年大幅波动，下半年趋于平稳。2013 年，国际市场钢材价格在上半年大幅波动，而下半年则呈现平稳走势。全年最高点是 2 月末的 181.1 点，最低点是 6 月末的 163.6 点，价格指数落差为 17.5 点，降幅达 9.7%。

物流园区战略定位（S）

LC 钢材物流中心建设选址在四川成都青白江区的 LC 物流有限责任公司位置，位于成都市三环路外侧三环路与新成彭路交会处，直面三环路、成彭高速路，后接四环路。四川成都青白江区交通便利，区位优势明显，而且位于各大物流中心的中心位置。

1. 园区定位

园区总体定位是成为中国西部地区最大的钢铁物流加工配送基地，成为带领中国西部钢铁物流行业发展的旗舰。其工作宗旨是通过建设具备总部经济功能的钢铁物流园区和先进的电子商务平台，为中国和世界钢铁产业链服务。

以信息化为战略驱动手段，将形成联合采购、联合销售、加工配送、融资和电子商务的服务平台，打造中国西部最大的钢铁电子商务交易市场，最终形成集钢铁市场、仓储、加工、配送、电子商务于一体的国际钢铁物流基地。

2. 市场定位

主要产品：建筑钢材、板材、型材、管材等；煤炭、焦化产品、废钢、铁矿石、耐火材料、工业气体等钢铁产品及原材料。重点客户：进入世界 500 强的世界著名钢铁企业和钢铁主要用户行业的代表、龙头企业、钢铁贸易商。

3. 功能定位

物流园要建设西部最大的钢铁商务平台：包括国际钢铁贸易大厦、商务办公楼、期货交易大厅和高档生活服务区。西部最大的交易、加工、配送、贸易和期货中心：钢材现货交易与网上交易中心、钢材期货交易中心、钢材深加工中心、仓储运输配送中心、国际贸易中心。

4. 项目 SWOT 分析（略）

物流园区功能设计（F）

LC 钢铁物流园是以智能仓储区、加工质检区和物流配送区为主的物流服务平台、以钢铁交易区为主的钢材交易平台、以综合商务区和电子商务中心为主的运作支撑平台。LC 钢铁物流园凭借先进的设施、先进的服务模式、科学的园区产业集群，将大幅减少钢铁流通成本。物流园区的主要功能有：现代贸易及仓储功能区、运输配送服务功能区、钢铁深加工功能区、会展功能区、配套商务中心区。物流园区的服务目标主要是为客户提供完善的、规范化、标准化、收费合理、满意度高的全方位、一条龙服务，提高钢铁新城及客户的市场竞争力。一、二期建设功能设计要考虑两个原则：一是边建设边运营；二是选择创收易、盈利快的业态先建设。功能区规划如下所述。

1. 一期规划建设功能区

它包括现代贸易及仓储功能区、钢铁贸易大厦、配套商务中心、会展功能区，占地面积 23.3 万平方米，如下所述。

（1）现代贸易及仓储功能区。规划用地面积 12.8 万平方米，年仓储钢材能力为 30 万吨。

（2）钢铁贸易大厦。规划用地 4 万平方米，建筑面积 7.5 万平方米，地上 22 层，地下 2 层，层高 3.6 ～ 4.5 米。

（3）配套商务中心如下：

1）商务办公大厦。规划用地 2 万平方米，建筑面积 9 万平方米，地上 15 层，地下 1 层，层高 3.6 米。

2）综合商务会馆。规划用地 2.5 万平方米，建筑面积 6 万平方米，地上 3 层，层高 10 米。

（4）会展功能区。规划用地 2 万平方米，建筑面积 6 万平方米，地上 3 层，层高 10 米。

2. 二期规划建设功能区

它包括钢铁深加工功能区、运输配送服务功能区、绿化用地、道路用地，规划用地面积

23.3 万平方米，如下所述。

（1）钢铁深加工功能区。规划用地面积 10.5 万平方米，钢材加工中心规划加工能力为 100 万吨。

（2）运输配送服务功能区。仓储物流规划用地面积 6 万平方米，二期建成后，可以实现仓储钢材 90 万吨。

（3）绿化用地。规划用地面积 2.8 万平方米。

（4）道路用地。规划用地面积 4 万平方米。

物流园区布局设计（L）

依托铁路、港口、机场等交通运输枢纽，按照产业布局、物流园区的规划发展思路，研究制定道路运输业现代物流发展规划；围绕构建西部综合交通枢纽，加强物流园区（中心）配套公路运输基础建设，充分整合现有运输资源，对物流园区布局进行设计。

1. 地理位置设计

物流园区的设施规划与布局设计是指根据物流园区的战略定位和经营目标，在已确认的空间场所内，按照从货物的进入、组装、加工等到货物运出的全过程，力争将人员、设备和物料所需要的空间做最适当的分配和最有效的组合，以获得最大的经济效益。选择靠近铁路和公路的地理位置，能够靠近成彭立交和铁路，可以使公司省下不少的运输费用，减少总价，利用较低的价格来赚取更多的利润。

LC 钢铁物流园地理位置布局如图 5-8 所示。

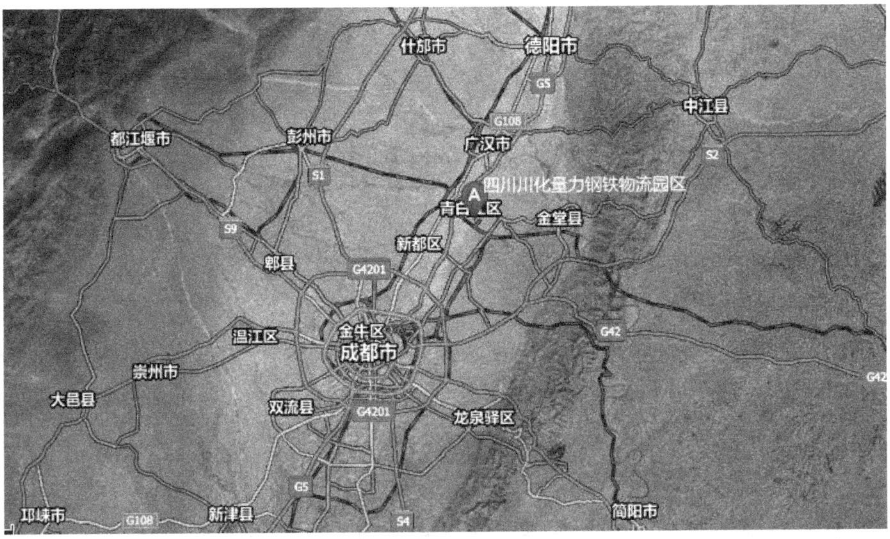

图 5-8 LC 钢铁物流园地理位置布局

2. 布局规划设计

LC 钢铁物流园区平面图如图 5-9 所示。

LC 钢铁物流园区总平面图如图 5-10 所示。

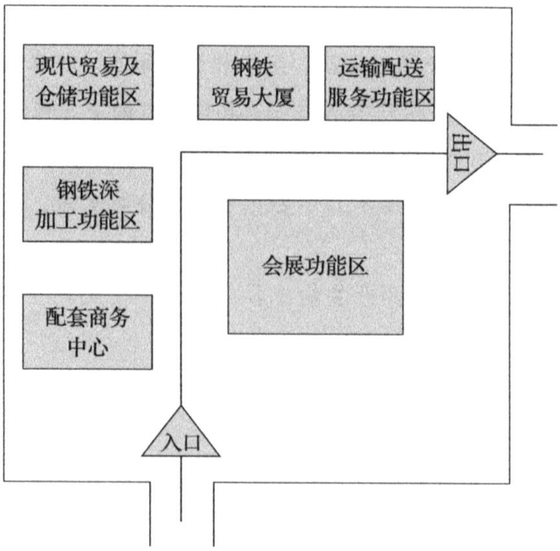

图 5-9　LC 钢铁物流园区平面图

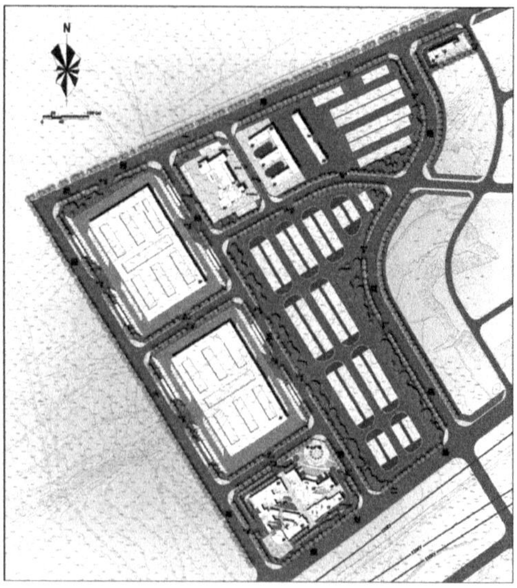

图 5-10　LC 钢铁物流园区总平面图

物流园区商业计划（B）

1. 物流园区管理公司的组织构架

LC 钢铁物流园区将采用规范化的管理公司的组织形式，实行董事会领导下的总经理负责制。组织形式和职能部门设计如图 5-11 所示。

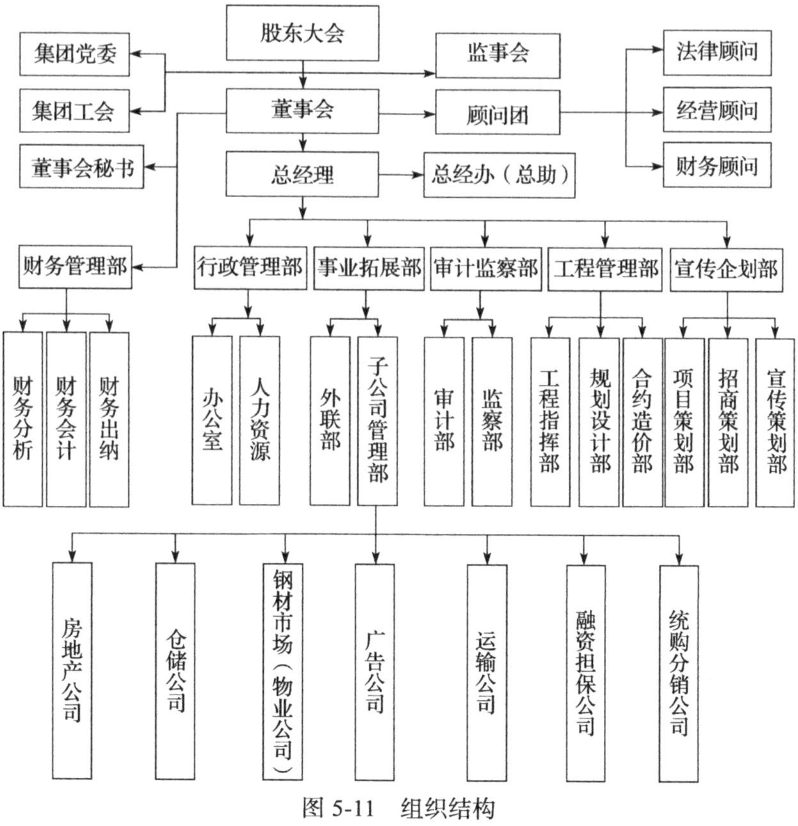

图 5-11　组织结构

2. 管理模式

物流园区的管理模式是指物流园区为实现发展目标而采取的决策、组织和管理形式。其本质是协调各方面利益的关系，包括政府、投资者、物流企业、客户和消费者。其模式有如下5种。

（1）管理委员会。由政府按照开发区的管理模式，组建管理委员会对物流园区进行管理，提供企业登记、土地使用、人事代理等服务，将物业管理等具体工作委托专业的公司来做，这种模式适合规模较大的物流园区。

（2）协会制。由物流行业协会管理、组织、协调园区企业开展物流服务，这种模式与业主管理委员会不同，协会仅仅是组织者，并未对园区直接投资。

（3）股份公司制。采取股份公司制管理物流园区则要成立董事会、监事会及相关部门，按照责权利相结合的原则对园区进行管理。

（4）业主管理委员会制。参与园区开发建设的物流企业组成业主委员会，成为园区决策机构，进行经营管理。

（5）房东制。投资商在完成土地开发、物流基础设施之后，把土地、仓库、办公楼、信息分配等设施出租给物流公司，投资商自己成为房东，只收租金，不参与经营。

3. 经营模式

钢铁物流市场经营方式主要有如下4种。

（1）园区对经营权以区域租赁的形式向钢铁供应商提供。

（2）以总部经营场所、商业网点出售为主。

（3）仓储管理服务采取对外承包的形式，由管理公司对其进行统一的管理、监督。

（4）本项目鼓励、提倡投资联建意向的合作钢材生产厂家或经营企业加入，建成后主要采取入股经营，辅以部分商铺和总部基地出售的形式丰富本项目的商气和人气，引进大型配套休闲娱乐会所及饭店餐饮企业入驻。项目日常经济收入来源主要以交易场所的租金、货物装卸费、仓储费以及配套钢材加工费为主，辅以其他的物业管理费、广告费和餐饮、宾馆等配套的营业收入。

4. 投资估算和收益预测

钢铁物流园项目建设总投资14.18亿元，其中一期7.82亿元，二期6.36亿元。

预测年销售及营业收入301.58亿元，其中一期77.88亿元。

年成本费用297.61亿元，其中一期75.91亿元，二期221.70亿元。

年利润总额3.97亿元，其中一期1.97亿元，二期2.00亿元。

年所得税后利润2.98亿元，其中一期1.48亿元，二期1.50亿元。

经测算，项目投资利润率28.00%，投资利税率31.95%，项目经济效益良好（见表5-4）。

表5-4　项目财务评价指标

序号	项目	单位	指标
1	项目建设总投资	亿元	14.18
1.1	一期建设	亿元	7.82
1.2	二期建设	亿元	6.36
2	经济效益指标（达产年）		

（续）

序号	项目	单位	指标
2.1	销售收入、营业收入（不含税）	亿元	301.58
2.1.1	一期	亿元	77.88
2.1.2	二期	亿元	223.70
2.2	总成本费用（不含税）	亿元	297.61
2.2.1	一期	亿元	75.91
2.2.2	二期	亿元	221.70
2.3	增值税、营业税	亿元	0.56
2.3.1	一期	亿元	0.23
2.3.2	二期	亿元	0.33
2.4	利润总额	亿元	3.97
2.4.1	一期	亿元	1.97
2.4.2	二期	亿元	2.00
2.5	所得税	亿元	0.99
2.5.1	一期	亿元	0.49
2.5.2	二期	亿元	0.50
2.6	所得税后利润	亿元	2.98
2.6.1	一期	亿元	1.48
2.6.2	二期	亿元	1.50
3	财务评价指标		
3.1	投资利润率	%	28.00
3.1.1	一期	%	25.19
3.1.2	二期	%	31.45
3.2	投资利税率	%	31.95
3.2.1	一期	%	28.13
3.2.2	二期	%	36.64

5. 物流园区开发建设的投融资模式

对于政府和企业物流园区的投资分工，政府投资应限制在园区内及其周边的公共领域，包括公益性项目和基础设施项目。而企业主要投资的对象则是园区内公共领域的建设。目前，物流园区的投资方式主要有以下几种：政府直接投资模式、民办官助模式、企业自建模式、BOT投资模式等。

（1）政府直接投资模式，主要是政府出资，交由专业的代理公司去经营，或直接成立公司来经营物流园区。政府投资的目的是加强当地的物流基础设施建设，以带动物流及相关产业发展。政府用经济手段支持主要指政府针对物流园区及其入驻企业出台相关政策，如给物流园区优惠的土地政策、税收优惠政策等，以促进其发展。

（2）民办官助模式，主要是政府给企业提供优惠的土地、税收政策，以企业为主导的经营模式。如日本物流园区的经营主要是将园区内的土地分地块以生地价格出售给物流行业协会，这些协会再以股份制的形式在其内部会员中招募资金，用来购买土地和建造设施，另外，政府还给予长期的低息贷款。

（3）企业自建模式，是由企业自己出资兴办物流园，这些企业一般是物流界的龙头企业或一些大型企业，它们利用自身的物流资源优势兴办物流园，也有多家企业联合投资经营的。

（4）BOT 投资模式。BOT 为 build（建设）、operate（经营）、transfer（转让）的缩写，即项目为带资承包模式。此模式一般适用于政府公共工程项目，是吸引非官方资本加入基础设施建设的一种融资、建造、特许经营的项目实施模式，多用于大型基础设施建设项目。

6. 结束语

LC 钢铁物流园区工程，具有良好的经济和社会效益。该项目的建设有利于加快四川及附近地区经济发展，符合国家对物流建设工程的总体布局要求和相关政策要求，同时能充分发挥四川产业配套能力，使四川省成都市及周边地区经济发展发挥更大效益，促进当地劳动力就业，促进地区社会协调发展。

思考题

1. 对于物流园一、二期建设，在功能设计上要考虑哪些方面？
2. 物流园区建设的投融资模式有哪些？

课堂讨论

讨论 1　物流园区的特征。

讨论 2　物流园区规划设计方法：MSFLB 五步规划法。

复习思考题

一、名词解释

物流园区；SWOT 分析

二、填空题

1. 物流园区按照________、________的原则组织物流活动。
2. 物流园区是对物流组织________进行相对集中建设与发展的，具有________性质的城市物流功能区域。
3. MSFLB 法布局设计的原则包括统一规划、________、________、方便客户、货畅其流等。
4. 物流园区系统的________依赖系统的各组成部分有机配合与协调。因此，对于各组成部分的功能定位设计，应从物流园区________出发，强调各组成部分之间的功能协调。
5. 物流园区开发建设功能设计的两个原则：一是________；二是选择创收易、盈利快的________先建设。
6. 物流园区的设施规划与布局设计，是指根据物流园区的战略定位和经营目标，在已确认的________内，按照从货物的进入、组装、加工等到货物运出的全过程，力争将人员、设备和物料所需要的空间做________和________，以获得最大的经济效益。

CHAPTER 6

第6章 物流运输系统规划与设计

| 本章要点 |

- 物流运输系统的功能与特点
- 物流运输系统规划的原则与主要内容
- 物流运输系统运输方式的特点与选择
- 物流运输系统最短路径求解问题

| 开篇案例 |

阿姆斯壮欧洲区域运输优化

阿姆斯壮世界工业有限公司总部位于美国宾夕法尼亚州兰卡斯特市，是世界最大的地材及天花板的生产厂商，也是欧洲主要弹性地板生产厂商之一。2002 年，阿姆斯壮的纯销售额达到 32 亿美元。该公司成立于 1860 年，在全球 14 个国家拥有 59 家生产厂，员工超过 16 500 名。

项目核心主要是有关阿姆斯壮建材厂（ABP）及阿姆斯壮板材厂（AFP）在欧洲的运输业务优化。ABP 生产无机纤维天花板，AFP 包括两个营业单位（Desso 和 ADE），生产地毯、组合地毯、人造品（Desso，4 家工厂）以及 PVC、乙烯基坐垫及油毯（ADE，4 家工厂）等。

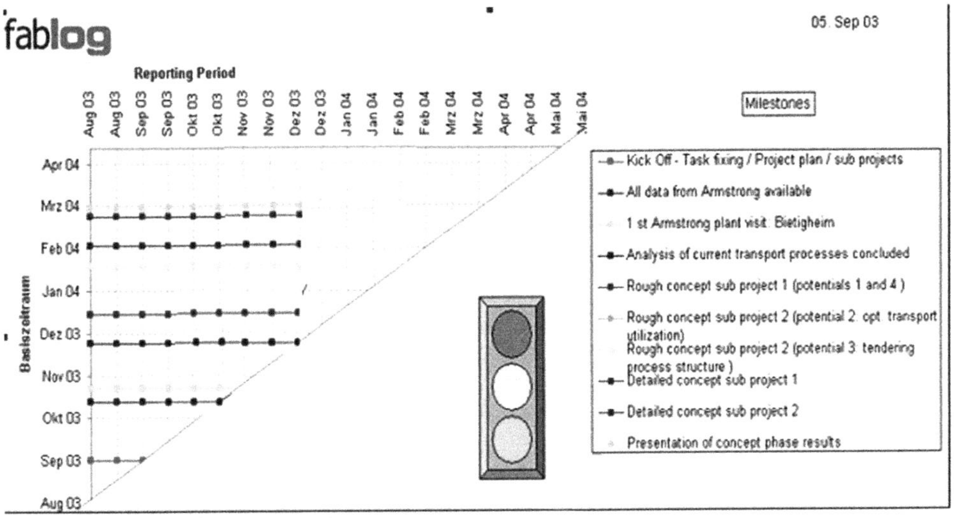

项目目标是将 AFP 及 ABP 的欧洲运输业进行优化，使其财年运费节省 5%。

一项综合的欧洲运输管理进程要求用最佳的设计，用分级服务来降低成本，支持阿姆斯壮工业发展，并促进生产力的发展。

法布劳格制定评估出了 12 种能解决实际问题的方案，与阿姆斯壮的合作项目中，有 4 项被选为重点地区项目以节约目标储蓄。

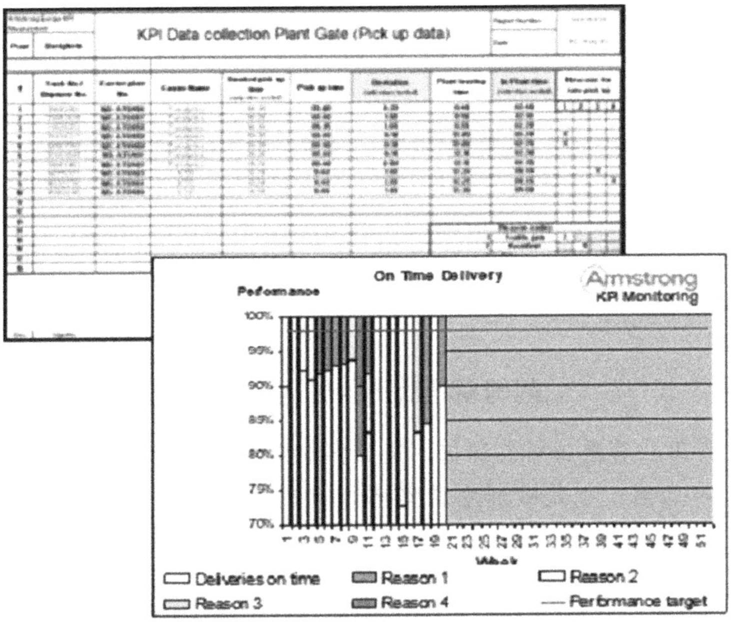

通过阿姆斯壮－法布劳格（Armstrong-Fablog）项目部频繁的交流得出这种新概念的设计结果。以最终概念决定为基础，展示出所有的步骤及最终的成果，并形成里程碑设计方案。项目实施以后，节约成本运费 6.5%。

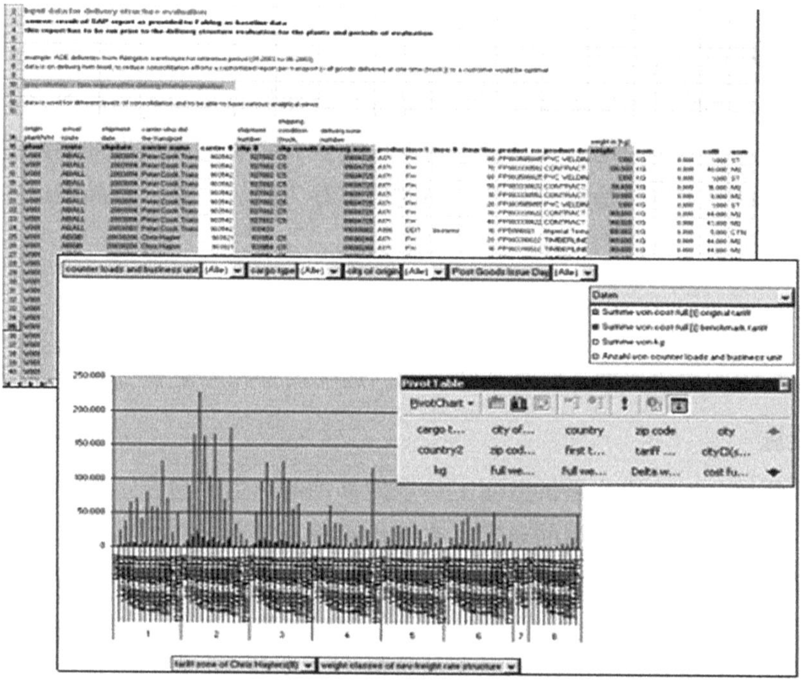

资料来源：法布劳格物流咨询（北京）有限公司，https://www.fablog.net.cn/case/zlgh/2019126.html，2019 年 10 月 31 日。

6.1　物流运输系统规划设计概述

物流运输系统，是指用设备和工具将物品从某一地点向另一地点运送的物流活动系统，其中包括集货、分配、搬运、中转、装卸、分散等一系列业务操作流程。

6.1.1　物流运输系统的功能

物流运输系统主要实现货物的转移，从而创造空间和时间价值，其功能包括货物移动、短期储存等。运输的发展影响着社会生产、流通、分配和消费的各个环节，是保证国民经济正常运行的重要基础之一。

1. 物品的空间移动

运输实现货物的空间转移，创造“场所价值”，物流是物品在时空上的移动，运输主要承担改变物品空间位置的作用，是物品改变空间位置的主要技术手段，是物品实现价值增值的主要原因。运输是物流的主要功能要素之一，决定了物流的速度。

随着社会分工迅速发展，生产与供应的关系日益紧密。现代生产的基本要求是生产过程平稳、生产各环节节奏一致，而生产、供应、消费等社会行为在空间上的联系却日趋分离。因此，运输的作用显得空前突出。任何正常运转的企业，每天都有大量物资进出，某些重要的交通线路如果不能正常运转，将对国民经济产生巨大影响。

2. 物品的短期储存

将运输车辆作为临时的储存设施，对产品进行短期储存是运输的职能之一。如果转移中的产品需要储存，而短时间内又要重新转移，卸货和装货的成本也许会超过储存在运输工具中的费用，此时可以将运输工具作为临时的储存工具。另外，产品在运输途中也是短期储存的过程。

6.1.2 物流运输系统的构成要素

物流运输系统的构成要素主要有基础设施、运输设备和运输参与者。

1. 基础设施

（1）运输线路。运输线路是供运输工具定向移动的通道，也是运输赖以运行的基础设施之一，是构成运输系统最重要的要素。在现代运输系统中，主要的运输线路有公路、铁路、航线和管道。其中，公路和铁路为陆上运输线路，除了引导运输工具定向行驶外，还需承受运输工具、货物或人的重量；航线有水运航线和空运航线，主要起引导运输工具定位定向行驶的作用，运输工具、货物或人的重量由水或空气的浮力支撑；管道是一种相对特殊的运输线路，由于其具有严密的封闭性，所以既充当了运输工具，又起到了引导货物流动的作用。

（2）运输节点。所谓运输节点，是指以连接不同运输方式为主要职能，处于运输线路上的承担货物集散、运输业务办理、运输工具保养和维修的基地与场所。运输节点是物流节点中的一种类型，属于转运型节点。公路运输线路上的停车场（库）、货运站，铁道运输线路上的中间站、编组站、区段站、货运站，水运线路上的港口、码头，空运线路上的空港，管道运输线路上的管道站等都属于运输节点的范畴。一般而言，由于运输节点处于运输线路上，又以转运为主，所以货物在运输节点上停滞的时间较短。

2. 运输设备

运输设备，即运输工具，是指在运输线路上用于载重货物并使其发生位移的各种设备和装置。它们是运输能够进行的基础设备，也是运输得以完成的主要手段。运输设备根据从事运送活动的独立程度可以分为三类：

（1）仅提供动力，不具有装载货物容器的运输工具，如铁路机车、牵引车、拖船等；

（2）没有提供动力，但具有装载货物容器的从动运输工具，如车皮、挂车、驳船、集装箱等；

（3）既提供动力，又具有装载货物容器的独立运输工具，如轮船、汽车、飞机等。

管道运输是一种相对独特的运输方式，它的动力设备与载货容器的组合较为特殊，载货容器为干管，动力装置设备为泵（热）站，因此设备总是固定在特定的空间内，不像其他运输工具那样可以凭借自身的移动带动货物移动，故可将泵（热）站视为运输设备，甚至可以连同干管都视为运输设备。

3. 运输参与者

运输活动的主体是运输参与者，运输活动作用的对象（运输活动的客体）是货物。货物的所有者是物主或货主。运输必须由物主和运输参与者共同参与才能进行。

（1）物主。物主包括托运人（或称委托人）和收货人，有时托运人与收货人是同一主体，有时不是同一主体。不管托运人托运货物，还是收货人收到货物，他们均希望在规定的时间内，以最低的成本、最小的损耗和最方便的业务操作，将货物从起始地转移到指定的地点。

（2）承运人。承运人是指运输活动的承担者，其可能是铁路货运公司、航运公司、民航货运公司、储运公司、物流公司或个体运输业者等。承运人是受托运人或收货人的委托，按委托人的意愿以最低的成本完成委托人委托的运输任务，同时获得运输收入。承运人根据委托人的要求或在不影响委托人要求的前提下合理地组织运输和配送，包括选择运输方式、确定运输线路、进行货物配载等。

（3）货运代理人。货运代理人是根据用户的指示，为获得代理费用而招揽货物、组织运输的人员，其本人不是承运人。他们负责把来自各用户的小批量货物合理地组织起来以大批量装载，然后交由承运人进行运输。待货物到达目的地后，货运代理人再把该大批量装载拆分成原先较小的装运量，送往收货人。货运代理人的主要优势在于大批量装载可以实现较低的费率，并从中获取利润。

（4）运输经纪人。运输经纪人是替托运人、收货人和承运人协调运输安排的中间商，其协调的内容包括装运装载、费率谈判、结账和货物跟踪管理等。经纪人也属于非作业中间商。

6.1.3　物流运输系统的特点

1. 物流运输系统是一个连续性的过程系统

运输生产是在流通过程中完成的，它的连续性表现为运输生产过程的连续性和运输生产时间的连续性。其货物运输生产过程包括了集、装、运、卸、散诸环节所组成的生产全过程，诸过程单元是通过旅客和货物位移相互连接的。在完整的运输过程系统中，任何一个单元出现故障都会直接影响系统功能的实现。为了保证过程系统的正常运转，就要不断地解决和协调各个过程单元和单元间所形成的“结合部”。由于物流运输系统是一个过程系统，因此，在作业过程的诸多环节间形成“结合部”，对其管理问题有特别重要的意义。

物流运输系统生产的连续性还表现在时间上的连续。这个系统必须全年、全月、全日运转，不能发生任何中断，如果发生运输中断，就会破坏运输的正常生产。

2. 物流运输系统具有多环节、多功能等特点

对于结构复杂的物流运输系统，其运输生产过程表现为多个环节之间的联合作业，如货物装载、运输、卸载等，各个环节间要协调适应。

物流运输系统具有多种功能，如运输功能、生产功能、服务功能、工业功能、城市功

能以及国防功能等，完成物流运输系统的功能就意味着要实现物流运输系统的多种功能。

各种运输方式对应各自的技术特性，有不同的运输单位、运输时间和运输成本，因而形成了各运输方式不同的服务质量。也就是说，运输服务的利用者可以根据货物的性质、大小、所要求的运输时间、所能负担的运输成本等条件来选择适合的运输方式，或者合理运用多种运输方式实行联合运输。

3. 物流运输系统生产具有网络特性

良好的物流运输系统要有合理的布局与结构，要建设成与内部及外部协调的交通运输网，在科学合理的交通运输网上，通过科学的运输组织才能实现运输需求，加速货物和车船的周转，压缩旅客和货物的在途时间，加速国民经济的发展。

运输网络是一个赋权的连通图，由节点和弧组成。网中的节点是各种运输方式的车站、枢纽或多种运输方式的结合部，如城市、地区中心、街道交叉口等；弧是网络中车站之间、枢纽点之间或各种运输方式结合点之间的区间线路，如公路线、铁路线、航空线、水运航道及运输管道等。物流运输系统的建设与发展，首先要从完善、加强、扩展交通运输网着手，不断提高交通运输网的数量与质量，是发展物流运输系统的基本措施。

4. 物流运输系统是一个动态系统

运输不产生新的实物形态产品，不改变劳动对象的属性和形态，只是改变它的位置，运输生产所创造的价值附加在其劳动对象上。劳动对象（货物）的位置转移是一个动态过程，即物流运输系统中的人流、物流、车流、船流以及飞机流等本身就是经常处在一个流动的状况中。另外，运输生产活动通常处在十分复杂多变的外部环境中，使运输活动的组织和管理具有动态性。

5. 物流运输系统具有现代化发展趋势

随着时代的不断发展，通过采用当代先进实用的科学技术和运输设备，运用现代管理科学，协调运输系统各构成要素之间的关系，充分发挥运输的功能正成为具有现代化意义的物流运输系统的发展趋势。运输系统的现代化也促使其结构发生根本性的改变，主要表现在：①由单一的运输系统结构转向多种方式联合运输的系统结构，如汽车 - 船舶 - 汽车、汽车 - 火车 - 汽车、船舶（港口）- 火车（站场）- 汽车（集散场）等不同的联合运输系统；②建立了适用于矿石、石油、肥料、煤炭等大宗货物的专用运输系统；③集包装、装卸、运输一体化，使运输系统向托盘化与集装箱化方向发展；④顺应全球经济发展的需要，一些发达国家陆续开发了新的运输系统，如铁路传送带运输机械系统、筒状容器管道系统、城市中无人操纵收发货物系统等。

6.1.4 物流运输系统的结构

铁路、公路、航空、水路和管道是最基本的五种运输方式，形成五个运输子系统。建立合理的运输结构，不仅要科学地确定各种运输方式在物流运输系统中的地位和作用，还必须在全国乃至全球范围内根据运输方式的合理分工和社会经济发展要求，做到宜铁则铁、宜公则公、宜水则水、宜空则空，建立一个经济协调、合理发展的综合物流运输系统。综合物流运输系统的结构主要有以下几种形式。

1. 并联结构

各个运输子系统间为一个并联关系，如图 6-1 所示。

图 6-1　物流运输系统并联结构

2. 串联结构

各个运输子系统间为一个串联关系，如图 6-2 所示。

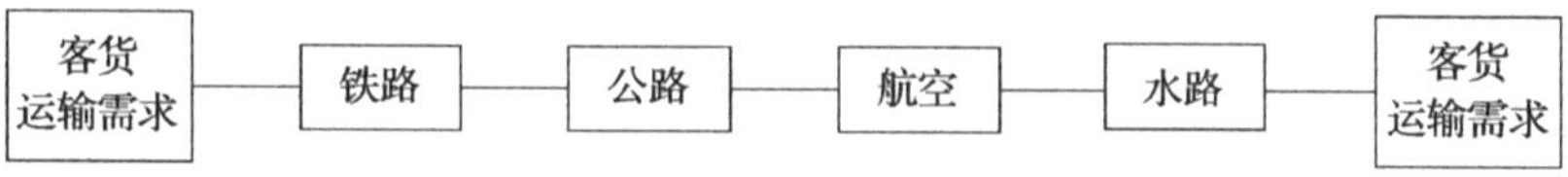

图 6-2　物流运输系统串联结构

3. 串并联结合的网络型结构

各个运输子系统间为串联、并联相结合的关系，如图 6-3 所示。

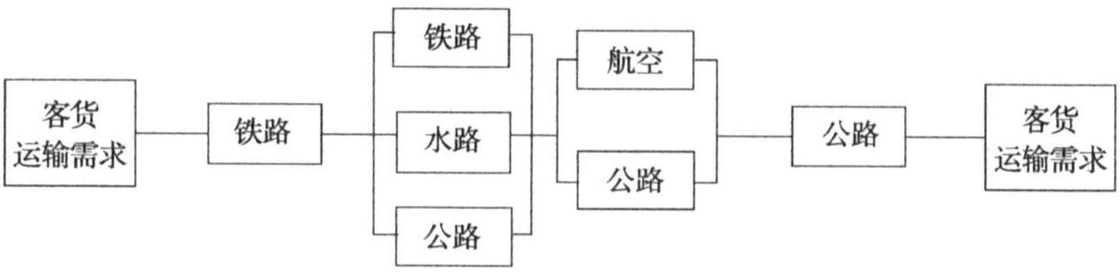

图 6-3　物流运输系统串并联结构

6.1.5　物流运输系统规划

物流运输系统规划，是指为了完成确定目标，在一定区域范围内对物流运输系统进行总体战略部署，即根据社会经济发展的要求，从当地具体的自然条件和经济条件出发，通过综合平衡和多方案比较，确定交通运输发展方向和地域空间分布等。

1. 物流运输系统规划的原则

在进行物流运输系统规划时，一般遵循以下原则。

（1）经济发展原则。物流运输系统发展布局必须服从于社会经济发展的总体战略、总目标，服从于生产力分布的大格局。物流运输系统建设必须与所在区域的社会经济发展的各个阶段目标相一致，为当地的社会经济发展服务。

（2）协调发展原则。在进行物流运输系统规划时，必须综合考虑所在区域的铁路、公路、水路、航空和管道五大运输方式的特点，形成优势互补、协调发展的综合运输网络。

（3）局部服从整体原则。某一层次的物流运输系统规划必须服从其上一层次物流运输系统总体布局的要求，如升级规划必须以国家级规划为前提，市级规划必须以国家级和省级规划为前提。

（4）近期与远期相结合原则。一个合理的物流运输系统规划应包括远期发展战略规划、中期建设规划、近期项目建设规划三个层次，并满足“近期宜细、中期有准备、远期有设想”的要求。

（5）需要与可能相结合原则。物流运输系统规划既要考虑社会经济发展对运输的要求，建设尽可能与社会经济发展相协调的综合物流运输系统，以促进社会经济的发展，又要充分考虑人力、物力、财力等建设条件的可能性，实事求是地进行物流运输系统的规划和实施。

（6）理论与实践相结合原则。物流运输系统规划是一个复杂的系统工程，必须利用系统工程的理论方法，将理论与实践相结合，对其进行分析、预测、规划及评价，才能获得总体效益最佳的物流运输系统规划方案。

2. 物流运输系统规划的内容

对于区域性物流运输系统规划，其主体内容一般包括以下几个方面：

（1）物流运输系统现状调查；

（2）物流运输系统存在的问题诊断；

（3）物流运输系统运输需求量发展预测；

（4）物流运输系统系统规划方案设计与优化；

（5）物流运输系统规划方案综合评价；

（6）物流运输系统规划方案的分期实施计划等。

对于物流系统重要组成部分的运输子系统规划与设计主要包括以下几个方面：

（1）运输业务模式的选择。企业根据运输费用、服务质量、风险等因素分析，确定采用自营运输模式或者外包运输模式。

（2）运输方式的选择。根据各运输方式的优势和特点，选择公路、铁路、水路、航空、管道五种运输方式的一种或几种联合运输方式。

（3）运输批量和运输时间的确定。运输批量和运输时间对运输质量和运输费用会产生重大影响。大批量运输成本低，但大批量运输又与运输方式相关。另外，运输期限必须保证交货时间，不同运输方式所需要的时间和成本均不同。

（4）运输线路的规划与选择。不同运输线路各有优缺点，企业在选择运输线路时，必须结合自己的经营特点和要求、产品性能、市场需求和缓解程度等，并综合考虑各种运输方式和特点。运输线路的规划和选择一般可以分为点点之间运输问题、多点之间运输问题及回路运输问题等。

（5）运输流量的分析。运输流量的分析是指对于运输线路上的车流量大小进行分析和规划。

（6）车辆的配载和调度问题。在对运输车辆的配载与调度分析时，需要考虑各种货物装卸的先后顺序，货物品种的相容性，如何能够尽可能利用运输车辆的最大运力等问题。

本章主要讨论运输方式选择和运输线路规划与设计的内容。

6.2　运输方式选择

基本的运输方式有五种，即铁路运输、公路运输、水路运输、航空运输和管道运输。各种运输方式的系统组成，所能承载的货类及运输特点均不同。各种运输方式提供的运输服务，各有其特点和优势，也各有其所短，彼此之间既存在竞争的关系，也有着取长补短的互补协作关系。

不同的运输方式适应不同的运输货类和具体要求。但是，各种运输方式之间存在着一定的可替代关系，因此，根据实际情况选择适当的运输方式是运输规划中非常重要的内容。

6.2.1　各种运输方式的特点

1. 铁路运输

铁路运输是指利用机车、车辆等技术设备沿铺设轨道运行的运输方式。铁路运输具有运输能力大、单车装载量大、运输成本低、速度快、安全可靠等优点，加上多种类型的车辆，使它几乎能承运任何商品，几乎可以不受重量和容积的限制；车速较高，平均车速在五种基本的运输方式中排第二位，仅次于航空运输；铁路运输受气候条件和自然条件的影响较小，在运输的经常性方面有优势；铁路运输可以方便地实现集装箱运输及多式联运。同时，铁路运输也具有其局限性，主要是线路固定、成本很高、原始投资大、建设周期长，列车的编组、解体和中转改编的作业环节占用时间长，货物损毁或丢失事件也比其他运输方式多等，而且不能实现"门到门"运输，通常要依靠其他运输方式的配合，才能完成运输任务。

根据其特点，铁路运输主要承担大宗低值货物的中长途运输，也较为适合运输散装货物（如煤炭、金属、矿石、谷物等）和罐装货物（如化工产品、石油产品等）。

2. 公路运输

公路运输是指运用一定的载运工具（汽车、拖拉机、人力车等）沿公路实现旅客或货物空间位移过程，从狭义来讲，公路运输就是指汽车运输。

公路运输可以直接运进或运出货物，是车站、港口、机场、码头的货物集散的重要手段。公路运输的特点是速度快、范围广，在运输时间和线路安排上具有较大灵活性，可直达仓库、车站、码头等地直接装卸，其他运输方式或多或少都要依靠公路运输来完成运输任务。公路运输的缺点是运输费用较高，载运量较小，不适合装卸大件、重件物品，也不适宜长途运输；在路况较差的情况下，很容易造成货损、货差事故。而且公路建设需要大量土地，运输车辆排放的废气对生态环境也会造成较大破坏。

由于公路运输具有较大的可达性、货物批量适应性、货物安全性和缩短运送时间等特点，因此在短途运输及区域配送方面有着重要的作用。

3. 水路运输

水路运输是指利用船舶、排筏或其他工具，在江、河、湖、泊、人工水道及海洋上运送旅客和货物的一种运输方式。

水路运输按其航行的水域，大体上可划分为远洋运输、沿海运输和内河运输三种类型。远洋运输通常指除沿海运输以外的所有海上运输，在实际工作中又有“远洋”和“近洋”之分，主要以船舶航行的长短和周期的快慢为根据。沿海运输是指利用船舶在我国沿海区域各港口之间的运输，范围包括我国大陆沿海，以及所属的诸岛屿沿海及其与大陆间的全部水域内的运输。内河运输是指利用船舶舟筏和其他浮运工具，在江河湖泊、水库及人工等水道上从事的运输。航行于内河的船舶，除客货轮、拖轮、驳船之外，还有一定数量的木帆船、水泥船、机帆船。

水路运输利用天然水道，线路投资少且节省土地资源；船舶沿水道浮动航行，可实现大吨位运输，降低运输成本；江、河、湖、海相互贯通，沿水道可以实现长途运输。但水路运输也存在一定缺点，如船舶平均航速较低、船舶航行受自然条件影响较大、可达性较差等，而且，如果托运人或收货人不在航道上，就要依靠汽车或铁路运输进行转运，同其他运输方式相比，水路运输（尤其是海洋运输）对载运的货物有更高的要求。

水路运输主要承担大批量货物，特别是散装货物的运输；承担原料、成品等低价货物的运输，如建材、石油、煤炭、矿石、粮食等；承担国际贸易货物的运输，是国际商品贸易的主要运输方式之一。

4. 航空运输

航空运输是指用飞机或航空器进行货物运送的运输方式。航空运输具有速度快、运输路程短、舒适、灵活、安全等优点。但其运载能力低，单位运输成本高，受气候条件限制大，可达性差。一般情况下，航空运输很难实现客货的“门到门”运输，必须借助其他运载工具（主要是汽车）转运。

基于上述特点，航空运输一般用于中长途旅客运输，以及那些体积小、价值高的贵重物品和鲜活商品、要求迅速交货且长途运输的产品运输。

5. 管道运输

管道运输是指主要利用埋藏在地下的运输管道，通过一定的压力差而完成的商品（多为液体货物）运输的一种现代运输方式。管道运输与其他运输方式是相辅相成的，而且有其独特的优势，适宜管道运输的货物采用管道运输后，可以为其他运输方式释放动力，以承运更多、更经济、更安全的货物。作为流体物质运输的主要方式，管道运输有其显著优点，主要表现在以下几个方面：运输成本低、能耗和损耗少、运输量大、劳动生产率高、建设投资低、占地面积小、受外界影响小、可以连续运行、安全性高、油气损耗低、有利于环境和生态保护等。管道运输也有其不足之处，它只适用于定点、量大的流体物质运输，不如车船运输灵活。

管道运输主要承担单向、定向、量大的流体货物（如石油、油气、煤浆、某些化学制品原料等）运输，且大多是管道自有者用来运输自有产品，不提供给其他发货人所用。

6. 多式联运

货物从起运地到最终目的地的完整运输过程一般不是一种运输方式就能完成的，多数情况下需要两种或两种以上的运输方式。在传统的货物分段运输组织形式下，运输组织中的大部分工作都是由货主及其代理人安排和完成的。货主为了完成货物的全程运输，需要与各区段的承运人分别订立运输合同，多次结算费用，多次办理保险并负责各段间的运输衔接工作。各种方式的承运人仅负责组织，完成该区段的货物运输。在这种运输组织形式下，不仅货主需要付出足够多的人力、时间和费用，而且可能由于对承运人营运线路、班次安排及全程运输涉及的各个环节、各种手续不够熟悉而造成运输时间过长和运输费用过大，甚至造成不合理运输。

针对传统的全程运输组织形式中存在的问题，基于现代运输经营思想，一种新的货物全程运输组织形式——联合运输被提了出来。联合运输组织形式由一个机构或一个运输经营人对货物运输全程负责、处理运输衔接和运输服务业务。货主只要与这个机构或经营人订立一份全程运输合同，一次性交付费用，办理一次保险就可以实现货物的全程运输。经营联合运输业务的运输企业，一般称为联运经营人。

多式联运是联运经营人根据单一的联运合同，使用两种或两种以上的运输方式，负责货物从指定发送地点运抵收货地点的运输。一般来讲，多式联运需要具备以下几个条件：①必须有一个多式联运合同；②必须使用一份全程的多式联运单据；③必须至少使用两种运输方式，而且是两种以上运输方式的连续运输；④必须使用全程单一费率；⑤必须有一个货物且经营人对货物全程负责；⑥国际多式联运经营人接收货物地点和交付货物地点必须属于两个不同的国家。

国际货物多式联运是多式联运发展的最高形式。目前的国际货物多式联运基本上是国际集装箱货物多式联运，其运输优点包括以下几个方面。

（1）统一化、简单化。多式联运的统一化和简单化主要表现在不论运输全程有多远，不论由几种方式完成货物运输，也不论全程分为几个运输区段，经过几次转换，所有运输事项均由多式联运经营人负责办理，货主只需办理一次托运、订立一份运输合同、办理一次保险。多式联运通过一张单证，采用单一费率，大大简化了运输与结算手续。

（2）减少中间环节，提高运输质量。多式联运以集装箱为运输单元，可以实现门到门运输，尽管运输途中可能有多次换装、过关，但由于不需要捣箱、装箱、逐件理货，只要保证集装箱外表状况良好，铅封完整即可免检放行，因而减少了中间环节。尽管货物运输全程要进行多次装卸作业，但由于使用专用机械设备，所以不直接涉及箱内货物。

（3）降低运输成本，节约运杂费用。多式联运经营人通过对运输路线的合理选择和运输方式的合理运用，可以降低全程运输成本，提高利润。对于货主来讲，可以得到优惠的运价。一般将货物交给第一（实际）承运人后即可取得运输单证并据此结汇，结汇时间提前，有利于货物占有资金的周转。此外，由于采用集装箱运输，所以可节省货物的运输费用和保险费用。

（4）实行单一费率。采用单一费率是多式联运的基本特征和必要条件。多式联运全程运输成本的计算必须考虑国内不同运输方式的运价体系，应了解国际海运、空运和国外内陆运输的运价体系以及各种市场竞争因素。由于多式联运全程运输采用一张单证，实行单一费率，因而简化了制单与结算的手续，节约了货主的人力和物力。

（5）扩大运输经营人业务范围，提高运输组织水平，实现合理运输。多式联运突破了各种运输方式自有体系、独立运输、经营范围和运输规模的局限，多式联运经营人或作为多式联运参加者的业务范围大大扩展，从理论上讲可以扩展到全世界。除运输经营人外，其他与运输有关的行业和机构，如仓储、港口、代理、保险等都可以通过参加多式联运得到好处，扩大业务。多式联运经营人对世界运输网、各类经营人、代理人、相关行业和机构及有关业务都有较深的了解和较为密切的关系，可以选择最佳的运输路线，使用合理的运输方式，选择合适的承运人，实现最佳的运输衔接和配合，实现合理运输。

6.2.2 运输方式选择考虑的影响因素

各种运输方式拥有一系列服务属性，客户可以根据需求选择不同的运输方式。在运输方式选择模型中，有一些重要的影响因素需要考虑，诸如物品特性、运输速度和运距、运输容量、运输成本、运输质量及环境保护等。

1. 物品特性

不同的产品对运输的要求不同。一般来说，粮食、煤炭等大宗散货适宜选择水路运输；日用品、小批量近程运输货物适宜选择公路运输；海产品、鲜花等鲜活产品以及宝石等贵重物品适宜选择航空运输；石油、天然气等适宜选用管道运输。

2. 运输速度和运距

运输速度的快慢、运输路程的远近决定了货物的运输时间长短，在途运输货物会形成资金占用，因此，在途时间长短对能否及时满足销售需要、减少资金占用有重要影响。运输速度和运距是选择运输方式时应考虑的一个重要因素。一般来说，批量大、价值低、运距短的商品适宜选择水路运输或铁路运输；批量小、价值高、运距长的商品适宜选择航空运输；批量小、距离近的商品适宜选择公路运输。

3. 运输容量

运输容量，即运输能力，以能够应付某一时期的最大业务量为标准。运输能力的大小对企业的分销影响很大，特别是一些季节性产品，旺季时会使运输达到高峰状态。若运输能力小，不能合理、高效率地安排运输，就会造成货物积压，产品不能及时运往销地，使企业错失销售机会。运输容量与运输密度也有关，运输密度对商品能否及时运送、使其在客户需要的时间内到达客户手中，争取客户、及时满足客户需要和扩大销售至关重要。

4. 运输成本

运输成本包括运输过程中需要支出的人力、物力和财力费用。企业在进行运输决策时，要受到经济实力及运输费用的制约。如果企业经济实力弱，就不能使用运输费用高的运输方式，诸如航空运输。

5. 运输质量

运输质量包括可到达性、运输时间的可靠性、运输安全性、货差货损及客户服务水平等方面，客户可根据运输质量要求选择相应的运输方式。

6. 环境保护

运输业动力装置废气的排出是空气的主要污染源，特别在人口密集的城市，汽车废气已经严重地影响到空气质量。比较各种运输方式对环境的影响，就单位运输产品的废气排放量而言，航空最多，其次是公路，较低的是铁路，水运对空气的污染极小，而管道运输几乎不对空气产生污染。公路和铁路沿线建设会占用大量土地，从而对生态平衡产生影响，使得人类的生存环境恶化。水路运输基本上在自然河道和广阔的海域中进行，不会占用土地，但是油船运输的溢油事故会给海洋带来严重污染。在运输方式选择上，应综合各个因素，尽量选择污染少的运输方式。

6.2.3 运输方式选择规划方法（模型）

1. 单一运输方式的选择

企业根据货品特性、运输速度、运输容量、运输成本、运输质量和环境保护等因素，综合考虑单一种类的运输方式。常用的运输方式模型包括因素分析法、加权因素分析法和层次分析法等。

（1）因素分析法。因素分析法首先要确定在选择运输方式时应该考虑的一些重要因素和标准，其次对所有因素进行评分，最后对各种运输方式合并所有的评价因素，选取综合评分最高的运输方式作为最终选择。

因素分析法评分公式如下：

$$v(j)=\sum_{i=1}^{n}s(i,j)$$

式中 $v(j)$——运输方式 j 的综合得分；

$s(i,j)$——第 i 个因素上运输方式 j 的得分；

n——因素个数。

【例 6-1】 某公司对货品 A 的运输有公路、铁路、航空三种运输方式可以选择，根据货品特性、数量、运距和到达要求等对各运输方式的评分如表 6-1 所示，求应该选择的运输方式。

表 6-1 运输方式的评分表

运输方式（编号）	评价因素				
	运输速度	运输成本	可达性	安全性	特殊要求的满意度
公路运输（1）	6	7	8	8	8
铁路运输（2）	7	8	7	7	7
航空运输（3）	8	6	6	8	6

解： 用因素分析法评分

$$v(1) = 6 + 7 + 8 + 8 + 8 = 37$$
$$v(2) = 7 + 8 + 7 + 7 + 7 = 36$$
$$v(3) = 8 + 6 + 6 + 8 + 6 = 34$$

因此，按照评分结果选择公路运输方式。

（2）加权因素分析法。加权因素分析法是因素分析法的扩展。根据各个评价标准的重要程度，给予其不同的权重值，以便得到更加准确的评价结果。加权因素分析法评分公式如下：

$$v(j) = \sum_{i=1}^{n} w(i)s(i,j)$$

式中 $v(j)$——运输方式 j 的综合得分；

$s(i,j)$——第 i 个因素上运输方式 j 的得分；

$w(i)$——第 i 个因素的权重；

n——因素个数。

（3）层次分析法。层次分析法（AHP）通过分析复杂系统所包含的要素及其相互关系，并将要素归并为不同的层次，从而构成一个多层次的分析结构模型。具体步骤为每一层次按某一规定的准则，对该层次要素逐对比较，写成矩阵形式，构成并建立判断矩阵；通过判断矩阵的最大特征根及计算其相对应的特征向量，得出该层次要素对于该准则的权重；计算出各层次要素对于总体目标的组合权重，从而得出不同设想方案的权值。显然用此方法可以确定各评价准则的权重，从而为选择最优方案提供依据。

2. 多式联运运输方式的选择

在选择多式联运运输方式时，除了货品类型、运输费用、运输容量等因素外，还需要考虑中转时间、中转费用、服务水平等因素。

在多式联运建模中，可以根据总时间、总费用等目标函数建模。下面以总费用最小为目标函数，以一对运输节点间只能选择一种运输方式为例，说明多式联运运输方式的选择问题。

各种变量说明如下：

$C_{i,i+1}^{j}$——从节点 i 到节点（$i+1$）选择第 j 种运输方式的费用；

t_i^{jl}——在节点 i 从第 j 种运输方式换装成第 l 种运输方式的换装费用；

$$X_{i,i+1}^{j}=\begin{cases}1 & \text{在节点}\ i\ \text{到节点}(i+1)\text{之间选择第}\ j\ \text{种运输方式}\\ 0 & \text{其他}\end{cases}$$

$$r_i^{jl}=\begin{cases}1 & \text{在节点}\ i\ \text{从第}\ j\ \text{种运输方式转换为第}\ l\ \text{种运输方式}\\ 0 & \text{其他}\end{cases}$$

目标函数：

$$\min Z=\sum_i\sum_j X_{i,i+1}^{j}C_{i,i+1}^{j}+\sum_i\sum_j\sum_l r_i^{jl}t_i^{jl} \tag{6-1}$$

约束条件：

$$\sum_j X_{i,i+1}^{j}=1 \tag{6-2}$$

$$\sum_j\sum_l r_i^{jl}=1 \tag{6-3}$$

$$X_{i-1,i}^{j}+X_{i,i+1}^{l}\geqslant 2r_i^{jl} \tag{6-4}$$

$$r_i^{jl},X_{i,i+1}^{j}\in\{0,1\} \tag{6-5}$$

其中，式（6-1）为目标函数，以各种运输方式的运输总成本与换装总成本之和的最小化为目标，这是一个整数规划模型。式（6-2）表示从节点 i 到节点（$i+1$）之间只能选择一种运输方式。式（6-3）表示节点 i 只发生一次换装。式（6-4）是确保运输的连续性。式（6-5）表示决策变量取值 0，1。

模型求解可以选用动态规划思想，每个节点相当于动态规划的一个阶段，利用动态规划的逆序方法可以一次求取节点间的最佳运输方式。其中节点对之间的运输费用可表示如下：

$$P_{i-1}(j,l)=t_{i-1}^{jl}+QC_{i-1}^{l} \tag{6-6}$$

式中　$P_{i-1}(j,l)$——运输总费用；

t_{i-1}^{jl}——中转费用；

Q——运量；

C_{i-1}^{l}——选用第 l 种运输方式的单位运价。

【例 6-2】 假设一个运输线路上有 4 个城市，每个城市对之间有 3 种运输方式可以选择，城市对之间的运输费用和运输中转费用如表 6-2 和表 6-3 所示。假设运量 Q 为 25 个单位，试用动态规划方法求解最佳的运输方式组合。

表 6-2　各城市对之间的运价表

运输方式	城市对		
	1-2	2-3	3-4
公路	3	4	2
铁路	2	5	3
航空	4	3	3

表 6-3 批量中转费用表

运输方式转换	从公路到			从铁路到			从航空到		
	公路	铁路	航空	公路	铁路	航空	公路	铁路	航空
中转费用	0	2	1	2	0	2	1	2	0

解：①对于第三个城市。若第三个城市以公路的运输方式到达，则第三个城市与第四个城市之间选取各种运输方式的总费用如下：

$$P_3(公,公)=t_3^{公,公}+QC_{3,4}^{公}=0+25\times2=50$$

$$P_3(公,铁)=t_3^{公,铁}+QC_{3,4}^{铁}=2+25\times3=77$$

$$P_3(公,航)=t_3^{公,航}+QC_{3,4}^{航}=1+25\times3=76$$

由计算结果可得，若第三个城市以公路的运输方式到达，则第三个城市与第四个城市之间选取公路运输最佳。$P_3(公,公)=50$。

同理可得：若第三个城市以铁路或航空运输方式到达，则第三个城市与第四个城市之间均应选取公路运输最佳。$P_3(铁,公)=52$；$P_3(航,公)=51$。

②对于第二个城市。若第二个城市以公路的运输方式到达，则第二个城市与第三个城市之间选取各种运输方式的费用如下：

$$P_2(公,公)=t_2^{公,公}+QC_{2,3}^{公}+P_3(公,公)=0+25\times4+50=150$$

$$P_2(公,铁)=t_2^{公,铁}+QC_{2,3}^{铁}+P_3(铁,公)=2+25\times5+52=179$$

$$P_2(公,航)=t_2^{公,航}+QC_{2,3}^{航}+P_3(航,公)=1+25\times3+51=127$$

由计算结果可得，最小运输费用为$P_2(公,航)=127$。同理可得，以其他运输方式到达第二个城市时，均应选取航空运输方式。$P_2(铁,航)=128$；$P_2(航,航)=126$。

③对于第一个城市。若第一个城市采取不同的运输方式，则其与第二个城市间的运输费用如下：

$$P_1(公)=QC_{1,2}^{公}+P_2(公,航)=25\times3+127=202$$

$$P_1(铁)=QC_{1,2}^{铁}+P_2(铁,航)=25\times2+128=178$$

$$P_1(航)=QC_{1,2}^{航}+P_2(航,航)=25\times4+126=226$$

由计算结果可得，第一个城市应该选用铁路运输方式。各城市之间的最佳组合运输方式选择如表 6-4 所示，运输总费用为 178。

表 6-4 最佳组合的运输方式选择

城市对	运输方式
1-2	铁路
2-3	航空
3-4	公路

6.3　物流运输系统最短路径求解问题

运输线路优化主要是选择从起点到终点的最短路径，最短路径的度量单位可能是时间最短、距离最短或费用最低等。运输线路选择是运输方式选择之后的又一主要运输决策，可分为点点间运输问题、多点间运输问题及单回路运输问题，本节将有针对性地进行讨论。

6.3.1　点点间运输

对于分离的、单个起点和终点的点点间运输线路选择问题，最简单和最直观的方法是最短路径法。最短路径问题是线路优化模型理论中最为基础的问题之一，也是解决其他一些线路优化问题的有效工具。

最短路径问题，是指求解两个顶点间度量最短的路径。其中，路径长度不是指路径上边数的总和，而是指路径上各边的权值总和。路径长度的具体含义取决于边上权值所代表的意义，如费用、时间、距离等。对最短路径问题的描述为：

假设有一幅 n 个节点和 m 条弧的连通图 $G(V_n, E_m)$ ，图中的每条弧（i, j）都有一个长度 l_{ij}（费用 l_{ij})，则最短路径问题为：在连通图 $G(V_n, E_m)$ 中找到一条从节点 1 到节点 n 的距离最短（费用最低）的路径。

在考虑使用最短路径求解时，为了能够得到合理正确的解，问题模型一般需要满足一定的假设条件，如下所述。

（1）两点之间的弧线距离为整数。

（2）在连通图中，从任何一个端点 v_i 到其他所有的端点都有直接的路径，如果存在不直接相连的端点对，则可以在它们之间加上一个极大的距离，如无穷大。

（3）连通图的所有距离为非负。

（4）连通图是有方向性的。

对工程实际的研究和抽象，在最短路径问题中有四种基本原型，分别为：

（1）在连通图 $G(V_n, E_m)$ 中，从指定起始点到指定目标点之间的最短路径。

（2）在连通图 $G(V_n, E_m)$ 中，从指定起始点到所有节点之间的最短路径。

（3）在连通图 $G(V_n, E_m)$ 中，所有任意两点之间的最短路径。

（4）在连通图 $G(V_n, E_m)$ 中，经过 K 个节点的最短路径。

求此类最短路径问题主要有 Dijkstra 算法、逐次逼近算法（距离矩阵摹乘法)、Floyd 算法等，这里主要介绍 Dijkstra 算法。

Dijkstra 算法一：标号法。

Dijkstra 在 1959 年提出了按照路径长度的递增次序，逐步产生最短路径的 Dijkstra 算法。该算法可以用于求解任意指定两点之间的最短路径，也可以用于求解从指定点到其余所有节点之间的最短路径。

该算法的基本思路是：在一幅连通图 $G(V_n, E_m)$ 中，求解从 v_0 到 v_n 的最短路径时，

首先求出从 v_0 出发的一条最短路径，再参照它求出一条次短路径，依次类推，直到求出从顶点 v_0 到顶点 v_n 的最短路径为止。

Dijkstra 算法是采用标号法求解的，标号是用来标记各个节点的属性的一套符号。一般来说，根据用来标记确定节点的标号属性和标记过程的不同，有两种不同的 Dijkstra 算法：一种是标号设定算法，另一种是标号修正算法（即逐步修正标号）。

上述两种算法都是迭代算法，都是在每一步迭代中用试探性标号标记所有的试探点，通过一系列的试探寻找该步中的最短距离。标号设定算法和标号修正算法的不同点在于：标号设定算法是在每一次迭代中将得到的满意的试探标号设置为永久标号；而标号修正算法则是在每一次迭代中将得到的满意的试探标号改为临时标号，直到最后一次迭代完成之后，才将所有的临时标号转变为永久标号。这两种算法的适用范围也不完全相同，标号设定算法只适用于求解非负网络中的最短路径问题；而标号修正算法则可以解决一部分还有负路径的一般网络问题，但是，它同样不能解决路径总和为负值的问题。以下求解以标号设定算法为例。

在标号设定算法中，可用两种标号：T 标号和 P 标号，T 标号为试探标号，P 标号为永久标号，给 v_i 点一个 P 标号时，表示从 v_0 到 v_i 点的最短路径，v_i 点的标号不再改变。给 v_i 点一个 T 标号时，表示从 v_0 到 v_i 点的估计最短路径的上界，是一种临时标号，凡是没有得到 P 标号的点都有 T 标号。算法是每一步都把某一点的 T 标号改为 P 标号，当终点得到 P 标号时，则全部计算结束。对于 n 个顶点的图，最多用 $n-1$ 步就可以得到从始点到终点的最短路径。标号设定算法计算步骤如下：

（1）给 v_0 以 P 标号，$P(v_0)=0$，其余各点均给 T 标号，$T(v_0)=\infty$。

（2）若 v_i 点为刚得到的 P 标号的点，考虑这样的点 $v_j:(v_i,v_j)$：属于 E_m，且 v_j 为 T 标号。对 v_j 的 T 标号进行如下修改：$T(v_j)=[T(v_j),P(v_i)+l_{ij}]$。

（3）比较所有具有 T 标号点的值，把最小者改为 P 标号。当存在两个以上的最小者时，可同时改为 P 标号。若全部点均为 P 标号，则停止；否则，用 v_j 替代 v_i，转回（2）。

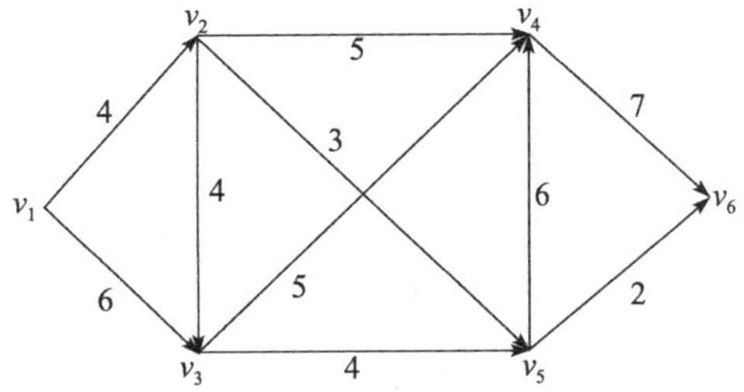

图 6-4　单向交通网络图

【例 6-3】 如图 6-4 所示为单向交通网络，用 Dijkstra 算法求从 v_1 到 v_6 点的最短路径并计算路长。

解： ①首先给 v_1 以 P 标号，$P(v_1)=0$，给其余各点均为 T 标号，$T(v_i)=\infty,(i=2,\cdots,6)$。

②由于 (v_1,v_2)，(v_1,v_3) 边属于 E，v_2、v_3 为 T 标号，所以修改这两个点的标号：

$$T(v_2)=\min[T(v_2),P(v_1)+l_{12}]=\min[+\infty,0+4]=4$$

$$T(v_3)=\min[T(v_3),P(v_1)+l_{13}]=\min[+\infty,0+6]=6$$

比较所有 T 标号，由于 $T(v_2)$ 最小，所以令 $P(v_2)=4$，记录路径 (v_1,v_2)。

③v_2为得到的 P 标号点，下面考察 (v_2,v_3)，(v_2,v_4)，(v_2,v_5) 的端点 v_3,v_4,v_5：

$$T(v_3)=\min[T(v_3),P(v_2)+l_{23}]=\min[6,4+4]=6$$

$$T(v_4)=\min[T(v_4),P(v_2)+l_{24}]=\min[+\infty,4+5]=9$$

$$T(v_5)=\min[T(v_5),P(v_2)+l_{25}]=\min[+\infty,4+3]=7$$

比较所有 T 标号，由于 $T(v_3)$ 最小，所以令 $P(v_3)=6$，记录路径 (v_2,v_3)。

④考察 v_3 点：

$$T(v_4)=\min[T(v_4),P(v_3)+l_{34}]=\min[9,6+5]=9$$

$$T(v_5)=\min[T(v_5),P(v_3)+l_{35}]=\min[7,6+4]=7$$

比较所有 T 标号，由于 $T(v_5)$ 最小，所以令 $P(v_5)=7$，记录路径 (v_3,v_5)。

⑤考察 v_5 点：

$$T(v_6)=\min[T(v_6),P(v_5)+l_{56}]=\min[+\infty,7+2]=9$$

比较所有 T 标号，$T(v_6)=T(v_4)=9$，令 $P(v_6)=P(v_4)=9$，记录路径 (v_5,v_6)。

全部计算结果如图 6-5 所示，v_1到v_6的最短路径为$v_1\to v_2\to v_5\to v_6$，路长 $P(v_6)=9$，同时可以得到 v_1 到其余各点的最短路径。

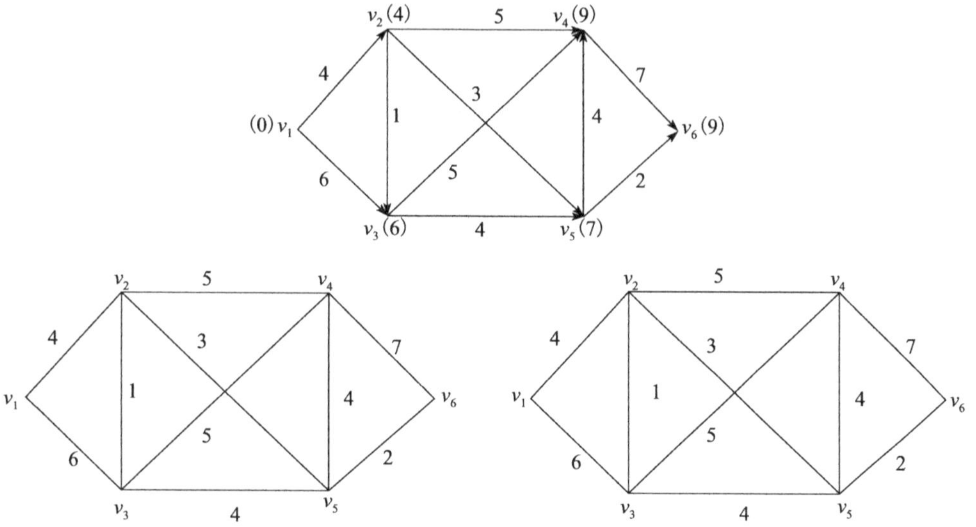

图 6-5　标号计算结果图（一）

一般交通网络均为双向交通网络，即无向流通图，图中每一条边可看成两条方向相反的权值相同的弧，其求解方法同理。

【例 6-4】 如图 6-6 所示为一般交通网络，用 Dijkstra 算法求 v_1 到 v_6 的最短路径。

解：①首先给v_1以 P 标号，$P(v_1)=0$，给其余各点均为 T 标号，$T(v_i)=\infty,(i=2,\cdots,6)$。

②由于 (v_1,v_2)，(v_1,v_3) 边属于 E，v_2、v_3 为 T 符号，所以修改这两个点的标号：

$$T(v_2)=\min[T(v_2),P(v_1)+l_{12}]=\min[+\infty,0+4]=4$$

$$T(v_3)=\min[T(v_3),P(v_1)+l_{13}]=\min[+\infty,0+6]=6$$

比较所有 T 标号，由于 $T(v_2)$ 最小，所以令 $P(v_2)=4$，记录路径 (v_1,v_2)。

③v_2 为得到的 P 标号点，下面考察 (v_2,v_3)，(v_2,v_4)，(v_2,v_5) 的端点 v_3，v_4，v_5：

$$T(v_3)=\min[T(v_3),P(v_2)+l_{23}]=\min[6,4+1]=5$$

$$T(v_4)=\min[T(v_4),P(v_2)+l_{24}]=\min[+\infty,4+5]=9$$

$$T(v_5)=\min[T(v_5),P(v_2)+l_{25}]=\min[+\infty,4+3]=7$$

比较所有 T 标号，由于 $T(v_3)$ 最小，所以令 $P(v_3)=5$，记录路径 (v_1,v_3)。

④考察 v_3 点：

$$T(v_4)=\min[T(v_4),P(v_3)+l_{34}]=\min[9,5+5]=9$$

$$T(v_5)=\min[T(v_5),P(v_3)+l_{35}]=\min[7,5+4]=7$$

比较所有 T 标号，由于 $T(v_5)$ 最小，所以令 $P(v_5)=7$，记录路径 (v_2,v_5)。

⑤考察 v_5 点：

$$T(v_6)=\min[T(v_6),P(v_5)+l_{56}]=\min[+\infty,7+2]=9$$

比较所有 T 标号，$T(v_6)=T(v_4)=9$，令 $P(v_6)=P(v_4)=9$，记录路径 (v_5,v_6)。

全部计算结果如图 6-7 所示，v_1到v_6的最短路径为$v_1\to v_2\to v_5\to v_6$，路长$P(v_6)=9$，同时可以得到 v_1 到其余各点的最短路径。

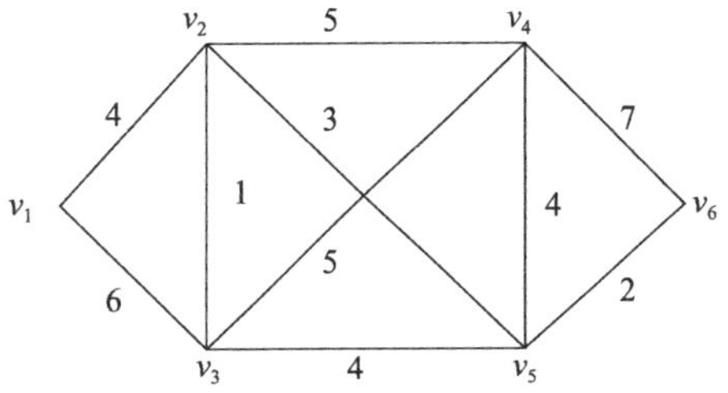

图 6-6 双向交通网络图（无向连通图）

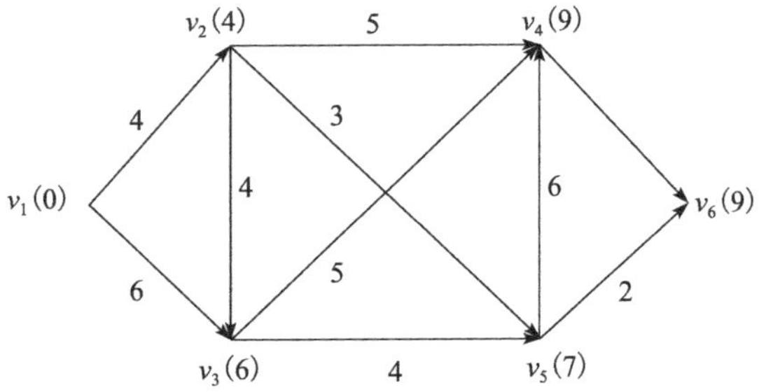

图 6-7 标号计算结果图（二）

用标号设定的 Dijkstra 算法对点点间运输问题求解时，有以下两个方面的局限性。

①用不定长的弧定义非对称连通图中的最短路径问题。

②连通图中没有距离为负的弧。

对于含有负距离的连通图中的最短路径问题，当满足一些特定条件时，可以用标号修改的 Dijkstra 算法、逐次逼近算法或者 Floyd 算法等来求解。

Dijkstra 算法二：表上作业法。

"表上作业法"的优选方法（原则）：

（1）先向上看，再向左看。

（2）上顶头，右顶边。

（3）取最小值。

【例 6-5】 城市双向交通网络图如图 6-8 所示。节点代表城市，连线代表城市间的公路运输线，线上数字代表公路里程，试用 Dijkstra 算法（“表上作业法”）求解城市 1 到城市 7 的最短路径及路长。

（要求：不需要写出运算过程；在 Dijkstra 作业表的括号中，填写部分城市 P 标号值，如表 6-5 和表 6-6 所示；在标号计算结果图的括号中，填写每个城市最短路径的路长，如图 6-9 所示。）

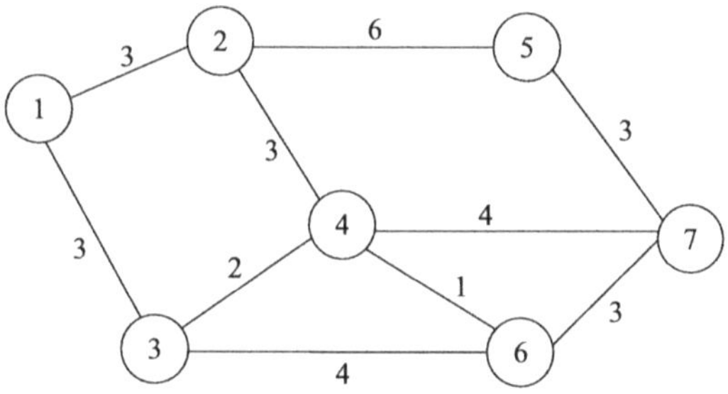

图 6-8　双向交通网络图

解： 运用“表上作业法”求解城市 1 到城市 7 的最短路径及路长。城市①－⑦标记为 v_1-v_7：

表 6-5　Dijkstra 作业表 1（若 v_2 为得到的 P 标号点）

	v_1	v_2	v_3	v_4	v_5	v_6	v_7
1	T，∞	T，∞	T，∞	T，∞	T，∞	T，∞	T，∞
2	P，0	T，3	T，3				
3		P，3		T，6	T，9		
4			（P，3）	T，5		T，7	
5				（P，5）		T，6	T，9
6						P，5	T，9
7					P，9		T，12
8							（P，9）

由表 6-5 可知，v_1 到 v_7 的最短路径为 $v_1\to v_3\to v_4\to v_7$，路长为 $P(v_7)=9$。

表 6-6　Dijkstra 作业表 2（若 v_3 为得到的 P 标号点）

	v_1	v_2	v_3	v_4	v_5	v_6	v_7
1	T，∞	T，∞	T，∞	T，∞	T，∞	T，∞	T，∞
2	P，0	T，3	T，3				
3			P，3	T，5		T，7	
4		（P，3）		T，6	T，9		
5				（P，5）		T，6	T，9
6						P，6	T，9
7					P，9		T，12
8							（P，9）

由表 6-6 可知，v_1 到 v_7 的最短路径为 $v_1 \to v_3 \to v_4 \to v_7$，路长为 $P(v_7)=9$。

综上所述，城市 1 到城市 7 的最短路径为 $v_1 \to v_3 \to v_4 \to v_7$，路长为 $P(v_7)=9$。

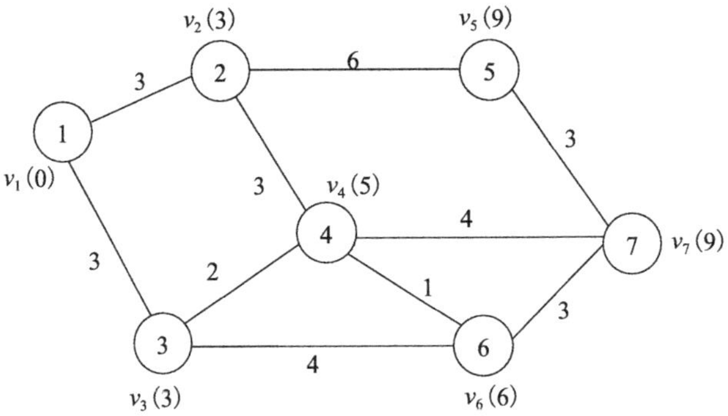

图 6-9　标号计算结果图

6.3.2　多点间运输（Floyd 算法）

多点间运输问题是指起始点或目的地不唯一的运输调配问题。相对来说，多点间的运输调配问题更为复杂。

多点间运输中最为常见的问题是产销平衡运输问题，它们设计的总供应能力和总需求是一样的，但是由不同的路径进行配送时，会导致最终的总运输费用不一样。这类问题的目标，就是寻找最低的总运输费用。在这类问题中，一般有 m 个已知的供应点，同时还有 n 个已知的需求点，它们之间由一系列代表距离或者成本的权重值连接起来。

产销平衡运输问题的数学模型可表示如下：

$$\min z = \sum_{i=1}^{m}\sum_{j=1}^{n} c_{ij}x_{ij} \tag{6-7}$$

$$\text{s.t.} \quad \sum_{j=1}^{n} x_{ij} = a_i, i = 1,2,\cdots,m \tag{6-8}$$

$$\sum_{i=1}^{m} x_{ij} = b_j, j = 1,2,\cdots,n \tag{6-9}$$

$$\sum_{i=1}^{m} a_i = \sum_{j=1}^{n} b_j \tag{6-10}$$

$$x_{ij} \geqslant 0, i = 1,2,\cdots,m; j = 1,2,\cdots,n \tag{6-11}$$

在模型中，目标函数表示运输总费用最小；式（6-8）的意义是由某一产地运往各个销售地的物品数量之和等于该产地的产量；式（6-9）是指由各产地运往某一销售地的物品数量之和等于该产地的销量；式（6-10）表示总产量和总销量平衡；式（6-11）为决策变量非负条件。

产销平衡运输问题有如下特点：

（1）约束条件系数矩阵的元素等于 0 或者 1；

（2）约束条件系数矩阵的每一列有两个非零元素，对应每一个变量在前 m 个约束方程中出现一次，在后 n 个约束方程中也出现一次；

（3）所有结构约束条件都是等式约束；

（4）各产地产量之和等于各销售地销量之和。

多点间的运输问题，目前主要有两大类求解方法。其中有相对比较精确的求法——单纯形法。但是由于运输问题数学模型具有特殊的结构，应用单纯形法时会有许多冗余的计算。

另外一种方法叫作表上作业法，即将运输问题用表格的形式描述，并通过在表格上面的操作来完成求解。表上作业法适合于比较简单的问题求解，求解过程直观，计算量不大，可以手工完成。表上作业法是一种迭代算法，迭代计算步骤为：先按照某种规则找出一个初始解（初始调运方案）；再对现行解做最优性判别；若这个解不是最优解，就在运输表上对它进行调整改进，得到一个新解；再判别，再改进；直到得到运输问题最优解为止。迭代过程中得出的所有解都要求是运输问题的可行解。

【例 6-6】 某公司下设 3 个加工厂，每日的产量分别为 A_1（6 吨），A_2（7 吨），A_3（6 吨）。公司把这些产品分销给 4 个销售地。各个销售地每日销量为 B_1（4 吨），B_2（5 吨），B_3（6 吨），B_4（4 吨）。已知从各个加工厂到各个销售地的单位产品运价如表 6-7 所示。那么在满足各销售地需求量的前提下，该公司应该如何调运产品，使得总运费最少？

表 6-7　单位产品运价表

产地	销售地			
	B_1	B_2	B_3	B_4
A_1	3	10	4	3
A_2	2	9	1	6
A_3	7	4	10	5

解：（1）确定初始可行解。确定初始可行解的方法有很多，一般希望的方法是既简便又尽可能接近最优解，可用最小元素法、西北角法和伏格尔法，这里以伏格尔法为例。在伏格尔法求解中，假如一个产地的产品不能按最小运费就近供应，则考虑次最小运费，这样就有一个差额。差额越大，说明不能按最小运费调运时，运费增加就越多。因而对差额最大处，就应该采用最小运费调运。伏格尔法的具体步骤如下。

1）在表 6-8 中分别是各行和各列的最小运费和次最小运费的差额，将其填入该表的最右列和最下行，如表 6-9 所示。

表 6-8　产销平衡表（一）

产地	销售地				
	B_1	B_2	B_3	B_4	产量
A_1					6
A_2					7
A_3					6
销量	4	5	6	4	

表 6-9 产销平衡表（二）

产地	销售地				
	B_1	B_2	B_3	B_4	行差额
A_1	3	10	4	3	0
A_2	2	9	1	6	1
A_3	7	4	10	5	1
列差额	1	5	3	2	

2）从行或列的差额中选出最大者，再选择它所在行或列中的最小元素。在表 6-9 中，B_2 是最大差额所在列。B_2 列中的最小元素为 4，在最小元素的位置上填入尽可能多的运输量，本例中可确定 A_3 的产品先供应 B_2，满足 B_2 的所有需求，得到表 6-10，而此时，B_2 的需求量得到了全部满足，因此将运价表中的 B_2 列划去，如表 6-11 所示。

表 6-10 产销平衡表（三）

产地	销售地				
	B_1	B_2	B_3	B_4	产量
A_1					6
A_2					7
A_3		5			6
销量	4	5	6	4	

表 6-11 产销平衡表（四）

产地	销售地				
	B_1	B_2	B_3	B_4	行差额
A_1	3	10	4	3	0
A_2	2	9	1	6	1
A_3	7	4	10	5	2
列差额	1	5	3	2	

3）对表 6-11 中未划去的元素再分别计算出各行、各列的最小运费和次最小运费的差额，并填入该表的最右列和最下行，重复步骤 2），直到给出初始解。本例的初始解如表 6-12 所示。

表 6-12 产销平衡表（五）

产地	销售地				
	B_1	B_2	B_3	B_4	产量
A_1	3			3	6
A_2	1		6		7
A_3		5		1	6
销量	4	5	6	4	

（2）最优解的判别。最优解的判别可采用闭回路法和位势法。用闭回路法求检验数时，需要每一空格找一条闭回路，当产销点很多时，这种计算很繁杂。所以这里主要介绍位势法。

根据伏格尔法得到的初始解，如表 6-13 所示，在对应表 6-12 的数字格处填入运价。根据方程组得到相应的位势 u_i 和位势 v_j 值。

$$u_{i_1}+v_{j_1}=c_{i_1j_1}$$

$$u_{i_2}+v_{j_2}=c_{i_2j_2}$$

$$\cdots\cdots$$

$$u_{i_s}+v_{j_s}=c_{i_sj_s}$$

$$s=m+n+1$$

表 6-13　产销平衡表（六）

产地	销售地				
	B₁	**B₂**	**B₃**	**B₄**	u_i
A₁	3		1	3	0
A₂	2				−1
A₃		4		5	2
v_j	3	2	2	3	

然后，根据求解检验数 σ_{ij} 的公式 $\sigma_{ij}=c_{ij}-(u_i+v_j)$ 得到检验数表格，如表 6-14 所示。

表 6-14　产销平衡表（七）

产地	销售地				
	B₁	**B₂**	**B₃**	**B₄**	u_i
A₁	$\boxed{3}$ 0	$\boxed{10}$ 8	$\boxed{4}$ 2	$\boxed{3}$ 0	0
A₂	$\boxed{2}$ 0	$\boxed{9}$ 8	$\boxed{1}$ 0	$\boxed{6}$ 4	−1
A₃	$\boxed{7}$ 2	$\boxed{4}$ 0	$\boxed{10}$ 6	$\boxed{5}$ 0	2
v_j	3	2	2	3	

表 6-14 中没有负检验数，说明得到最优解，若有负检验数，说明未得到最优解，还可以改进。

（3）改进的方法：闭回路方法。当在表中空格处出现负检验数时，表明未得到最优解。若有两个或两个以上的负检验数时，一般选其中最小的负检验数，以它对应的空格为调入格，即以它对应的非基变量为换入变量，以此格为出发点，作为闭回路。空格中的调入量为具有（–1）数字格中的最小者。调整方案后再接着检验，直到得到最优解。例题中用位势法已经求得最优解，不需要用闭回路方法改进，故表 6-12 中给出的调运方案即为最优解，求得最小总运费为 51。

另外，表上作业法存在无穷多最优解和退化等问题，此类问题在运筹学中已有介绍，这里不再赘述。

6.3.3 单回路运输（TSP 模型及求解）

单回路运输问题是指在运输路线优化时，在一个节点集合中，选择一条合适的路径遍历所有的节点，并且要求闭合。在运输决策中，单回路运输模型主要用于单一车辆的路径安排，目标是在该车辆遍历所有用户的同时，达到所行驶的距离最短。这类问题的两个显著特点是：①单一性，只有一个回路；②遍历性，经过所有用户，不可遗漏。

1.TSP 模型

旅行商问题（traveling salesman problem，TSP）是单回路运输问题中最为典型的一个问题，它指的是一个旅行商从某一城市出发，到 n 个城市去售货，要求访问每个城市各一次且仅一次，然后回到原城市，问这个旅行商应该走怎样的路线才能使走过的总里程最短（或旅行费用最低）。到目前为止，对 TSP 问题还没有提出多项式算法，是一个典型的 NP-Hard 问题，对于较大规模的问题（如 n 大于 40）常要通过启发式算法获得近似最优解。

TSP 模型可以描述如下；在给出一个有 n 个顶点的连通图（有向或无向）中，寻求一条包括所有 n 个顶点的具有最小总权（可以是距离、费用、时间等）的回路。

TSP 模型的数学描述为：

$$\min z=\sum_{i=1}^{n}\sum_{j=1}^{n}c_{ij}x_{ij} \tag{6-12}$$

$$\text{s.t}\quad \sum_{j=1}^{n}x_{ij}=1,\quad i=1,2,\cdots,n \tag{6-13}$$

$$\sum_{i=1}^{n}x_{ij}=1,\quad j=1,2,\cdots,n \tag{6-14}$$

$$\left\{(i,j):i,j=2,\cdots,n;x_{ij}=1\right\}\text{不包括子回路} \tag{6-15}$$

$$x_{ij}\in\left\{0,1\right\},i=1,2,\cdots,n;j=1,2,\cdots,n \tag{6-16}$$

其中，决策变量 $x_{ij}=0$，表示不连接 i 到 j 的边；$x_{ij}=1$，表示连接 i 到 j 的边。c_{ij}是 i 到 j 边上的权数。式（6-13）表示每个顶点只有一条边出去；式（6-14）表示每个顶点只有一条边进入；只有式（6-13）与式（6-14）两个约束条件，可能会出现子回路现象，即出现多条回路，因此需要加上式（6-15）这一约束，即除了起点边与终点边以外，其他选中的边不构成回路。对于如何列出消除子回路的约束条件式子，后面再讨论。这个模型是

0-1 整数规划问题。对于此模型的小规模问题求解可用分支定界法，可选用一些现成的优化软件；对于大规模问题也可用现代优化技术，如模拟退火算法、禁忌搜索、遗传算法、蚁群优化算法等启发式算法。当然，对于不同规模的问题，可选用其他简便可行的启发式算法来求解，如节约算法等。节约算法将在下一节中介绍，下面介绍两种较简单的启发式算法。

2. 最近邻点法

最近邻点法虽然十分简单，但是得到的解并不十分理想，因而有很大的改善余地。该算法计算快捷，但精度低，可以作为进一步优化的初始解。

最近邻点法可以由以下四步完成：

（1）从零点开始，作为整个回路的起点；

（2）找到离刚刚加入回路的上一顶点最近的一个顶点，并将其加入回路中；

（3）重复第二步，直到所有顶点都加入回路中；

（4）将最后一个加入的顶点和起点连接起来。

这样就构成了一个 TSP 问题的解。

【例 6-7】 现有一个工厂（位置在 v_1 处）每天用一辆车给固定区域内的 5 个仓库送货，要求货车到每个仓库只能去一次，送完货后返回工厂。这些仓库间的距离矩阵如表 6-15 所示，距离具有对称性，它们的相对位置如图 6-10 所示，设计一条派送货物行驶距离最短的路径。

表 6-15　距离矩阵

元素	v_1	v_2	v_3	v_4	v_5	v_6
v_1	—	9	8	6	7	12
v_2		—	6	15	18	16
v_3			—	14	8	7
v_4				—	4	10
v_5					—	6
v_6						—

解： 先将节点 v_1 加入回路中，$T=\{v_1\}$。从节点 v_1 出发，比较其到节点 2、3、4、5、6 的距离，选择最小值，加入回路中。从距离矩阵中可知，从节点 v_1 到节点 v_4 的距离最小，为 6。因此，将节点 v_4 加入回路中，$T=\{v_1,v_4\}$。然后从节点 v_4 出发，观察离节点 v_4 最近的节点（除了回路中已经有的节点），得到节点 v_5，将节点 v_5 加入回路中，$T=\left\{v_1,v_4,v_5\right\}$。

从节点 v_5 出发，同理找到节点 v_6。依次分别再将 v_3、v_2 加入回路中，得到最后的解为：$T=\left\{v_1,v_4,v_5,v_6,v_3,v_2,v_1\right\}$。线路图如图 6-11 所示。

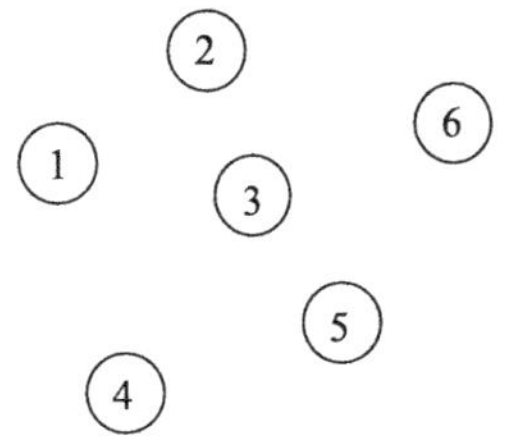

图 6-10 节点的相对位置

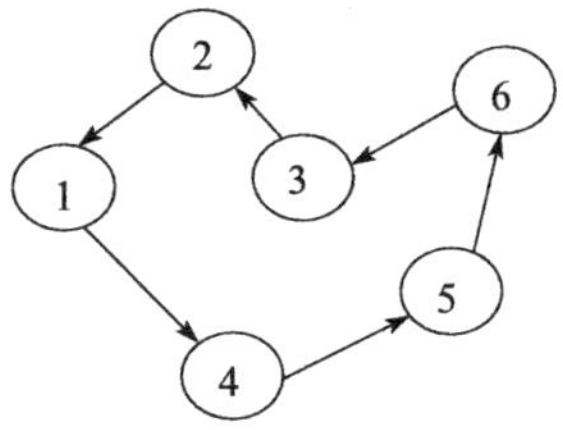

图 6-11 最近邻点法求解结果

总的行驶距离为：$D=6+4+6+7+6+9=38$。

3. 最近插入法

最近插入法虽然比最近邻点法复杂，但是可以得到相对比较满意的解。

最近插入法也是由四个步骤完成的：

（1）找到距离 c_{ik} 最小的节点，形成一个子回路 (v_i, v_k)。

（2）在剩下的节点中，寻找一个距离子回路中某一个节点最近的节点。

（3）在子回路中找到一条弧 (i,j)，使得 $c_{ik}+c_{kj}-c_{ij}$ 最小，然后将节点 v_k 加入子回路中，插入节点 v_i 和 v_j 之间；用两条新弧 $(i,k)(k,j)$ 代替原来的弧 (i,j)。

（4）重复步骤（2）、（3），直到所有的节点都加入子回路中。

下面用最近插入法对例 6-7 求解。

比较表 6-15 中从出发点的所有路径的大小，得出 $c_{14}=6$，则由节点 v_1 和 v_4 构成一个子回路，$T=\{v_1,v_4,v_1\}$。

然后考虑剩下的节点 v_2,v_3,v_5,v_6 到子回路 $T=\{v_1,v_4,v_1\}$ 某一节点的最小距离，求得节点 v_5，$c_{45}=4$，将节点 v_5 插入 v_1 和 v_4 之间，构成新的回路 $T=\{v_1,v_4,v_5,v_1\}$。

同理，接着找到 $v_6, c_{56}=6$。但是 v_6 应该插入的具体位置需要进一步计算分析：

（1）插入（1，4）之间，$\Delta=c_{16}+c_{46}-c_{14}=16$；

（2）插入（4，5）之间，$\Delta=c_{46}+c_{56}-c_{45}=12$；

（3）插入（5，1）之间，$\Delta=c_{56}+c_{61}-c_{51}=11$。

分析可得 v_5 插入（5，1）之间距离增量最小，所以节点 v_6 应该插入到 v_5 和 v_1 之间，结果为 $T=\{v_1,v_4,v_5,v_6,v_1\}$。同理，可将节点 v_3、v_2 依次插入，可得到最终解为 $T=\{v_1,v_4,v_5,v_6,v_3,v_2,v_1\}$，如图 6-12 所示。

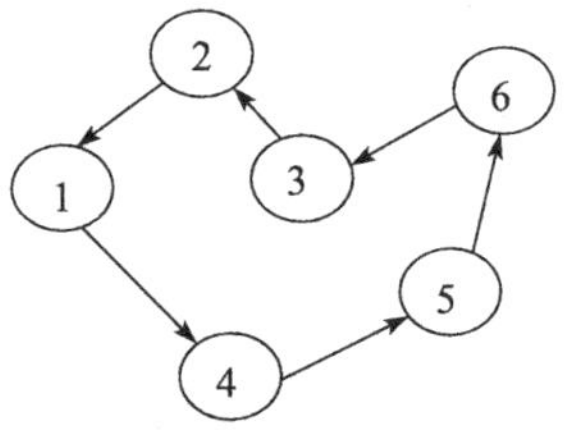

图 6-12 用最近插入法求解结果

总行驶距离为：$D=6+4+6+7+6+9=38$。

一般来说，用最近插入法求得的解比用最近邻点法求得的解更优越，但其计算量较大。

下面讨论用 LINGO 优化软件来求 TSP 问题。用优化软件求解的前提条件是要写出消去子回路的约束条件，即写出式（6-15）的等式或不等式。在消去子回路的方法中，最有名的是 Dantzig 等在 1954 年提出的下列不等式集：

$$\sum_{i\in S}\sum_{j\in S}X_{ij}\leqslant|S|-1\forall S\subseteq\{2,\cdots,n\},\qquad |S|\geqslant 2$$

式中　S——顶点集的子集；

$|S|$——顶点子集中的顶点数。

但这些约束条件还比较难表达。Desrochers 等在 1991 年提出了一个比较好的消去子回路的方法。

这个方法对 n 个顶点采用连续标号法来处理，从 0 标到 n-1，设 $L(i)$ 为节点 i 的标号，当从节点 i 连接到节点 j 时，即$x_{ij}=1$，则有 $L(j)=L(i)+1$；当从节点 j 连接到节点 i 时，即$x_{ij}=1$，同样有 $L(j)=L(i)-1$；当节点 i 与节点 j 不连通时，即$x_{ij}=0$，$x_{ji}=0$，$L(j)-L(i)\geqslant 2-n$。综合上述讨论，则有式子：$L(j)\geqslant L(i)+x_{ij}-(n-2)(1-x_{ij})+(n-3)x_{ij}$。$j>1$，$j\neq i$，可作为消去子回路法的约束条件，同时，对于从起点出发的第一个顶点 i，则有 $x_{li}=1$，$L(i)=1$，对于回到起点的最后一个顶点 i，则有 $x_{ij}=1$，$L(i)=n-1$，对于其他顶点 i，则有 $1<L(i)<n-1$。综合这些讨论，则有：$L(i)\leqslant n-1-(n-2)x_{li}$ 与 $L(i)\geqslant 1+(n-2)x_{il}$。因此，整个 TSP 模型的描述如下：

$$\min\sum_i\sum_j c_{ij}x_{ij}\tag{6-17}$$

s.t.

$$\sum_j x_{ij}=1,\quad i=1,\cdots,n\tag{6-18}$$

$$\sum_i x_{ij}=1,\quad j=1,\cdots,n\tag{6-19}$$

$$L(j)\geqslant L(i)+x_{ij}-(n-2)(1-x_{ij})+(n-3)x_{ji}\quad j>1,j\neq i\tag{6-20}$$

$$L(i)\leqslant n-1-(n-2)x_{li}\quad i>1\tag{6-21}$$

$$L(i)\geqslant 1+(n-2)x_{il}\quad i>1\tag{6-22}$$

$$x_{ij}\in\{0,1\}\quad i\neq j\tag{6-23}$$

同样以例 6-7 为例，应用 LINGO 优化软件来求解。LINGO 软件的程序如下所示：

```
MODEL:
    SETS:
        CUST/1..6/: U;
        LINK(CUST, CUST): DIST, X;
    ENDSETS

DATA:
    DIST=
         0   9    8   6   7  12
         9   0    6  15  18  16
         8   6    0  14   8   7
         6  15   14   0   4  10
         7  18    8   4   0   6
        12  16    7  10   6   0;
```

```
ENDDATA
    N=@SIZE(CUST)
    MIN=@SUM(LINK: DIST * X);
    @FOR(CUST(K):
        @SUM(CUST(I) | I# NE # K: X(I, K))=1;
        @SUM(CUST(J) | J# NE # K: X(K, J))=1;
        @FOR(CUST(J) | J# GT # 1 # AND # J # NE #K:
            U(J) >=U(K) + X(K, J)-
                (N-2)*(1-X(K, J))+
                (N-3)*X(J, K)
    );
);
@FOR( LINK: @BIN( X));
@FOR( CUST( K) | K # GT # 1:
    U(K) <= N —— (N - 2) * X(1, K);
    U(K) >= 1  +( N-2) * X( K, 1)
    );
END
```

经过计算，得到的全局最优解与采用前面方法得到的解相同，即全局最优解为 $T=\{v_1,v_4,v_5,v_6,v_3,v_2,v_1\}$，里程数为 38。

6.3.4 多回路运输

1. VRP 模型

车辆调度问题（vehicle routing problem，VRP）在现实中普遍存在，特别对于有大量服务对象的实体，例如拥有上千个客户的公司，当有车辆运输服务时，由于条件的限制，不能用一条回路来完成任务，需要用多条回路来运输。解决此类调配问题时，核心问题是如何对车辆进行调度。

所谓 VRP，一般是指对一系列发货点和收货点，组织调用一定的车辆，安排适当的行车路线，使车辆有序地通过，在满足指定的约束条件下（货物的需求量与发货量、交货发货时间、车辆可载量限制、行驶里程限制、行驶时间限制等），力争实现一定的目标（如车辆空驶总里程最短、运输总费用最低、车辆按一定时间到达、使用的车辆数量少等）。

车辆路线调度问题的分类法有很多，例如，根据车辆是否满载可分为满载问题与非满载问题；根据任务特征可分为纯装、纯卸或装卸混合问题；根据使用的车场数目可分为单车场问题与多车场问题；根据可用车辆的车型数可分为单车型问题与多车型问题；等等。

运用 VRP 模型对实际问题进行研究时，需要考虑以下几个方面的问题：

（1）仓库，仓库级数，每级仓库的数量、地点与规模；

（2）车辆，车辆型号和数量，容积和运作费用，出发、返回、司机休息的时间，最大的里程和时间限制；

（3）时间窗，各处的工作时间不同，需要相互协调；

（4）顾客，顾客需求、软硬时间窗、装载或卸载、所处位置、优先级；

（5）道路信息，车辆密度、道路交通费用、距离或时间属性；

（6）货物信息，货物种类、兼容性和保鲜要求；

（7）运输规章，工人每天工作时间规定，车辆的周期维护。

一个典型的 VRP 模型可以表述如下：

（1）基本条件。现有 m 辆相同的车辆停靠在一个共同的源点 v_0，需要给 n 个顾客提供货物，顾客为 $v_1, v_2, v_3, \cdots, v_n$。

（2）模型目标。确定所需要的车辆的数目 N，并指派这些车辆到一个回路中，同时包括回路内的路径安排和调度，使得运输总费用 C 最小。

（3）限制条件：

1）$N \leqslant m$；

2）每一个订单都要完成；

3）每辆车完成任务之后都要回到源点；

4）不能超过车辆的容量限制，特殊情况下还需要考虑时间的限制；

5）运输规章的限制。

情况不同，车辆优化调度问题的模型及构造也都有很大差别。为简化车辆优化调度问题的求解，常常应用一些技术使问题分解或转化为一个或几个已经研究过的基本问题，再用相应的比较成熟的基本理论和方法，以得到原问题的最优解或满意解。VRP 常用的基本问题有旅行商问题、分派问题、运输问题、背包问题、最短路径问题、最小费用流问题和中国邮递员问题。

下面以扫描算法为例，求解 VRP 问题。

2. 扫描算法

扫描算法分四个步骤完成：

（1）以起始点作为极坐标系的原点，并将连通图中的任意一个顾客点和原点的连线定义为角度零，建立极坐标系。然后对所有顾客所在的位置，进行坐标系的变换，全部都转换为极坐标系。

（2）分组。从最小角度的顾客开始，建立一个组，按逆时针方向将顾客逐个加入组中，直到顾客的需求总量超出了负载限制。然后建立一个新的组，继续按照逆时针方向全部都转换为极坐标系。

（3）重复步骤（2）的过程，直到所有的顾客都被分类为止。

（4）路径优化。各个分组内的顾客点，就是一个个单独的 TSP 模型的线路优化问题，可以用前面介绍的 TSP 模型的方法对结果进行优化，选择一个合理的路线。

【例 6-8】 现有一个仓库，需要对 8 个客户提供货物，它们的需求量及极坐标的角坐标值如表 6-16 所示，它们的距离矩阵如表 6-17 所示。

表 6-16　需求量及极坐标的角坐标值

顾客	1	2	3	4	5	6	7	8
需求量（单位）	6	4	5	3	6	2	3	4
角坐标 / 度	130	50	90	280	210	250	330	310

表 6-17　距离矩阵

C_{ij}	v_0	v_1	v_2	v_3	v_4	v_5	v_6	v_7	v_8
v_0	—	11	10	10	7	12	13	11	13
v_1		—	15	8	16	14	15	16	15
v_2			—	6	15	16	18	8	12
v_3				—	12	13	13	12	11
v_4					—	7	5	4	8
v_5						—	2	10	9
v_6	v_1						—	11	10
v_7								—	4
v_8									—

设每个车辆的运输能力是 14 个单位的货物，现有足够多的车辆。试用扫描算法对该运输问题进行求解。

解：①建立极坐标系，本例题中已经直接给出，如图 6-13 所示。

②分组过程，从角度为零向逆时针方向进行扫描，第一个被分组的是顾客 2，LOAD1 = 4；继续转动，下一个被分组的是顾客 3，LOAD1 = 4 + 5 = 9。由于负载还没有超过限制 LOAD LIMIT = 14，继续转动。下一个被分组的是顾客 1，如果继续分到一组，则 LOAD1 = 4 + 5 + 6 = 15 > 14 = LOAD LIMIT。按照此分组规则，需要一个新的组，这样在第一个组里面只有顾客 1 和 3。在第二组中有顾客 1，LOAD2 = 6，继续上面的步骤，直到所有顾客均被分配完毕。这时得到如图 6-14 所示的分配结果。

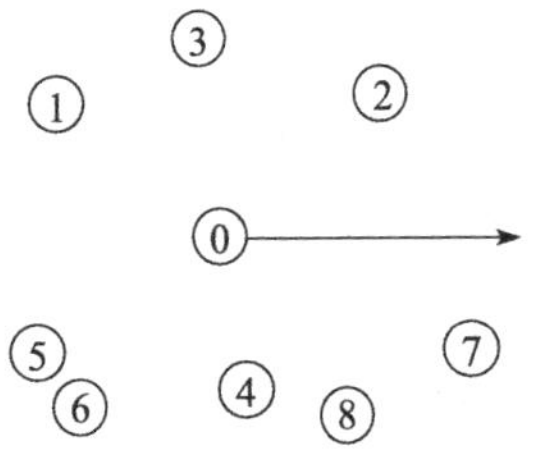

图 6-13　顾客和仓库位置

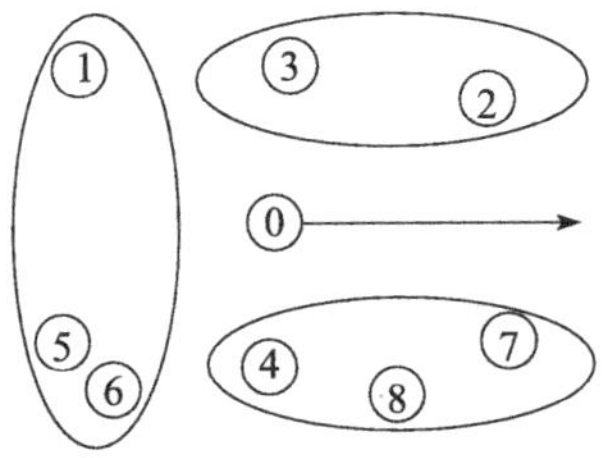

图 6-14　扫描算法求解结果

③组内的线路优化。对上面的三个组，每个组都是单回路运输问题，可用 TSP 模型进行路径优化。用 TSP 的最近插入法求解，可求得结果为这三条线路 $v_0 \to v_4 \to v_7 \to v_8 \to v_0$, $v_0 \to v_6 \to v_5 \to v_1 \to v_0$, $v_0 \to v_3 \to v_2 \to v_0$，运输量分别为 10、14、9，总里程数为 94。

3. 节约算法

节约算法是克拉克（Clark）和怀特（Wright）在 1964 年提出的，又称为 C-W 节约算法（见图 6-15）。

（1）核心思想。将运输问题中存在的两个回路（$0,\cdots,i,0$）和（$0,j,\cdots,0$）合并成为一个回路（$0,\cdots,i,j,\cdots,0$），在上述合并操作中，整个运输的总距离将会发生变化，如果变化后总的运输距离下降，则节约了运输距离。此节约距离为节约值 $s(i,\ j)$，其计算公式为：$\Delta c_{ij}=c_{i0}+c_{0j}-c_{ij}=s(i,j)$。

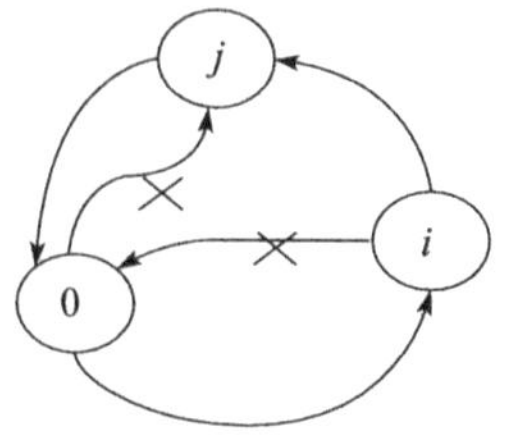

图 6-15　节约算法示意

（2）求解步骤

第一步：计算各点到源点 0 的距离，以及各点间的距离；同时计算点 i 和点 j；连接后的费用节约值是 $s(i,\ j)$。节约算法的初始解是将各送货点与源点相连，构成一条仅含一个送货点的送货线路。

第二步：若 $s(i,\ j)$ 的值均为 0 或空时，则终止。否则，计算 $s(i,\ j)$ 中求出值为最大的那一项，进入下一步。

第三步：考察对应的 $(i,\ j)$，若满足下述条件之一，则转第五步，否则转下步。

1）点 i 和点 j 均不在线路上；

2）点 i 不在线路上，点 j 为线路的起点或终点；

3）点 i 为一线路的终点，而点 j 为另一线路的起点。

第四步：判断点 i 和点 j 是否交换过。若没有，交换后转第三步，否则转第七步。

第五步：约束条件计算。计算连接点 i 和点 j 后线路的总货运量 Q，若 $Q\leqslant q$，并满足其他约束条件，则转下步，否则转第七步。

第六步：连接点 i 和点 j，将该 $s(i,\ j)$ 的值赋为 0 或空，并将已成为回路中间的点所涉及的 $s(i,\ j)$ 值也赋为 0 或空，转第二步。

第七步：将该 $s(i,\ j)$ 的值赋为 0 或空，转第二步。

对于 VRP 求解问题，还有不少其他启发式算法，在解决实际问题时，可同时用几种算法，从中选取最好的结果。

【例 6-9】 以例 6-8 为例，用节约算法计算配送线路的安排。

解：①首先根据表 6-17 距离矩阵计算出各点间的节约值矩阵表，如表 6-18 所示。

表 6-18　节约值矩阵表（一）

S_{ij}	v_1	v_2	v_3	v_4	v_5	v_6	v_7	最大值
v_1	0							
v_2	6	0						
v_3	13	14	0					
v_4	2	2	5	0				
v_5	9	6	9	12	0			
v_6	9	5	10	15	23	0		

（续）

S_{ij}	v_1	v_2	v_3	v_4	v_5	v_6	v_7	最大值
v_7	6	13	9	14	13	13	0	
v_8	9	11	12	12	16	16	20	
最大值	13	14	12	15	23	16	20	23

②从表 6-18 中选出节约值最大值为 23，其对应的两个顶点为 5、6。5、6 两处的需求量之和为 8，未超过一辆车的运输能力 14，因此，连接 5、6 成回路，即 0-5-6-0。再将顶点 5 与 6 的节约值赋为 0。结果如表 6-19 所示。

表 6-19 节约值矩阵表（二）

S_{ij}	v_1	v_2	v_3	v_4	v_5	v_6	v_7	最大值
v_1	0							
v_2	6	0						
v_3	13	14	0					
v_4	2	2	5	0				
v_5	9	6	9	12	0			
v_6	9	5	10	15	0	0		
v_7	6	13	9	14	13	13	0	
v_8	9	11	12	12	16	16	20	
最大值	13	14	12	15	16	16	20	20

③从表 6-19 中再选出节约值最大值为 20，其对应的两个顶点为 7、8。7、8 两处的需求量之和为 7，未超过一辆车的运输能力 14，因此，连接 7、8 成回路，即 0-7-8-0。再将顶点 7 与 8 的节约值赋为 0。结果如表 6-20 所示。

表 6-20 节约值矩阵表（三）

S_{ij}	v_1	v_2	v_3	v_4	v_5	v_6	v_7	最大值
v_1	0							
v_2	6	0						
v_3	13	14	0					
v_4	2	2	5	0				
v_5	9	6	9	12	0			
v_6	9	5	10	15	0	0		
v_7	6	13	9	14	13	13	0	
v_8	9	11	12	12	16	16	0	
最大值	13	14	12	15	16	16	0	16

④从表 6-20 中再选出节约值最大值为 16，其对应的两个顶点为 5、8 或 6、8。如连接 5 与 8，则上述两条回路合并，其总需求量为 15，超过一辆车的运输能力 14，因此，5 和 8 不能连接，同样 6 和 8 也不能连接，则将顶点 5、8 和 6、8 的节约值赋为 0。结果如

表 6-21 所示。

表 6-21　节约值矩阵表（四）

S_{ij}	v_1	v_2	v_3	v_4	v_5	v_6	v_7	最大值
v_1	0							
v_2	6	0						
v_3	13	14	0					
v_4	2	2	5	0				
v_5	9	6	9	12	0			
v_6	9	5	10	15	0	0		
v_7	6	13	9	14	13	13	0	
v_8	9	11	12	12	0	0	0	
最大值	13	14	12	15	13	13	0	15

⑤从表 6-21 中再选出节约值最大值为 15，其对应的两个顶点为 4、6。如连接 4 与 6，则形成回路 0-5-6-4-0，其总需求量为 11，未超过一辆车的运输能力 14，因此，连接 4、6 成新回路，即 0-5-6-4-0。再将顶点 4 与 6 的节约值赋为 0，同时，由于顶点 6 成为回路的中间点，则与顶点 6 相关的节约值都赋为 0，表示顶点 6 不可能再与其他点相连，结果如表 6-22 所示。

表 6-22　节约值矩阵表（五）

S_{ij}	v_1	v_2	v_3	v_4	v_5	v_6	v_7	最大值
v_1	0							
v_2	6	0						
v_3	13	14	0					
v_4	2	2	5	0				
v_5	9	6	9	12	0			
v_6	0	0	0	0	0	0		
v_7	6	13	9	14	13	0	0	
v_8	9	11	12	12	0	0	0	
最大值	13	14	12	14	13	0	0	14

⑥按算法步骤迭代运算，直到节约值矩阵表中的值均为 0 时，迭代结束。最终的结果为：0-2-3-0，0-5-6-4-0，0-7-8-1-0 这三条线路，其运输量分别为 9、11、13，总里程数为 93。

一般来说，节约算法可以得到比较好的结果，但此算法也是一种贪婪启发式算法，对于一些特殊的问题可以算到最优解。例 6-9 的全局最优解是：选择 0-1-3-0，0-2-7-8-0，0-5-6-4-0 这三条线路，其运输量分别为 11、11、11，总里程数为 90。这个结果可用 LINGO 优化软件求得，关于 VRP 的数学模型与 LINGO 软件程序，可作为读者的思考题，感兴趣的读者可参考相关文献。

本章小结

本章叙述了物流运输系统的概念，物流运输系统的功能、特点、结构，物流运输系统规划的原则、内容，各种运输方式的特点，运输方式选择的考虑因素，运输方式的选择模型；重点阐述了物流运输系统最短路径求解问题，主要包括点点间运输问题（Dijkstra 算法、逐次逼近法）、多点间运输问题（Floyd 算法）、单回路运输问题（TSP 模型）、多回路运输问题（VRP 模型）。

案例分析

安吉天地汽车物流有限公司物流运输方式

安吉天地汽车物流有限公司作为上汽大众零部件物流系统的物流总供应商，进行物流策划及组织实施。各整车厂将每天的生产量、零部件需求量及时间等信息通过信息系统提前传递给安吉天地，通过其物流管理中心运作生成各运输指令，再分别传递给零部件供应商、运输部门和运输方，并由运输部门的运输提供方在规定时间内完成运输指令，将各整车厂所需的零部件按时按"模块化"送到装配区域或仓库。

这能够在一定程度上解决内部结构、运输、存货的问题。改进入厂物流模式，应将把物流操作的推动式改变成由工厂拉动式的物流操作模式，减少零部件在途中的无效运作，提高直接供货的模式，达到使 50% 左右的直达零部件根据 MRP 信息和要货计划，直接进入工厂，以求降低零部件入厂的物流成本；使 20% 的零部件经过工厂专用仓库或预装配厂中转；另外 30% 的零部件是进口零部件，由海关进入仓库，再根据工厂的要货计划将货物送达工厂。为方便回收用于存放零部件器具的料箱，在工厂附近设立料箱存储区，方便料箱的回收。明确入场物流运输网络，并通过 MIS 系统强化库存管理。供应商的协调配套问题，应通过上汽大众的 MIS 系统与供应商的系统对接来实现，这就要求供应商进行相应的信息化改造以满足配套要求，在此基础上再进行合作以提高供应商零部件的配送水平，满足精益化生产的要求。

内部结构的问题，在进行模块化梳理的同时，实现各部门与公司的 MIS 系统进行实时有效的沟通，以避免被动状态的出现；运输问题，除上汽大众加大第三方物流所承担零部件运输的比例之外，从物流运输公司或分公司自身的角度也应该针对零部件运输的特点与上汽大众的要求进行车辆与设备的专业化升级，以满足运输的需要。

资料来源：http://wenku.baidu.com/link?url = Q4wR3MAAu8yGmsZHBTA7Yzcfx8Yica2qRVWCM_abBBdKKS5wmHTqpzbsh1c4pyy1C-JQ1dJnOmycqd0VwDqpO-Ypb7sEA0BMXjyMVbRV3XW.2012-07-01。

思考题

安吉公司如何实现将各整车厂所需的零部件按时按"模块化"送到装配区域或仓库？

参考思路

各大整车厂将每天的生产量、零部件需求量及时间等信息通过信息系统提前传递给安吉天地，通过其物流管理中心运作生成各运输指令，再分别传递给零部件供应商、运输部门和运输方，并由运输部门的运输方供方在规定时间内完成运输指令，将各整车厂所需的零部件按时按"模块化"送到装配区域或仓库。

复习思考题

一、名词解释

TSP 模型（单回路运输）；VRP 模型（多回路运输）

二、填空题

1. 物流运输系统具有网络性。运输网络是一个赋权的________，由节点和弧组成。网中的节点是各种运输方式的________；弧是网络中车站之间、枢纽点之间或各种运输方式结合点之间的________。
2. 在运输方式选择的动态规划法下，物流节点对之间的运输总费用计算公式为：

$$P_{i-1}(j,l)=t_{i-1}^{jl}+QC_{i-1}^{l}$$

式中　$P_{i-1}(j,l)$——运输总费用；

t_{i-1}^{jl}——________；

Q——运量；

C_{i-1}^{l}——选用第 l 种运输方式的________。

3. 运输线路优化主要是选择起点到终点的最短路径，最短路径的度量单位可能是________、距离最短或________等。
4. 对于最短路径问题，路径长度不是指路径上________的总和，而是指路径上各边的________总和。
5. 对于多点间运输问题，主要求解________问题。
6. 对于多点间运输问题，目前主要有两大类的求解方法：一种是________，求解相对比较精确；另一种是________，适合于比较简单的问题求解，即将运输问题用表格的形式来描述，而且通过在表格上面的操作来完成求解。

三、判断题（对，打√；错，打 ×）

1. 求解 TSP 问题，主要应用两种启发式算法，包括最近邻点法、最近插入法。一般来说，用最近插入法求得的解比用最近邻点法求得的解更优，但是其计算量较大。（　　）
2. 求解 VRP 问题，主要应用两种启发式算法，包括扫描算法、节约算法。一般来说，采用节约算法无法求得最优解。（　　）

四、计算题

城市连通图如图 6-16 所示。节点代表城市，连线代表城市间的公路运输线，线上数字代表公路里程，试用 Dijkstra 算法（表上作业法）求解城市①到城市⑦的最短路径及路长。

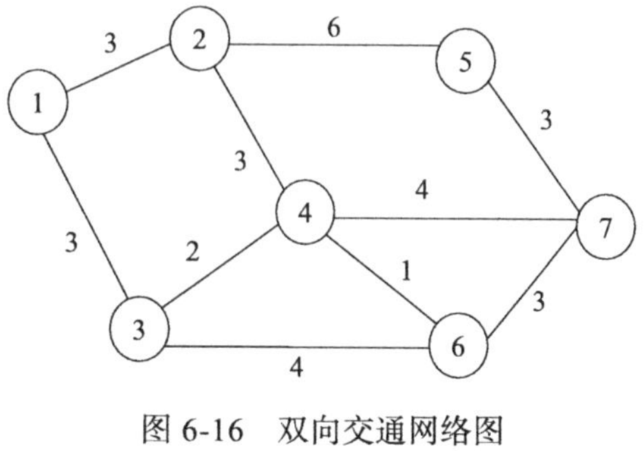

图 6-16　双向交通网络图

（要求：①不需要写出运算过程；②在 Dijkstra 作业表括号中，填写部分城市 P 标号值；③在标号计算结果图括号中，填写每个城市最短路长。）

城市①-⑦标记为V1-V7。

Dijkstra 作业表 1（若 V2 为得到的 P 标号点）

	V1	V2	V3	V4	V5	V6	V7
1	T，∞	T，∞	T，∞	T，∞	T，∞	T，∞	T，∞
2	P，0	T，3	T，3				
3		P，3		T，6	T，9		
4			（ ）	T，5		T，7	
5				（ ）		T，6	T，9
6						P，5	T，9
7					P，9		T，9
8							（ ）

由上述作业表1可知，V1到V7最短路径为__________，路长为P(V7)=________。

Dijkstra 作业表 2（若 V3 为得到的 P 标号点）

	V1	V2	V3	V4	V5	V6	V7
1	T，∞	T，∞	T，∞	T，∞	T，∞	T，∞	T，∞
2	P，0	T，3	T，3				
3			P，3	T，5		T，7	
4		（ ）		T，5	T，9		
5				（ ）		T，6	T，9
6						P，6	T，9
7					P，9		T，9
8							（ ）

由上述作业表2可知，V1到V7最短路径为__________，路长为P(V7)=________。

综上所述，城市①-⑦最短路径为__________，P(V7)=________。

标号计算结果如图6-17所示。

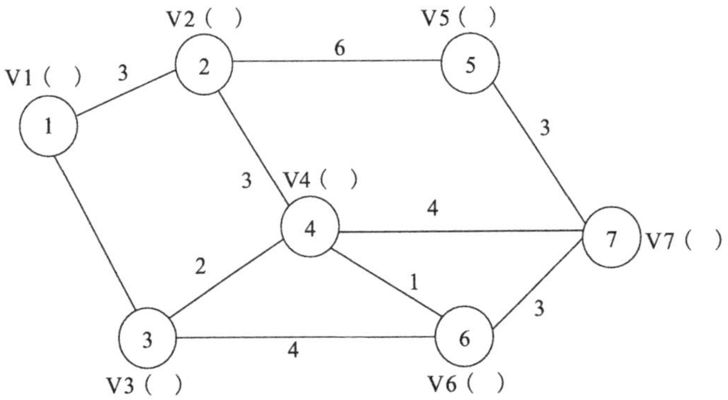

图6-17 标号计算结果

CHAPTER 7

第7章 城市物流系统规划与设计

| 本章要点 |

- 城市物流的概念
- 区域物流的概念
- 城市物流业务范围
- 城市物流业务流程
- 城市物流系统网络
- 城市配送管理
- 城市物流系统的布局与规划（轴幅式网络选址法）
- 城市配送中心的布局与规划

| 开篇案例 |

城市物流配送仍是物流服务网络的“短板”

近年来，随着电子商务的发展和流通模式的创新，我国城市物流配送发展迅速，为现代流通业提供了有力支撑。然而，从总体情况看，虽然我国物流业的干线运输效率已大大提升，但城市物流配送“最后一公里”物流成本高、中转难、停靠难等问题依然没有解决，配送难、配送贵，越发凸显。大部分物流货运车辆受进城限制，不仅没有物流车辆通道，还很难找到物流车辆停车位。物流配送车辆进城进不了、停不了，只好客货混装，将中巴车贴上深色的玻璃膜，偷偷进城，“最后一公里”变得漫长而沉重。城市物流配送问题概括起来有“三难两多”：通行难、停靠难、装卸难，收费多、罚款多。而且，为了缓解城市交通拥堵，城市实行的货车限行政策日趋严厉，限制通行区域不断扩大，限行时间更长，城市物流配送车辆通行更显艰难。这些问题严重影响了物流配送效率，对流通业在国民经济中的先导性、基础性作用发挥形成制约，迫切需要解决。

有数据显示，末端配送成本已经占到物流行业总成本的30%以上，大量的社会资源消耗在“最后一公里”。然而，“最后一公里”服务涉及成本、隐私、管理等多重问题，涉及管理部门较多，协调难度较大，目前还很难彻底解决。于是，快递业“自提”服务应运而生，快递企业开始针对社区集中送货。未来物流业有可能像“云计算”一样组织“云物流”，进而大大降低物流成本。总的来说，政府和企业虽然在“最后一公里”问题上花费了大量金钱和精力，但“最后一公里”依然是物流业难以解决的一大痛点。为促进现代物流产业持续、快速、协调发展，提高城市配送管理水平，迫切需要建立一个高效、绿色、便捷的城市配送物流服务体系。

资料来源：王术峰．“城市通”珠三角城市系统物流项目可行性研究报告［R］. 2017.

思考题

1. 为什么说城市物流配送仍是物流服务网络的“短板”？
2. 如何构建城市物流系统？

7.1 城市物流系统概述

7.1.1 城市物流系统理论与方法

1. 城市物流

（1）城市物流的概念。城市物流（urban and intercity logistics），是指城市及城市间的物流，物品在城市内部的实体流动，城市与城市间外部区域的货物集散以及城市废弃物处理的过程；是指为城市服务的物流，以城市为主体，服务于城市经济社会的需要，围绕城市的需求提供服务的物流活动。

城市物流服务范围，包括城市配送、城际运输；城市物流服务功能，包括包装、装卸、运输、仓储、流通加工、配送、信息处理。城市物流按照业态分类，包含生产性服务业物流、生活性服务业物流、社会性服务业物流（公共性）；按照物流方向分类，包含进口派送物流、出口发运物流；按照物流流向分类，包含本地配送物流、过境分拨物流等。

城市物流配送（urban logistics distribution），是整个物流系统的一个直接为客户提供物流服务的子系统，是实现城市物品集散，满足企业生产、居民生活物质需求，保障城市功能正常发挥的“循环系统”。城市物流配送，是指在城市及城市间范围内，通过提供商流、物流、资金流、单证流、信息流的“五流合一”服务模式，将城市物品定时、定点、定量配送给各类客户，为众多客户提供个性化、多样化综合物流配送服务。物流效率的高低，从根本上影响着城市整体运行质量。城市物流，更多是短距离配送过程，所以常常被称为“最后一公里物流配送”。城市物流，专注于一个服务领域（“最后一公里物流配送”），侧重于两个服务对象（为企业服务、为居民服务），构建起三个经营模式（营销网络模式、业务运营模式、服务体系模式）。主要配送模式包括集中配送、共同配送等。

（2）城市物流的特征。与其他物流形式相比，城市物流有其独有的特征，主要体现在以下几个方面。

1）城市物流主体的一元性。我国所有城市的物流分管部门虽然不同，但均统一由政府部门管理和统筹。因此，城市物流有非常强的可控性。

2）城市物流活动的繁杂性。城市是人们生产和消费高度集中的空间载体，城市的政治活动、经济活动及居民的生活、消费、休闲娱乐等习惯，都为城市物流的组织工作带来了繁杂性。城市物流的客体不断呈现出小批量、多频次、多样化的趋势，进一步加剧了城市物流的繁杂性。除此之外，城市性质的差异也为不同城市物流带来了不同的特征，尽管不同城市的物流存在一定的共性，但由于各个城市在地理区位、支柱产业、交通情况等方面存在巨大差异，因此，不同城市往往都具有各自鲜明的物流特征。城市物流的繁杂性还表现为城市的建设一般要先于城市物流设施的建设，即城市物流发展往往存在一定的滞后性。

3）公路运输是城市物流的主要方式。城市物流的密度大、流量多，城市内的物流量要大于城市间的物流量。受城市范围的制约，城市物流短程性非常突出，灵活便利的公路运输自然成为城市物流的主要方式。随着绿色物流的推广，低噪声、低排放、小吨位、封闭型的物流车辆将成为城市物流的主要工具。

4）城市物流节点多、分布广。城市物流除了存在大量的货物运输外，每个工厂、配送中心、货运场站、各类市场、商业网点、机关、学校甚至每个家庭都形成了物流的节点。最终用户所形成的末端节点在城市内分布数量多，分布范围广。末端节点越多，所需的中转节点就越多。城市的物流基地、物流园区、物流中心、配送中心的规划就成为城市物流规划的重点。物流节点之间联系所承载的线路共同构成了城市的物流网络。它体现了物流在城市空间的覆盖程度，同时其合理化程度也决定了城市物流的合理化程度。

5）配送物流是城市物流的重要特征。由于城市物流的最终对象为企业、商店、个人等，所以配送这种物流形态和服务方式为城市物流的主要特征。同时为了解决城市物流体系中的最后环节——末端配送物流带来的人、物混流和环境混杂等一系列消极影响，共同配送、宅配将成为城市物流的主要配送形式。城市物流的配送必须有效结合信息平台，才能实现货物快速、正确、准时配送到位。

6）城市物流对城市环境存在直接影响。城市环境是与城市整体互相关联的人文条件和自然条件的总和。一个城市的发展一方面得力于城市环境条件，另一方面也受所在地域环境的制约。城市物流的发展会导致城市环境的变化。它对城市环境的直接影响如下：①噪声污染。交通工具是最主要的噪声源，汽车的鸣笛声、发动机的轰鸣声都使得城市变得嘈杂。②大气污染。交通运输中，尾气的排放给城市带来了负面影响，如造成雾霾等。

2. 区域物流

（1）区域物流的概念。区域物流（regional logistics），是指全面支撑区域可持续发展总体目标而建立的适应区域环境特征，提供区域物流功能，满足区域经济、政治、军事等发展需要，具有合理空间结构和服务规模，实现有效组织与管理的物流活动体系。

区域物流主要由区域物流网络体系、区域物流信息支撑体系和区域物流组织运作体系组成。区域物流包括城市物流、农村物流，城市物流呈现网状结构，农村物流呈现点状布局。从某种意义来讲，城市物流是狭义的区域物流。研究各个地区的物流，找出其区别及差异所在，找出其联结点和共同因素，这是研究区域物流的重要基础。区域物流研究的一个重点，是城市物流。各地区经济的发展，一个非常重要的共同点是产业分工不同，致使一个城市及周边地区都逐渐形成小的经济地域。城市经济区域的发展有赖于物流系统的建立和运行。

（2）区域物流网络结构与组成要素

1）物流节点。物流节点是物流网络中线路与线路的交接点或衔接处，是物流经济活动的空间聚集点或转接点，在物流网络中起着十分重要的衔接、管理与控制作用。从实体网的角度来说，区域物流节点既包括物流园区、物流中心和配送中心，也包括仓储中心、站场（汽车站、火车站、机场、港口等）、物流企业、物流枢纽城镇等。从区域的角度来说，城市可以抽象为区域物流的集散点，区域内各节点城市物流的集合构成了区域物流。本文所阐述的网络节点主要是指物流中心城市，它是区域物流网络的端点，物流经济要素在物流中心城市做点状聚集运动。

2）物流线路。物流线路也称为物流通道，是物流网络中物品及信息流通的渠道。物流线路既包括虚拟的信息通信线路，也包括有形的物品流通线路。节点城市之间由于存在多种运输方式，物流线路可分解为公路、铁路、水路、航空、管道等五种物流线路，把所有物流线路汇集起来，可抽象为节点城市间的物流线路。物流网络的联系除了节点和线路之间物理上的逻辑联系（连接）之外，更重要的是节点与节点之间的各种经济联系。这些经济联系的存在和发展，给物流网络注入了能量和动力，从而推动物流网络的有效运作。区域物流组成要素和网络结构关系，如表 7-1 和图 7-1 所示。

表 7-1　区域物流组成要素

区域物流组成要素	形式	功能
物流线路	公路、铁路、航空、水路、管道	运输
物流节点	机场、港口、物流中心、配送中心、物流企业、物流枢纽城镇、仓储中心、车站等	存储、装卸搬运、配货、流通加工等

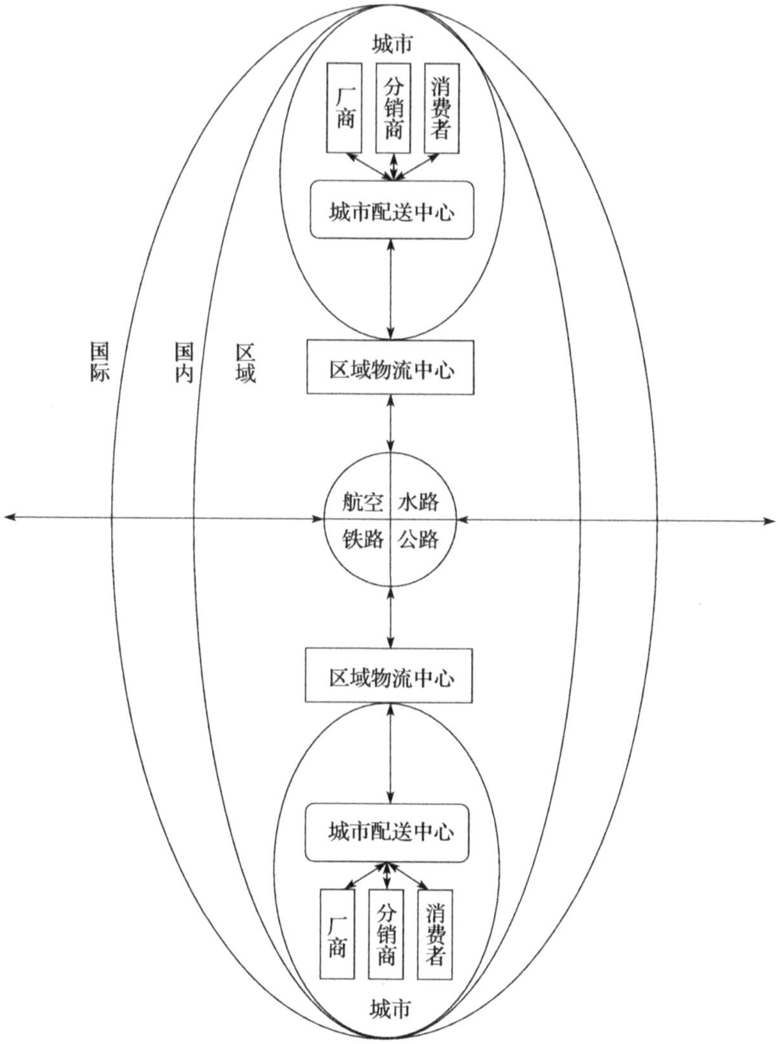

图 7-1　区域物流网络结构关系

（3）区域物流对经济发展的主要作用。区域经济是一种聚集经济，是人流、商流、资本流等各种生产要素聚集在一起的规模化生产，以生产的批量化和连续性为特征。但是，聚集不是目的，要素的聚集是为了商品的扩散，如果没有发达的商业贸易作保障，生产的大量产品就会堆积在狭小的空间里，商品的价值和使用价值就难以实现，区域经济的基本运转就会中断。因此，在区域经济的发展进程中，合理的物流系统起着基础性的作用。

1）降低交易成本，改变区域经济增长方式。2000 年，世界银行在研究报告《中国：服务业发展和中国经济竞争力》中说，中国有 4 个服务性行业对于提高生产力和推动中国经济增长具有重要意义，它们是物流服务、商业服务、电子商务和电信。其中，物流服务占 1997 年服务业产出的 42.4%，比重最大。从市场运行成本的角度分析，物流业的突出作用是能普遍降低交易成本。

物流业之所以能够普遍降低交易成本，主要是因为，现代物流业的主体是由诸多节点和线路组成的网络体系。以点状松散存在的要素组成物流网络后，原来点和点、要素和要素之间偶然的、随机的关系随之变成网络成员之间稳定的、紧密的联系。一个结构稳定、高效运作的物流网络，不仅可以减少组成要素之间的磨损和交易成本，减少用户使用网络资源和要素的成本，还可以放大各要素的功能，提高要素和整个网络的收益。

现代物流业对普遍降低交易成本所做的贡献可以从对交易过程和交易主体行为的考察中得到进一步的证实。一方面，从交易的全过程看，现代物流业的发展有助于物流合作伙伴之间在交易过程中减少相关交易费用。由于物流合作伙伴之间经常沟通与合作，可使搜寻交易对象信息方面的费用大为降低；通过提供个性化物流服务建立起来的相互信任和承诺，可以减少各种履约风险：即便在服务过程中产生冲突，也会因为合同时效的长期性使得交易双方可以通过协商加以解决，从而避免仲裁、法律诉讼等行为所产生的费用。另一方面，从交易主体行为看，现代物流业的发展将促进伙伴之间的“组织学习”，从而提高双方对不确定性环境的认知能力，减少因交易主体的“有限理性”而产生的交易费用；物流企业之间的长期合作将在很大程度上抑制交易双方的机会主义行为，这使得交易双方机会主义的交易费用有望控制在最低限度。

2）形成新的产业形态，优化区域产业结构。根据产业结构发展演进规律，区域产业结构的发展方向是合理化和高度化。产业结构合理化是以第三产业的发展水平来衡量的。产业结构高度化是第一产业向第二产业、第三产业升级演进，由劳动密集型向资本密集型、技术密集型产业演进。

现代物流业的实现方法之一就是通过培育并集中物流企业，使其发挥整体优势和规模效益，促使形成区域物流业并向专业化、合理化的方向发展。现代物流业的本质是第三产业，是现代经济分工和专业化高度发展的产物。物流产业的发展将对第三产业的发展起到积极的促进作用。发达国家的实践表明，现代物流业的发展，推动、促进了当地的经济发展，既解决了当地的就业问题，又增加了税收，促进了其他行业的发展。此外，现代物流业将进一步带来商流、资金流、信息流、技术流的集聚，以及交通运输业、商贸业、金融业、信息业和旅游业等多种产业的发展，这些产业都是第三产业发展新的增长点，是第三产业重要的组成部分。

现代物流业还有利于对分散的物流进行集中处理，量的集约必然要求利用现代化的物流设施、先进的信息网络进行协调和管理。相对于分散经营、功能单一、技术原始的储运业务，现代物流业属于技术密集型和高附加值的高科技产业，具有资产结构高度化、技术结构高度化、劳动力高度化等特征。从这个角度来说，建立现代物流业有利于区域产业结构向高度化方向发展。

3）促进以城市为中心的区域市场的形成和发展。一般来说，城市是商品集散和加工的中心，物流设施和基础建设齐全，流通人力资本高，消费集中且需求量大，交通与信息发达，城市与周围地区存在不对称性，在这种非对称结构中，城市起到“中心地”或“增长极”的作用，以其为核心枢纽将其他地域“极化”成一个商品流通整体，因此在此意义上讲，现代物流所辐射的经济区域属于法国经济学家布德维尔提出的“极化区域”。现代物流对于以城市为中心的区域市场的形成和发展的促进作用表现为：促进以城市为中心的区域经济的形成，促进以城市为中心的区域经济结构的合理布局和协调发展，有利于以城市为中心的经济区吸引外资，有利于以城市为中心的网络化的大区域市场体系的建立，有利于解决城市的交通问题，有利于城市的整体规划，有利于降低物流对城市环境的种种不利影响。

7.1.2　城市物流业务范围

城市物流业务包括基本业务、增值业务等两类服务业务。基本业务项目如表 7-2 所示，增值业务项目如表 7-3 所示。

表 7-2　基本业务项目

序号	业务描述
1	城市配送业务：各种运输方式的城市落地配送、城市货物的交叉配送和出城转运
2	铁路运输对接服务：对接铁路到达目的地的货物的落地配送及相应的双向物流
3	航空运输对接服务：对接航空到达目的地的货物的落地配送及相应的双向物流
4	水路运输对接服务：对接水路到达目的地的货物的落地配送及相应的双向物流
5	公路干线运输对接服务：对接公路到达目的地的货物的落地配送及相应的双向物流
6	第三方物流业务（企业物流服务外包）
7	仓储业务：普通仓储、特种仓储（不含危化品储存）
8	专业物流业务：冷链配送、连锁店配送、纸媒配送、医药品配送、汽车零部件配送、进出口通关物流等

表 7-3　增值业务项目

序号	业务描述
1	个人订单业务
2	金融业务：仓单质押、代垫货款、信用周转金提供等
3	中介业务：客户与服务站之间的撮合服务、供应商与需求商的对接等
4	广告业务：公司网站广告、车辆车身广告、建筑外墙广告、举办大型研讨会会议广告等
5	增值服务：再包装、组合包装、代收货款、代办保险、签发回单、通知提货短信等

7.1.3　城市物流业务流程

城市物流业务流程如图 7-2 所示。

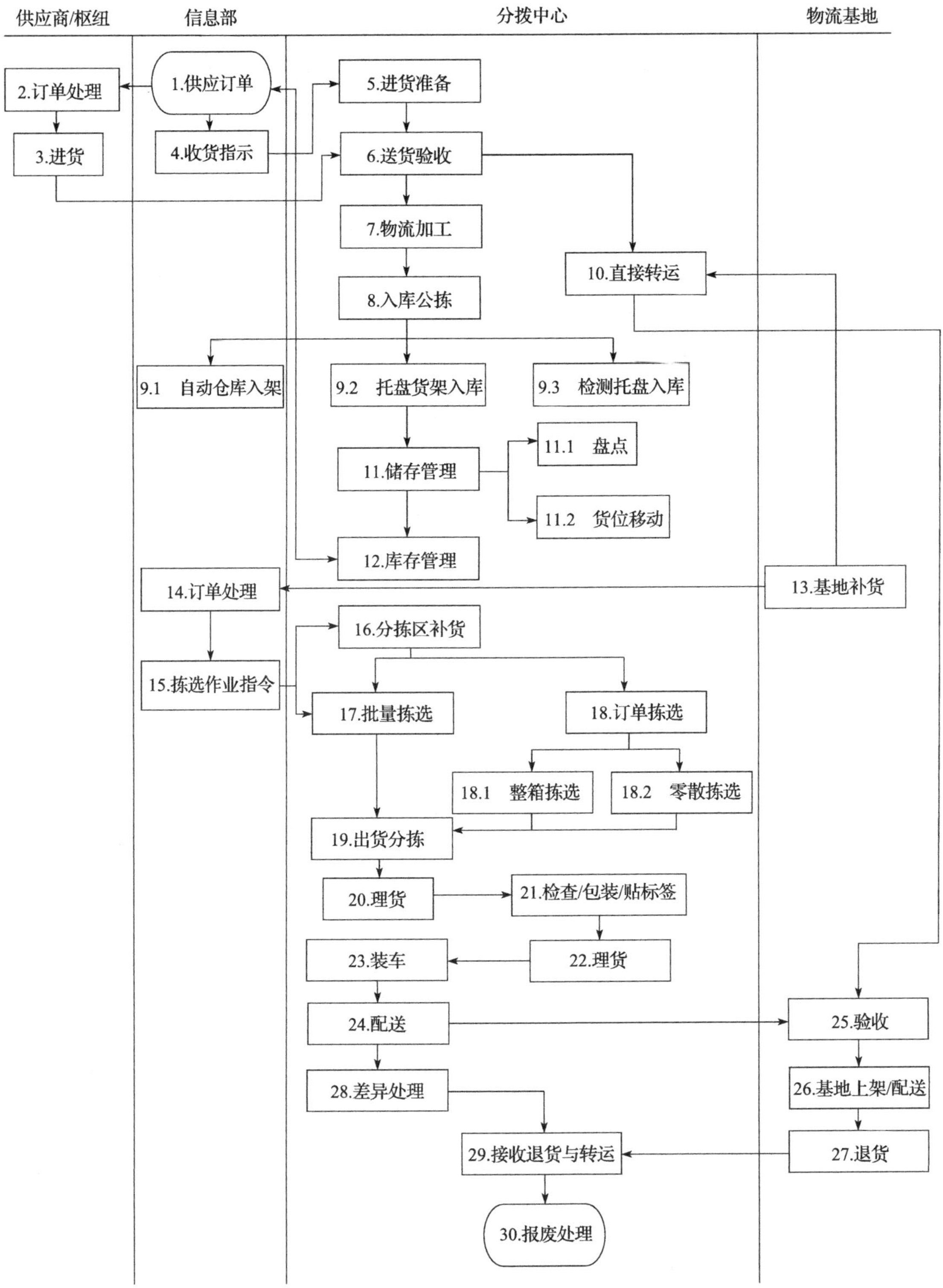

图 7-2 城市物流业务流程

7.2　城市物流系统网络构建

7.2.1　城市物流系统网络

对于城市物流系统网络架构，拟建设四级城市物流运作架构，即物流枢纽、分拨中心、物流基地、物流站。

物流枢纽，是整个物流网络体系的重要组成部分，是协调运营、组织物流作业的中枢，设置于货物主要集散、换装、中转地点，是控制货物的销售、集中和发送的基地。物流枢纽是区域物流业务集散地，是分拨中心的业务集散区、大型仓储区。

分拨中心，是在一个区域内综合性较强，同时具有这个大领域的专业性的物流活动场所。一般是衔接干线、支线运输和市内配送、集散运输的主要物流节点；规模较大、处理货物能力较强；有一定的储存能力和调节功能。分拨中心是市级行政区域的物流集散地，是本市域需要交换到外市域货物的聚散区，不承担基地的业务功能。

物流基地，是区级行政区域的物流核心业务区，服务半径以 25 千米、车程 30 分钟以内为限，涵盖基于物流业务的整个活动。

物流站是与镇级物流业务配套的，在物流作业过程中进行货物集结、暂存、装卸搬运、配送运输、信息处理等活动的末端作业场所。一般具有六大功能：①末端配送功能；②中转换装功能；③装卸储存功能；④物流代理功能；⑤通信信息功能；⑥综合服务功能。

7.2.2　交通对城市物流的影响

目前，我国已初步形成了比较完善的综合交通系统，对区域与城市的经济和社会发展发挥了不可替代的作用。在经济发展到一定程度的今天，现代物流的发展对城市交通系统提出了更高的要求。

1. 城市物流的流向

城市物流的流向主要分为三个层次：

（1）过境物流。过境物流与城市所在地域内的位置及城市生产力水平有关，一般城市生产力水平越高，过境物流量越少；城市生产力水平越低，过境物流量越大，中小城市的过境物流量甚至大于市内物流量。为此，服务于过境物流的交通网络应布置在城市外围，避免对市区造成干扰。

（2）出入城市物流。出入城市物流与城市对外辐射的能力有密切关系：一是中心城市与市辖范围内各县城之间的联系；二是市际间乃至国际间的联系。各种等级的城市在其经济区域内都有承上启下的功能。中心城市的职能越强，其出入城市物流量就越大，因此，规划建设区域交通网对发挥中心城市的物流辐射作用十分重要。

（3）市内物流。市内物流是和城市自身生产、生活和基本建设有关的物流。不同性质、规模的城市，其上述的数值也不相同。一般中小城市过境物流量大，大城市则是出入城市及市内物流量大。因此，在进行交通规划时，应视具体情况而有所侧重。

2. 城市物流对城市交通的要求

（1）城市物流对货运交通方式的要求。对于城市货运交通方式，应根据城市物流量的大小，符合节约用地、方便用户、保护环境的要求，并结合城市自然地理和环境特征，合理选择公路、铁路、水路和管道运输等方式。在组织货运时，应根据各种运输方式的特点和适用条件，以经济、便捷、灵活、安全为原则，充分发挥各种运输方式的优势，选择有效的联合运输方式，使货物在运输过程中尽可能实现门到门的直达运输，减少中途多次转运造成的货损与时滞。

在物流过程中，提高运输的质量与速度，将创造出新的附加产值，产生出新的经济效益。

货运交通方式的选择旨在降低运输成本，提高运输服务质量与效率，利用联合运输，节省物流费用。对公路、铁路、水路、航空及管道运输等方式，应在充分发挥其优势的基础上，采用平衡点分析法进行合理的选择，将某种运输方式的固定投资加上其运输费用的总费用加以比较，选取最有效、经济的运输方式。

城市物流对货运交通方式选择的具体要求有以下几点：

1）企业运量大于 5 万吨 / 年的大宗散装货物运输，宜采用铁路或水路方式。

2）运输线路固定的气体、液化燃料和液化化工制品，运量大于 50 万吨 / 年时，宜采用管道运输方式。

3）当城市对外货物运输距离小于 200 千米时，宜采用公路运输方式。

4）大、中城市货运车辆的车型比例应结合货物特征，经过比较后选择确定。对于大、中、小车型的比例，大城市可采用 1∶2∶2 ～ 1∶5∶6；中、小城市可根据实际情况确定。

（2）城市物流对城市道路系统的要求。城市道路应满足城市物流的要求，以及特殊运输和环境保护的要求，并与物流流向、流量相结合。城市货运道路是城市货物运输的重要通道，应满足城市自身的大型设备、产品及抗灾物资的运输要求。其道路标准、桥梁荷载等级、净空界限等均应予以特殊考虑。城市对外货运交通的出入口数，应根据城市土地使用、出入市物流流向和流量而定，一般不少于 3 个，并与对外公路网联系起来。若出入口数量太少，会使流量过分集中，使城乡“接合部”的道路不堪重负。

物流对城市道路系统的具体要求包括以下几点：

1）城市道路上高峰小时物流量大于 600 辆标准货车，或者每天物流量大于 5 000 辆标准货车时，应设置货运专用车道；

2）货运专用车道应满足特大货物运输的要求；

3）城市的重要货源点与集散点之间应有便捷的货运道路；

4）大型工业区的货运道路，不宜少于两条；

5）当昼夜过境物流量大于 5 000 辆标准货车时，应在市区边缘设置过境货运专用车道；

6）城市道路与港口、铁路、空港等应统一规划，要充分考虑交通枢纽地带的物流集散对城市主干路交通的影响。

7.2.3　城市配送管理

1. 城市配送的概念与分类

（1）城市配送的概念。城市配送，是指在城市范围内，以经营装卸、包装、保管、加工、运输、信息服务为主体，通过集成化和规范化的物流活动将货物运送至目的地的服务方式。城市配送的要求是准确性和及时性。城市配送体系，是指城市范围内所有城市配送资源的集合，包括各种配送经营主体、配送中心、配送运营道路、配送车辆及相关设施设备、配送物资的流量与流向、配送模式等。

从城市配送活动的实施过程看，配送包括两个方面的活动："配"是对货物进行集中、分拣和组配；"送"是以各种不同的方式将货物送达指定地点或用户手中。

可以对配送归纳出以下几个特点：

1）配送不是一般概念的送货，也不是生产企业推销产品时直接从事的销售性送货，而是从物流节点至用户的一种特殊送货形式。

2）配送不是一般的运输和输送，而是运输与其他活动共同构成的结合体。

3）配送不是供应和供给，它不是广义概念的组织资源订货、签约、进货、结算及对物资处理分配的供应，而是以供应者送货到用户的形式进行供应。

4）配送不是消极的送货、发货，而是在全面配货的基础上，充分按照用户的要求提供服务，它是将"配"和"送"有机地结合起来，完全按照用户要求的数量、种类、时间等进行分货、配货、配装等工作。

5）配送是一项有计划的活动。配送需要根据用户的需求及从事配送的企业的能力，有计划地进行送货活动。

（2）城市配送的分类

1）按实施配送的节点不同进行分类

①配送中心配送。这种配送的组织者是配送中心，规模大，有配套的实施配送的设施、设备和装备等。

优点：能力强、配送品种多、数量大等。缺点：灵活机动性较差，投资较高。

②仓库配送。它一般是以仓库为据点进行的配送，也可以是以原仓库在保持储存保管功能的前提下，增加一部分配送职能，或者经过对原仓库的改造，使其成为专业的配送中心。

③商店配送。这种配送的组织者是商业或物资的门市网点。商店配送形式是除自身日常的零售业务外，按用户的要求将商店经营的品种配齐，或者代用户订购一部分本店平时不经营的商品，和本店经营的商品品种配齐后送达用户。

④生产企业配送。配送业务的组织者是生产企业。一般认为这类生产企业具有生产地方性较强的产品的特点，如食品、饮料、百货等。

2）按配送货物的种类和数量的多少进行分类

①单（少）品种大批量配送。这种配送适用于那些需求量大、品种单一或少品种的生产企业。

②多品种少批量配送。由于这种配送的特点是用户所需的物品数量不大、品种多，因此在配送时，根据用户的要求，将所需的各种货物配备齐全，凑整装车后送达用户。

③配套成套配送。这种配送的特点是用户所需的物品是成套性的。

3）按配送时间和数量的多少进行分类

①定时配送。这种配送是按规定的时间间隔进行配送，每次配送的品种、数量可按计划执行，也可以在配送之前以商定的联络方式通知配送时间和数量。它可以分为日配送和准时看板方式配送。

②定量配送。它是指按规定的批量在一个指定的时间范围内进行配送。这种配送方式由于配送数量固定，备货较为简单，可以通过与用户的协商，按托盘、集装箱及车辆的装载能力确定配送数量，因此可以提高配送效率。

③定时定量配送。这种方式是按照规定的配送时间和配送数量进行配送，兼有定时配送和定量配送的特点，要求配送管理水平较高。

④定时定路线配送。它是在规定的运行路线上制定到达时间表，按运行时间表进行配送，用户可按规定路线和规定时间接货，或者提出其他配送要求。

⑤即时配送。这种配送是完全按用户提出的配送时间和数量随即进行配送。它是一种灵活性很高的应急配送方式。采用这种方式，用户可以实现保险储备为零的零库存，也就是说，以即时配送代替了保险储备。

4）按经营形式不同进行分类

①销售配送。这种配送主体是销售企业，可作为销售战略措施，即所谓的促销配送型。这种配送的对象一般是不固定的，用户也不固定，配送对象和用户取决于市场的占有情况，因此，配送的随机性较强，大部分商店配送就属于这一类。

②供应配送。这是用户为了自己的供应需要采取的配送方式。它往往是由用户或用户集团组建的配送据点，集中组织大批量进货，然后向本企业或企业集团内若干企业配送。商业中的联销商店广泛采用这种方式。采用这种方式可以提高供应水平和供应能力，通过大批量进货取得价格折扣的优惠，可以达到降低供应成本的目的。

③销售－供应一体化配送。这种配送方式是销售企业对于那些基本固定的用户及其所需的物品，在进行销售的同时还承担着用户有计划的供应职能，其既是销售者，又是用户的供应代理人。这种配送有利于形成稳定的供需关系，有利于采取先进的计划手段和技术，有利于保持流通渠道的稳定等。

④代存代供配送。这种配送是用户把属于自己的货物委托配送企业代存、代供或委托代订，然后组织对货物的配送。这种配送的特点是货物所有权不发生变化，所发生的只是货物的位置转移，配送企业仅从代存、代供中获取收益，而不能获得商业利润。

5）按加工程度的不同进行分类

①加工配送。这种配送是与流通加工相结合，在配送据点设置流通加工，或者是流通加工与配送据点组建一体实施配送业务。流通加工与配送的结合，可以使流通加工更具有针对性，并且配送企业不但可以依靠送货服务、销售经营取得收益，还可以通过流通加工

增值取得收益。

②集疏配送。这种配送是只改变产品数量组成形式，而不改变产品本身的物理、化学性质，并与干线运输相配合的配送方式，如大批量进货后小批量多批次发货或零星集货后形成一定批量再送货等。

6）按配送企业专业化程度进行分类

①综合配送。这种配送的特点是配送的种类较多且来源渠道不同，但在一个配送据点中组织对用户的配送，因此综合性强。这也决定了它可以减少用户为组织所需全部商品进货的负担，用户只需和少数配送企业联系，便可以满足多种需求。

②专业配送。它是按产品性质和状态划分专业领域的配送方式。这种配送方式由于自身的特点，可以优化配送设施，合理配备配送机械、车辆，并能制定适用合理的工艺流程，以提高配送效率。

7）共同配送

共同配送是为了提高物流效益，对许多用户一起配送，以追求配送合理化为目的的一种配送形式。共同配送可分为以下几种形式。

①由一个配送企业综合各用户的要求，在配送时间、数量、次数、路线等方面的安排上，在用户可以接受的前提下，做出全面规划和合理计划，以便实现配送的优化。

②由一辆配送车混载多个货主货物的配送，是一种较为简单易行的共同配送方式。

③在用户集中的地区，由于交通拥挤，各用户单独配置货场或处置场有困难，所以设置多用户联合配送的接收点或处置点。

④在同一城市或同一地区中有数个不同的配送企业，各配送企业可以共同利用配送中心、配送机械装备或设施，对不同配送企业的用户共同实行配送。

2. 城市配送的作用及基本环节

（1）城市配送的作用

1）有利于物流运动实现合理化。配送不仅能够把流通推向专业化、社会化，更重要的是，它能以其特有的运动形态和优势调整流通结构，使物流运动达到规模经济，并以规模优势取得较低的运输成本，通过配送减少车辆的空驶，提高运输效率和经济效益，并能减少对空气的污染。

2）完善运输和整个物流系统。采用配送方式，将支线运输和小搬运活动统一起来，发挥灵活性、适应性和服务性的特点，使运输过程得以优化和完善。

3）提高末端物流的效益。采用配送方式，通过增大经济批量来达到经济地进货，又通过将各种商品的用户集中在一起统一进行发货，代替分别向不同用户小批量发货来达到经济地发货，使末端物流的经济效益得到提高。

4）通过集中库存使企业实现低库存或零库存。在采用准时化配送方式之后，生产企业可以依靠配送中心的准时化配送进行准时化生产，而不需要保持自己的库存或较小地保持库存。

5）简化事务，方便用户。采用配送方式，用户只需向一处提出订货就能达到向多处采购的目的，因而可以极大地减轻用户的工作量和负担，也能节省订货等一系列事务开支。

6）提高供应保证程度。生产企业自己保持库存来维持生产时，由于受库存费用的制约，提高供应的保证程度很难，保证供应和降低库存成本存在二律背反问题。采取配送方式时，由于配送中心的集中存货可以调节企业间供需关系，同时库存量更大，因而能够降低企业断货、缺货、影响生产的风险。

7）为电子商务的发展提供基础和支持。从电子商务角度来看，电子商务的发展需要具备两个重要的条件：一是货款的支付，二是货物的配送。网上购物无论如何方便快捷，唯一不能减少的就是货物配送，配送服务若不能相匹配，网上购物就不能发挥其方便快捷的优势。

（2）城市配送的基本环节。配送是根据客户的订货要求，在配送中心或物流节点进行货物的集结与组配，以最适合的方式将货物送达客户的全过程。配送包括以下环节。

1）集货。集货是将分散的或小批量的货物集中起来，以便进行运输和配送。集货是配送的准备工作或基础工作，通常包括制订进货计划、组织货源、储存保管等基本业务。

2）分拣。分拣是将货物按品名、规格、出入库先后顺序分门别类。分拣是配送不同于一般形式的送货及其他物流形式的重要的功能要素，是配送的一项重要的支持性工作。

3）配货。配货是指使用各种拣选设备和传输装置，将存放的货物按客户的要求分拣出来，配备齐全，送入指定发货区（地点）。它与分拣作业不可分割，二者一起构成了一项完整的作业。

4）配装。配装可以大大提高送货水平及降低送货成本，同时能缓解交通流量过大造成的交通堵塞，减少运次，减轻空气污染。

5）配送运输。配送运输属于运输中的末端运输、支线运输。它和一般运输形态的主要区别在于：配送运输是较短距离、较小规模、较高频度的运输形式，一般使用汽车作为运输工具。

6）送达服务。要圆满地实现运输到货物的移交，有效、方便地处理相关手续并完成结算，还应当讲究卸货地点、卸货方式等。送达服务也是配送独具的特色。

7.2.4 城市物流共同配送

1. 共同配送的概念及发展历程

（1）共同配送的概念。共同配送，又称为协同配送、联合配送，是指在城市里，为使物流合理化，在几个有定期运货需求的货主的合作下，由一个卡车运输业者，使用一个运输系统进行的配送。企业间通过沟通、交流，逐步形成共识，在互信互利的基础上，通过水平、垂直，同业、异业的整合，以策略联盟、协同组合、物流共同化等合作方式共享有限的资源，从而达到物流配送的整合，降低运营成本，提高获利能力，进而提升商品流通效率，促进商业环境现代化及整体社会资源的有效利用。

（2）共同配送的发展历程

第一阶段：萌芽阶段。

共同配送最早出现于 20 世纪 50 年代末 60 年代初的日本。当时日本尚未建立大量流通体制，难以保障物流通畅，急需实现流通效率化。为了降低运输成本，出现了共同配送的萌芽状态，形式较为单一，活动范围很小，规模也不大，主要是把多家企业的日用食品杂货订单整合成一个整车发往同一个销售商，当时被简单地称为“库存整合”或“运输整合”。

第二阶段：发展阶段。

20 世纪 70 ～ 80 年代，在一些发达国家，随着配送商品种类的日渐增多和商品市场的竞争日趋激烈，共同配送得到了进一步的发展。日本政府开始运用共同配送的理念，倡导试行共同配送，但是日本当时的共同配送是以减少交通量、削减车辆的数量为主要目的的，与现在实施的共同配送在思路上有些差别。

第三阶段：成熟阶段。

20 世纪 90 年代以后，面对消费者产品需求的日益精细化和个性化，多品种小批量的生产方式带来高频度小批量的配送活动，导致配送资源不断浪费，配送费用逐步增高。在这个时期，共同配送得到了广泛采用，并以高新技术作为支撑手段，提高物流效率，降低物流成本。

2. 开展城市物流共同配送的积极意义

开展城市物流共同配送不仅能够使参与企业充分利用有限的物流资源而获得较高的经济效益，而且可以有效地解决城市交通拥挤混乱、用地紧张、环境污染等问题，从而创造良好的社会效益。

（1）经济效益

1）货主企业。货主企业通过参与城市物流共同配送实现了物流配送的规模化，节约了大量的物流配送成本；实现了物流资源共享，节约了货主企业对物流系统的投入，提高了货主企业的竞争力；多个货主企业共同配送，提高了服务网络的覆盖率，提高了物流配送的服务水平；由于共同配送是货主企业之间的合作，从而使得货主企业之间可以互通有无，在市场需求不确定的情况下，对于提高货主企业的应变能力有着重要的帮助。

2）物流企业。目前我国的物流企业多为中小企业，不仅资金少、人才不足、组织脆弱，而且运输量少，运输效率低，使用车辆多，独自承揽业务，在物流合理化及其效率上受到限制。如果物流企业通过参与城市物流共同配送实现合作化，筹集资金、大宗运货、通过信息网络提高车辆使用效率、进行往返运货等问题均可得到较好解决。

3）物流行业。共同配送突破了单个企业的局限，实现了多个企业之间资源的有效整合，优化了社会物流系统，提升了整个物流行业的运行水平。

（2）社会效益

1）城市交通。共同配送集中了城市区域内多家企业的货物，实现了车辆的高装载率，减少了城市配送车辆运行数量，消除了车辆空驶、迂回运输、交叉运输，减少了道路资源的占用，解决了由于车辆运输的无序化而造成的城市交通混乱、堵塞等问题，缓解了城市交通压力。

2）城市环境。共同配送使得车辆运输效率提高，从而减少能源消耗，减少废气污染排放量和噪声污染等，有利于城市环境的保护和改善，促进城市经济的可持续发展。

3）城市用地。共同配送促使物流用地合理布局，减少了城市土地资源的滥用，缓和了城市用地的紧张程度。

3. 共同配送的形式

（1）同产业间的共同配送。同产业间的共同配送是指处于同产业的生产企业或经营企业，为了提高物流效率，通过配送中心或物流中心集中运输的一种方式。其具体做法分为委托统一配送和完全统一配送两种。

1）委托统一配送。在企业各自分散拥有运输工具和物流中心的情况下，视运输货物量的多少，采取委托或受托的形式开展共同配送。也就是说，将本企业配送数量较少的商品委托给其他企业运输，而本企业配送数量较多的商品，在接受其他企业委托运输的基础上实行统一配送，这样企业间相互实现了配送效率化。

2）完全统一配送。在开展共同配送前，企业间就包装货运规格完全实现统一，然后共同建立物流中心，共同购买运载车辆，企业间的货物运输统一由共同的配送中心来开展。

（2）异产业间的共同配送。异产业间的共同配送是指将不同产业企业生产经营的商品集中起来，通过配送或物流中心向客户输送的一种形式。异产业间的共同配送也可以分为两种形式。

1）大型零售商主导的异产业共同配送。这种形式是大型零售商为了追求物流效率，并使运输活动能够应对本企业店铺的各种需求，建立窗口批发制度，由指定的批发商统一几种不同厂商的产品，进行集中管理、统一运输。

2）以地域中坚批发企业为主导的异产业共同配送。这是由一些中坚批发商组织设立的以不同产业为基础的共同配送中心，对地域内小型超市、便民店等中小零售企业统一输送商品。

（3）共同集配。共同集配是指以大型运输企业为主导的合作型共同配送，即由大型运输企业统一集中货物，合作参与企业或批发商将商品让渡给指定的运输业者，再由各运输企业分别向全国配送。

4. 共同配送模式的实施过程

（1）共同配送应遵循的原则。本着公平合理、相互促进、资源共享、共赢原则来开展共同配送业务。具体来说，在供应链理论指导下，对具有相似性、相同性的不同企业的物流资源、能力、技术进行整合管理，提供一整套供应链解决方案，形成一体化的物流服务，增强整体物流水平，提高各个企业的竞争力。

（2）共同配送体系的架构。共同配送的实施是一个复杂的过程，要以系统的观点来审视，全面分析，细致规划，充分考虑人力、资源、时间、资金等多种要素，以确保所建立的体系能实现预期的目标。具体步骤如下：

1）形成共同配送体。寻找合适的合作者及适宜的配送对象。首先，了解参加成员企业的物流实际情况，并设定一定的进入条件，适当考虑区域和功能互补。主要考虑的条件有配送范围、配送地点、配送要求、服务水准、运送车辆的特性、配送商品的特性、物流设施状况、物流系统的独立性与兼容性等。其次，明确开展合作的业务范围，划定需要纳入共同体系的配送商品与服务内容，分别统计其种类、批次、包装、订单截止时间、集货交货时间、验收方法和规划等。

2）建立统一的决策机构。达成共识，并经多方协商在决策上达成统一，是架构共同配送体的关键一步。否则会给日后的配送带来混乱与障碍，商品在集中、管理、运送等活动中将难以协调一致。该决策机构负责行使约束与监督的权力，除了督促成员企业达成协议之外，还要负责业务衔接、关系协调和利益调整等。

3）确立配送推进主体。结合参与各方的具体情况和意愿，选择适合群体的配送模式与组织形式，同时明确各参加单位对应的负责部门和运营机构，共同组建结构完善、权责明晰的配送推进主体。

4）设计配送系统。重新整合共同体的各项配送业务与物流资源，明确整体服务水平和个别要求，选择合适的保管、装卸、理货、备货、拣选、集配等各环节的作业方式，并配置好开展这些作业所需要的设施、设备、车辆、人员等资源，统一退货处理、订发货记录、单据传递、信息传输等流程与标准。在设计的过程中，注意采用先进的技术手段，如采用 Flexsim 进行仿真设计，以降低实际的操作成本。

5）系统收支分配。主要是做好两方面工作：一是确定共同配送系统内各类费用的计算、分摊办法并能进行相应的控制；二是建立合适的利益分配协调机制。

6）配送系统论证。论证过程应包括两个方面：一是技术测试方式，用 Flesim 等仿真软件进行效果仿真，并与设计目标进行对照分析；二是邀请相关专家对系统进行评价，以便改进，并且要取得参与企业的一致意见。

7）系统建立和运行。按系统规划的方案投入运营，并同具体的配送业务相结合。

8）系统评价。建立科学、合理的评价体系，为共同配送的持续改进打下坚实的基础，确保共同配送顺利、高效地开展。

（3）开展城市共同配送可能产生的问题

1）共同配送组织可能泄露企业的商业秘密。共同配送是在配送中心统一计划和调度下展开的，就必然涉及有关信息的公开，这可能涉及企业的商业秘密，如新业务拓展、客户名单、经营策略等。在同行业、同产业共同配送中，由于运送业务的共同化和配送信息的公开化，各企业的交易条件、顾客名单等经营机密的泄露，很容易对企业竞争战略的制定和实施产生不利的影响，因此，如何在共同配送组织中建立和制定相应的政策和监督制度来防止和约束信息的泄露就显得十分重要，否则当企业觉得商业秘密泄露的风险损失超过所得的利益时，就会退出共同配送组织，共同配送的优势也无法实现了。

2）在利益分配上容易产生分歧和争议。共同配送中的每一个企业在经济运行中都是“理性的”经纪人，都遵循利润最大化的原则。因此，加盟的共同配送企业有的实行一种松散的战略联盟形式，有的则组成合伙制或股份制企业，各加盟共同配送的企业按投入资源的多少索取剩余。由于不同的商品对包装、储运条件的要求不同，装卸搬运的难易程度不同，所消耗的物流费用也存在差异，因此，开展共同配送必须明确物流成本在各企业之间如何公平地分配，保证共同配送所实现的利益在各企业间合理、公平地分配，做到利益的均衡。当共同配送的经营项目太多时，各项费用就难以准确计算了，这必然导致各企业利益分配的分歧与争议。

3）主体多元化造成管理难度增加。共同配送的运作主体多元化，加上作业的商品品种繁多，造成产权多主体，服务要求不一致，难以进行商品管理，往往产生流通层次多、速度慢、浪费大、效益差的弊病，反过来又会造成管理部门机构重叠，服务水准下降，管理难度增加和管理效率低下。在开展共同配送时，为了降低共同配送管理的难度和复杂程度，增强共同配送的协调性，各参与企业在配送的商品特性、保管和装卸特性、配送客户分布状态、物流服务水准、配送数量方面应尽量具有较大的相似性。

7.3 城市物流系统规划与设计

7.3.1 城市物流系统的布局与规划（轴幅式网络选址法）

轴辐式网络（hub-and-spoke network），是一种以枢纽为轴节点，以其他节点为辐节点形成的空间网络系统。直接处理货物收发需求的辐节点构成辐集合；轴节点集合称为轴集合。货物在节点间流动形成链路。枢纽之间的链路，称为干线链路，所有的干线链路构成干线网络；轴到辐、辐到轴的链路，称为支线链路，所有的支线链路构成支线网络。轴幅式网络选址法主要解决多枢纽站单分派轴辐式网络选址、多枢纽站多分派轴辐式网络选址等两类选址问题。

在一个物流系统中，物流中间节点的数量增加，可以提高服务及时率，减少缺货率，但同时往往会增加库存量与库存成本。因此，在规划与设计中，尽量减少物流中间节点的数量，扩大物流中间节点的规模是降低库存成本的一个重要措施。在物流园区，物流中心规划中采用集约化设计，可以实现大规模配送，降低成本。同样，在规划与设计中，物流节点的数量与运输成本之间也形成了制约关系，随着物流节点的数量增加，可以减少运输距离、降低运输成本，但是，物流节点数量增加到一定程度时，由于单个订单的数量过小，增加了运输频率，并且达不到运输批量，从而造成运输成本大幅上涨，因此，确定合适的物流节点数量，也是物流系统规划与设计的主要任务之一。

1. 多物流节点选址模型

对于大多数物流系统规划工作，面临的问题往往是在规划区域范围内，需要同时确定两个或更多个设施的选址。由于不能将这些设施看成经济活动上相互独立的，而且可能存在相当多的选址布局方式，寻求最优解比较困难，因此问题也十分复杂。虽然问题更加复杂，但更加接近实际情况，多物流节点选址问题在实际规划工作中更普遍。

多物流节点选址决策问题，一般可归纳为以下几个相互联系的基本的规划问题：①如何组织货流？各个物流节点的关系如何？运输线与各物流节点的关系怎样？②网络中应该设几个物流节点？处于什么位置？③物流节点服务于哪些客户或市场区域？规模多大？具有哪些功能？

2. 多枢纽站单分派轴辐式网络选址问题

多枢纽站单分派轴辐式网络选址问题，是研究有双向物流的网络节点选址问题，是多枢纽站单一分派轴辐式网络组织模型进行管理的。问题描述如下：在一个有 n 个节点的物流网络中，每个节点都可能是货物的起始点或终止点，货物从起始点（origin）经若干个节点到达目的地（destination）的流通量称为 OD 量，经过的节点链称为 OD 流，根据多枢纽站单一分派轴辐式网络组织模式要求，每条 OD 流汇聚于一个或两个枢纽站后到达目的地，由于枢纽站之间的运输是干线运输，具有规模效益，从而节约了整个系统的物流成本。问题是如何从 n 个节点中选择 p 个节点作为枢纽点，以使整个网络的物流成本最小。这个问题又称为 p-hub 选址问题。网络结构如图 7-3 所示。

对于此模型的小规模问题的求解，可用穷举法或分支定界法，可选用一些现成的优化软件，如 LINGO 软件；对于大规模问题的求解则非常困难，可用优化技术和一些针对特殊问题特征的启发式算法。从文献中看，以用精确法计算 80 个节点的优化问题，以用启发式算法计算出大约 200 个节点中选择少量节点为 hub 点的方案。

3. 多枢纽站多分派轴辐式网络选址问题

多枢纽站多分派轴辐式网络选址问题，是研究有双向物流的网络节点选址问题，是按照多枢纽站多分派轴辐式网络组织模式进行管理的。因此，关于多枢纽站多分派轴辐式网络选址问题，是在多枢纽站单分派轴辐式网络选址问题的基础上，允许收发货站点与多个枢纽站相连（多分派原则），收发货站点可以根据实际情况（如枢纽站是否拥挤、客户的交货期要求等）选择与其连接的枢纽站，从而提高整个网络的转运效率，缩短运输时间，降低物流成本。它的问题描述如下：在一个有 n 个节点的物流网络中，按照多分派原则，如何从 n 个节点中选择 p 个节点作为枢纽点，以使整个网络的物流成本最小。其网络结构如图 7-4 所示。

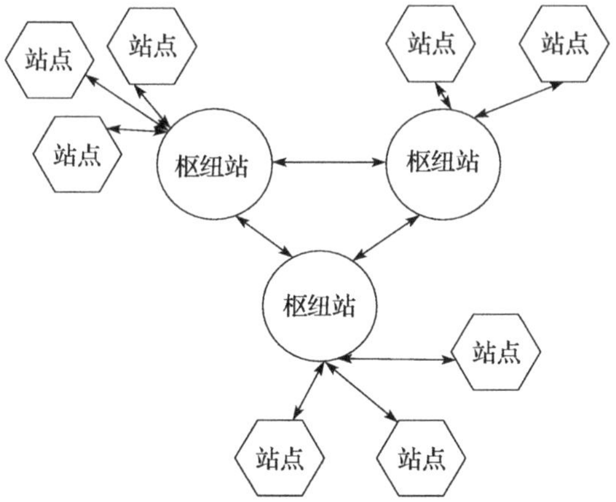

图 7-3　多枢纽站单分派轴辐式网络结构

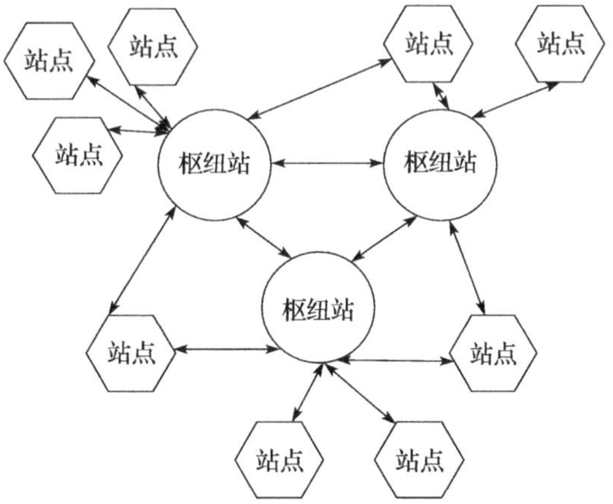

图 7-4　多枢纽站多分派轴辐式网络结构

7.3.2 城市配送中心的布局与规划

1. 城市配送中心的定义与功能

城市配送中心，是指从事货物配备（集货、加工、分货、拣选、配货）和组织对用户的送货，以高水平实现销售和供应服务的现代流通设施。

城市配送中心是区域物流系统中的一个节点。它不是具有单一的储藏功能的仓库，而是发挥配送职能的流通仓库。建立城市配送中心的目的是降低运输成本，减少销售机会的损失，让城市物流更加合理化。

（1）存储功能。为了顺利有序地完成向用户配送货物的任务，更好地发挥保障生产和消费需要的作用，配送中心通常都建有现代化的仓储设施，如仓库、堆场等，存储一定量的商品，形成对配送的资源保证。

（2）分拣功能。作为物流节点的配送中心，其客户是为数众多的企业或零售商，这些众多的客户之间存在着很大的差别，它们不仅各自的经营性质、产业性质不同，而且经营规模和经营管理水平也不一样。面对这样一个复杂的用户群，为满足不同用户的不同需求，有效地组织配送活动，配送中心必须采取适当的方式对组织来的货物进行分拣，然后按照配送计划组织配货和分装，因此，强大的分拣能力是配送中心按用户要求组织送货的基础，也是配送中心发挥其分拣中心作用的保证。分拣功能是配送中心的重要功能之一。

（3）集散功能。在一个大的物流系统中，配送中心凭借其特殊的地位及其拥有的各种先进设备，能够将分散的各个生产企业的产品集中在一起，通过分拣、配货、配装等环节向多家用户进行发送。同时，配送中心也可以把各个用户所需要的多种货物有效地组合或配装在一起，形成经济、合理的批量，实现高效率、低成本的物流。

（4）衔接功能。通过货物配送，配送中心能把各种生产、生活资料直接送到用户手中，可以发挥衔接生产的功能。另外，通过发货和储存，配送中心又起到了调节市场需求、平衡供求关系的作用。

（5）流通加工功能。流通加工虽不是普遍的，但往往是有着重要作用的功能要素，主要是通过流通加工，可以大大提高客户的满意程度。

（6）信息处理功能。配送中心连接着物流干线和配送，直接面对产品的供需双方，因而不仅确保实物的连接，更重要的是实现信息的传递和处理，包括配送中心的信息生成和交换。

2. 城市配送中心规划的内容及基本程序

城市配送中心的设置和建设要考虑一个区域范围内物流系统的整体规划，同时要满足其经营上的要求，是一项建设规模大、投资额高、涉及面广的系统工程。

（1）城市配送中心规划的意义。货物配送活动包含备货、理货和送货三大流程。作为物流活动枢纽的配送中心，欲发挥其集中供货的作用，首先，必须采取各种方式（如零星集货、批量进货）组织货源。其次，必须按照用户的要求及时分拣（分装）和配备各种货物。为了更好地满足客户需要并提高配送水平，配送中心还必须有比较强的加工能力，能开展各种形式的流通加工。从这个意义上说，配送中心实际上是融合集货中心、分货中心和流通加工中心的现代化的物流基地，也是能够发挥各种功能作用的物流组织。物流中心在现代商品流通中具有三大主要作用：一是保证流通顺利进行；二是作为企业产品分销的保证；三是提供专业化的配送服务。

（2）城市配送中心规划的内容。配送中心是一个系统工程，其系统规划包括许多方面的内容。可以从物流系统规划、功能规划、运营系统规划等方面进行规划。其中物流系统规划包括对设施布置、物流设备和作业方法等的规划；功能规划也就是对配送中心信息管理与决策支持系统的规划；运营系统规划包括对组织机构、人员配备、作业规范或标准等的规划。通过系统规划，可以实现配送中心的高效化、信息化、标准化和制度化。

（3）规划的制约因素。在决定配送中心的执行目标、基本定位与策略功能后，还需考虑实际规划时的制约因素，包括以下几点。

1）预定时间进程。在配送中心初建时，由于没有运作经验，时间进程只能在现有建设能力和规划水平的基础上估算，并没有考虑选址过程中出现的问题、建设中突来的恶劣天气影响施工及其他意外情况，因此工期可能缩短或延长。

2）预期可使用的人力资源。配送中心规划时所设定的人力资源结构未经过实际运营的考验，这会影响系统规划的运作方向。例如，一个有品牌影响力的企业规划新配送中心所招募新员工跟一个小型配送中心招募新员工的标准和选择余地就大不相同，其公司文化对员工的影响力也不同。再如，配送中心所处的地方如果不是中心城市，而是较为偏远的内陆县城，尽管整个人力资源供给状况较为充足，但这样的地理位置仍会使企业的人力资源需求受到较大的抑制，而内部管理人员、规划人员、业务人员、行政人员之间的比例也会影响配送中心的运作和管理。

3）预算资金限制。资金来源的不同会影响配送中心规划。若是自筹资金，需要企业具有很雄厚的实力，这种企业往往是国内外著名连锁企业；若是招商引资，投资者会要求配送中心积极地按照规划设计方案来进行，这有可能与原来的规划设计方向产生偏差；若是申请银行贷款，需考虑贷款利率、还款年限及经营盈亏平衡期的长短。此外，资金若不能及时到位、原计划投资与实际投资有差别等情况也会影响配送中心的规划设计内容。

4）计划使用年限。配送中心规划建设时的计划使用年限会影响建设成本及以后的运营情况，因此，必须考虑建筑物的计划使用年限。计划使用年限是指结构或结构构件不需要进行大修即可按其预定目的使用的时期。计划使用年限可以按国家标准确定，或者按配送中心规划者自己的要求确定。较高的年限使用标准会增加成本，较低的年限使用标准会影响运营，如地面单位负荷不能超过某个数值等。此外，计划使用年限与租用或者购买土地使用权也有关系：租用地皮，按照租用合同规定的租用年限来执行；自行购买，按照土地使用权的使用期限来设计。

5）预定的设置地点及土地使用权取得的可行性。配送中心预定的设置地点及土地使用权取得的可行性，需要仔细考虑。如果盲目求大求全，结果只能是华而不实。建设配送中心一定要结合实际、量力而行，并非投入越多、规模越大越好，应根据企业自身的能力和周围的环境，适当建设配送中心。比如，配送中心在选址时，应考虑城市人口增长率、产业结构与布局等因素，结合配送中心本身的商品定位进行规划设计。因为配送中心一旦建好投入使用，就不得不考虑这样几个因素：成本、效率和服务。

6）预期投资效益的水平。投资效益是指投资活动所取得的成果与所占用或消耗的投资之间的对比关系。配送中心预期投资效益的水平和先期的投资决策密切相关，会影响未来一段时间内配送中心投资的方向。投资决策失误肯定不会有好的投资效益。为了真正实现科学决策，必须做到：

①从实际出发，制定正确的企业发展战略；

②优化资金进入结构，合理安排各模块投资占用资金；

③选好投资目标，重视配送中心规划建设和配套管理流程。

在配送中心的规划分析过程中，相关的考虑因素及决策条件均应以企业所提出的物流策略、规划目标和限制因素为依据，它决定了配送中心预期的功能与规划方向。

3. 城市配送中心规划的基本程序

城市配送中心规划的基本程序如图 7-5 所示。在配送中心的筹建准备阶段，首先应该明确建设配送中心的任务、目标等有关的背景条件。当然一个配送中心的成立可能有多方面目标，但需分清主次，以便设计时更好地体现既定方针。在分析了配送中心建设的必要性和可行性之后，就应该成立筹建小组进行具体规划。此外，为了防止规划出现片面和盲目，筹建小组的成员应该包括物流专家、企业业务人员、设备维修操作人员、基建部分人员等。

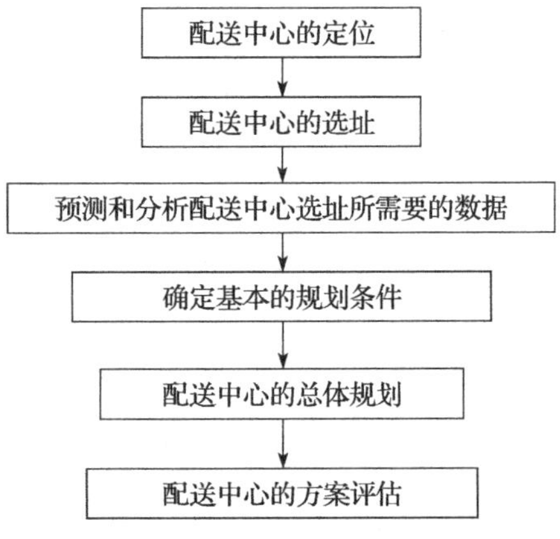

图 7-5　城市配送中心规划的基本程序

筹建小组应根据企业经营决策的基本方针，进一步确认配送中心建设的必要性，确定配送中心的定位，确认配送系统的背景条件，包括配送对象的地点和数量，配送中心的位置，配送商品的类型，库存标准，配送中心的作业内容等，应进行实际调研或具体构想，把握物流系统的状况及商品的特性，如商品的规格、品种、形态、重量，各种商品进出库数量，每天进货、发货总数量，供货时间要求，订货次数，订货费用，服务水平，等等。

在配送中心总体方案设计之前，要进行大量的调研工作，之后利用调研所得的资料进行科学分析，如果分析的结果跟原来筹备小组的决策相违背，则整个配送中心的规划方案会被停止，必须进行新的规划。一般情况下，初期的筹建准备的基本步骤如图 7-6 所示。

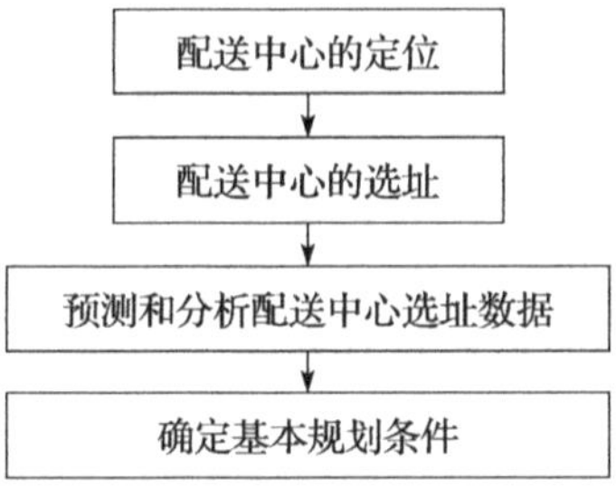

图 7-6　初期的筹建准备的基本步骤

4. 城市配送中心的总体规划

城市配送中心的总体规划是在对配送中心的基本资料进行详细分析的基础上进行的。由于配送中心具有集货、收货验货、储存、分拣、配货、送货、信息处理的功能，故配送中心的占地面积大、总体规划复杂。一般情况下，配送中心总体规划的步骤如图 7-7 所示。

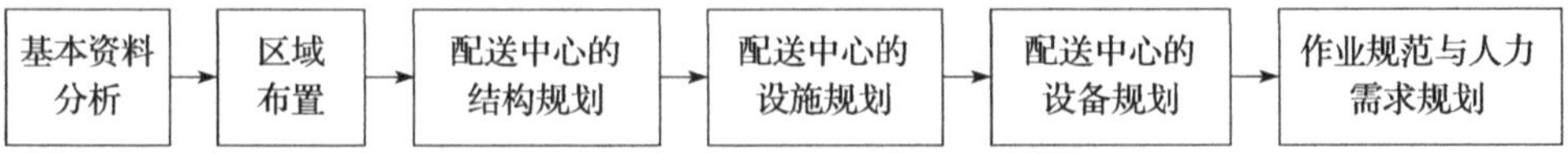

图 7-7　配送中心总体规划的步骤

（1）基本资料分析

1）物品特性分析。物品特性是货物分类的参考因素，如按储存保管特性可分为干货区、冷冻区及冷藏区；按货物重量可分为重物区和轻物区；按货物价值可分为贵重物品区和一般物品区。因此配送中心规划时首先需要对货物进行物品特性分析，以划分不同的储存和作业区域。

2）储运单位分析。储运单位分析需要考察配送中心各个主要作业（进货、拣货、出货）环节的基本储运单位；一般配送中心的储运单位包括托盘（P）、箱子（C）和单品（B），不同的储运单位，其配备的储存和搬运设备也不同。因此掌握物流过程中的单位转换相当重要，需要将这些包装单位（P、C、B）进行分析，即 PCB 分析。

常见的例子为企业的订单资料中同时含有各类出货形态，包括订单中整箱与零散两种类型同时出货，以及订单中仅有整箱出货或仅有零散出货。为了使仓储与拣货区得到合理的规划，必须将订单资料按出货单位类型加以分析，以正确计算各区实际的需求。配送中心包装单位分析如表 7-4 所示。

表 7-4　配送中心包装单位分析

入库单位	储存单位	拣货单位
P	P	P
P	P、C	P、C
P	P、C、B	P、C、B
P、C	P、C	C
P、C	P、C、B	C、B
C、B	C、B	B

3）EIQ 分析。订单品项数量（EIQ）分析就是利用订单“E”（entry）、品项“I”（item）、数量“Q”（quantity）这三个物流关键要素来研究配送中心的需求特性，为配送中心提供规划依据。日本铃木震积极倡导以 EIQ 分析来进行配送中心的系统规划，即从客户订单的品项、数量与订购次数等出发，进行出货特性的分析，具体分析内容如下。

①订货数量（EQ）分析：单张订单出货数量的分析。主要可了解单张订单订购量的分布情形，可用于决定订单处理的原则、拣货系统的规划，并将影响出货方式及出货区的规划，如图 7-8 所示。

②品项数量（IQ）分析：每种单一品项出货总数量的分析。主要可了解各类货品出货量的分布状况，分析货品的重要程度与运量规模，可用于仓储系统的规划、储位空间的估算，并将影响拣货方式及拣货区的规划，如图 7-9 所示。

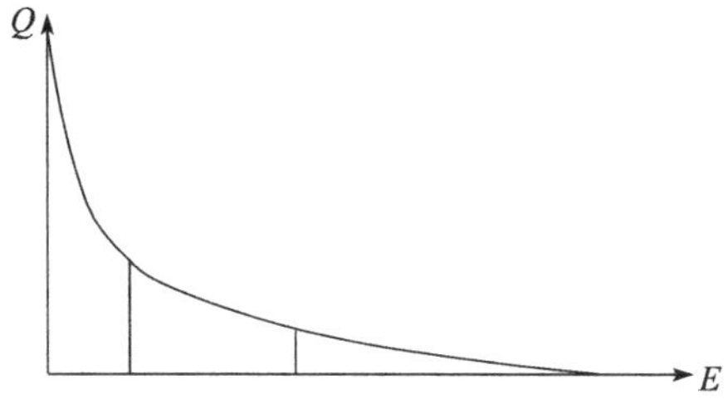

图 7-8　EQ 分析

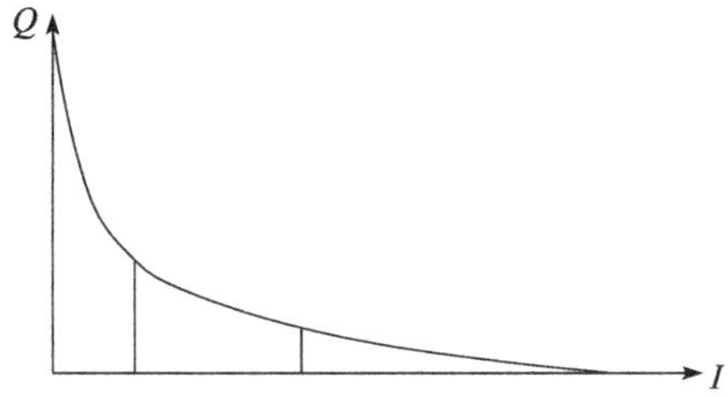

图 7-9　IQ 分析

③订单品项数（EN㊀）分析：单张订单出货品项数的分析。主要可了解单张订单订购品项数的分布，对于订单处理的原则及拣货系统的规划有很大的影响，并将影响出货方式及出货区的规划。通常需配合总出货品项数、订单出货品项累计数及总品项数三项指标综合考虑。

④品项受订次数（IK㊁）分析：每单一品项出货次数的分析。主要分析各类货品出货次数的分布，对于了解货品别的出货频率有很大的帮助，主要功能是可配合 IQ 分析决定仓储与拣货系统的规划。

（2）区域布置。配送中心的区域布置方法有两种，即流程性布置法和活动相关性布置法。流程性布置法是将物流移动路线作为布置的主要依据，适用于物流作业区域的布置；活动相关性布置法是根据各区域的综合相关性进行区域布置的，一般用于整个厂区或辅助性区域的布置。

配送中心的区域布置方法和步骤如下。

1）物流作业区域的布置

①决定配送中心对外的道路形式：确定配送中心对外道路进出口方位及厂区配置形式。

②决定配送中心厂房的空间范围、大小及长宽比例。

③决定配送中心内由进货到出货的主要物流路线形式，如 U 形、双排形等。

㊀ N 为日文 Nnai（意为“种类”）的首字母。

㊁ K 为日文 Kasanatsut（意为“重复”）的首字母。

④按物流路线配置各区域位置：先将面积较大且长宽比例不易变动的区域置入建筑平面内，如自动仓库、分类输送机等作业区；再按物流相关强度的大小安排其他区域的布置。

2）行政活动区域的布置。一般配送中心行政办公区均采用集中式布置，并与物流仓储区间隔，但也应进行合理的配置。行政活动区域内的布置方法：选择与各部门活动相关性最强的部门区域先行置入规划范围内；再按活动相关性，按与已置入区域关系的重要程度依次置入布置范围内。

3）确定各种布置组合。根据物流活动相关性，探讨各种可能的区域布置组合。根据以上方法，可以逐步完成各区域的概略配置。然后将各区域的面积置入各区相对位置，并作适当调整，减少区域重叠或空隙，即可得到相关布置图。最后调整部分作业区域的面积或长宽比例后，即得到区域布置的初步方案，如图 7-10 所示。

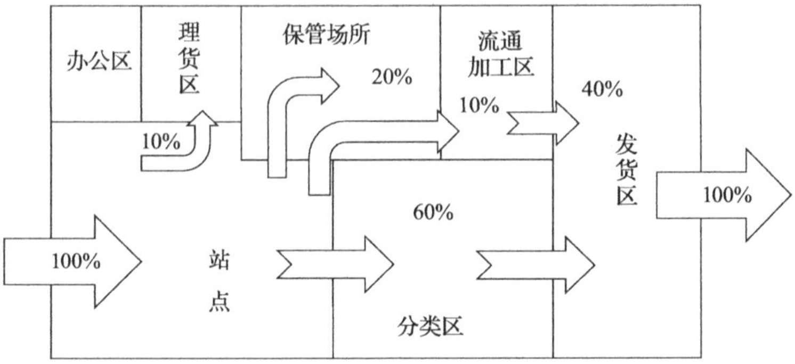

图 7-10　区域布置的初步方案

4）修正。经由上述规划分析，得到了库房区域布置的草图，还应根据一些实际限制条件进行必要的修正与调整，考虑因素如下。

①库房与土地面积比例：库房建筑比率、容积率、绿地与环境保护空间的比例及限制等因素。

②库房建筑的特性：建筑造型、长宽比例、柱位跨距、梁高等限制或需求。

③法规限制：土地建筑法规、环保卫生安全相关法规等因素。

④交通出入限制：交通出入口及所在区域的特殊限制等因素。

⑤其他：如经费预算限制、政策配合因素等。

（3）配送中心设施设备规划。在预定区域内合理地布置好各功能块相对位置的目的是：有效地利用空间、设备、人员和能源；最大限度地减少物料搬运，简化作业流程，缩短生产周期，力求投资最低；为员工提供方便、舒适、安全和卫生的工作环境。

配送中心的主要活动是物资的集散和进出，在进行设施规划时，环境条件非常重要。需考虑相邻的道路交通、站点设置、港口和机场的位置等因素，如何与中心内的道路、物流路线衔接，形成内外一体、圆滑通畅的物流通道至关重要。物流设施与道路过近可能影响道路利用率，过远可能造成运距过长、网络成本增高，此外，物流设施与道路的距离还与物流中心的类型有关。

物流设备系统的水平常常被看成配送中心先进性的标志，为了追求先进性就要配备高度机械化、自动化的设备，这给投资带来很大负担。欧洲物流界认为先进性就是合理配备，以较简单的设备、较少的投资，实现预定的功能。但从功能方面来看，设备的机械化、自动化程度不是衡量先进性的最主要因素。

根据我国的实际状况，对于配送中心的建设，比较一致的认识是贯彻软件先行、硬件适度的原则。也就是说，计算机管理信息系统、管理与控制软件的开发，要瞄准国际先进水平；机械设备等硬件则要根据我国资金不足、人工费用便宜、空间利用要求不严格等特点，在满足作业要求的前提下，更多选用一般机械化、半机械化的装备。例如，仓库机械化，可以使用叉车或者与货架相配合的高位叉车；在作业面积受到限制、一般仓库不能满足使用要求的情况下，也可以考虑建设高架自动仓库。

（4）作业规范与人力需求规划。在规划业务流程及作业规范后，可进行配送中心组织与人力的规划，主要包括以下项目。

1）作业时序的安排。依照配送中心作业形态、配送范围、接单处理周期及配送出车时段等因素，规划配送中心的作业时序安排。作业时序安排需充分考虑设备、人力、空间及时间等资源因素，以进行完善的整合及运用。

2）作业规范。以组织架构为依据，配合业务流程分析、作业制度的规划及作业时序安排，制定各项作业规范。

3）人力需求规划。根据作业内容及所需人员，依据相关作业量及设备估计操作执行人力。另外需考虑人力来源及编制，部分工作项目需考虑是否全部以自有人力方式取得，是否可以部分外包，以降低人事成本。完成组织编制与人力配置后得到分析结果。

5. 配送设施及设备的配置与选择

一个完整的物流中心包含的设施、设备相当广泛，配送中常用的设施及设备基本上可以概括为 4 个大类：货架、托盘、叉车及现代信息技术（条码、射频识别技术、GIS 技术、GPS 技术等）。

（1）货架。在仓储设备中，货架是指专门用于存放成件货品的保管设备。《物流术语》对货架（rack）的定义是“用立柱、隔板或横梁等组成的立体储存物品的设施”。

货架的作用主要表现在以下几个方面。

1）利用仓库空间：货架是一种架式结构物，使用货架可以充分利用仓库空间，从而提高仓库容量的利用率，扩大仓库的储存能力，这是货架最基本的作用。

2）减少货物损失：货架能够让存入货架中的货物相互之间不挤压，减少货物的损耗，可完整保证货物本身的功能，减少货物的损失。

3）存取方便：货架中的货物存取十分方便，便于清点及计量，可做到先进先出。

4）保证存储货物的质量：通常采取防潮、防尘、防盗、防破坏等措施，来提高货物存储的质量。

5）有利于实现机械化及自动化管理：新型货架的结构及功能有利于实现仓库的机械

化及自动化管理，从而为仓库的管理带来了非常大的帮助。

（2）托盘。《物流术语》对托盘（pallet）的定义是："用于集装、堆放、搬运和运输的放置作为单元负荷的货物和制品的水平平台装置。"

托盘是一种重要的集装器具，是物流领域中为了适应装卸机械化而发展起来的一种常用器具。托盘的发展总是与叉车同步，叉车与托盘共同使用所形成的有效装卸系统大大地促进了装卸活动的发展，使装卸机械化水平大幅度提高，使长期以来在运输过程中的装卸瓶颈得以改善。它区别于普通的集合包装的特点是，随时处于"备战"状态，使静态的货物转变为动态的货物。将托盘与货物固定搭配，便形成了托盘包装。托盘包装是以托盘为承载物，将包装件或产品堆码在托盘上，通过捆扎、裹包或胶粘等方法加以固定，形成一个搬运单元，以便用机械设备搬运。

托盘既具有搬运器具的作用，又具有集装容器的功能。托盘的出现促进了集装箱和其他集装方式的形成与发展。托盘作为物流系统化的重要工具，对物流系统的建立和形成都具有重要作用。托盘已成为和集装箱一样重要的集装方式，形成了集装系统的两大支柱。

托盘按它的功能与作用可分为用叉车、手推平板车装卸的平托盘、柱式托盘、箱式托盘；在下部安装滚轮的，可用人力推动的滚轮箱式托盘、滚轮保冷箱式托盘；采用板状托盘，用设有推换附件的特殊叉车进行装卸作业的滑动板，装有滚轮的托盘货车中使货物移动的从动托盘；其他还有装运桶、罐等专用托盘之类的与货物形状吻合的特殊构造托盘。

通常，按托盘的适用性可分为通用托盘和专用托盘等两大类；按托盘的结构可以分为平托盘、箱式托盘和柱式托盘三种；按托盘的材料可分为木制托盘、塑制托盘、钢制托盘、竹制托盘和塑木复合托盘等。

1）平托盘。平托盘按形状不同分为多种，是托盘中使用最广泛的一种，一般所说的托盘主要指平托盘。平托盘还可以进一步进行分类。

①按台面分。可以分为单面实用型、双面实用型、单面四向型、双面使用双蝶型、单面单翼型、双面使用四向型。

②按叉车插入方式分。可以分为单向插入型、双向插入型、四向插入型三种。其中，单向插入型只能从一个方向插入，因而该叉车操作时较为困难；四向插入型可以从四个方向插入，因而操作较为灵活。

③按制造材料分。可以分为木制、钢制、塑料制及高密度合成板制四类。

2）柱式托盘。柱式托盘是在平托盘的四个角装上立柱构成的，其目的是在多层堆码保管时，保护最下层托盘货物。托盘上的立柱大多是可卸式，高度多为 1 200mm。立柱的材料多为钢制，耐负荷 3t，自重 30kg 左右。这种托盘改进后可从对角的柱子上端用横梁连接，使柱子成门框形。

柱式托盘的主要作用有两个：一是防止托盘上所置货物在运输、装卸等过程中发生踏跺；二是利用柱子支撑承重，可以将托盘货载堆高叠放，而不用担心压坏下部托盘上的货物。

3）其他类型托盘

①箱式托盘。箱式托盘是沿平托盘四个边由板式、栅式、网式等各种平面组成的箱体。有些箱体上有顶板，有些箱体上没有顶板。箱板有固定式、折叠式、可卸式三种。这种托盘的特点是使包装简易并可将形状不规则的货物集装，防护能力强，可以有效防止踏跺，防止货损。

②轮式托盘。轮式托盘是在柱式、箱式托盘下部安装小型脚轮，按上部构造物的形式分为固定式、可卸式和折叠式三种。这种托盘不但具有一般柱式、箱式托盘的优点，而且可利用轮子做小距离运动，不需要搬运机具就能实现搬运，也可以利用轮子完成滚上滚下的装卸活动，还有利于在装放车、船内后移动位置，所以轮式托盘有很强的搬运性。此外，轮式托盘在生产物流系统中还可以兼作作业车辆。

滚轮箱式托盘大多用于一般杂货的配送，装货面的大小为 800mm × 550mm，最大装载量为 300kg。

③滑动板。滑动板是瓦楞纸、板纸或塑料制的板状托盘，也称为薄板托盘。和木制托盘比较，有重量轻（每个约 1.5kg）、充分利用保管空间（厚度在 5mm 以下）、价格低等优点。但是，为装卸这种托盘，需要带有特殊属具的叉车。

4）托盘规格。托盘规格的标准化是实现托盘联运的前提，也是实现物流设备和设施标准化的基础及产品包装标准化的依据。

国际标准化组织规定规格主要有：1 200mm × 1 000mm、1 200mm × 800mm（欧洲标准），1 140mm × 1 140mm（澳大利亚标准），1 200mm × 1 000mm（美国标准），1 100mm × 1 100mm（日本标准），此外还有 1 200mm × 1 600mm、1 200mm × 1 800mm 的大型托盘。

《中华人民共和国国家标准：联运通用平托盘主要尺寸及公差》（GB/T 2934—2007）规定的联运通用平托盘外部规格系列为 1 200mm × 1 000mm、1 200mm × 800mm、1 140mm × 1 140mm、1 219mm × 1 016mm 四种。以上尺寸均为平面尺寸，公差为 ± 3mm。

（3）叉车。《物流术语》对叉车（fork lift truck）的定义是："具有各种叉具，能够对物品进行升降和移动以及装卸作业的搬运车辆。"

在实际生活中，叉车又称为铲车，是物流领域中应用最广泛的装卸搬运设备。它以货叉作为主要的取货装置。叉车的前部装置装有标准货叉，可以自由地插入托盘取货和放货，依靠液压、发动机等装置升降货物，由滚轴、轮胎等行驶系统实现货物的水平搬运。叉车除了使用货叉以外，在配备其他装置（即叉车属具）后，还能用于散货和多种规格品种货物的装卸作业。

叉车与其他搬运机械一样，能够减轻装卸工人繁重的体力劳动。除了能提高装卸效率、缩短车辆停留时间、降低装卸成本以外，它还有以下特点和作用。

1）通用性：叉车在物流的各个领域都有所应用，如仓库、车站、码头和港口都要应用叉车进行作业。如果叉车和托盘配合，它的应用范围会更广，同时，可以提高作业效率。

2）机械化程度高：使用各种自动取物装置或在货叉与货板配合的情况下，可以实现装卸工作的完全机械化，不需要工人的辅助体力劳动。它将装卸和搬运两种作业合二为一，作业效率高。

3）机动灵活性好：叉车的外形尺寸相对较小、重量轻，能在作业区域内任意调动，适应货物数量及货流方向的改变，可机动地与其他起重运输机械配合工作，提高机械的使用率。

4）可以“一机多用”：在配备和使用各种取货装置，如货叉、铲斗、臂架、吊杆、货夹、抓取器等的条件下，可以适应各种品种、形状和大小的货物的装卸作业。

此外，使用叉车能提高仓库容积的利用率，有利于开展托盘成组运输和集装箱运输，并且叉车成本低，投资少，能取得较好的经济效果。

（4）条码

1）条码技术概述。条码（bar code）又称条形码，是由一组按一定编码规则排列的条、空符号组成的，用以表示一定的字符、数字及符号组成的信息。条码技术是以计算机技术、光电技术和通信技术的发展为基础的一项综合性科学技术，是信息数据自动识别、输入的重要方法和手段。

条码设备主要由条码、扫描器、阅读器组成。其中，条码是利用光电扫描阅读设备来实现数据输入计算机的一种代码。

2）条码的分类。条码按照维数可以分为一维条码和二维条码。

①一维条码。一维条码是指多条宽度不同的条空按一定规律平行排列组成的条码。普通的一维条码还需通过数据库建立条码与商品信息的对应关系。比如，商品条码有EAN 码（13 位和 8 位）和 UPC 码，物流条码有 Code128 码、ITF-14 码、39 码、库德巴码等。

②二维条码。从一维条码对物品的“标识”转为二维条码对物品的“描述”，二维条码可分为行排式二维条码（2D stacked code）、矩阵式二维条码（2D matrix code）两种。

3）条码技术在城市配送各个环节的具体应用。自 20 世纪 70 年代开始，条码技术在欧美得到了快速发展和广泛使用。比如，由于 PDF417 二维条码具有强自动纠错能力，在实际的包裹运输中，即使条码标签受到不同程度的污损，PDF417 二维条码依然可以正确地识读，这使其成为各个国家的邮局、铁路、机场、码头等行业的重点需求之一。美国陆路运输部、新西兰陆路运输部、法国邮局、南非航空货运公司等世界各地的物流机构纷纷采用二维条码技术。

20 世纪 80 年代中期，我国一些高等院校、科研部门及一些出口企业把条码技术的研究和推广应用逐步提上议事日程。条码技术广泛应用于商业、邮政、图书管理、仓储、工业生产过程控制、交通等领域，它是在计算机应用中产生并发展起来的，具有输入快、准确度高、成本低、可靠性强等优点。

在供应链领域，条码技术的应用主要体现在以下几个方面：

1）进货管理。企业在进货时可用数据采集器核对产品品种和数量。首先将所有本次进货的单据、产品信息下载到数据采集器中，数据采集器将提示材料管理员输入购货单的号码，由数据采集器的应用系统判断这个条码是否正确。如果不正确，系统会立刻向材料管理员发出警示；如果正确，材料管理员再扫描所购材料单上的项目号，系统随后检查购货单上的项目是否与实际相符。接着，材料管理员扫描物料规格信息和标识号的条码，每个物料都有唯一的标识。

2）生产管理。在没有应用条码的时期，每个产品在上生产线前，必须手工记载生成这个产品所需的工序和零件，领料员按记载分配好物料后，才能开始生产。每条生产线的每个产品都有记录表单，每一个工序完成后，填上元件号和自己的工号。手工记载过程工作量大，很复杂，不能及时反映产品在生产线上的流动情况。采用条码技术后，订单号、零件种类、产品数量编号都可条码化，在产品零件和装配的生产线上及时打印并粘贴标签。产品下线时，由生产线质检人员检验合格后扫入产品条码、生产线条码号，并按工序顺序扫入工人的条码，对于不合格的产品送维修，由维修人员确定故障发生的原因，整个过程不需要手工记录。

3）库存管理。条码技术应用于库存管理，可节省手工书写票据和送到机房输入的步骤，大大提高了工作效率，同时解决了库房信息陈旧滞后的问题，提高了交货日期的准确性。另外，解决了票据信息不准确的问题，提高了客户服务质量、消除了事务处理中的人工操作、减少了无效劳动。

4）出库管理。采用条码识读器对出库货物包装上的条码标签进行识读，并将货物信息传递给计算机，计算机根据货物的编号、品名、规格、数量等自动生成出库明细。若发现标签破损或丢失，则按照程序进行人工补贴。将出库货物经过核对，确认无误后，再进行出库登账处理，更新货物库存明细。

5）产品信息跟踪。对整个供应链进行跟踪。比如，通过跟踪系列、批号和库存，掌握准确的可供应量信息；跟踪货物的出库、入库情况，掌握分发单位、生产单位的相关信息等。若发现某件产品收到投诉，可根据条码信息得出产品的生产人员、质检人员、保管人员等信息，以便追究责任，并可避免同类事件再次发生，从而提高产品的合格率，也可将其作为考核员工的标准。

（5）射频识别技术。射频识别（radio frequency identification，RFID）技术又称电子标签，是众多自动识别（磁条识别、语音识别、生物识别、条码识别）技术中的一种，是一种无须人为干涉，非接触式的、可工作于各种恶劣环境，并同时收集、追踪多个高速运动物体相关信息和数据的自动识别技术，是无线电技术与雷达技术相结合的产物。

（6）GIS 技术。地理信息系统（geographic information system，GIS）是以地理空间数据库为基础，采用地理模型分析方法，适时提供多种空间的和动态的地理信息，为地理研究和地理决策服务的计算机技术系统。

1）GIS 的构成。GIS 由硬件、软件、数据、人员、方法等内容组成。

2）GIS 的特征。GIS 的主要特征包括存储、管理、分析与位置有关的信息；强调空间分析；通过数据库管理系统将空间数据和非空间数据联系在一起共同管理、分析和应用；成功应用需依靠一定的组织体系（系统管理员、技术操作员等）。

GIS 的基本功能是将表格型数据（无论来自数据库、电子表格文件或直接在程序中输入）转换为地理图形显示，然后对显示结果进行浏览、操作和分析。其显示范围可以从洲际地图到非常详细的街区地图，显示对象人口、销售情况、运输线路及其他内容。

3）GIS 技术在城市配送各个环节的应用。在城市配送管理中，运输、配送等物流活动对地理空间有较大的依赖性，采用 GIS 技术建立企业的物流管理系统可以实现企业物流的可视化、实时动态管理。这种可视化是指将各种信息当作一系列不同层次的数据，按照地理特征联系起来以模拟现实世界，进行地图显示。实时动态管理包括时间动态和空间动态。时间动态指所有的数据可以实时更新；空间动态指的是空间图形的显示和分析能力。下面介绍集成 GIS 的供应链在配送、仓储、运输、装卸搬运等方面的具体应用。

①配送。配送环节涉及交通状况、地理位置、设施等地理信息。GIS 通过将配送信息、商品信息与地理信息进行集成，实施有效的配送管理，从而达到 GIS 与 MIS 的无缝集成，大大提高了物流配送的效率。

为了快速找到用户的准确位置，利用 GIS 的空间定位功能，就能很快在地图上把用户的位置标识出来；利用地理行政区域、地形图、交通路况等信息，以及 GIS 的网络分析功能，可以进行路线选择；根据路线的长度、道路的阻碍因子、车速等，结合 GIS 的统计功能，能够很快计算出沿途所需的时间，为按时送货到指定地点提供保证。

②仓储。仓储管理虽然是相对静态的管理过程，但 GIS 强大的空间查询和直观的表现形式，能够高效地完成仓储管理。

GIS 在仓储环节的应用表现为能详细反映仓库和货架的布局、商品的数量和分布等情况，这些信息是实时更新的。在仓储中心的平面电子地图上，详细说明了商品的存放位置，以及每种商品的库存和商品的基本信息。在物料或者产品需要入库时，如果采用人工的方式查询仓库的库存状态是很困难的，但利用 GIS 进行仓储管理，就可以随时查看任何仓库的状态，物料的存放位置，从而指导物料出入库。

③运输。运输的作用是克服产品的生产与需求之间存在的空间和时间上的差异。运输实现了产品在空间上移动的职能。企业无论选择哪一种运输方式，都需要评估运输成本及承运人能力等多种因素。此外，由于运输跟路线、路况、居民地等地理要素有关，因此在分析的过程中，一方面要考虑商业方面的因素，另一方面还要考虑地理因素。

为了做出合理的决策，企业需要以 GIS 为工具，综合各方面的因素，选出最优的方案。

④装卸搬运。在装卸搬运环节，进行搬运路线的设计是很重要的。搬运路线的优劣直接关系到物流成本的高低。可以通过 GIS 的编辑功能进行路线设计，添加属性字段，利用 GIS 的网络分析功能，综合考虑各种条件因素，进行最优搬运路线的选择。

路线由节点和网线组成，在分析前，对节点和网线分别赋予权值，或者设置一些障碍因子，最后统计分析得出最优结果。

⑤商业设施、配送中心选址。在店铺、超市、仓库、配送中心等选址的过程中，GIS 也能发挥积极的作用。在确定最佳位置前，依据一定的选址标准，再结合分析方法，对电子地图上的候选位置逐一筛选，最后得出的地址就是所选的位置。在做出选址决策之前，需要对项目进行调研，综合市场需求、政策法规、生产性质、交通运输成本、企业自身特

点、资源分配等因素，利用 GIS 的空间分析功能，得出最优选址方案。

（7）GPS 技术。全球定位系统（global positioning system，GPS）是指利用通信卫星、地面控制部分和信号接收机对对象进行动态定位的系统。

GPS 能对静态、动态对象进行动态空间信息的获取，能快速、精准、不受天气和时间限制地反馈空间信息，使在地球上任何地方的 GPS 系统的用户，都能计算出其所处的方位（三维空间位置）。

目前全球的 GPS 主要包括美国的 NAVSTAR、俄罗斯的 GLONASS 及我国的北斗卫星导航系统。目前，美国的 NAVSTAR 应用最广、技术最成熟。

1）GPS 系统组成。GPS 系统包括三大部分：空间部分——GPS 卫星；地面监控部分——地面监控系统；用户接收部分——GPS 信号接收机。

2）GPS 在城市配送中的应用

①物流配送。GPS 能将车辆的状态信息（包括位置、速度、车厢内温度等）及客户的位置信息快速、准确地反映给物流系统，由特定区域的配送中心统一合理地对该区域内所有车辆做出快速的调度。这样便大幅度提高了物流车辆的利用率，减少了空载车辆的数量和空载的时间，从而减少了物流公司的运营成本，提高了物流公司的效率和市场竞争能力，同时增强了物流配送的适应能力和应变能力。

②动态调度。运输企业可进行车辆待命计划管理。操作人员通过在途信息的反馈，在车辆未返回车队前即做好待命计划，提前下达运输任务，减少等待时间，加快车辆周转，以提高重载率，减少空车时间和空车距离，充分利用运输工具的运能，提前预设车辆信息及精确的抵达时间。用户可以根据具体情况合理安排回程配货，为运输车辆排解后顾之忧。

③货物跟踪。通过 GPS 和电子地图系统，可以实时了解车辆位置和货物状况（车厢内温度、空载或重载情况），真正实现在线监控，避免以往在货物发出后难以知情的被动局面，提高货物的安全性。货主可以主动、随时了解到货物的运动状态信息及货物运达目的地的整个过程，增强物流企业和货主之间的相互信任。

④车辆优选。查出在锁定范围内可供调用的车辆，根据系统预先设定的条件判断车辆中哪些是可调用的。在系统提供可调用的车辆的同时，将根据最优化原则，在可能被调用的车辆中选择一辆最合适的车辆。

⑤路线优选。地理分析功能可以快速地为驾驶人员选择合理的物流路线，以及这条路线的一些信息，所有可供调度的车辆不用区分本地或是异地都可以统一调度。配送货物目的地的位置和配送中心的地理数据结合后，产生的路线将是整体的最优路线。

⑥报警援救。在物流运输过程中，有可能发生一些意外的情况。当发生故障和一些意外的情况时，GPS 系统可以及时地反映发生事故的地点，调度中心会尽可能地采取相应的措施来挽回和降低损失，增加运输的安全性和应变能力。GPS 系统的投入使用使过去制约运输公司发展的一系列问题迎刃而解，为物流公司降低运输成本、加强车辆安全管理、推动货物运输有效运转发挥了重要作用。此外，GPS 系统的网络设备还能容纳上千车辆同时

使用，跟踪区域遍及全国。物流企业导入 GPS 系统，是物流行业以信息化带动产业化发展的重要一环，它不仅为运输企业提供信息支持，而且对整合货物运输资源、加强区域之间的合作具有重要意义。

本章小结

本章叙述了城市物流、城市配送、城市物流共同配送、轴幅式网络选址法的概念；阐述了交通对城市物流的影响；重点论述了什么是城市物流系统网络，如何构建城市物流系统网络；介绍了城市配送中心规划的内容，如何进行城市配送中心的布局与规划等。

案例分析

东京从物流的角度考虑城市规划及交通规划

本文以东京城市圈物资流动调查为中心，从物流的角度考虑城市规划及交通规划。拥有着日本总人口约三分之一和 30% ～ 40%GDP 的东京城市圈，支撑着日本的产业活动以及消费活动，所以要将物流节点和运输网络作为重要的支柱。

物流网络和交通流量单元

（1）货车无障碍通行

城市圈内一般由大型货车进行广域物资的运输，在谋求这类车辆的无障碍通行方面，还存在着应对大型货车的专用道路不足、大型货车进入城区导致城市环境恶化等诸多问题。特别是在面对全球供应链的发展以及货车司机不足、劳动时间限制等现状下，人们对大型货车的需求越来越高。构建能够使大型货车无障碍通行的干线物流网络是提高日本产业区域竞争力的重要因素之一。第四次东京城市圈物资流动调查提出了形成应对大型货车的物流网络、设置限制大型货车进入住宅区等区域的“物流交通流量单元”等方案。

（2）物流网络的形成

自第四次东京城市圈物资流动调查中提出要形成广域物流网络以来，一些方案已经得到了实施。随着三环状道路建设的推进，城市圈内针对货车载重和高度的指定行驶道路在不断扩充，这类道路网的不连续性问题不断得到解决。

（3）物流交通流量单元的设计

从同时兼顾物资运输的效率和城市环境改善的城市规划的观点来看，需要在确保居住环境的同时，建设物流交通网络。具体的做法有，通过交通规则的限制和引导，将市区以单元状划分，进行能兼顾城市环境和汽车通行的交通流量单元设计。通过干线物流网络的设定和引导，将市区划分为一定规模的单元，限制单元内的大型货车流入，从而达到物资运输效率和城市环境改善的双重目的。

由于并不能很好地掌握大型货车流入居住区的实际情况，所以物流交通流量单元设计并没有取得进展。为了研究出物流交通流量单元最合适的规模、设计，需要对干线道路密度和货车密度的关系、围绕单元的干线道路所需要的功能、末端配送等需要进入单元内的物流的应对方式、适当的流入规则等诸多方面进行研究探讨。最新进行的第五次东京城市圈物资流动调查为了掌握大型货车流入的实际情况，在货车上安装了GPS，对货车的移动线路数据进行了收集。通过对数据的分析，掌握实际的情况以及设立的课题，对构建物流网络和设计物流交通流量单元进行支撑。

资料来源：http://www.sh-hilead.com/korea?article_id=174，2021年6月9日。

思考题

1. 什么是物流交通流量单元？
2. 如何进行物流交通流量单元的设计？

课外拓展

1. 什么是城市物流"最后一公里物流配送"？
2. 什么是城市物流"交叉配送"？

课堂讨论

讨论1　什么是城市配送中心？

讨论2　城市配送中心规划的内容有哪些？

复习思考题

一、名词解释

城市物流；城市配送；城市物流共同配送；轴幅式网络选址法

二、简答题

1. 交通对城市物流有哪些影响？
2. 如何构建城市物流系统网络？

CHAPTER 8

第8章

物流系统评价与方案选择

| 本章要点 |

- 物流系统评价的内容
- 物流系统评价的原则与程序
- 物流系统评价指标体系的内容与设计方法
- 物流系统评价指标值的标准化处理
- 物流系统评价的常用方法
- 层次分析法与模糊综合评价法的应用

| 开篇案例 |

基于DEA模型的上市物流公司绩效评价

各企业应客观了解和评价自身物流竞争实力和相对物流效率水平，并与其他实力相当的同业进行比较分析，衡量自身的综合物流效率状况。研究发现，造成物流行业效率低下的原因主要在于纯技术效率，同时，规模效率也有待提高。对此，给出以下两点建议：

提高纯技术效率　首先，要加快企业物流信息化建设，利用信息技术来提高业务的信息化程度，加快与同行业的信息联系；其次，应注重通过技术改造与更新，进一步提升产品、服务档次，中国物流企业虽然资产总量在不断增加，但质量往往没有实质性的提高，这阻碍了物流企业效率的持续改善，因此中国物流企业在扩大资产规模时应注重技术改造，注重质量的提升；最后，要强化企业内部管理，优化管理模式，提高人、财、物等资源的配置效率，努力降低物流成本。

提高规模效率 一方面，要按照国外标准物流企业的范式增加业务范围。目前，中国绝大多数的物流企业是从传统运输公司、仓储公司转型而来的，只是简单地提供运输和仓储服务，或者仅仅从事货代业务，港口类物流企业有时也并不具备完备的物流职能，所以中国物流企业应该进一步拓展物流功能，注重向流通加工、物流信息服务、库存管理、物流成本控制、物流方案设计、全程物流服务等增值服务项目延伸，业务范围的扩大有助于企业提高利润及规模效率。另一方面，提高规模效率还可通过资产重组来实现，可凭借已有的优势，整合优质资源，实行低成本扩张，迅速抢占市场份额，但是这种规模扩张要适度，要防止规模报酬递减现象的发生。此外，物流上市公司在拓展业务时还应考虑区域经济因素的影响，应注重向区域经济较发达地区（如泛珠江三角洲、长江三角洲）扩张业务，以便更有效地学习行业先进经验，促进效率的提高。

资料来源：王雷．基于DEA模型的上市物流公司绩效评价［D］．天津：天津职业技术师范大学，2011.

8.1 物流系统评价概述

物流系统评价就是要根据物流系统的目标、评价标准及环境对物流系统的要求，从系统整体出发，综合评判这些方案的优劣，从中选出一个较为满意的方案付诸实施的评估过程。

物流系统评价是物流系统规划设计的一个必不可少的步骤和重要组成部分，同时也是物流系统规划设计的一种方法，在对物流系统进行规划分析与设计之后，提出了在技术上可行，经济财务上有利，社会效益上也较好的多种方案，并需要对这些方案进行评价。

在规划设计与建设中，不仅要提出许多开发系统的可行方案，而且要通过物流系统评价，从众多的可行方案中找出所需要的最优方案。在这一过程中，如何把自然因素、技术因素、经济因素与社会因素等有机地统一起来，如何把技术的先进性与经济性、方案的合理性与现实性、社会的需求与物流系统本身的供给合理地结合起来，是物流系统规划设计取得成功的保证，同时也是物流系统实施与运行过程中对实施方案进行评价的需要。

物流系统规划设计的问题大都是多目标的复杂问题，对其评价往往需要考虑多种因素或指标，一般情况下指标和方案越多，考虑问题越全面，评价就越复杂。另外，由于对系统的评价以及指标的选择都是由人来完成的，因此人的价值观在系统评价中具有重要的影响。由于评价主体有不同的观点、立场和标准，对同一个问题，不同的评价者可得出不同的评价结论。因此，在评价过程中要充分考虑这些因素，统筹兼顾，运用综合评价的方法进行客观、准确、科学的评价。

在物流系统规划的各个过程均涉及若干方案的评价与选择，规划中的每一个阶段和每一个层次都需要对有关问题进行若干方案的评价和选择。

物流系统评价从内容上来看可对以下三类项目进行评价。

第一类：物流技术工程。例如建配送中心、仓库基建、修公路、建车队、开发物流新技术等。

第二类：物流管理项目。例如创建公司、组织机构改革、管理方案、规章制度、企业文化、发展战略等。

第三类：物流运作方案。例如运输方案、配送方案、仓储方案、包装方案、装卸方案、物流信息化方案、业务外包方案、第三方物流方案等。

上述几类物流项目都有一个方案的评价问题，包括技术上是否可行，经济上是否合理，是否适应市场需要，对社会与环境有何影响，对企业是否合算等。

从工作阶段来看，它包括现状评价、方案评价和实效评价三个阶段。

1. 现状评价

现状评价是从分析现有物流系统各子系统间的相互联系与内在影响因素入手，对现有物流系统进行诊断评价，找出现有物流系统的问题症结。通过现状评价可以对现有物流系统进行更为全面的了解、弄清存在的问题，进而为提出有效可行的方案做准备。

2. 方案评价

方案评价是在对物流系统进行综合调查和整体分析的基础上，对提出的各种技术方案进行论证，选择技术、经济、环境、社会最优结合的方案，为物流系统的决策提供依据。

3. 实效评价

实效评价是对最终方案实施的功效进行分析。它一般关心以下三个问题：

（1）最终方案实施后，物流系统发生了哪些变化？

（2）这些变化带来的效益和损失以及所需要的成本是多少？能否达到预期的目标？

（3）造成与原方案的预期目标有差异的原因是什么？

实效评价的关键是建立最终方案与实施效果之间的因果关系，实效评价的结论能定性定量地表明方案达到预期目标的程度，并对下一步物流系统的改进和发展指出方向与途径。

8.2　物流系统评价原则与评价步骤

8.2.1　评价原则

为了客观公正地评价物流系统，必须遵循一些基本的评价原则。这些原则包括以下几个方面。

1. 评价的客观公正性

评价的目标是为决策者提供有效的决策依据，因此评价的质量影响着决策的正确性。评价必须客观地反映实际，使评价结果真实可靠。评价的客观公正性、全面性、可靠性与正确性是评价的基本要求。为了上述基本要求的实现，有必要防止评价人员的倾向性，同时要谨慎地考虑评价人员的组成，使人员组成具有代表性。

2. 方案的可比性

对物流系统的各个阶段来说，所提供的选择方案之间要求具有可比性，对各个方案进行评价时，评价的前提条件、评价的内容要一致，对每一项指标都要进行比较，做到一致性与可比性。要做到可比性，需要从以下几个方面考虑：

（1）效果相同，具有相同的使用价值；

（2）单位相同，具有相同的量纲、相同的单位；

（3）时间区段、时间点具有可比性；

（4）价格可比，不同时间点上的价格、金额不能够直接相比，要转换成可比价格。

3. 评价指标的系统性

评价指标必须反映系统的目标，要包括系统目标所涉及的各个方面，全面反映被评价问题，使评价不出现片面性。

4. 评价方法和手段的综合性

物流系统评价要对系统的各个侧面，运用多种方法和工具进行全面综合评价，充分发挥各种方法和手段的综合优势，为系统的综合评价提供全面分析的手段。

8.2.2 评价步骤

对不同的物流系统研究对象，往往存在着不同的定位，因此对它们的评价思路与所采用的评价方法也不同。为了保证系统评价的有效性，评价的程序一般按下列各步骤进行。

1. 明确评价的目的和内容

为了进行有效的系统评价，必须开展详细调查，了解建立这个系统的目标和为完成系统目标所考虑的各个具体的因素，熟悉其可能实现的方案，明确评价的目标，根据此目标，收集有关的资料和数据，对组成方案的各个因素及物流系统本身的性能特征进行全面分析，确定评价的内容。

2. 确定评价指标体系

评价指标体系是对照与衡量各种备选方案的统一尺度和标准。建立评价指标体系时，必须客观、全面地考虑各种因素，要根据评价系统的目标与功能来确定指标体系，并明确指标间的相互关系，避免指标的重复使用或相互交叉。各种评价指标可以在调查、讨论与大量资料的分析研究基础上建立起来。一个评价指标体系是由若干个单项评价指标所组成的整体，应能反映出所要解决问题的各项子目标的要求。

3. 确定评价结构和评价准则

在评价过程中，如果仅仅是定性地描述系统要达到的目标，而没有定量地表述，就难以得到科学、客观的评价，因此要对所确定的指标进行定量化处理。同时每一个具体的指标可能是几个指标的综合，这是由评价系统的特性和评价指标体系的结构所决定的，在评价时要根据指标体系和系统特性来弄清各指标间的关系，确定评价的结构；另外，由于各指标的评价标准与尺度不同，不同的指标就难以统一比较，没有可比性，因此，必须对指标进行规范化，并制定出统一的评价准则，根据指标所反映的因素的特征，确定各指标的结构与权重。

4. 确定评价方法

物流系统在其各个阶段都涉及多个方案的评价，由于拟评价对象的具体要求不同，因此采用的评价方法也有所不同，在确定选用何种评价方法时，需要考虑系统目标，分析结果、费用、效果测定方法、评价准则等因素。

5. 单项评价

单项评价是对系统的某一特殊方面进行详细的评价，以查明各项评价指标的实现程度。单项评价只反映方案在单一方面的特征，不能解决整个方案的优劣判定问题，因此，它是综合评价的基础。

6. 综合评价

综合评价就是按照评价准则、各指标的结构与权重，在单项评价的基础上，对物流系统进行全面的评价，利用相关模型与资料，从系统的整体出发，综合分析问题，采用技术经济的方法对比各种可行方案，选择满意且可实施的方案，达到评价的目标。

8.3 评价指标设计方法与数据标准化处理

8.3.1 物流系统评价指标体系的基本内容

由于物流系统具有复杂性，因此，设计一个物流系统的评价指标体系存在一定的困难。一般来说，评价指标范畴越全面，指标数量越多，则方案之间的差异越明显，越有利于判断和评价，但是确定指标的大类与指标的重要程度或权重也就越困难，如在采用层次分析法评价时，每层指标数量就规定最好不要超过 5 个，否则两两比较时会变得非常复杂，而且容易产生错误。因此，在确定指标体系时，不仅要考虑指标体系能否全面而客观地反映所要评价的物流系统的各项目标的要求，还需要考虑评价指标体系的重要性、层次性的判断，以及数据采集的难易程度、数据处理与建模情况。

为了更好地进行物流系统的评价，使设计出的评价指标体系更加科学、合理，并且符合实际情况。在评价指标设计过程中，要遵循如下几个步骤：

（1）认真、全面地分析拟评价的物流系统的各项目标要求；

（2）拟定指标草案，在调查分析的基础上，运用头脑风暴法或德尔菲法制定出指标体系；

（3）经过广泛征求专家意见，反复交换信息、统计处理和综合归纳，不断调整评价指标；

（4）考虑各种因素后，确定系统的评价指标体系。

评价指标体系通常涉及以下几方面内容：

（1）政策性指标。政策性指标包括政府的方针、政策、法律、法规和区域经济发展的规划要求等。这一类指标对社会物流系统的评价尤其重要。

（2）技术性指标。技术性指标包括系统所使用设备的性能、寿命、可靠性、安全性、服务能力与灵活性等。

（3）经济性指标。经济性指标包括各个方案的成本效益、建设周期与投资回收期、财务评价类指标等。

（4）社会性指标。社会性指标包括社会福利、社会节约、对所在的区域或国家经济所做的贡献、对生态环境的影响等因素。

（5）资源性指标。资源性指标如物流工程项目中的人、财、物、能源、水源、土地条件等。

8.3.2 评价指标体系设计方法与模型

为了保证整个评价体系的合理性，有必要关注物流评价指标体系的构建过程，需要运用一些理论与方法指导。下面介绍两种评价指标模型与方法。

1. 关键绩效指标法

关键绩效指标（key performance indicator，KPI）法是通过对系统内部流程的输入端、输出端的关键特征参数（特征值）进行设置、取样、计算与分析，来衡量系统绩效的一种目标式量化管理指标，是把物流系统战略目标分解为可操作工作目标的工具。

关键绩效指标是一类能衡量物流系统实际运行绩效的标准，它们数量虽少，但对整个物流系统的运行是否成功起着举足轻重的作用。

关键绩效指标的精髓是指出评价指标体系的建立必须与物流系统的战略目标挂钩，其“关键”一词的含义是指在某一阶段，一个物流系统在总体目标上要解决的最主要的问题。解决这些问题便成为对整个物流系统具有战略意义的关键所在，评价指标体系则必须相应地针对这些问题的解决程度设计衡量指标。这些指标的设立有助于对物流系统进行合理的规划和有效的控制，有助于准确反映物流系统合理化状况和评价改善的潜力与绩效。

在指标设计中，要关注以下主要的指标：

（1）物流生产率。物流生产率是衡量物流系统的投入与产出的效率的指标，即物流系统的产出与投入之比。它通常包括这样一些指标：实际生产率、资源利用率、产出完成率、财务指标、库存指标等。

（2）物流质量指标。物流质量是对物流系统产出质量的衡量，由于物流业属于服务业的范畴，服务质量尤其重要，因此物流质量指标是物流系统评价指标体系中的重要组成部分。就物流系统的产出而言，可将物流质量分为物料流转质量与物流业务质量。物料流转质量是对物流系统提供的货物在数量、质量、时间、地点上的正确性的评价，如数量准确率、运输完好率、送货及时率、地点差错率等指标。而物流业务质量是对物流业务在时间、数量上的正确性，工作上的完善性、客户满意度的评价，如供货周期、订单或故障处理时间、业务计划完成率、服务响应率、客户投诉率等指标。

2. 平衡计分卡法

平衡计分卡（the balance score card，BSC）法由罗伯特·卡普兰（Robert Kaplan）和戴维·诺顿（David Norton）于 1992 年提出，是目前企业绩效评价中使用比较广泛的一种模型。该模型提出了一套系统的评价和激励企业绩效的方法，由四组指标组成：财务类指标、客户类指标、内部营运类指标和学习与成长类指标。其主要特征如下：

（1）以战略为核心。平衡计分卡不仅为企业提供了一种全新的绩效管理系统框架，同时也为企业的战略目标与绩效考核之间建立系统的联系提供了思路与方法，通过财务、客户、内部营运、学习与成长四个方面指标之间的相互作用来表现企业的战略管理轨迹，从而实现绩效考核与绩效改进以及战略实施与战略修正的目的。

（2）财务指标与非财务指标并存。财务与非财务指标的并存有助于企业一方面通过财务视角保持对企业短期业绩的关注，另一方面可以通过非财务视角揭示企业如何实现其长期的战略发展目标，并且在对非财务信息的分析过程中，企业也可以找出财务表现的根源。它们可以共同作为公司未来财务绩效的驱动器。

（3）短期目标与长期目标平衡。由于平衡计分卡使用非财务指标和因果关系链，因此它能够帮助企业寻找导致其成功的关键因素和相应的关键绩效指标，在此基础上确定企业可付诸行动的长期战略目标，使其不脱离实际，具有可行性，并再通过因果关系链将长期目标层层分解为短期目标，使其不偏离长期目标。平衡计分卡绩效管理系统克服了单一财务指标的短期性和片面性，达到了兼顾短期和长期目标的目的，保持了两者之间的平衡。

平衡计分卡法可应用在物流系统评价指标体系的设计中。马士华、李华焻等人提出了在卡普兰和诺顿的平衡计分卡法基础上改进的平衡供应链计分卡法（BSC-SC）以及相应的评价指标：客户导向、内部运作、未来发展性、财务价值。

（1）客户导向角度。系统的目标是在正确的时间、正确的地点，将正确的产品或服务以合理的价格和方式交付给特定的客户，以满足和超过客户的期望。经营中的关键问题是所提供的产品或服务是否增加客户的价值，是否达到客户满意。关键成功因素是建立和保持与客户的密切关系，快速响应并满足客户的特定需求，提高客户群的价值。因此，评价指标的选择包括订单完成总周期、客户保有率、客户对供应链柔性响应的认同和客户价值率。

（2）内部运作角度。系统的目标是能够在合理的成本下，以高效率的方式进行运作。经营中的关键问题是系统内部流程的增值活动的效率有多高，能否更好地提高核心竞争力。关键成功因素是实现较低的流程运作成本，较高的运作柔性——相应性，提高经营中增值活动的比例，缩短生产提前期。因此，评价指标可选择为供应链有效提前期率、供应链生产时间柔性、供应链持有成本和供应链目标成本达到比率。

（3）未来发展性角度。系统的目标是集成系统内部的资源，注重改进创新，抓住发展机遇。经营中的关键问题是管理系统是否具备这种机制。关键成功因素是集成合作伙伴，稳定战略联盟；加强信息共享，减少信息不对称；研究可能的生产、组织、管理各方面技术。因此，评价指标可选择为产品最终组装点、组织之间的共享数据占总数据量的比重。

（4）财务价值角度。系统的目标是突出供应链的竞争价值，达到供应链伙伴的盈利最大化。经营中的关键问题是供应链伙伴对供应链的贡献率是不是从供应链整体的角度考虑的。关键成功因素是供应链资本收益最大，保证各伙伴在供应链中发挥各自的贡献率，控制成本以及实现良好的现金流。因此，评价指标可选择为供应链资本收益率、现金周转率、供应链的库存天数、客户销售增长率以及利润。

8.3.3 评价指标值的标准化处理

在有多个指标的评价系统中，各个评价指标存在着单位不同、量纲不同、数量级不同的现象，这给综合评价带来了一定的困难。如果评价时直接计算，则会影响评价的结果，严重时甚至会造成决策的失误。为了统一标准，便于数据处理，必须对原始评价值进行预处理，即对所有的评价指标值进行标准化处理，成为无量纲化、无数量级的标准分，消除指标值间的偏差，然后再进行评价和决策。

所有评价指标从经济角度可分为两类：一类是效益型指标，这类指标的值越大越好，如利润、客户满意率、货物完好率、货物及时配送率等；另一类是成本型指标，这类指标的值越小越好，如运输成本、货物破损率、客户投诉率等。

在一个多指标评价系统中，设有 n 个明细评价指标 f_j（$1 \leqslant j \leqslant n$），$m$ 个决策方案 a_i（$1 \leqslant i \leqslant m$），则可得一个评价决策矩阵 $\boldsymbol{A}=(x_{ij})_{m\times n}$，其中元素 x_{ij} 表示为第 i 个方案 a_i，在第 j 个指标 f_j 上的指标值，而预处理后的评价决策矩阵 $\boldsymbol{R}=(r_{ij})_{m\times n}$。

1. 定量指标的标准化处理

（1）线性比例变换

令
$$\hat{f}_j=\max x_{ij}>0,\quad \check{f}_j=\min x_{ij}>0 \quad (0 \leqslant i \leqslant m)$$

对于效益型指标，定义：
$$r_{ij}=\frac{x_{ij}}{\hat{f}_j}$$

对于成本型指标，定义：
$$r_{ij}=\frac{\check{f}_j}{x_{ij}}$$

这种标准化处理方法的特点是：对于每一个预处理后的评价值有 $0 \leqslant r_{ij} \leqslant i$；计算方

便，并保留相对排序关系。

（2）极差变换

令 $$\hat{f}_j = \max x_{ij} > 0,\quad \check{f}_j = \min x_{ij} > 0 \quad (0 \leqslant i \leqslant m)$$

对于效益型指标，定义： $$r_{ij} = \frac{x_{ij} - \check{f}_j}{\hat{f}_j - \check{f}_j}$$

对于成本型指标，定义： $$r_{ij} = \frac{\hat{f}_j - x_{ij}}{\hat{f}_j - \check{f}_j}$$

这种标准化处理方法的特点是：对于每一个预处理后的评价值有 $0 \leqslant r_{ij} \leqslant 1$；对于每一个指标，总有一个最优值为 1 和最差值为 0，因此在评价时会对最差值做较大的惩罚。

2. 定性模糊指标的量化处理

在物流系统评价和决策过程中，许多评价指标是模糊的指标，只能用定性的方式来描述，例如从业经验好、设施性能高、人员素质一般等。对于定性模糊的指标必须赋值并使其量化。一般把定性模糊指标值分为三档、五档或七档。最好的值可赋值为 10，而最差的值可赋值为 0，当然也可赋值在 0 与 1 之间。定性模糊指标也可分为效益型指标与成本型指标两类。对于定性的效益和成本型指标，其指标的量化可参照表 8-1 中的量化值进行。

表 8-1　模糊指标的七档量化表

指标状况	最低	很低	低	一般	高	很高	最高
效益型指标	0	1	3	5	7	9	10
成本型指标	10	9	7	5	3	1	0

【例 8-1】 某商品贸易企业准备选择一家第三方物流提供商来承担物流外包服务，现有 4 家候选服务提供商，决策者根据自身的需要，考虑了 6 项评价指标。具体指标与 4 家物流服务提供商评价数据如表 8-2 所示。

表 8-2　物流服务提供商评价指标与评价数据

候选服务商	评价指标					
	服务差错率（%）	服务响应性	公司信誉	资产规模（万元）	收费标准（占货值 %）	员工素质
A1	0.9	很高（9）	一般（5）	500	5	低（3）
A2	0.2	一般（5）	很高（9）	1 700	5.5	高（7）
A3	0.5	高（7）	高（7）	800	4.0	一般（5）
A4	0.4	高（7）	很高（9）	1 200	5.0	很高（9）

解： 对表 8-2 的数据进行标准化处理，首先对指标体系中的服务响应性、公司信誉与员工素质三项定性指标进行定量化处理。这三个指标都是效益型指标，按照定性模糊指标

量化方法进行处理，处理结果如表 8-3 所示。

表 8-3 物流服务提供商评价指标量化处理

候选服务商	评价指标		
	服务响应性	公司信誉	员工素质
A1	很高（9）	一般（5）	低（3）
A2	一般（5）	很高（9）	高（7）
A3	高（7）	高（7）	一般（5）
A4	高（7）	很高（9）	很高（9）

下面就利用量化指标的标准化处理方法对物流提供商选择评价指标进行标准化处理。

（1）采用线性比例变换公式处理，得到的结果如表 8-4 所示。

表 8-4 线性比例变换公式处理结果

候选服务商	评价指标					
	服务差错率（%）	服务响应性	公司信誉	资产规模（万元）	收费标准（占货值 %）	员工素质
A1	0.222 2	1	0.555 6	0.294 1	0.888 9	0.333 3
A2	1	0.555 6	1	1	0.727 3	0.777 8
A3	0.4	0.777 8	0.777 8	0.470 6	1	0.555 6
A4	0.5	0.777 8	1	0.705 9	0.8	1

（2）采用极差变换公式处理，得到的结果如表 8-5 所示。

表 8-5 极差变换公式处理结果

候选服务商	评价指标					
	服务差错率（%）	服务响应性	公司信誉	资产规模（万元）	收费标准（占货值 %）	员工素质
A1	0	1	0	0	0.666 7	0
A2	1	0	1	1	0	0.666 7
A3	0.571 4	0.5	0.5	0.25	1	0.333 3
A4	0.714 3	0.5	1	0.583 3	0.333 3	1

3. 统一评价准则法

统一评价准则法是由评价主体（一般为领域专家群体）确定每个指标的评分标准，一般分为三至七档，规定每档得分的条件。这种方法由于采用标准分，得分不受其他方案的得分影响，因此能进行绝对的排序，而不是完成前两种标准化处理后只能进行相对排序。具体方法参见例 8-2。

【例 8-2】 对例 8-1 的评价数据采用统一评价准则法进行标准化处理。统一评价准则表如表 8-6 所示。

表 8-6　统一评价准则表

评价指标	得分				
	5	4	3	2	1
服务差错率（%）	0.1 以下	0.1 ～ 0.3	0.3 ～ 0.6	0.6 ～ 1	1 及 1 以上
服务响应性	很高	高	一般	低	很低
公司信誉	很高	高	一般	低	很低
资产规模（万元）	1 000 以上	800 ～ 1 000	500 ～ 800	100 ～ 500	100 及 100 以下
收费标准（占货值 %）	3.5 以下	3.5 ～ 4.5	4.5 ～ 5	5 ～ 6	6 及 6 以上
员工素质	很高	高	一般	低	很低

解： 根据表 8-6 的统一评价准则的评价标准对例 8-2 的评价数据进行标准化处理，其结果如表 8-7 所示。

表 8-7　统一评价准则处理结果

候选服务商	评价指标					
	服务差错率（%）	服务响应性	公司信誉	资产规模（万元）	收费标准（占货值 %）	员工素质
A1	2	5	3	2	3	2
A2	4	3	5	5	2	4
A3	3	4	4	3	4	3
A4	3	4	5	5	2	5

8.4　评价的常用方法

8.4.1　评价指标权重系数确定方法

1. 德尔菲法

德尔菲法首先是将要确定权重的评价指标设计成调查问卷，请一组专家分别独立地对问卷进行回答，专家对这些评价指标应赋予的权重提出自己的意见，组织者汇集专家们的问卷，对专家的意见进行统计与分析。如果没有达成共识，组织者根据意见统计结果，形成新的调查问卷，然后再对该组专家重新进行问卷回答。经多次轮番征询，使专家意见趋于一致，最后得出统一的结论。德尔菲法实质上是利用专家的经验和知识，对那些带有很大模糊性、较复杂的问题，通过多次的轮番征询意见的调查形式取得测定结论的方法。此方法具有匿名性、统计性、反馈性、收敛性的特点。

2. 逐对比较法

一般来说，决策者比较容易确定两两指标之间的相对重要性程度，因此可利用相对重要性来确定各指标的权重。逐对比较法就是邀请专家对各评价指标进行两两逐对比较，对相对重要的指标赋予较高的得分，如相对重要的得 1 分，而相对不重要的得 0 分，最后根据各评价指标的累计得分进行归一化处理，并计算权重。

3. 层次分析法

层次分析法也是运用指标间两两比较的方法来确定权重，但计算更为复杂，具体内容参见后面的层次分析法介绍。

【例 8-3】 对例 8-1 中各指标采用逐对比较法来确定权重，结果如表 8-8 所示。

表 8-8 用逐对比较法计算权重结果

评价指标	1	2	3	4	5	6	7	8	9	10	11	12	13	14	15	得分	权重
服务差错率（%）	1	1	1	1	1											5	0.33
服务响应性	0					0	1	0	1							2	0.13
公司信誉		0				1				1	0	1				3	0.20
资产规模（万元）			0				0			0			0	1		1	0.07
收费标准（占货值 %）				0				1			1		1		1	4	0.27
员工素质					0				0			0		0	0	0	0.0
合计	1	1	1	1	1	1	1	1	1	1	1	1	1	1	1	15	1.0

从结果来看，员工素质这一指标的权重为 0，对评价不起作用，不太合理，这也是逐对比较法的缺陷。

4. 头脑风暴法

头脑风暴法原是一种群体活动的方法，它鼓励与会者自由发表自己的思想，并禁止对任何思想的批评，以促使创新思想的产生。在权重确定中运用头脑风暴法的基本做法是：邀请一些相关领域的专家一起开会，请他们对各指标权重系数的确定自由发表意见，对那些有较大偏差或分歧的内容进行充分讨论，以达到对各指标权重有比较一致的认识，如果还不能确定的话，就采用投票的方式确定。这也是在权重确定中常采用的一种简单有效的方法。

8.4.2 线性加权和法

线性加权和法是在已经过预处理的标准化决策矩阵 $\boldsymbol{R}$ 的基础上进行的，它先对 n 个标准化的指标构造如下评价函数：

$$U(A_i)=\sum_{j-1}^{n} w_j r_{ij}$$

式中 $w_j \geqslant 0,\quad i=1,2,\cdots,m,\quad j=1,2,\cdots,n;$

$\sum_{j=1}^{n} w_j=1$ 分别是 n 个指标的权重系数。

然后按如下原则选择满意方案 A^*：

$$\mathrm{A}^*=\{A_i \mid \max[\,U(A_i)\,]\},\quad 1\leqslant i\leqslant m$$

即，取线性加权和最大值，作为选择的满意方案。

【例 8-4】继续以例 8-1 的内容为例，假设这 6 个指标经专家评议后分别取权重系数为：0.33, 0.13, 0.20, 0.05, 0.25, 0.04，下面分别按线性比例变换与极差变换得到的标准化矩阵来进行方案评价，其结果如表 8-9 和表 8-10 所示，按线性比例变换公式处理的线性加权和评分结果是选择 A2 物流服务提供商为最优方案，而按极差变换公式处理的线性加权和评分结果是选择 A4 物流服务提供商为最优方案。可见标准化处理的方法不同会对最终评分结果产生影响。

表 8-9　按线性比例变换公式处理的线性加权和评分结果

候选服务商	评价指标						$U(A_i)$
	服务差错率（%）	服务响应性	公司信誉	资产规模（万元）	收费标准（占货值 %）	员工素质	
	0.33	**0.13**	**0.20**	**0.05**	**0.25**	**0.04**	
A1	0.222 2	1	0.555 6	0.294 1	0.888 9	0.333 3	0.564 7
A2	1	0.555 6	1	1	0.727 3	0.777 8	0.865 2
A3	0.4	0.777 8	0.777 8	0.470 6	1	0.555 6	0.684 4
A4	0.5	0.777 8	1	0.705 9	0.8	1	0.741 4

表 8-10　按极差变换公式处理的线性加权和评分结果

候选服务商	评价指标						$U(A_i)$
	服务差错率（%）	服务响应性	公司信誉	资产规模（万元）	收费标准（占货值 %）	员工素质	
	0.33	**0.13**	**0.20**	**0.05**	**0.25**	**0.04**	
A1	0	1	0	0	0.666 7	0	0.296 7
A2	1	0	1	1	0	0.666 7	0.606 7
A3	0.571 4	0.5	0.5	0.25	1	0.333 3	0.629 4
A4	0.714 3	0.5	1	0.583 3	0.333 3	1	0.653 2

8.4.3　层次分析法

层次分析（analytical hierarchy process，AHP）法是 1973 年由著名运筹学家托马斯 · 萨蒂（Thomas Saaty）提出的定性与定量相结合的评价决策分析法。它是一种将存在于现代管理中许多复杂、模糊不清的相关关系转化为定量分析问题的有效方法。层次分析法，是将与决策总是有关的元素分解成目标层、判断层、方案层等层次，在此基础上进行定性与定量相结合分析的决策方法。层次分析法的提出不论在理论研究上还是在实际工作中都得到了极为广泛的应用与发展。

1. 层次分析法的基本思路与求解步骤

（1）建立递阶层次结构。用层次分析法进行评价时，首先要把问题层次化。通过对面临的问题进行深入分析后，根据问题的性质和需要达到的总目标分为不同的组成因素，并按照各因素间的相互关联及从属关系，将因素划分成不同层次，再进行分类组合，形成一个多层次结构的分析模型。这些层次分为目标层、判断层和方案层，目标层表示解决问题的目标，即层次分析法需要达到的总目标。判断层表示采取某一方案来实现预定总目标所涉及的中间环节，它包括准则层与指标层。在分析更为复杂的评价问题时，某一个准则因素下还可细分为几个具体的指标，指标也可分为多个层次。方案层表示要选用的解决问题的各种方案、策略与措施。递阶层次结构与因素从属关系如图 8-1 所示。关于因素的个数，在理论上层次结构的层数以及同一层次的因素个数，可依据系统的需求确定，不过萨蒂建议为了避免决策者对准则的相对重要性的判断产生偏差，同一层次的因素个数最好不超过 7 个。

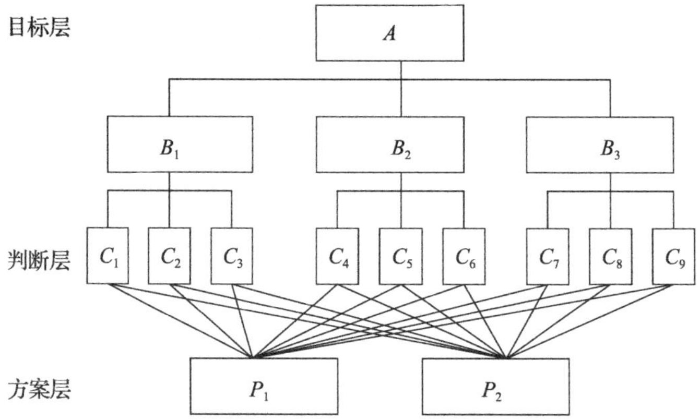

图 8-1　递阶层次结构与因素从属关系

（2）构造判断矩阵。建立递阶层次结构以后，上下层因素之间的隶属关系就被确定了。判断矩阵表示针对上一层次的几个因素、下一层次的几个因素之间进行相对重要性两两比较的结果，一般情况下，请评价专家以头脑风暴法或德尔菲法的方式来比较，为了使决策判断定量化，通常根据其相对重要程度赋予 1 ： 9 的比例标度。比例标度的含义如表 8-11 所示。

表 8-11　判断矩阵比例标度及其含义

标度值	含　义
1	表示两个因素相比，一个因素比另一个因素的重要程度：同样重要
3	表示两个因素相比，一个因素比另一个因素的重要程度：稍微重要
5	表示两个因素相比，一个因素比另一个因素的重要程度：明显重要
7	表示两个因素相比，一个因素比另一个因素的重要程度：强烈重要
9	表示两个因素相比，一个因素比另一个因素的重要程度：绝对重要
2、4、6、8	上述两两相邻判断的中值
倒数	对角线两边的值成倒数关系

假设因素 B_k 下有 $\boldsymbol{A}_1, \boldsymbol{A}_2, \cdots, \boldsymbol{A}_n$ 个因素与之有关联，则经两两比较得到 B_k 下的判断矩阵如表 8-12 所示。

表 8-12　判断矩阵

B_k	A_1	A_2	…	A_n
A_1	1	a_{12}	…	a_{1n}
A_2	a_{21}	1	…	a_{2n}
…	…	…	…	…
A_n	a_{n1}	a_{n2}	…	1

注：表中 $a_{ij}=1/a_{ji}$

（3）单排序权重计算。在层次分析法中采用特征向量法来计算单排序权重，其数学原理如下：

若有 n 个方案要比较，已知它们各自的相对重要性，即权重，它们的重要程度可分别用$\omega_1,\omega_2,\cdots,\omega_n$表示，那么对这 n 个方案作两两比较，得到它们的判断矩阵 $\boldsymbol{A}$ 为

$$\boldsymbol{A}=\begin{bmatrix}\omega_1/\omega_1 & \omega_1/\omega_2 & \cdots & \omega_1/\omega_n\\ \omega_2/\omega_1 & \omega_2/\omega_2 & \cdots & \omega_2/\omega_n\\ \vdots & \vdots & & \vdots\\ \omega_n/\omega_1 & \omega_n/\omega_2 & \cdots & \omega_n/\omega_n\end{bmatrix}=(a_{ij})_{m\times n}$$

对判断矩阵 $\boldsymbol{A}$ 左乘权重向量 $\boldsymbol{W}=[w_1, w_2, \cdots, w_n]$，其结果为

$$\boldsymbol{AW}=\begin{bmatrix}\omega_1/\omega_1 & \omega_1/\omega_2 & \cdots & \omega_1/\omega_n\\ \omega_2/\omega_1 & \omega_2/\omega_2 & \cdots & \omega_2/\omega_n\\ \vdots & \vdots & & \vdots\\ \omega_n/\omega_1 & \omega_n/\omega_2 & \cdots & \omega_n/\omega_n\end{bmatrix}\begin{bmatrix}W_1\\ W_2\\ \vdots\\ W_n\end{bmatrix}=\begin{bmatrix}nW_1\\ nW_2\\ \vdots\\ nW_n\end{bmatrix}=n\boldsymbol{W}$$

从式子 $\boldsymbol{AW}=n\boldsymbol{W}$ 可以看出：权重向量 $\boldsymbol{W}$ 正好是判断矩阵 $\boldsymbol{A}$ 对应于特征根 n 的特征向量。根据矩阵理论可知，n 为判断矩阵 $\boldsymbol{A}$ 的唯一非 0 解，也是最大的特征根，而权重 $\boldsymbol{W}$ 则为最大特征值所对应的特征向量。因此，求权重变为求判断矩阵的最大特征值所对应的特征向量。

在层次分析法中，判断矩阵的特征根与特征向量的求解方法是几何平均法或规范列平均法。

1）几何平均法

第一步：计算判断矩阵每一行元素的乘积：$M_i=\prod_{j=1}^{n}a_{ij}$，$i=1,2,\cdots,n$。

第二步：计算 M_i 的 n 次方根 $\overline{W_i}=\sqrt[n]{M_i}$。

第三步：对向量 $\overline{\boldsymbol{W}}=\left[\overline{W_1},\overline{W_2},\cdots,\overline{W_n}\right]^{\mathrm{T}}$ 规范化，则向量的第 i 个元素为 $W_i=\dfrac{\overline{W_i}}{\sum_{i=1}^{n}\overline{W_i}}$，

$i=1,2,\cdots,n$，整理后，得向量 $\boldsymbol{W}=[W_1, W_2, \cdots, W_n]^{\mathrm{T}}$，即为所求的特征向量。

第四步：计算判断矩阵的最大特征根 $\lambda_{\max}=\sum_{i=1}^{n}\dfrac{(AW)_i}{nW_i}$，式中的 $(AW)_i$ 表示向量 $\boldsymbol{AW}$ 的

第 i 个元素。

2）规范列平均法

第一步：将判断矩阵的每一列规范化 $\overline{a_{ij}}=\dfrac{a_{ij}}{\sum\limits_{k=1}^{n}a_{kj}}$。

第二步：求规范列平均值 $W_i=\dfrac{1}{n}\sum\limits_{j=1}^{n}\overline{a_{ij}}$，则向量 $\boldsymbol{W}=[W_1, W_2, \cdots, W_n]^{\mathrm{T}}$，即为所求的特征向量。

第三步：计算判断矩阵的最大特征根。$\lambda_{\max}=\dfrac{1}{n}\sum\limits_{i=1}^{n}\dfrac{(AW)_i}{W_i}$。

（4）一致性检验。从理论上来说，求出的最大特征值应该为 n，但实际情况往往有偏差，这是判断矩阵的误差造成的。因为对于多个复杂的因素采用两两比较时，不可能做到判断完全一致，形成的判断矩阵可能存在着估计误差，这样就会导致最大特征根向量计算的偏差，因此，为了保证得到的结论的可靠性，必须对最大特征根做一致性检验。一致性检验的具体步骤如下：

第一步：计算一致性指标 CI，$CI=\dfrac{\lambda_{\max}-n}{n-1}$。

第二步：计算与平均随机一致性指标的比例 CR，$CR=\dfrac{CI}{RI}$。式中 RI 表示同阶平均随机一致性指标，其值如表 8-13 所示。

表 8-13　同阶平均随机一致性指标值

n	1	2	3	4	5	6	7	8	9	10	11
RI	0.00	0	0.58	0.9	1.12	1.24	1.32	1.41	1.45	1.49	1.52

当 $CR<0.1$ 时，则判断矩阵具有满意的一致性，可适用计算出的权重，否则就需要调整判断矩阵，直到具有满意的一致性为止。

（5）层次总排序权重计算。计算完各层的单排序权重与一致性检验后，就可以计算同一层次所有指标对于上一层次指标的相对重要性的总排序权重。这一过程是由高到低逐层计算权重值。主要采用线性加权和的方法来计算，最后按各方案对于总目标的权重排序，判断各方案的优劣。总排序权重值计算如表 8-14 所示，其中假设在层次结构中，对于某一层次 A 包括 m 个元素 $A_1, A_2, \cdots, A_m$，其层次总排序权重分别为 $a_1, a_2, \cdots, a_m$，层次 A 的下一层 B 包含 n 个元素 $B_1, B_2, \cdots, B_n$，对于层次 A 中某个元素 A_j，层次 B 中各元素 B_i（$i=1, 2, \cdots, n$）的单排序权重分别为 $b_{1j}, b_{2j}, \cdots, b_{nj}$（当 B_i 与 A_j 无联系时，$b_{ij}=0$）。

表 8-14　层次 B 的总排序权重值计算

A 层次 / B 层次	A_1	A_2	…	A_m	层次 B 总排序权重
	a_1	a_2	…	a_m	
B_1	b_{11}	b_{12}	…	b_{1m}	$\sum\limits_{j=1}^{m}a_jb_{1j}$

（续）

A 层次 / B 层次	A_1	A_2	…	A_m	层次 B 总排序权重
	a_1	a_2	…	a_m	
B_2	b_{21}	b_{22}	…	b_{2m}	$\sum_{j=1}^{m} a_j b_{2j}$
…	…	…	…	…	…
B_n	b_{n1}	b_{n2}	…	b_{nm}	$\sum_{j=1}^{m} a_j b_{nj}$

2. 应用层次分析法的注意事项

应用层次分析法时，如果所选的要素不合理，其含义含混不清或要素间的关系不正确，都会降低层次分析法的结果质量，甚至导致层次分析法决策失败。

为保证递阶层次结构的合理性，需把握以下原则：

（1）分解简化问题时把握主要因素，不漏不多；

（2）注意相比较因素之间的强度关系，相差太悬殊的因素不能在同一层次比较；

（3）同一层次的因素个数最好不超过 7 个。

层次分析法是经由群体讨论的方式，汇集专家学者及各层面实际参与决策者的意见，将错综复杂的问题评估系统，简化为简明的要素层级系统，以提供给决策者选择适当方案的充分信息，同时减少决策错误的风险。

3. 层次分析法在物流系统评价中的应用

【例 8-5】 某连锁超市企业选择一家第三方物流提供商来外包其部分物流业务，选择的标准是从服务质量、服务能力与服务成本这三个方面来考察，经过一段时间准备，有三家物流服务提供商入围。现考虑应用层次分析法对这三家企业提供的物流方案进行评价和排序，从中选出一家最佳的企业来提供物流外包服务。该评价系统的递阶层次结构如图 8-2 所示，其中 G 表示评价系统的总目标，判断层中的 C_1 表示服务质量，C_2 表示服务能力，C_3 表示服务成本；P_1、P_2、P_3 分别表示候选的三家物流服务提供商提交的三套方案。

解：①构造判断矩阵。根据如图 8-2 所示的层次结构，请一组领域专家对各因素两两进行判断与比较，构造判断矩阵。其中判断矩阵 G-C 如表 8-15 所示，它是相对于总目标 G，判断层各因素的相对重要性比较的判断矩阵；判断矩阵 C_1-P 如表 8-16 所示，它是相对于服务质量 C_1，各方案的相对重要性比较的判断矩阵；判断矩阵 C_2-P 如表 8-17 所示，它是相对于服务能力 C_2，各方案的相对重要性比较的判断矩阵；判断矩阵 C_3-P 如表 8-18 所示，它是相对于服务成本 C_3，各方案的相对重要性比较的判断矩阵。

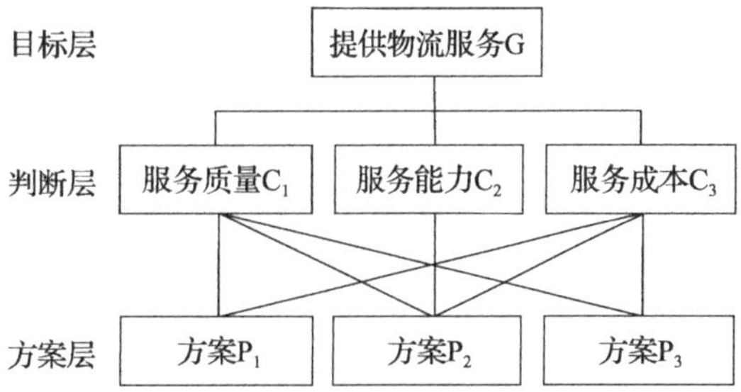

图 8-2　递阶层次结构

表 8-15 判断矩阵 G-C

G	C_1	C_2	C_3
C_1	1	5	3
C_2	1/5	1	1/2
C_3	1/3	2	1

表 8-16 判断矩阵 C_1-P

C_1	P_1	P_2	P_3
P_1	1	1/7	1/3
P_2	7	1	5
P_3	3	1/5	1

表 8-17 判断矩阵 C_2-P

C_2	P_1	P_2	P_3
P_1	1	1/5	1/2
P_2	5	1	3
P_3	2	1/3	1

表 8-18 判断矩阵 C_3-P

C_3	P_1	P_2	P_3
P_1	1	7	3
P_2	1/7	1	1/5
P_3	1/3	5	1

②计算各判断矩阵的层次单排序及一致性检验指标。

先计算判断矩阵 G-C 的特征根、特征向量与一致性检验。

$$M_1=\prod_{j=1}^{n}a_{1j}=15,\quad \overline{W_1}=\sqrt[3]{M_1}=\sqrt[3]{15}=2.466$$

类似的有：$\overline{W_2}=\sqrt[3]{M_2}=\sqrt[3]{\frac{1}{10}}=0.464,\quad \overline{W_3}=\sqrt[3]{M_3}=0.874$

对向量$\overline{\boldsymbol{W}}=\left[\overline{W_1},\overline{W_2},\cdots,\overline{W_n}\right]^{\mathrm{T}}$规范化，则$W_1=\dfrac{\overline{W_1}}{\sum_{i=1}^{n}\overline{W_i}}=\dfrac{2.466}{2.466+0.464+0.874}=0.648$

同理可得：$W_2=0.122$，$W_3=0.230$，则特征向量为 $\boldsymbol{W}=[0.648,\ 0.122,\ 0.230]^{\mathrm{T}}$

$$\boldsymbol{AW}=\begin{bmatrix}1 & 5 & 3\\ \frac{1}{5} & 1 & \frac{1}{2}\\ \frac{1}{3} & 2 & 1\end{bmatrix}\begin{bmatrix}0.648\\0.122\\0.230\end{bmatrix}=\begin{bmatrix}1.948\\0.367\\0.690\end{bmatrix},\quad \lambda_{\max}=\sum_{i=1}^{n}\frac{(AW)_i}{nW_i}=3.004$$

计算矩阵的最大特征根为 3.004。一致性检验有：

$$CI = \frac{\lambda_{max} - n}{n-1} = \frac{3.004-3}{3-1} = 0.002, \quad RI=0.58$$

$$CR = \frac{CI}{RI} = 0.003 < 0.1$$

再对判断矩阵 C_1-P 计算特征根、特征向量与一致性检验。类似的有：

$$\boldsymbol{W}=[0.081,0.731,0.188]^T, \quad \lambda_{max}=3.065, \quad CR=0.056<0.1$$

再对判断矩阵 C_2-P 计算特征根、特征向量与一致性检验。类似的有：

$$\boldsymbol{W}=[0.122,0.648,0.230]^T, \quad \lambda_{max}=3.004, \quad CR=0.003<0.1$$

再对判断矩阵 C_3-P 计算特征根、特征向量与一致性检验。类似的有：

$$\boldsymbol{W}=[0.649,0.072,0.279]^T, \quad \lambda_{max}=3.065, \quad CR=0.056<0.1$$

③求层次总排序，并做出服务提供商选择决策。

在层次单排序的基础上，求层次总排序，如表 8-19 所示。

表 8-19　层次 P 的层次总排序的计算结果

C 层次 / P 层次	C_1	C_2	C_3	层次 P 总排序权重
	0.648	**0.122**	**0.230**	
P_1	0.081	0.122	0.230	0.217
P_2	0.731	0.648	0.072	0.569
P_3	0.188	0.230	0.279	0.214

由表 8-19 可以看出，三家物流服务提供商的评价顺序为：P_2, P_1, P_3, 因此最后可选择提交 P_2 方案的物流服务提供商。

8.4.4　模糊综合评价法

模糊综合评价法是一种可对评价对象进行全面的定量化的评价，为正确决策提供依据的评价方法。人们在评价事物时，对于同一件事物的评价会不一样，往往会从多种因素出发，参考有关的数据、经验与具体情况，根据他们的判断对复杂问题分别做出一些模糊评价，诸如“大、中、小”“高、中、低”“优、良、可、劣”“好、较好、一般、较差、差”这样的模糊描述。对于这些模糊评价的量化处理，不能用前面介绍的模糊指标的量化处理方法，因为对于同一指标会有不同的评价值。为了更精确地反映模糊评价，需要运用模糊数学理论，通过模糊数学提供的方法进行运算，从而得出定量化的综合评价结果。

1. 单因素的模糊评价

我们先来考虑单因素的模糊评价，例如，某公司在网上开展直销业务，并委托第三方物流企业进行货物配送，对于这项服务措施，有些客户很喜欢，有些客户不喜欢，另外一些客户觉得还可以，该如何评价？一般采用“民意测验”的方法来处理，随机选一些客户进行问卷调查，规定每个客户可以在集合 V 给出的答案中挑一种：V={很喜欢，喜欢，不太喜欢，不喜欢}，V 称为评价集。结果是 22% 的客户很喜欢，40% 的客户喜欢，26% 的客户不太喜欢和 12% 的客户不喜欢。这一评价结果可用模糊集合表示：$\underset{\sim}{B}$=0. 22 / 很喜欢 + 0.40/ 喜欢 + 0.26/ 不太喜欢 + 0.12/ 不喜欢，也可记为向量形式：$\underset{\sim}{B}$=(0.22,0.40,0.26,0.12)。

一个单因素模糊评价问题的评价结果 $\underset{\sim}{B}$ 是评价集 V 这一论域上的一个模糊子集。当然，有时为了清楚起见，可根据最大隶属原则得出一个清晰的评价。例如，在上述评价中由于“喜欢”对 $\underset{\sim}{B}$ 的隶属度 μ_B(喜欢) = 0.4 最大，因此可以认为该项服务措施的评价是为客户所“喜欢”，但一般没有必要这样做，保持模糊评价结果 $\underset{\sim}{B}$ 能更好地反映人们的认识。

2. 多因素的模糊综合评价

对于单因素的评价还比较容易，但实际问题往往涉及多个因素。同样以网上商店配送服务为例，为什么有的客户喜欢，有的客户不喜欢，原因有很多，往往涉及好几个因素，如送货是否延误、货物有无破损、送货是否有差错、是否有经常性断货、服务的应变能力等。如何评价配送服务质量的好坏？对于同一服务，由于每个客户对服务质量的看法和感受不同，即期望值不同，因此评价也不同，这是一个模糊综合评价问题。

假设关注的因素有送货及时性、货物完好性、送货正确性、订单满足性以及服务柔性，给出的评价集为 V = {很高、较高、一般、偏低}。首先考虑各个单独因素，用单因素模糊评价的方法对上述 5 个因素进行单因素模糊评价，其结果如下：

$$\underset{\sim}{R_1} = (0.3, 0.4, 0.2, 0.1)$$

$$\underset{\sim}{R_2} = (0.2, 0.3, 0.5, 0)$$

$$\underset{\sim}{R_3} = (0.3, 0.4, 0.1, 0.2)$$

$$\underset{\sim}{R_4} = (0, 0.3, 0.6, 0.1)$$

$$\underset{\sim}{R_5} = (0.5, 0.3, 0.2, 0)$$

由它们构成的单因素评价矩阵是：

$$\underset{\sim}{R} = \begin{bmatrix} 0.3 & 0.4 & 0.2 & 0.1 \\ 0.2 & 0.3 & 0.5 & 0 \\ 0.3 & 0.4 & 0.1 & 0.2 \\ 0 & 0.3 & 0.6 & 0.1 \\ 0.5 & 0.3 & 0.2 & 0 \end{bmatrix}$$

在评价时由于对各个因素的关注度不同，或者说侧重点不同，得出的综合评价可能会不尽相同，因此，通过给每个因素确定相应的“权”，来说明大多数客户对各因素的侧重程度。假设各因素的相应权重表示成如下模糊集：

$\underset{\sim}{A}$=0.2 / 及时性 + 0.25/ 完好性 + 0.35/ 正确性 + 0.1/ 满足性 + 0.1/ 柔性

或简记为：A = (0.2,0.25,0.35,0.1,0.1)。

按照模糊数学理论，对某一评价对象，若已知单因素评价矩阵 $\underset{\sim}{\boldsymbol{R}}$ 与权重 $\underset{\sim}{\boldsymbol{A}}$，则对此评价对象的模糊综合评价结果是模糊集 $\underset{\sim}{\boldsymbol{B}}=\underset{\sim}{\boldsymbol{A}}\cdot\underset{\sim}{\boldsymbol{R}}$，即作模糊矩阵乘积处理。

模糊矩阵乘积运算与普通矩阵乘积运算类似，不同的是并非先将两项相乘后相加，而是先取小而后取大，如 b_{ij}、a_{ik}、r_{kj} 分别是模糊集 $\underset{\sim}{\boldsymbol{B}}=\underset{\sim}{\boldsymbol{A}}\cdot\underset{\sim}{\boldsymbol{R}}$ 的元素，则模糊矩阵乘积的结果是：$b_{ij}=\underset{k}{\vee}(a_{ik}\wedge r_{kj})$。其中 ∨ 为取大运算符，∧ 为取小运算符。

在网上商店配送服务评价中，已知 $\boldsymbol{A}$ 与 $\boldsymbol{R}$

$$\underset{\sim}{\boldsymbol{B}}=(0.2,0.25,0.35,0.1,0.1)\cdot\begin{bmatrix}0.3 & 0.4 & 0.2 & 0.1\\0.2 & 0.3 & 0.5 & 0\\0.3 & 0.4 & 0.1 & 0.2\\0 & 0.3 & 0.6 & 0.1\\0.5 & 0.3 & 0.2 & 0\end{bmatrix}=(0.3,0.35,0.25,0.2)$$

归一化处理后，$\underset{\sim}{\boldsymbol{B}}\cong(0.27,0.32,0.23,0.18)$。这一评价结果表明：27% 的客户认为网上直销业务的配送服务质量“很高”，32% 的客户认为配送服务质量“较高”，23% 的客户认为配送服务质量“一般”，而 18% 的客户认为配送服务质量“偏低”。总体来说，大多数客户（占 59%）还是对此配送服务的质量满意。

3. 在物流系统规划与设计中的应用实例

【例 8-6】 一个商品贸易企业现有 3 家第三方物流提供商承担其物流配送服务，为了更好地管理，企业根据自身的需要，考虑了 5 项物流服务评价指标对这 3 家物流提供商的配送系统进行评价，从中选择一家最满意的物流提供商。具体评价指标与 3 家物流提供商评价数据如表 8-20 所示。

表 8-20　物流提供商评价指标与评价数据

物流提供商	评价指标				
	送货及时率	货物完好率	送货正确率	订单满足率	服务变化满足率
甲	98	96	97	94	93
乙	94	99	99	93	95
丙	96	95	96	96	96

解：①设因素集 $\boldsymbol{U}$=(送货及时性、货物完好性、送货正确性、订单满足性、服务柔性)。

②其评价集为 $\boldsymbol{V}$={很高、较高、一般、偏低}。

③确定权重集合。经专家们讨论、统一认识后，得权重集 $\underset{\sim}{\boldsymbol{A}}=(0.23,0.25,0.3,0.12,0.1)$。

④对于每个因素，专家们对各物流提供商进行单因素评价，评价值是赞成此评价的专家数与专家总人数的比值。各单因素评价矩阵如下：

$$\underset{\sim}{\boldsymbol{R}}_{甲}=\begin{bmatrix}0.3 & 0.5 & 0.2 & 0\\0.2 & 0.3 & 0.4 & 0.1\\0.2 & 0.4 & 0.2 & 0.2\\0 & 0.2 & 0.5 & 0.3\\0 & 0.1 & 0.4 & 0.5\end{bmatrix}\quad \underset{\sim}{\boldsymbol{R}}_{乙}=\begin{bmatrix}0 & 0.3 & 0.4 & 0.3\\0.4 & 0.5 & 0.1 & 0\\0.5 & 0.4 & 0.1 & 0\\0 & 0.1 & 0.3 & 0.6\\0.2 & 0.3 & 0.4 & 0.1\end{bmatrix}\quad \underset{\sim}{\boldsymbol{R}}_{丙}=\begin{bmatrix}0.2 & 0.3 & 0.4 & 0.1\\0 & 0.2 & 0.4 & 0.4\\0.1 & 0.2 & 0.3 & 0.4\\0.4 & 0.5 & 0.1 & 0\\0.3 & 0.4 & 0.2 & 0.1\end{bmatrix}$$

⑤进行综合评价。

$$\underset{\sim}{\boldsymbol{B}}_{甲}=\underset{\sim}{\boldsymbol{A}}\cdot\underset{\sim}{\boldsymbol{R}}_{甲}=[0.23,0.25,0.3,0.12,0.1]\cdot\begin{bmatrix}0.3&0.5&0.2&0\\0.2&0.3&0.4&0.1\\0.2&0.4&0.2&0.2\\0&0.2&0.5&0.3\\0&0.1&0.4&0.5\end{bmatrix}=[0.23,0.3,0.25,0.2]$$

$$\underset{\sim}{\boldsymbol{B}}_{乙}=\underset{\sim}{\boldsymbol{A}}\cdot\underset{\sim}{\boldsymbol{R}}_{乙}=[0.23,0.25,0.3,0.12,0.1]\cdot\begin{bmatrix}0&0.3&0.4&0.3\\0.4&0.5&0.1&0\\0.5&0.4&0.1&0\\0&0.1&0.3&0.6\\0.2&0.3&0.4&0.1\end{bmatrix}=[0.3,0.3,0.23,0.23]$$

$$\underset{\sim}{\boldsymbol{B}}_{丙}=\underset{\sim}{\boldsymbol{A}}\cdot\underset{\sim}{\boldsymbol{R}}_{丙}=[0.23,0.25,0.3,0.12,0.1]\cdot\begin{bmatrix}0.2&0.3&0.4&0.1\\0&0.2&0.4&0.4\\0.1&0.2&0.3&0.4\\0.4&0.5&0.1&0\\0.3&0.4&0.2&0.1\end{bmatrix}=[0.2,0.23,0.3,0.3]$$

⑥归一化处理。

$$\underset{\sim}{\boldsymbol{B}}_{甲}=[0.23,0.31,0.25,0.2]$$

$$\underset{\sim}{\boldsymbol{B}}_{乙}=[0.28,0.28,0.22,0.22]$$

$$\underset{\sim}{\boldsymbol{B}}_{丙}=[0.19,0.22,0.29,0.29]$$

⑦按最大隶属度原则进行决策。

因此，甲企业被评为“良好”，乙企业被评为“优秀”，丙企业被评为“中等”。

8.4.5 数据包络分析法

1. 数据包络分析法的基本概念

1978 年，查纳斯（A. Charnes）、库珀（W. W. Cooper）和罗兹（E. Rhodes）给出了评价决策单元相对有效性的数据包络分析（data envelopment analysis，DEA）方法，并建立了一套模型。这套模型以他们的姓氏命名，称为 CCR 模型或 C^2R 模型。

数据包络分析是一种基于线性规划的用于评价同类型组织工作绩效相对有效性的工具手段，如超市的各营业点、银行的各分理处、各物流公司投标的物流解决方案等，这些评价对象各自具有相同类型的投入和产出。评价这类组织之间的绩效高低，通常采用投入产出这个指标，当所有的投入指标与产出指标都可以折算成同一单位时，如用货币来计量，容易计算出投入产出比并按比值大小进行排序，评价出效率高低。但如果被评价的同类组织有多项投入与多项产出，并且不能折算成统一的单位时，就不能简单地用投入产出比的数值来比较，为此，查纳斯等人设计了一套 CCR 模型来进行组织绩效评价。DEA 法只用于对可比较的同类评价对象的相对有效性的比较分析，即判断哪些评价对象是 DEA 有效，哪些是弱 DEA 有效，缺点是不能在一个尺度上进行全排序分析。针对这一问题，有学者提出了一些能全排序的改进 DEA 法，感兴趣的读者可阅读一些相关文献。

在 DEA 法中通常把被衡量绩效的组织或被评价的对象称为决策单元（decision making unit，DMU）。假设有 n 个决策单元（$j=1, \cdots, n$），每个决策单元都具有可比性，即都有 m 个相同的输入变量与 s 个相同的输出变量，如图 8-3 所示。

$$
\begin{array}{ccc}
 & & \begin{array}{cccc} 1 & 2 & j & n \end{array} \\
\begin{array}{ccc} v_1 & 1 & \to \\ v_2 & 2 & \to \\ \vdots & \vdots & \to \\ v_m & m & \to \end{array} & & \begin{bmatrix} x_{11} & x_{12} & \cdots & x_{1n} \\ x_{21} & x_{22} & \cdots & x_{2n} \\ \vdots & \vdots & x_{ij} & \vdots \\ x_{m1} & x_{m2} & \cdots & x_{mn} \end{bmatrix} \\
 & & \begin{bmatrix} y_{11} & y_{12} & \cdots & y_{1n} \\ y_{21} & y_{22} & \cdots & y_{2n} \\ \vdots & \vdots & y_{rj} & \vdots \\ y_{s1} & y_{s2} & \cdots & y_{sn} \end{bmatrix} \begin{array}{ccc} \to & 1 & u_1 \\ \to & 2 & u_2 \\ \to & \vdots & \vdots \\ \to & s & u_s \end{array}
\end{array}
$$

图 8-3　n 个决策单元的输入 / 输出关系

其中，x_{ij}（$i=1, \cdots, m$；$j=1, \cdots, n$）：第 j 个决策单元对第 i 种输入的投入量，并且满足 $x_{ij}>0$；y_{rj}（$r=1, \cdots, s$；$j=1, \cdots, n$）：第 j 个决策单元对第 r 种输出的产出量，并且满足 $y_{ij}>0$；v_i（$i=1, \cdots, m$）：第 i 种输入的权重；u_r（$r=1, \cdots, s$）：第 r 种输出的权重。用向量形式表示为：$\boldsymbol{X}_j=(x_{1j}, x_{2j}, \cdots, x_{ij}, \cdots, x_{mj})^{\mathrm{T}}$，$\boldsymbol{Y}_j=(y_{1j}, y_{2j}, \cdots, y_{rj}, \cdots, y_{sj})^{\mathrm{T}}$，（$j=1, \cdots, n$）分别是决策单元 j 的输入、输出向量，$\boldsymbol{v}=(v_1, v_2, \cdots, v_m)^{\mathrm{T}}$，$\boldsymbol{u}=(u_1, u_2, \cdots, u_s)^{\mathrm{T}}$，分别为输入、输出变量的权重。

2. CCR 模型

假设第 j 个决策单元的评价指数为

$$H_j=\frac{u^{\mathrm{T}} Y_j}{v^{\mathrm{T}} X_j}, \quad j=1,2,\cdots,n$$

总可以选择适当的权重系数 u，v，使得 $H_j \leqslant 1$，$j=1,2,\cdots,n$。其中 H_j 的意义是：在权重系数 u，v 下，投入 $v^{\mathrm{T}}X_j$，产出 $u^{\mathrm{T}}Y_j$ 的广义投入产出比。$H_j \leqslant 1$ 表示所有的决策单元都处于一个包络面上或内部。对于要评价的第 $j0$ 个决策单元是否处于一个包络面上，即是否 DEA 有效，就得选择适当的权重系数 u, v，使得第 $j0$ 个决策单元评价指数 H_{j0} 取最大值，并且所有的 $H_j \leqslant 1$，$j=1,2,\cdots,n$，即作分式线性规划：

P1：max　$H=\dfrac{u^{\mathrm{T}} Y_{j0}}{v^{\mathrm{T}} X_{j0}}$；

$$\text{s.t.} \quad \frac{u^{\mathrm{T}} Y_j}{v^{\mathrm{T}} X_j} \leqslant 1, \quad j=1,2,\cdots,n; u \geqslant 0, v \geqslant 0,$$

则称上述 P1 模型为 CCR 模型。

为了便于计算，利用 Charnes-Cooper 变换对 P1 模型作一下变换，令 $t=\dfrac{1}{v^{\mathrm{T}} X_{j0}}$，$\omega=tv, \mu=tu$，则 P1 模型化为等价的线性规划模型为：

P2：max　$H_{\mathrm{CCR}}=\mu^{\mathrm{T}} Y_{j0}$；

$$\text{s.t.} \quad \omega^{\mathrm{T}} X_j-\mu^{\mathrm{T}} Y_j \geqslant 0, \quad j=1,2,\cdots,n, \quad \omega^{\mathrm{T}} X_j=1, \omega \geqslant 0, \mu \geqslant 0。$$

P2 的对偶规划模型如下。

P3：min $H_{CCR}=E$；

$$\text{s.t.}\quad \sum_{j=1}^{n}\lambda_j y_{rj}\geqslant y_{rj0},\quad r=1,2,\cdots,s$$

$$\sum_{j=1}^{n}\lambda_j x_{ij}\leqslant E x_{ij0},\quad i=1,2,\cdots,m,\ \lambda_j\geqslant 0,\ j=1,2,\cdots,n。$$

对于 CCR 模型有如下定义：

若 P2 模型存在最优解 $\omega_0>0$，$\mu_0>0$，并且其最优目标值 $H_{CCR}=1$，则称决策单元 $j0$ 是 DEA 有效的。

若 P2 模型的最优目标值 $H_{CCR}<1$，则称决策单元 $j0$ 是弱 DEA 有效的。

从定义可以看出，所谓 DEA 有效就是指对于那些决策单元，其投入产出比达到最大，即达到包络面上。因此，可以用 DEA 对决策单元进行评价。求解 CCR 模型，需要求解若干个线性规划。

3. 用 DEA 法评价物流系统运营效率

【例 8-7】 某公司有 4 家配送中心，现需要对它们的物流系统运营效率进行评价。选用的输入指标是职工人数、物流设备的投入资金、配送中心的营业面积；而输出指标为年货物吞吐量、年销售收入两项指标。这 4 家配送中心的相关数据如表 8-21 所示。

表 8-21 配送中心的运营数据

	D1	D2	D3	D4
职工人数（人）	40	56	31	69
投入资金（万元）	850	1 240	732	996
营业面积（m^2）	5 460	8 540	4 100	7 480
年货物吞吐量（万吨）	57	96	46	79
年销售收入（万元）	1 120	1 754	939	1 138

运用 LINGO 软件来求解 4 个线性规划模型，LINGO 程序如下所示，可得到 4 个最优目标值分别为：0.963 874，1，1，0.985 609 1，并且，对于配送中心 D2，有 $\omega_2>0$, $\omega_3>0$, $\mu_2>0$，对于配送中心 D3，有 $\omega_3>0$, $\mu_2>0$，因此，配送中心 D2 与 D3 是 DEA 有效。

其中 LINGO 程序如下：

```
MODEL:
    sets:
        D/1..4/:S,T,A; / D：决策单元 /
        IIndex/1..3/：w; / 输入指标权重 /
        OIndex/1..2/：u; / 输出指标权重 /
        IV(IIndex, D)：X; / 输入量 /
        OV (OIndex, D)：Y; / 输出量 /
    endsets
    data:
        A=？ ； / 决策单元选择 /
        X= 40, 56, 31, 69, 850, 1240, 732, 996, 5460, 8540, 4100, 7480;
        Y= 57, 96, 46, 76, 1120, 1754, 939, 1138;
    enddata
```

```
    max=@sum(D:A*T); !目标函数!
    S(j)=@sum(IIndex(i): w(i)*X(i,j));
    T(j)=@sum(OIndex(i): u(i)*Y(i,j));
    S(j) >=T(j)
        );
    @sum(D: A*S)=1;
END
```

本章小结

本章阐述了物流系统评价的概念，物流系统评价原则、程序；重点论述评价指标体系设计方法与模型，主要包括关键绩效指标法（KPI 法）、平衡计分卡法（BSC 法）；重点介绍如何使用评价的常用方法，主要包括线性加权和法、层次分析法（AHP 法）、模糊综合评价法、数据包络分析法（DEA 法）等。

案例分析

基于 AHP 与模糊综合评价法的物流网络结构绩效评价（节选）

企业物流网络的效率很大程度上取决于物流网络结构的合理性，只有结构合理才能使物流系统获得整体上的优化。通过 AHP 确定各指标权重，判断物流网络结构是否合理就要对其进行绩效评价。采用 AHP 与模糊综合评价法相结合的方法，对物流网络结构进行评价。结合企业实例，验证方法的可行性、实用性和有效性。

1. 引言

建立科学合理的网络结构是保证物流系统高效运行的前提。新建企业需要建立物流网络系统，老企业由于业务的增长与变化，也需要不断地对原来的物流网络进行重新设计和优化。对物流网络结构进行绩效评价有助于企业了解物流系统的运作情况，找出企业物流网络结构的绩效评价中的瓶颈，为进一步优化提供科学依据。

侧重于对物流网络的合理性和运作效率方面。物流网络的合理性在一定程度上也反映了企业的市场竞争能力与综合管理水平。物流网络的运作效率更是反映了物流服务水平。国内外在对物流系统评价方面采用的方法很多。采用不同的评价方法有可能得出不同的评价结果。企业应视其具体情况采用不同的评价方法。

通常采用的方法有层次分析法（AHP 法）、网络分析法（ANP 法）、模糊综合评价法、数据包络分析法（DEA 法）、模拟仿真模型等。使用的评语会常有不确定性问题，在物流网络评价系统中为多属性、常有模糊性，所以要结合各方面评价指标的要求进行模糊综合评价。使用这种评价方法时，各指标的权重具有举足轻重的地位，而模糊综合评价法的权重通常是由各专家根据经验给出的，难免带有主观局限性。而层次分析法是一种将人的主观判断用数量形式表达和处理的方法。为此将 AHP 法和模糊综合评价法相结合，通过 AHP 确定各指标权重，用模糊综合评价法进行评判，从而克服了模糊综合评价法的缺点。

2. 建立企业物流网络结构的评价指标体系

物流网络结构的评价指标应具有评价标准和控制标准双重功能。因此，在设计评价指标体系时，要综合考虑其定量性、可比性和可查性。而且它必须能将物流系统内相互制约的复杂因素间的关系层次化、条理化，并能区分它们各自对评价结果的影响程度，以及对那些只能定性评价的因素进行恰当的、方便的量化处理。根据某企业物流管理现状和企业经营战略，考虑以上设计原则，依照现代物流供应链管理的思想，制定了一套适合该企业的二级评价指标体系。

3. AHP 法应用

AHP 法是一种定性分析和定量分析相结合的系统分析和评价的方法。

（1）建立判断矩阵。采取对因子进行两两比较的办法建立判断矩阵。假设现在要比较 m 个因子 $B=\{b_1, b_2, \cdots, b_m\}$ 对某因素 A 的影响大小，则每次取两个因子 B_i 和 B_j，b_{ij} 表示 B_i 和 B_j 对 A 的影响大小之比，全部比较结果用矩阵呈现。(略)

（2）层次单排序及其一致性检验。一致性比率为 CR，当 $CR<0.10$ 时，可认为判断矩阵具有满意的一致性，否则需调整判断矩阵，使之具有满意的一致性。

（3）层次总排序及其一致性检验。计算某一层次各因素相对上一层次所有因素的相对重要性的排序值称为层次总排序。由于层次总排序过程是从最高层到最低层逐层进行的，而最高层是总目标，所以，层次总排序也是计算某一层次各因素相对最高层（总目标的相对重要性的排序权值）。设上一层次 B 包含 m 个因素 $B_1, B_2, \cdots, B_m$，其层次总排序的权值分别为 $b_1, b_2, \cdots, b_m$，下一层次 C 包含 n 个因素 $C_1, C_2, \cdots, C_n$，它们对于因素 B_j $(j=1, 2, \cdots, m)$ 的层次单排序权值分别为 $C_{1j}, C_{2j}, C_{nj}\cdots$。(略)

根据一级模糊评价结果进行二级评判，得二级模糊综合评判结果为：$B=X\circ R=(0.393, 0.372, 0.186, 0.049)$，最终可得该物流网络结构的综合得分：$V=0.882\,5$。

4. 综合评价

利用合适的模糊合成算子将 X 与 R 合成，得到被评价事物的模糊综合评价结果向量 $\boldsymbol{B}\circ R$ 中不同的行反映了某个被评价事物从不同的单因素来看对各个等级模糊子集的隶属程度，AHP 法求得的模糊权向量 $\boldsymbol{X}$ 将不同的行进行综合就可得到该被评价事物，从总体上来看对各等级模糊子集的隶属程度，即模糊综合评价结果向量 $\boldsymbol{B}$。(模糊综合评价模型略)

5. 结论

文中详细阐述了应用 AHP 法与模糊综合评价法的思路和步骤。在对企业物流网络结构进行绩效评价的实例中，验证了方法的可行性、实用性和有效性。另外，此方法结果通过比较排序也可用于多方案决策。

资料来源：朱楚阳. 基于 AHP 与模糊综合评判法的物流网络结构绩效评价 [J]. 科技信息，2009（14）：422-423.

思考题

评价物流网络结构是否合理？为什么采用 AHP 法与模糊综合评价法相结合的方法？

参考思路

企业物流网络的效率在很大程度上取决于物流网络结构的合理性，只有结构合理才能使物流系统获得整体上的优化。通过 AHP 法确定各指标权重，判断物流网络结构是否合理就要对其进行绩效评价。采用 AHP 法与模糊综合评价法相结合的方法，对物流网络结构进行评价。使用的评语常有不确定性问题，在物流网络评价系统中为多属性、常有模糊性，所以要结合各方面评价指标的要求进行模糊综合评价。

使用这种评价方法时，各指标的权重具有举足轻重的地位，而模糊综合评价法的权重通常是由各专家根据经验给出的，难免带有主观局限性。而 AHP 法是一种将人的主观判断用数量形式表达和处理的方法。为此将 AHP 法和模糊综合评价法相结合，通过 AHP 法确定各指标权重，用模糊综合评价法进行评判，从而克服了模糊综合评价法的缺点。

课外拓展

物流系统评价的常用方法主要有哪些?

课堂讨论

评价指标值的标准化处理内涵是什么？从经济角度分类，有哪些评价指标?

复习思考题

一、名词解释

物流系统评价；关键绩效指标法（KPI 法）；平衡计分卡法（BSC 法）；层次分析法（AHP 法）

二、填空题

1. 物流质量指标是物流系统评价指标体系中的重要组成部分。就物流系统的产出而言，物流质量指标分为________与物流业务质量。
2. 平衡计分卡法（BSC 法）模型体系提出了一套系统的评价和激励企业绩效的方法，共有四组指标组成：财务类指标、客户类指标、________和________。
3. 层次分析法（AHP 法），关于因素的个数，在理论上层次结构的________以及同一层次的________，可依据系统的需求确定。为了避免决策者对准则的相对重要性的判断产生偏差，同一层次的因素个数最好不超过________。
4. 层次总排序权重计算。计算完各层的________与________后，就可以计算同一层次所有指标对于上一层次指标的相对重要性的________。
5. 模糊综合评价法，为了更精确地反映模糊评价，需要运用________理论，通过模糊数学提供的方法进行运算，从而得出________的综合评价结果。
6. 数据包络分析法，是一种基于________的用于评价同类型组织________的工具手段的分析方法。

三、简答题

1. 平衡计分卡法有几组评价指标？内容分别是什么？
2. 用 AHP 法评价物流系统规划方案时有哪些步骤？

参考文献

[1] 王术峰. 区域物流理论与实证研究 [M]. 北京：科学出版社，2018.

[2] 王术峰. 商贸物流园概念性规划与设计 [R]. 广州：广东白云学院，2012.

[3] 王术峰. 区域性物流发展战略规划 [R]. 广州：广东白云学院，2012.

[4] 王术峰. "城市通"珠三角城市系统物流项目可行性研究报告 [R]. 广州：珠三角区域物流研究中心，2017.

[5] 王术峰. "第五方物流"理论在应急物流领域的应用 [J]. 中国流通经济，2014，28（2）：41-45.

[6] 王术峰. 快速消费品应急物流系统优化 [R]. 2014 中国应急物流优秀案例选集，2014.

[7] 江川，张远昌. 构建广州市现代物流城市配送体系通行管理机制 [R]. 广州：广州市交通委员会，2013.

[8] 贺东风，胡军. 物流系统规划与设计 [M]. 北京：中国物资出版社，2006.

[9] 李浩，刘桂云. 物流系统规划与设计 [M]. 杭州：浙江大学出版社，2011.

[10] 张得志，李双艳. 物流节点动态布局优化模型及其求解算法研究 [J]. 长沙：铁道科学与工程学报，2011（5）：96-100.

[11] 曹言红，郁玉兵. 城市物流节点布局指标体系的构建 [J]. 安庆师范学院学报（社会科学版），2011（2）：16-19.

[12] 刘玲瑞. 区域物流网络节点布局规划研究 [D]. 西安：长安大学，2011.

[13] 胡钱平. 区域物流网络构建与评价研究 [D]. 大连：大连海事大学，2010.

[14] 童明荣. 城市物流系统规划研究 [D]. 南京：南京理工大学，2009.

[15] 岳垣. 中日国际物流对双边贸易的影响分析 [D]. 沈阳：辽宁大学，2013.

[16] 陆辉，卢琳. 试论区域物流的网络结构及其功能 [J]. 商业时代，2014（23）：28-29.

[17] 陈坤，房轶珣，杨忠良. 基于第三方逆向物流网络的建模方法设计 [J]. 中国物流与采购，2014（9）：72-73.

[18] 刘荷，王健. 基于轴辐理论的区域物流网络构建及实证研究 [J]. 经济地理，2014（2）：108-113.

[19] 尹叶青. 现代物流发展的城市空间结构效应分析 [J]. 物流技术，2014（6）：68-70.

[20] 李延晖. 物流网络规划与设计 [R]. 武汉：华中科技大学出版社，2013.

[21] 高举红. 物流系统规划与设计 [M]. 北京：北京交通大学出版社，2010.

[22] 刘旺盛，兰培真. 系统布置设计：SLP 法的改进研究 [J]. 物流技术与应用，2006（11）：82-85.

[23] 李艳，谢能刚，王付宇，等. 物流配送中心多目标优化选址的仿真设计 [J]. 计算机仿真，2012（7）：234-237.

[24] 郭子雪，史淑英，张玉芬，等. 直觉模糊环境下的物流配送中心选址方法研究 [J]. 计算机工程与应用，2012 (11).

[25] 全国物流标准化技术委员会. 物流园区分类与规划基本要求：GB/T 21334—2017 [S]. 北京：中国标准出版社，2017.

[26] 林洁. 基于产业集群对产业物流园区发展模式的思考 [J]. 对外经贸，2012 (3)：77-79.

[27] 马成林，毛海军，李旭宏. 物流园区内部功能区布局方法 [J]. 交通运输工程学报，2008 (6)：116-121.

[28] 李浩，刘桂云. 物流系统规划与设计 [M]. 杭州：浙江大学出版社，2011.

[29] 汤澍. 物流运输管理系统的设计与开发 [D]. 上海：复旦大学，2011.

[30] 金懋，欧国立. 运输经济理论研究评述 [J]. 生产力研究，2010 (9)：251-253.

[31] 丁伟. 现代物流联合运输区域协调管理及网络构建研究 [D]. 长沙：中南大学，2012.

[32] 李志，何小勇. 物流系统评价指标权重的确定方法 [J]. 统计与决策，2010 (8)：60-61.

[33] 周颖，周林峰. 基于 AHP 的物流运输方式选择 [J]. 技术与市场，2010 (6)：34-35.